上方山访碑录

上方山国家森林公园管理处 编

学苑出版社

图书在版编目（CIP）数据

上方山访碑录/上方山国家森林公园管理处编．—北京：学苑出版社，2023.6

ISBN 978-7-5077-6600-4

Ⅰ．①上… Ⅱ．①上… Ⅲ．①碑刻—汇编—房山区 Ⅳ．① K877.42

中国国家版本馆 CIP 数据核字（2023）第 038069 号

出 版 人：洪文雄
责任编辑：徐志琴　周　鼎
出版发行：学苑出版社
社　　址：北京市丰台区南方庄 2 号院 1 号楼
邮政编码：100079
网　　址：www.book001.com
电子邮箱：xueyuanpress@163.com
联系电话：010-67601101（营销部）、010-67603091（总编室）
印　刷　厂：三河市灵山芝兰印刷有限公司
开本尺寸：889 mm×1194mm　　1/16
印　　张：28.5
字　　数：579 千字
版　　次：2023 年 6 月第 1 版
印　　次：2023 年 6 月第 1 次印刷
定　　价：600.00 元

编委会

顾　　　　问：唐淑荣　北京市房山区政协原主席
　　　　　　　刘文江　北京市房山区史志办原主任、党史专家
　　　　　　　吴梦麟　北京市文博研究馆员，古建筑专家，辽金元史专家，石刻、
　　　　　　　　　　　考古专家

编委会主任：李　军　北京市房山区园林绿化局党组书记、局长
副　主　任：朱　凯　北京市房山区园林绿化局党组成员、一级调研员
　　　　　　　张　雷　北京市房山区园林绿化局党组副书记、副局长
　　　　　　　朱仕学　北京市房山区上方山国家森林公园管理处党支部书记、主任

编委会执行主任：朱仕学　北京市房山区上方山国家森林公园管理处党支部书记、主任

编委会成员：赵志荣　杨成军　任江飞　张　伟　耿丽杰　张海洋
　　　　　　　尤西森　曹　雷　张　兰　赵乾龙　李晓鹏　苏秋生
　　　　　　　尚海忠　陈明星　臧桂祥　刘语寒

主　　　　编：刘卫东　北京市文博研究馆员

校　　　　对：耿丽杰　北京市房山区上方山国家森林公园管理处党支部副书记
　　　　　　　赵志荣　北京市房山区上方山国家森林公园管理处副主任
　　　　　　　张　兰　北京市房山区上方山国家森林公园管理处工会主席

序一

  我开始知道名山上方山是60年前的事儿了，那时上方山还属于河北省，当我从北京大学考古专业毕业分配到北京市文物局考古组工作后，听到老同志们说起这座名山时那种赞叹之声，就一直盼望有机会能实地考察，但当时正值国务院公布第一批国保单位，上方山及诸寺为市级文保单位，还轮不上做"四有"工作。但上方山丰富的文物遗存早已被学者关注。当时河北省文物工作者冯秉其和李越民二位先生出版了专著，我拜读后更加向往，终于盼到考古组同仁们能亲自前往。我们几乎看遍了寺庙的每一处和美轮美奂的云水洞内的自然景观，如"西瓜地""钟乳石"等。云水洞不愧为华北地区最著名的喀斯特溶洞，素有"幽燕奥室"的美称。1958年我在周口店实习时，曾参观过周口河东岸的一处喀斯特溶洞，其规模较大，但看不全溶洞内美景，不久便被炸毁，太可惜了。20世纪80年代后，在房山开发了石花洞，游人如织，但不利于正在成长期的溶洞，当然哪一座都比不上云水洞。可惜云水洞原来的许多景观已不复存在，20世纪五六十年代炸了不少美景，我们如今能做的，就是让这座溶洞突出的典型景观得到保护。

  改革开放后，上方山诸寺及云水洞得到政府的关注与保护，于1984年批准成了北京市市级文物保护单位，2016年在管理机构中设立了专门科室管理文物。百废待兴，他们重建"家园"，励精图治，使北京西南这一处文物荟萃、美景不绝的文化遗产得到保护，为首都文化传承和学习历史文化增添了一处好景点。他们邀请的以国内知名石刻专家刘卫东为核心的团队，风餐露宿，跋山涉水，跑遍了辖区内的山山水水，不放过一处文物点，捃拓和记录了迄今仍存的文字石刻和僧人塔幢等，按改建文物的模式，完成了"访碑"的成果。忏悔上人坟塔铭、金中都报先寺尼德净灵塔铭、天开寺奉先县禁山榜示碑、《佛说四十二章经》刻石，以及香光寺颁赐大藏经碑都是不可多得的第一手新材料，全面提高了我们对上方山文物保护单位和碑刻价值的认识。碑录的完稿与刘卫东先生花费的心血分不开。多年来，他在完成《新日下访碑录》的过程中，摸索出一些描述的模式，如"解释""策文""按语"等。这是普及石刻知识的好门路，在本书中也继续运用。另外，条目中收录了不少金代中都僧尼的塔幢及塔铭，这是以往所没有的，为研究金元时期北京地理民俗提供了新的材料。

上方山国家森林公园管理处朱仕学委托我为《上方山访碑录》写序，因为眼疾，加上疫情，耽误了出版佳期。对不起！管理处是有计划今后继续出版有关专著的。事实上上方山是个文物宝库，由于年代久远和未被挖掘的文物类别多样，一些在民国动荡年代和特殊历史时期被破坏的文物也应被搜集整理，记上一笔。例如，20世纪50年代故宫为研究明代经传，运走了不少明代万历皇帝之母李太后和冯保等人施财供奉的《大藏经》丝织品经传，"文革"中红卫兵要"破四旧"，文物部门抢救回一部分文物典籍，为了保护上方山寺庙中供奉的明万历时期的《大藏经》，市文保所将部分经本由孔庙转入云居寺保存。上方山和云居寺在佛教历史上联系紧密，都是首都不可多得的文化宝库。上方山的《大藏经》转入云居寺后得到存放和保护，使上方山珍贵的文物得以传承。云居寺管理处安排业务人员整理上架保护，这是房山区文物部门热爱文物的真实表现，上方山珍贵文物得到了有效保护，使文物工作者和关心文物事业的人也得到慰藉。以上的一点感慨仅供参考。

老文物人吴梦麟
2022年10月

序二

明末清初顾炎武撰《昌平山水记》及《京东考古录》，朱彝尊天开寺中院寻碑；清代黄小松作《嵩洛访碑图》，法式善六聘山寻天开寺遗碑，盛昱作《雪屐寻碑录》，于敏中等奉敕纂《日下旧闻考》，作按语、录碑文；等等。这些都是古人在考古、金石、石刻、文物调查上做出的贡献，不容忽视。我们是在前人的基础上做今天的研究，做将来的策划，只要是考古文博行业，就离不开古人研究的成果。

说到上方山，吴仁敌乾隆版《上方山志序》云："从来山断借云补，事缺待人修，此理数之大凡也。而如师之作《上方山志》，何独不然？按天下名山，类皆有志，所以纪名胜于不坠。惟上方自东汉，迨唐、宋、元、明，迄今本朝一千七百五十余年，不闻有志，岂天故缺其数而默待如师以补之欤？不然何杳无一人以创始于前也？""深因有悟于'□为之前，虽美不彰，莫为之后，虽盛不传'之理。遂不辞劳瘁，而寻碑觅碣，今古与稽。为山始志，用彰名胜高流于博览之广。呜呼！其功抑何丰欤！""乾隆辛未（十六年，1751）春，师掩关搦管，举凡上方之名胜、人物、建置、物产、诗文、风景，一一讨论详明。及壬申（十七年，1752）而稿成。"这里明确交代，此前上方山没有志书，自如师利用一年的时间终于写成此志。"自如自序"说："乾隆辛未（十六年，1751）季春，如不揣冒昧，辄掩关于假死轩中，穷智枯肠，强笔直记。于平日所集之断碑残碣，与夫山峦峰脉、形势景物及历朝贤人善信诗古文词有据者，一一录籍。无征者，弗能妄注。迨壬申（十七年，1752）而稿成。顾以为言不文为歉，兼欲刻板而力不逮，遂置之高搁。阅今盖已十三年矣，其志不易，遂有如此者。乾隆甲申（二十九年，1764）仲秋，有居士吴君自南抵北，赴部铨选。顾于时有待而慕山来游，因得交之，遂出书，烦其修饰，以成美之。"由此可见，自如基于平时对碑刻等实地调查的积累，早就完成了《上方山志》的文稿，自谦自己的文笔不够华丽，想出版又没有财力，只有等待机会。这一放就是12年，终于遇到了居士吴仁敌，得以完成这个夙愿。从自如师出生的康熙丙戌年（四十五年，1706）算起，至其完成撰写的1752年，他是46岁，而此书真正出版又在12年后即乾隆甲申年（二十九年，1764），这时他已经58岁了。以此高龄完成夙愿，至少对后人也是一个不错的交代。溥儒版《上方山志》的"杨锺羲序"亦云:"吾家丙舍在房山官地村,先五世祖卜窀穸焉。先侍郎公盖尝侍养于此,有游上方山和友人之作。锺羲久客东南,饱探林壑之美,中条之麓,近在右辅,而屐齿顾未尝一履其地。会当与逸士约备糗粮,越桑干,相与访天开之碑,登毗卢之顶。"今天我们能够完成《上方山访碑录》,事实上也有自如禅师的一份功劳。当然,《上方山访碑录》充其量也只是"石刻志"而已,对于整部《上方山志》来讲,也仅仅算是一小部分,所以后面的路还长着呢。

上方山有许多重要的碑刻,为古代金石与地志诸书所不载。正如溥儒版《上方山志凡例》所云:"上方碑碣著者,《唐比丘尼了性塔记》《忏悔上人坟塔记》《六聘山逐月朔望常供记》《金度公幢》《报先寺尼德净塔记》《明一斗泉诗石刻》,旧志皆未录,今补志之。"故其卷四"碑碣序"不无感慨地说:"《诗》云'衡门之下,可以栖迟',彼岩居而野处,独善而自守,又皆修浮屠之言,非先王之道。人犹勒诸贞石,藏之名山,惟恐其无闻焉。尝叹田畴、霍原,魏晋之贤士也,而盘、房又其躬耕之地,必有懿德贻于民者。独无片言以表其墓,使后之人无得而称焉。《诗》云:'其室则迩,其人甚远。'悲夫!志碑碣。"然而溥儒又在他印本的封皮上开"小窗"道出了他的遗憾:"儒以菲才孤陋,承兜率三人之嘱,勉成是书,而上方碑碣未及访录者尚多。且自李唐辽金以来游此山者必多题咏,一时实难尽得其书而检求之。至于字句之间,颇有笔误,拟于明年再定是书。"可见古人不无遗憾,久有此志,做"访碑录"。

上方山地理位置相当重要,物华天宝,志乘阙如,因人而彰。民国杨锺羲为溥儒版作序时讲:"幽燕五为帝都,土载奥区,山苞神薮。西山为太行别阜,其北有军都山,西南有大防山,为金明帝王弓剑之所。上方山则又房山之最胜者也。山之深,泉石草木之幽,巉岩复绝,盘纡径复,若有道之士无意于世,不欲售其技,而稍试于用,必待夫至诚笃好之人,然后与之接焉。述征之记,揽胜之编,辽金以往,竹素无传。曹能始有游记,而一斗泉、云水洞之美始彰;朱锡鬯、姜西溟吊霍处士,而大小黉、六聘山之迹始著。"上方山有如此多的寺庙庵观,居高临下鸟瞰之,才理解"房山"名称的由来。民国袁励准《房山游记》云:"兜率寺仰眺青龙峰顶,有危楼一角,是曰钟楼,舆人竭蹶升其颠,俯瞰兜率寺,如在釜底,以外各庵星罗棋布,高低掩映于丛柏荟蔚之间。摘星陀青峭倚天,极为孤特,可以平揖山灵,揽之襟袖,下视孤山口旷如奥如,俨同限阈,山之名'房',至此益信。"

上方山诸寺,在古代并不限制在今天"上方山""云水洞"的范围。据金崇庆元年(1212)"天开寺奉先县禁山榜示碑"条记:"山林四至:东至望海堈,南至神仙峪,西至紫云岭神仙洞,北至龙虎峪。"可见今天"山外"的"天开寺",在当时管辖着几乎比今天还广的范围,是起着多么重要的作用。但是后来"天开寺"逐渐独立,其统帅作用被"兜率寺"取代。

上方山一百二十寺、七十二茅庵，无一不倾注着住山僧众的心血，也得到几位明代太监的助缘，如倪忠、向福善、冯保、李志义、马云程、孙秀、梁芳、秦德、王瑞、李中轩等，以及几位地方官的支持和大量信徒的支持。当然，历代皇帝、皇后、王爷的关怀提倡和注资立碑也是不可缺少的，比如元仁宗、明神宗、慈圣太后、清显密亲王等。还是那句老话，"上有所好，下必甚焉"。劳动创造历史，人民创造历史，历史节点上的重要人物的提倡支持之功，绝不能忽略。

当然，这部《上方山访碑录》也倾注着上方山国家森林公园管理处的领导们与业务人员的汗水。特别是朱仕学主任，自从来上方山主持全面工作以来，就非常重视上方山文物保护与文物研究工作，常常亲临现场，踏勘文物，专门成立了"文物科室"，使文物保护工作落到了实处。文物科长张兰此前已经做了大量工作，其将现存的所有碑刻一一列出，标以名称、年代、位置、尺寸、简介等，并配合拓片调查实录等工作，为本书的编纂出版打下了良好的基础。副主任赵志荣、副书记张海洋、办公室主任曹雷等，都提供了许多帮助，对此非常感谢。此书的出版凝聚着大家的汗水，是集体智慧的结晶。管理处先后还整理出版了乾隆版与溥儒版两个版本的《上方山志》，以及方志类《上方山》及资源简介《上方山》二书；组织地质学家与植物学家共同研讨相关业务问题；多次约请文物历史学家上山实地考察，并请其留下宝贵意见。所以本书就是在这样的一个前提下诞生的，也是此书主笔由北京城区到房山郊区上方山来往数十次、登山十多次的实地调查、结合史料档案的研究成果。其中不免有一些错误和不足，敬请大家原谅指正。

刘卫东

2021年11月

凡例

一、全书各条目基本以时间排序，对于那些不能确定准确年代的碑刻条目，只能附缀于可确定大致时间段的末尾。

二、一碑一条。碑刻收录，为古今"上方山"属辖范围。

三、每条下系：名称、照片、解题、录文、注释、按语、附文。条目内容简单，无须解释，视情况略去某些部分，如"注释"或"按语"。

四、所配照片分三种：环境照、碑刻实物照、拓片照。不一定每件石刻均附照片，模糊不清者宁缺毋滥。

五、名称务求准确、科学、概括、独立。

六、解题以实际调查与查证为基础，对于碑刻的年代、形制、规格、碑文作者、位置、残完、转徙等情况有个概括的描述。普通散落小件的石砖塔铭，以及暂时不清楚的尺寸，不再一一标明。

七、全书以《通用规范汉字表》（2013年）的规范字形编排。碑刻过于剥蚀残损者，录文省略。

八、碑拓录文以"⌐"断行，并标明原行段格式，不加标点，未满行时断行符前空一字位。文献录文加新式标点。

九、如碑文有残缺，其中字数可数的，用"□□□"表示，字数不可数的，则用"⊘"表示。

对部分缺文进行补充，在所补文字外加"囗"，即用"囗文囗"表示；衍文、讹字外加"[ ]"，即用"[文]"表示。刻石中的原符号"○"，仍旧保留。

十、按语考证内容仅限于作者对于该碑文及历史文献古迹调查的认识，如与当今专家观点相类，纯属巧合，如与学者看法相左，敬请原谅。

十一、书中所引乾隆版《上方山志》和溥儒版《上方山志》系上方山国家森林公园管理处所藏乾隆时刊行的《上方山志》和民国时期爱新觉罗·溥儒编纂的《上方山志》。书中所引"国图百本"，系1989年中州古籍出版社出版、北京图书馆金石组编写的《北京图书馆藏中国历代石刻拓本汇编》的简称。

十二、除录文外，书中的非公历纪年后括注用阿拉伯数字表示的公元纪年。

目录

百咏南禅师塔铭 …………………………………………………………………… 001

拙崖篮和尚塔铭 …………………………………………………………………… 004

兜率寺行法师塔铭 ………………………………………………………………… 007

忏悔上人坟塔铭 …………………………………………………………………… 010

何永寿赵祈题刻 …………………………………………………………………… 016

石匠吴世和题名刻石 ……………………………………………………………… 017

天开塔内小塔束腰刻铭 …………………………………………………………… 019

严陵洞再建舍利匣序刻石 ………………………………………………………… 024

六聘上方逐月朔望常供记刻石 …………………………………………………… 028

比丘尼了性灵塔幢 ………………………………………………………………… 034

当寺故禅人度公幢 ………………………………………………………………… 037

尼杜氏坟塔铭 ……………………………………………………………………… 040

遐龄益寿禅师塔铭 ………………………………………………………………… 044

天开寺观音院寺主源公塔铭 ……………………………………………………… 047

无止斋记铭 ………………………………………………………………………… 048

燃身明禅师塔幢 …………………………………………………………………… 054

燕都悯忠空大德幢铭 ……………………………………………………………… 058

金中都报先寺尼德净灵塔铭 ……………………………………………………… 063

崇公和尚塔铭 ……………………………………………………………………… 066

天开寺奉先县禁山榜示碑 ………………………………………………………… 068

金中都竹林寺第十六代清公和尚塔铭 …………………………………………… 072

条目	页码
下中院村元碑	076
通真观碑	077
房山县重修天开寺碑	081
护持天开中院碑	083
众邑祭祀之碣	087
六聘山天开寺重修碑	092
天开寺碑	093
皇后台龙王庙碑	094
天开寺陀罗尼幢	096
应公禅师道行碑	097
重修天开寺碑	098
皇后台龙王庙重修碑	100
"殿"字刻石	103
重修上方兜率寺接引弥陀殿碑	105
重修凤凰山华严禅寺碑	111
凤凰山华严禅寺重修古刹碑	117
伽蓝祖师祠碑	124
重修施烛碑	127
重修白云山华严寺碑	132
重砌上方兜率寺天梯路碑	137
重修上方兜率寺天梯碑	142
雪凭泉公塔铭	147
本师怡公塔铭	149
本师恩公塔铭	150
重修上方兜率寺塔碑	151
上方山兜率寺开井碑	155
甲辰新凿井泉碑	156

篇目	页码
一斗泉岩前建观音殿碑	159
观音殿碑	164
庚戌新凿井泉碑	165
上方兜率寺穿备泉井碑	167
重修兜率禅寺碑	168
冯保施财修接引殿碑	175
冯保施财创建永亨庵碑	178
太监孙秀等助修永亨庵碑	180
《佛说四十二章经》刻石	183
天香修道禅师塔铭	197
方润方明等为师立塔铭	199
永慈寺护持碑	201
重修兜率寺山门碑	206
"上方山"诗刻石	210
香光寺颁赐大藏经碑	214
香光寺重修缘起碑	217
香光寺福德庄严碑	222
太监张其重修太湖山华严寺摩崖碑	226
一斗泉诗刻石	228
金公和尚塔铭	230
重修文殊殿碑	231
曹化淳诗刻	232
普济开山第一代孤山银师塔铭	235
孤山和尚碑	237
"一斗泉"诗刻	239
重修供千日期碑	241
如公瑞浚和尚塔铭	247

条目	页码
上方山三圣庵置田供众碑	248
兜率堂同隐之塔铭	254
上方山兜率寺普同塔记刻石	257
古清大士塔铭	259
古雄州陶公碑	262
钦赐秘辉和尚塔铭	266
丁酉十方普同塔铭	267
遍通禅师塔铭	269
湛白大士塔铭	272
重修上方山文殊殿常明香灯碑	275
"宝阡"刻石	280
涿州房山县禁约碑	281
款龙桥名碑	283
龙惠泉碑	284
"茔域"刻石	285
月公禅师塔铭	286
玉公禅师塔铭	287
道目禅师自序铭	288
建立上方山云水洞人悲庵碑	290
道潜真禅师塔铭	296
大观佛日眼道人铭	298
顺天府宛平县邰世贵捐地碑	300
上方山大悲堂住持印心玺公灵塔铭	304
觉岸等三禅师塔铭	305
会末李氏捐地碑	307
苍林岫师塔铭	310
上方山供众地亩碑	312

水月禅师行实碑	316
修殿造像置地永远供众碑	319
乙亥十方普同塔铭	323
建立供众斋僧碑	324
明贤胜修尊宿供众碑	327
"灵迹远播"铭	330
伏魔堂浩如泉公塔铭	331
心安禅师置地碑	333
上方山置地碑记	334
上方山寺义田碑	335
老米会施田碑	339
药师堂上临济正宗传法宗派幢	342
穆然普德禅师塔铭	344
华严米会碑	347
药师殿慈光住公塔铭	353
关帝庙香火地碑	355
修吕帝阁碑	358
玉皇殿前常明海灯碑	361
顺天府谕禁告示碑	365
王九成等捐资修红桥庵碑	374
重修上方山兜率寺舍利殿碑	379
因果不昧碑	382
重修斋堂碑	383
创修径路碑	385
华严会碑	386
慈寿塔铭	388
普公塔铭	389

护持山林碑	390
上方山兜率寺置田碑	392
民国二十年摩崖刻石	394
"深源活水"刻石	395
陈兴亚携友人游山题刻	396
幽燕奥室摩崖	398
陈兴亚游云水洞刻石	400
陈尔锡草书诗刻石	401
上方山云水洞展拓碑	403
佛诞日前游山题名	407
胡大祖刘秀题名刻石	408
"佛"字摩崖	409
王振忠铭	410

附录	411
儒隐善信主僧观主香会地亩四至立碑书丹撰文者名称录	411
上方山寺庙庵观名录	429
后记	433

百咏南禅师塔铭

解题

北齐隆化元年（576）重阳日（农历九月九日）。范阳张鹍撰文。未见原石，此据乾隆版《上方山志》录入。

录文

百咏南禅师塔记

郱水，赵氏师之籍也。总角①业儒，中年不第，遇也。本郡永祥道隆住持，师也。披剃②，授具戒③也。广度，名也；指南，字也。参禅，学也。永熙壬子开阐宗④，猷教也。乙卯退院，戒贪位也。来山结茅，心知止也。西峰幽静，择其地也。西崖练若，颜其额也。昼夜礼诵，寒暑不辍，勤也。天宝年浔⑤，牧长闻德，请祈雨泽，感也。设坛诵经，得雨滂沱，诚也。咏歌纯熟，如瓶泻水，化也。世以百咏号其师者，切其人也。乃知化缘将毕，晦影归真，大施会筵，沐浴升座，蜕而去也，神之明也。临行嘱偈，所以遗其言也。铭其偈⑥而序其事者，志不忘也。行年七十九，悟物非我有；玄辩并枢机，悉系水上沤。赤膊臭肉团，奔波弗记秋；一朝心放下，从此梦亦休。师之偈也。北齐后主隆化元年重阳日纪，记其时也。沐手撰文，佛门弟子范阳⑦张鹍也。

注释

① 总角：古代未成年人把头发扎成左右两个髻，借指幼年。
② 披剃：落发、剃发，削发出家。披剃之后，可称"沙弥"。
③ 授具戒：佛教用语。授，即授予。具戒，又称"具足戒"，是比丘、比丘尼受持的戒律，与十戒相比，戒品具足，所以称"具足戒"。
④ 阐宗：阐释佛教教义、经典等。
⑤ 浔：应为"旱"字之别体。

⑥ 偈：佛教术语，音译梵文"偈陀"之简称，佛经中的简短唱词。通常以四句为一偈。高僧大德圆寂之前常常为弟子唱诵偈词，作为"遗训"。

⑦ 范阳：古代行政区域名称，其地大致在今北京西南部与河北交界的区域。时代不同，区域所辖略有变化。

按语

乾隆版《上方山志》卷之一《名胜·河》载："如于本朝水师修塔筑基，掘得石幢□□：维开山第一代华严慧晟禅师者，系中印土之梵僧也。东汉光武十年（建武十年，34），岁在甲午，西域诸大菩萨入理圣人。庚戌（建武二十六年，50）春，严祖驾莅斯山，因驱龙索水，此上方开创之源也，云云。因录之以证博览。其幢乃'百咏南禅师道行之记'。"可惜的是，这段记载在《百咏南禅师塔记》里却没有。但是乾隆版《上方山志》卷之二《人物》中又将"华严慧晟"与"百咏南"列作两条叙述，疑二者相混。溥儒版《上方山志》卷二《儒释·咏南禅师道行之记》记："汉明帝时始有佛法，彼慧晟者岂先白马而至哉？《戒坛佛龛山碑》称，万岁通天中，幽州都督张仁愿为华严尊者施僧伽黎五百缘。盖华严唐人，常飞锡幽燕间，又常与韩公遇。后人辞焉，以神其事。今百咏石幢未见，而佛龛片石尚足征也。"又书末《正误》记："旧志以华严禅师为东汉，燃身明禅师为北梁，今引唐辽碑碣正之。"

历史上有两个"永熙"年号：一个是西晋惠帝司马衷即位后的第一个年号，只有一年，这一年是庚戌年（290）；另一个是北魏孝武帝元修即位后的第三个年号，共延续了三年，第一年就是"壬子"年（532）。该文所说的"永熙壬子"，是北魏的年号，即公元532年。

文中的"乙卯"是上述"壬子"年后的第三年，公元535年。此时是东魏政权孝静帝元善见即位后的第二年，即"天平二年"。

文中的"天宝"不应该是唐玄宗"开元天宝"之"天宝（742—756）"，应系"天保"之误。但历史上又有三个"天保"：北齐文宣帝高洋之"天保（550—559）"，西梁明帝萧岿之"天保（562—585）"，后大理国段正严之"天保（1129）"。段正严的"天保（亦有说是"保天"）"，不太可能。根据该文，百咏禅师至少活过79岁，文末落款是"北齐后主隆化元年（576）"，则北齐文宣帝的"天保"与西梁明帝的"天保"都符合情理。尚须进一步证明。

此既名曰"塔记"，且内容系"百咏禅师"行实，则原本一定有塔之实物。落款"沐手撰文，佛门弟子范阳张鹍也"，而且又收入《上方山志》中，说明此人此事此物就发生在北京房山上方山一带。在北京的古塔中，似乎此塔应属"老字辈儿"了，距今将近1500年。

该文在语言叙述上还有一个鲜明的特点，那就是一"也"到底。我们知道，"之""乎""者""也"是常见的文言虚词。"也"字常作为语尾助词，当然它也有实词的用法，如作为名词，通"他"。但作为虚词之助词时，主要在语尾出现，有了"也"即可画句号了。但该文的"也"字用得有些特殊，也很一致。全文共用了24个"也"，其中有22个是用来结束句子的，有2个是用来举例的，即"乃知化缘将毕，晦影归真，大施会筵，沐浴升座，蜕而去也，神之明也"。所以，初读起来感觉有些紊乱，细品方觉出滋味。难怪乾隆版《上方山志》卷之二《人物》记"北齐条章析句、绮丽分明"，其"条章析句、绮丽分明"就是对该文特点的形容。

附溥儒版《上方山志》录文

百咏南禅师塔记　张鹍

郧水，赵氏师之籍也。总角业儒，中年不第，遇也。本郡永祥道隆住持，师也。披剃，授具戒也。广度，名也；指南，字也。参禅，学也。永熙壬子开阐宗，猷教也。乙卯退院，戒贪位也。来山结茅，心知止也。西峰幽静，择其地也。西崖练若，颜其额也。昼夜礼诵，寒暑不辍，勤也。天宝年旱，牧长闻德，请祈雨泽，感也。设坛诵经，得雨滂沱，诚也。咏歌纯熟，如瓶泻水，化也。世以百咏号其师者，切其人也。乃知化缘将毕，晦影归真，大施会筵，沐浴升座，蜕而去也，神之明也。临行嘱偈，所以遗其言也。铭其偈而序其事者，志不忘也。行年七十九，悟物非我有；玄辩并枢机，悉系水上沤。赤膊臭肉团，奔波弗记秋；一朝心放下，从此梦亦休。师之偈也。北齐后主隆化元年重阳日纪，记其时也。沐手撰文，佛门弟子范阳张鹍也。

按：与乾隆版《上方山志》互校，只有两处不同：一、塔记名称行加进撰文人"张鹍"二字；二、原"天宝年浑（乾隆版遇"旱"字均作此）"之"浑"字，直接作"旱"字。

拙崖篮和尚塔铭

解题

唐代宗宝应二年或广德元年（763）后。无书撰人名。未见原石，此据乾隆版《上方山志》录入。

录文

拙崖篮和尚塔记

师不知何许人氏，于唐中宗神龙庚午孟夏来山。谓住持曰："某乞容膝之地可乎？"先德①肯之。师于西南隅结石崖下，日诵《楞严》②心印③之旨。言行恬淡，谶言④有验，众谓师"有先见之明"。开元癸丑，冯秉募筑极乐庵于崖，为师休栖。师暇采条编筐，置路，任人取去，以故人皆谓之篮和尚。肃宗宝应癸卯春，师之化缘功极⑤。于时置果筵，众招灵机⑥。师曰："某有布匹，奉为替某举火之酬。"复谓众云："某新制寿龛，今试看之。"遂与手着衣升龛。招众曰："代某念《弥陀经》⑦送之。"师亦和声，至"东方阿閦佛"次⑧，师以手掩关。众诵经毕，开关视之，鼻柱下垂而逝。偈云："住世八十九，磨性编筐篓。赠君匹素布，送我西方走。"

注释

① 先德：当时在本山的某位高僧大德。德，佛教中用来称呼有学问的德高望重的僧人。

②《楞严》：《楞严经》的简称，佛教极为重要的一部经典，全称《大佛顶如来密因修证了义诸菩萨万行首楞严经》，亦作《首楞严》或《首楞严经》《大佛顶经》，唐天竺沙门般剌密帝译。唐朝后期恰处佛教的"末法时期"，《楞严经》又是讲说末法时期种种乱象的佛经，故篮和尚日诵《楞严》为常课。

③ 心印：佛教术语，犹如说"心心相印"，俗说"心领神会"。禅宗尤其强调

"心印"，师不教，徒未学，但是学生在跟随老师的过程中，却能心领神会，增长智慧。

④ 谶言：预言。有一定功法之人，如和尚、道人、风水算命先生等，用"谶术"来预判吉凶休咎，其所交代给大家的那些隐晦性的话，即谶言。

⑤ 化缘功极：对篮和尚即将寿尽的一种隐讳的说法。意思是他编筐助人，积德累行，人间的诸事快做完了。

⑥ 众招灵机：招，主动问；灵机，即玄机。此即为大家问篮和尚还有什么要交代的。高僧大德圆寂之前，都会留给后人一些玄机。

⑦《弥陀经》：佛教净土宗必修经典，即《阿弥陀经》，亦称《小无量寿经》《小经》，有鸠摩罗什、玄奘译本。其最先详细介绍西方极乐世界、依报世界和正报世界的种种殊胜。故篮和尚临终前请大家念此经送别。

⑧ 次：叙次、地方，此处可以理解为"处"。联系上文，即"大师也随着大家一起读《弥陀经》，当读到'东方阿閦佛'处时"。

按语

溥儒版《上方山志》卷四《碑碣》记："《拙崖篮和尚塔记》，在兜率寺塔院。宝应癸卯（763）春。"这说明民国溥心畬时原物尚存。

神龙庚午，"神龙"是唐中宗李显（李哲，656—710）复位（705）后沿用的武则天皇帝的年号，但是在"神龙"的三年（705—707）中没有"庚午"年，其另外两个年号嗣圣（684）与景龙（707—710）中也没有。但由于文中有"唐中宗"三字制约，可知此事有可能发生在唐中宗"嗣圣""神龙""景龙"的十几年内。但根据之后的两个年号干支，即"开元癸丑"（713）与"肃宗宝应癸卯"以及偈语"住世八十九"分析，唐玄宗的开元庚午（十八年，730）也合乎情理。唐肃宗在位时没有"癸卯"年，应该是代宗宝应二年或广德元年（763）。从该文中初记"篮和尚"活动的705年（中宗于这一年复位）到和尚交代后事的763年，大约有60年的时间，正好对应得上他的"八十九"岁。

这又是一篇记载上方山早期僧人活动的文章，虽名之曰"塔记"，但是否有塔之实物，尚待研究。佛教初传入中国的数百年间，"塔"大致可以分为两种：一种是专为纪念释迦佛祖而建的塔，如永宁寺塔、法门寺塔、大雁塔等，这是纯粹的宗教建筑，既高又大，砖石木结构；另一种是为高僧大德而建的纪念性塔（后来又衍生为幢、塔幢），如鸠摩罗什塔、静琬大师塔等。今天的"塔"字是由古印度梵文的"窣堵波""塔婆"衍化省简而来的，原文释义即人死后所做的一个记号而已，如压块石头、叠一摞石块。所以，此"记"中"篮和尚"说"某新制寿龛"，又"师以手掩关"，都说明大师事先为自己准备了"寿龛"（可以理解为"棺材"），又为自己关上了"墓门"。很可能这件"寿龛"就是此"塔记"的塔。文中有"冯秉募筑极乐庵"，乾隆版《上方山志》所记"庵"中并无极乐庵，反而在"崖"中有"极乐崖"，正合"筑极乐庵于崖"之文意。"极乐崖"初创于唐朝，为冯秉所建。溥儒版《上方山志》有"极乐庵在莲花台右"。

附溥儒版《上方山志》录文

拙崖蓝和尚塔记　无名氏

师不知何许人氏，于唐中宗神龙庚午孟夏来山。谓住持曰："某乞容膝之地可乎？"先德肯之。师于西南隅结茅崖下，日诵《楞严》心印之旨。言行恬淡，谶言有验，众谓师"有先见之明"。开元癸丑，冯秉募筑极乐庵于崖，为师休栖。师暇采条编筐，置路，任人取去，以故人皆谓之篮和尚。肃宗宝应癸卯春，师之化缘功极。于时置果筵，众招灵机。师曰："某有布匹，奉为替某举火之酬。"复谓众云："某新制寿龛，今试看之。"遂盥手着衣升龛。招众曰："代某念《弥陀经》送之。"师亦和声，至"东方阿閦佛"次，师以手掩关。众诵经毕，开关视之，鼻柱下垂而逝。偈云："住世八十九，磨性编筐篓。赠君匹素布，送我西方走。"

按：与乾隆版《上方山志》互校，有四处不同：一、塔记名称中的"蓝"应为"篮"的误录。二、塔记名称后落"无名氏"三字款；三、原"结石崖下"，此作"结茅崖下"；四、原"遂舆手着衣升龛"，此作"遂盥手着衣升龛"，此应为是。

兜率寺行法师塔铭

解题

辽大安二年（1086）四月。八边形，拓片均高 53 厘米、通宽 89 厘米。首题"☐兜率寺行法师塔记"，张善撰文并书丹，汉梵文合璧，先经后记。原在房山大韩继，今仅见拓片。

录文

大明六字陀罗尼真言曰：
（悉坛体梵文略）
唵嘛尼钵☐☐吽
（以上第一面）
☐兜率寺行法师塔记
☐士 张善述并书
☐苏氏生三子
（以上第二面）
☐岁礼雪☐悟法师为师称第子
☐遇恩登坛受具足戒迩后
☐火☐☐☐☐年七岁村房众
（以上第三面）
☐庄严经讲以志☐间
☐明昌年☐自☐☐心转大藏经
（以上第四面）
☐已至半藏时中当以念弥陁佛经称佛礼
持不辍至当年三月十八日因微疾坐亡
俗受六十三法腊五十五依法荼毗讫有

兜率寺行法师塔铭拓片

（以上第五面）

□五╱于此地因谢师于张↵
□田□索师□□而不获竟故尔云耳　↵
╱足以弥□□正□定坚一定智╱↵

（以上第六面）

□文╱↵
╱广照　妣张□王郎妇　↵
╱张学忠　张孝义　↵

（以上第七面）

大安二年四月十八日□坚觉通张荣同建　↵
　　　　　立石塔门人　　僧定学　↵

（以上第八面）

（据拓录）

按语

此幢分八面，第一面悉坛体梵文陀罗尼真言与汉文对照，并名"唵嘛尼钵□□吽"，但显然汉文是七个字。其实所谓"六字真言"，有时也叫"七字真言"，就是因为按梵文的读法是七个音节，按藏文的读法则成了六个音节了，所以才有"六"与"七"的不同。毕竟梵文是古老的语言，幸赖佛教经咒将其保留了一部分，但大多数人也是不明就里。

第二面首题中依稀可辨者"兜率寺行法师塔记"，说明了"行法师"与兜率寺的关系，也证明了大韩继村与上方山的关系。

第四面有"心转大藏经"，可见此碑文中也提到了《大藏经》。只不知是其心心默念，还是实有。目前无从考证。

第五面有"俗受六十三，法腊五十五"，显然其中的"俗受"系"俗寿"之误。

忏悔上人坟塔铭

解题

辽大安六年（1090）三月十五日。拓片高 49 厘米、宽 68 厘米。王虚中（王鼎）撰，贾溉书丹，邵师儒镌刻。此据国图百本拓片录文。

录文

六聘山[①]天开寺忏悔上人坟塔记

朝议大夫[②]乾文阁直学士[③]知制诰[④]赐紫金鱼袋[⑤]王虚中[⑥]撰

噫古之葬者弗封树[⑦]虑其伤心若掩骼埋胔[⑧]之类

欲人之弗得见也而后世朴散转加乎文[⑨]遂有贵

贱丘圹高厚之制[⑩]及　佛教来又变其饬终归全

之道[⑪]皆从火化使中国送往一类烧羌至收余烬

为浮图[⑫]令人瞻仰不复顾归土及泉[⑬]之义世以为

然自非高道孰克相宜我

忏悔上人终获是礼斯无愧焉　上人讳守常

曹姓易县新安府人也幼习儒业早善声明[⑭]口授

诸生处处为师匠年十七便厌世累[⑮]礼六聘山铁

头陀为师十九受具就学无方所向迎刃始讲名

数[⑯]税金吼石等论次开杂花经[⑰]洎大乘起信[⑱]等论

前后出却学徒数十人兼放菩萨戒坛[⑲]十余次所

度白黑四众二十余万住持本山三十年倡导外

日诵大悲心咒[⑳]以为恒课方与　佛宫长为法匠

无何以咸雍六年正月二十一日迁化[㉑]于上方栖

神之所春秋六十一夏腊[㉒]四十二而最后顶暖[㉓]其容

如生即以其次月九日具天竺荼毗之仪[㉔]而送之

焉薪尽骴灰[㉕]外戒珠如流玉[㉖]有掘地所求亦广非

忏悔上人坟塔铭

忏悔上人坟塔铭拓片

夫性纯与世县解者曷由底其然㉗邪旋以其年三
月望日塔其骨于上方本院之坤隅㉘大安六年三
月十五日其受法俗弟子王至温始议述其遗躅㉙托
予文而志之以告于后呜呼倡高和寡所　继者
无多处在人亡其悲者有几今室还没草骨已为
尘犹以故人纪其遗躅则高山仰止㉚之咏不独美
其前人乃知名教之兴师道尊重俾夫民　德
愈归于厚矣时大安　己巳　岁姑洗月㉛之十五日记
　　　　　布衣贾　溉书　　涿州邵师儒镌

注释

① 六聘山：在今北京房山区岳各庄之西、皇后台村之北、天开村之南。《日下旧闻考》卷一百三十《京畿·房山县一》："六聘山在县西南三十里，俗亦称绿屏山。"

② 朝议大夫：古代文散官名称，隋朝始置又罢。唐朝定为正五品下，为文官第十一阶。明清保留，品级有所提升。

③ 乾文阁直学士：辽的南面朝官，位在"乾文阁学士"之下。乾文阁系辽南京（今北京）的一座皇宫大殿名称。

④ 知制诰：谓掌管起草诰命，后用作官名。

⑤ 赐紫金鱼袋：简称"赐紫"，唐宋时期的一种官衔制度。三品以上官员，可以穿紫色官服，佩戴金鱼袋（一种鲤鱼状的金符）。

⑥ 王虚中：辽代朝官王鼎（？—1106），字虚中，涿州人。道宗耶律洪基（1032—1101）清宁八年（1062）壬寅科状元。学通经史，善作诗文，为朝廷撰拟典章制度。历任易州观察判官、涞水县令、翰林学士、知制诰、史馆修撰、观书殿学士及上录碑文落款等职衔。

⑦ 弗封树：弗，不。简单说就是埋葬死者不起坟冢。《周易·系辞下》："古之葬者，厚衣之以薪，葬之中野，不封不树。"《礼记·檀弓》："古也墓而不坟。"人死之后，给他穿上厚厚（或者是"丰厚讲究"）的衣裳，埋葬在田野之中，不起坟头，也不在坟冢上种树。

⑧ 掩骼埋胔：《礼记·月令》，孟春之月"掩骼埋胔"，指政府统一安葬那些暴露于田野、无人认领的骸骨，是当时的一种恤民之政。枯骨为"骼"，腐肉为"胔"。

⑨ 朴散转加乎文：此指原本一件简单的事情（丧葬），后来越弄越复杂了。

⑩ 贵贱丘圹高厚之制：指与封建陵寝制度相关的几个方面。贵贱，指葬主的身份等级、官职高下；丘圹，指坟墓的地下、地上设施，丘指坟，圹是墓道；高厚，指墓地的规模、墓碑的规格尺寸等。

⑪ 饬终归全之道：儒家认为，人死后要厚葬，必须完尸而葬，仪式要隆重，这才是所谓的"饬终归全之道"。

⑫ 烧羌至收余烬为浮图：将人的尸骨烧成灰烬，再收集骨灰为之建塔。这是佛教的一种火葬方法。浮图，塔之意。

⑬ 归土及泉：土葬之法。泉，即黄泉。

⑭ 声明：佛教术语，"五明"之一，在古印度和佛教文献中指文法、声韵之学。"五明"中其他的四明是工巧明、医方明、因明与内明。

⑮ 厌世累：厌烦世间的凡俗之事，认为是累赘。

⑯ 名数：佛教按数字对教义的分类，如"三界""四谛"等。

⑰ 《杂花经》：《华严经》异名曰《杂花经》。

⑱ 大乘起信：全名《大乘起信论》，大乘佛教重要论书之一，相传为古印度马鸣著，南朝梁真谛译。

⑲ 戒坛：佛教寺庙中的一种建筑形式，僧众举行师徒传戒的坛场。而传戒则是一项重要的佛事活动，也是佛教中最隆重、最庄严的法事。高僧大德设立法坛，举行授戒仪式，对于仪式中接受戒法的人来讲，叫作受戒、纳戒。

⑳ 大悲心咒：《千手千眼观世音菩萨广大圆满无碍大悲心陀罗尼大悲神咒》的一部分。

㉑ 迁化：迁移、变化之意。隐晦地指人的死亡。人由一个世界迁转到另一个世界，从骨肉之躯化为泥土。

㉒ 夏腊：也称"法腊"。僧人受戒出家后的年数。以每年结夏安居结束的七月十五日为岁腊结束之日。由"春秋六十一，夏腊四十二"，可知忏悔上人是19岁出的家。

㉓ 顶暖：人死以后头顶尚有余温。

㉔ 天竺荼毗之仪：古印度火葬的仪式。"天竺"，即印度的另一种音译；荼毗应为荼毗，印度梵文焚烧之意。

㉕ 薪尽氍灰：尸骨与袈裟烧化后的灰烬。氍，细毛布、细棉布。

㉖ 戒珠如流玉：流玉，形容玉润珠圆。形容"上人"荼毗后灰烬中的"舍利"像佛珠一样莹洁如玉。

㉗ 曷由底其然：哪里有可能达到这样啊？是指荼毗之后产生舍利一事。曷由，因为什么；底，达到。

㉘ 坤隅：即坤，西南方的代称。按照古代八卦代八方的原则，坤指西南方向。对于兜率寺本院来讲，塔院在它的西南方。

㉙ 遗躅：遗迹、遗踪、遗行之意。此指"上人"的事迹。

㉚ 高山仰止：语出《诗经·小雅·车》："高山仰止，景行行止。"意思是仰望着高山，远观着大路，虽然不能达到，但心却向往之。后人用来赞美孔子，虽然我们遥不可及，但他却是我们学习的榜样。此处用来赞美"忏悔上人"的德行。

㉛ 姑洗月：农历三月的别称。古人以十二律吕配十二月，律名"姑洗"对应的就是三月。

按语

天开寺在孤山口，历史悠久，当时在京城算是大寺。《日下旧闻考》卷一百三十《京畿·房山县一》引《国门近游录》云："由兜率寺西南行，过十方院。其旁僧塔甚众，中一塔特高，嵌有碑，题曰《六聘山天开寺忏悔上人坟塔记》，金朝议大夫、乾文阁大学士、知制诰、赐紫金鱼袋王虚中撰。"此"大学士"在刻石上作"直学士"。又记："自普济寺西行，有村名别院。田中一碑，勒元色辰库鲁克皇帝旨二道，碑末书虎儿年月日，碑阴为《护持天开中院记》，集贤侍讲学士、中奉大夫魏必复撰文并书，昭文馆大学士、荣禄大夫、集贤院使廉简题额。"再引《国门近游录》云："天开古名刹，在房山之麓。规制始于汉，历晋隋唐迄五季，盛于辽，废于金季之兵。至元十年（1273），岁次癸酉，应公禅师始来住持，次建栗园寺，次建皇后台东西两寺，次建涿州设济寺，规模庄严，拟于天开。又建中院于寺南沙河。按据上游，创水碾三以给众僧日馔费。至元二十七年（1290），世祖皇帝闻而嘉之，特赐圣旨护持。应公既示寂，遗教弟子赵显仁住持。延祐三年（1316）二月，特授圣旨宗主大天开上方中院设济等寺前后纶命。显仁镌之琬琰。延祐四年（1317），岁次丁巳，秋九月。""应公长老塔"今仍在天开水库大坝旁立，塔额及左右侧（东南面、西南面）嵌刻石已经只字莫辨了。原亦有"应公禅师道行碑"，在孤山口，今亦不见。此元碑清谢振定《游上方山记》亦有记载："问天开寺遗址，仅一碑露立麦田中，勒薛禅曲律皇帝旨二通。末纪虎儿年月日，盖元'延祐'三年（1316）丙寅（辰）岁宫中赐田券也。"该文没记书丹、撰文等人，但却交代了圣旨的内容是"赐田券"。忆1996年我们去"天开"调查，田地中也见孤零零一碑，乃是"孤山老和尚碑"，现原地已不见其踪影（今为房山文旅局文管所收藏）。

该文开篇即谈中国与印度丧葬习俗的不同，以至于把印度的这个习俗引入中国的佛教仪轨，从而引出忏悔上人的"荼毗"之仪。细品文中之语，似有在极力解释之意，很有可能在上方山的佛教徒中，"上人"是第一位"荼毗"的。查乾隆版《上方山志》所录文本，省略了这段内容，名称简作"忏悔上人塔记"，个别字词也有改动。

文中"礼六聘山铁头陀为师，十九受具"之"铁头陀"，溥儒版《上方山志》卷二《儒释》记"铁头陀，金时高僧，居此山"。

文中的"大安六年（1090）三月十五日"和落款处的"大安己巳岁姑洗月之十五日"，原应为同一日期，但"己巳"是大安五年（1089），大安六年（1090）实为庚午。前后记录相差一年，不知错在何处。

民国李书华《房山游记》云："兜率寺西南，十方院中，僧塔甚多。其中一塔，有碑记，略谓：'师讳守常，曹姓，住持本山三十年，所度白黑四众二十余万，以咸雍六年（1070）羽化（此处又出问题，有近20年偏差），塔建于大安己巳（见《日下旧闻》）'，则此寺由来已久可知矣。"李书华游山是在民国十九年，也即1930年，说明当时此石尚镶嵌在塔院塔上或另立一旁，今已被征集到首都博物馆。

附乾隆版与溥儒版《上方山志》录文

忏悔上人塔记
朝议大夫、乾文阁直学士、知制诰、赐紫金鱼袋王虚中撰
噫！古之葬者弗封树，虑其伤心。若掩骼埋胔之类，欲人之弗得见也。而后世朴散转加乎文，遂有贵贱、丘圹、高厚之制。及佛教来，又变其伤终归全之道，皆从火化，使中国送往一类，烧羌至收余烬为浮图，令人瞻仰。不复顾归土及泉之义，世以

为然。自非高道，孰克相宜。我忏悔上人终获是礼，斯无愧焉。上人讳守常，曹姓，易县新安府人也。幼习儒业，早[擅]善声[名]明，口授诸生，处处为师匠。年十七，便厌世累，礼[于]六聘山[拜]铁头陁为师，十九受具。就学无方，所向迎刃。始讲名数、税金、吼石等论，次开杂花经，洎大乘起信等论。前后出却[经明]学徒数十人，兼放菩萨戒坛十余次，所度白黑四众二十余万。住持本山[几四]三十年，倡导外日诵《大悲心咒》以为恒课。方与佛宫长为法匠，无何，以咸雍六年正月二十一日迁化于上方栖神之所，春秋六十一，夏腊四十二。而[去]最后顶暖，其容如生。即以其次月九日，具天竺茶毗之仪而送之焉。薪尽氍灰外，戒珠如流玉，有掘地所求亦广。非夫性纯与世县解者，曷由底其然邪？旋以其年三月望日，塔其骨于上方本院之[神]坤隅。大安六年三月十五日，其受法俗弟子王[治]至温始议述其遗躅，托予文而志之，以告[以]于后。呜呼！倡高和寡，所继者无多；处在人亡，其悲者有几？今[时]室还没草，骨已为尘，犹以故人纪其遗躅。则高山仰止之咏，不独[专]美[于]其前人[也]。乃知名教之兴，师道尊重，俾夫民德愈归于厚矣。时[大辽]大安[巳己]己巳[年]岁姑洗月之[望]十五日记。布衣贾溉书，涿州邵师儒镌。

（乾隆版）

六聘山忏悔上人坟塔记

噫！古之葬者弗封树，虑其伤心。若掩骼埋胔之类，欲人之弗得见也。而后世朴散转加乎文，遂有贵贱、丘圹、高厚之制。及佛教来，又变其饬终归全之道，皆从火化，使中国送往一类，烧羌至收余烬为浮图，令人瞻仰。不复顾归土及泉之义，世以为然。自非高道，孰克相宜。我忏悔上人终获是礼，斯无愧焉。上人讳守常，曹姓，易县新安府人也。幼习儒业，早善声明，口授诸生，处处为师匠。年十七，便厌世累，礼六聘山铁头陀为师，十九受具。就学无方，所向迎刃。始讲名数、税金、吼石等论，次开杂花经，洎大乘起信等论。前后出却学徒数十人，兼放菩萨戒坛十余次，所度[黑白]白黑四众二十余万。住持本山三十年，倡导外日诵《大悲心咒》以为恒课。方与佛宫长为法匠，无何，以咸雍六年正月二十一日迁化于上方栖神之所，春秋六十一，夏腊四十二。而最后顶暖，其容如生。即以其次月九日，具天竺茶毗之仪而送之焉。薪尽氍灰外，戒珠如流[至]玉，有掘地所求亦广。非夫性纯与世县解者，曷由底其然[耶]邪？旋以其年三月望日，塔其骨于上方本院之坤隅。大安六年三月十五日，其受法俗弟子王至温始议述其遗躅，托予文而志之，以告于后。呜呼！倡高和寡，所继者无多；处在人亡，其悲者有几？今室还没草，骨已为尘，犹以故人纪其遗躅。则高山仰止之咏，不独美其前人。乃知名教之兴，师道尊重，俾夫民德愈归于厚矣。时大安己巳岁姑洗月之十五日记。布衣贾溉书，涿州邵师儒镌。

（溥儒版）

何永寿赵祈题刻

解题

辽乾统六年（1106）三月。字界高75厘米、宽30厘米。两行，行字不等。镌刻于云水洞内数十米处右壁上。

录文

安次县何永寿赵祈二人┘
　　　　乾统六年三月五日┘
（据实物录）

按语

安次县是一个历史悠久的地区。上古时期为安墟地，在西周时为北戎燕地。西汉高祖（前206—前195）初年置安次县。辽会同元年（938）置幽都府，安次县属之。辽开泰元年（1012）改幽都府为析津府。

石匠吴世和题名刻石

解题

辽乾统六年（1106）。字界高120厘米、宽40厘米。两行，行字不等。镌刻于云水洞内的右壁上。

录文

僧善伏做佛石匠吴世和↵

誓造佛　同见人僧法空↵
（据实物录）

按语

作为工匠的吴世和，在云居寺石经里也出现过。

石匠吴世和题名刻石拓片

天开塔内小塔束腰刻铭

解题

辽乾统九年（1109）二月。此为天开塔地宫内小塔须弥座束腰处八面镌刻。联拓拓片宽约200厘米、高约30厘米。首行"大辽燕京良乡县金山乡"，落款"维大辽乾统九年岁次己二月甲辰朔七日庚戌日造"。石刻今在云居寺。

录文

大辽燕京良乡县金山乡
乐深村西约一里地有古
严陵洞北约五十步有
旧塔破摧遗址处去乾
统九年二月二十一日严陵
洞僧法云等因去坟际
到昏黄时从西北上有云
（以上第一面）
气雷声风雨灵法云等
为见此灵异虑有圣事
迤逦出壖不多时间出着
二石匣其石匣内开觑见
有一银匣内有绿瓶儿一
个缘石匣上镌着文字
该说者良乡护世寺
（以上第二面）

天开塔内小塔

天开塔内小塔束腰

僧法询法艺等建办
此塔至大唐贞观十三
年三月十三日其僧法询春
秋七十有五迁化遗嘱下
门资①令纠僧尼四众等同
办至龙朔三年三月二十八日
九级塔成南内有　舍利
（以上第三面）
　一十五粒其塔西南约
　五步有石碑该说去
唐大开元七年七月内
重修此浮图来至大辽乾
统九年二月二十三日僧法云
并本村首领刘诠等同共
由县司当日　知县郭比部②
（以上第四面）
便来洞内顶戴烧香毕
开觑舍一十五粒存在获时
转申留衙蒙　留守出台二日
却令比部亲自送　舍利一十五
粒赴朝廷去讫自后不过
三日内有当村孙文质杨诠
同众僧却于塔遗址处因
（以上第五面）
撅土获得应化舍利③一粒
自后于所盛着　舍利水晶瓶
内即渐增胤颗粒④约一月内却
到一十三粒每夜人来随喜
或现直疒（光）灯疒（光）金塔形像者
　多递相归仰其洞家僧
乃当村人刘诠葛颜
（以上第六面）
等为见如此欲再达灵塔共
请到五侯村刘孝贞为都维
那⑤崔文千周义远周义
深谢俊次吕村刘谓张恒
周济及请到侧近左右远近
村坊亦四众共办此塔其当村
办石匣底坐莲花腰子⑥三

大遼燕京良鄉縣金山鄉
綠深村西約一里地有古
嚴陵洞北約五十步有
舊塔破摧遺址塵去乾
統九年二月二十一日嚴陵
洞僧法雲等因去墳際
到白黃時從西北上有雲
氣靄靄風香靈法雲等
為見此靈異處有聖事
迤邐出境不多時間出著
二石匣其石匣內開觀覓
有一銀匣石匣上鐫省文字
該說者良鄉護世寺
僧法詢往藝等建塔
此塔至大唐貞觀十三
年三月十三日其僧法詢春
秋七十有五遷化詢春
門貿令札僧尼四眾等同
辦至龍朔二年三月二十六日
九級塔成南內有舍利

一十五粒其塔巴南約
五步有石碑該說去
唐大間元七年七月內
重修此浮圖朱至大遼乾
統九年二月二十三日僧法雲
並本村首領劉詮等同共
由縣司當日知縣郭此部
使才洞內項貳燒香畢
開觀合二十五粒存在此時
轉中留衙蒙習守出台首
卻令此部親自送令

粒赴朝迋去說自後不過
三日內有當村發文賀楊詮
眾僧和坡瑞遺址塵因
往護得應化舍利一粒
內即漸增瓶顯粒約月間卻
到十三粒周義遠周義
或現百方燈光金塔形像者
多遞相歸仰其洞家僧
所當村人劉詮當題
周濟及請到側近方石逐近
村坊所四眾共辦此塔嘉
辦石匣底土蓮花腰子二
事人等岳清岳椿岳江
岳仙岳思岳詮岳□
岳世□
陳進岳文撲岳可崇
維大遼乾統九年歲次己
月甲辰朔七日庚戌日造

天開塔內小塔束腰刻銘拓片（上、中、下圖）

（以上第七面）

事人等岳清岳栋岳江↵
岳仙岳思岳诠岳峰岳可行↵
岳津 岳元 岳相 岳运岳祥↵
岳可儒 梁庆梁师鉴↵
陈进 岳文换 岳可崇　↵
维大辽乾统九年岁次己二↵
月甲辰朔七日庚戌日造　↵

（以上第八面）

（据拓录）

注释

① 门资：犹如说资深亲传的门弟子。与俗说门资为"门第"者不同。

② 比部：古代官署名。三国魏始设，为尚书的一个办事机关。后代因之，隋、唐、宋属刑部，元以后废。其长官，三国魏以下为比部曹；隋初为比部侍郎，后改称比部郎，唐中为比部郎中及郎员外，其职原掌稽核簿籍，后变为刑部所属四司之一。明、清时沿用此称呼，是对刑部及其司官的习称。

③ 应化舍利：佛涅槃荼毗后所余结晶体，佛教徒奉为圣物。"应化"，指的是让百姓信徒得以接受的形式和化身，比如观音菩萨有三十二应身像、三身佛中的"应身佛"。

④ 渐增胤颗粒：逐渐增加（舍利）颗粒的数量。胤，增加，延长，繁衍。俗话说，佛舍利会下小舍利，会生舍利。

⑤ 都维那：寺院中主事者名称，亦名"维那"，是佛教丛林中的纲领职事，主管寺院众僧进退威仪等。

⑥ 石匣底坐莲花腰子：地宫内小塔底座部分，由仰莲盘、束腰、覆莲盘三部分组成。

按语

该文中提到几个时间节点："此塔至大唐贞观十三年（639）三月十三日，其僧法询春秋七十有五迁化，遗嘱下门资令纠僧尼四众等同办"；"至龙朔三年（663）三月二十八日，九级塔成"；"其塔西南约五步有石碑，该说去唐大开元七年（719）七月内重修此浮图"；"至大辽乾统九年（1109）二月二十三日，僧法云并本村首领刘诠等""欲再达（建）灵塔"。

其中"此塔"应即指天开塔。也就是说天开塔建塔的缘由是僧法询75岁临终前嘱咐弟子们办理此事。按理说此"法询"应即天开寺僧人，或即说"天开寺"早于"天开塔"。此后经过24年建成，是九级宝塔，比今天恢复的新塔要高出6层之多，今三层塔高15米，原塔高度可想而知。此后再过56年（开元七年）重修。之后再过390年（乾统九年），大家还想再重修此塔，但是从后面的记载看没有描述，只是记载了制作石函的事。"其塔西南约五步有石碑"，此碑在开元七年（719）后、乾统九年（1109）之前立，今已不见。

文中"去唐大开元七年（719）七月内"，显然是把"大唐开元"倒写成"唐大开元"了。还不止如此，后面有"等为见如此，欲再达灵塔"，此"达"应为"建"字之误。"开觑舍一十五粒存在"，这里在"舍"之后脱一"利"字。"维大辽乾统九年（1109）岁次己二月甲辰朔七日庚戌日造"，"己"后脱一"丑"字。误字、夺字如此之多，而且字体相比下一条的文字差很多，可见书丹与镌刻者技术有些不到位。

"龙朔三年（663）三月二十八日，九级塔成。南内有舍利一十五粒。"按理说，舍利应该贮放在舍利函内，而此处说"南内有舍利"，"南"恐为"函"之误。

文中有"次吕村"，实即今"次洛村"，但按今方志，该村明代才成村，依本铭文则提前了两三百年。

"乐深村西约一里地有古严陵洞，北约五十步有旧塔破摧遗址。""乐深村"，今无此名，严陵洞亦不知其地。通过这段记载可知，以天开塔为起点，在古时，其南50米是严陵洞所在位置，而严陵洞以东500米是乐深村。

元代泰定二年（1325）二月《众邑祭祀之碣》记"严陵洞住持大师李宗主"，说明当时亦有"严陵洞"。

严陵洞再建舍利匣序刻石

解题

辽乾统十年（1110）九月。此为天开塔地宫内小石塔塔腹（石函）外壁四面镌刻。联拓拓片高约40厘米、宽约200厘米。首题"严陵洞再建塔舍利匣序"，僧慧冲撰文并书丹，韩孝成刻。石刻今在云居寺陈列。

录文

严陵洞再建塔舍利匣序 ↲
於戏圣人示之世也神 ↲
仪有轨权化无隅① 莫限 ↲
含灵② 岂虚愿力利缘正 ↲
契像何不在镜中感器 ↲
未从月还非离水内当 ↲
释迦拘尸唱灭③ 传教藏 ↲
于尘方鹤树收屵（光）遗身 ↲
骨于沙界④ 群生备济孰 ↲
可称乎元斯　舍利一 ↲
十五粒罔云是谁化体 ↲
外石匣记但言香林尼 ↲
寺塔缘成办询艺二僧 ↲
（以上第一面）
匣果辞世门人继业至 ↲
龙朔三年建浮图九级 ↲
开元七年犹曾修补尔 ↲

天开塔内小塔

天开塔内小塔塔身——严陵洞再建舍利匣序刻石

严陵洞再建舍利匣序刻石拓片（上、中、下图）

后时深岁远旷野唯痕
每阴夜屵（光）误为鬼火遇
我大辽善俗乐深村刘
诠等于乾统九年二月
二十一日疑掘方扣欻
然降黑风皑雪掣电震
雷内银匣中庆获瞻礼
续放异屵（光）现无定处由
是归心者云奔雨骤念
佛者地吼天鸣闻留
（以上第二面）
守令良乡知县进讫
吾皇复往葬所殊获一
颗其数日增得十三粒
莫测是由有五侯村重
佛乘抱勇义应运刘孝
贞邑举为都维那胜缘
大向班工加妙塔度如
昔请予序因直书其事
岁次十年九月八日辛
时藏记　韩孝成　刻
　　书撰僧　慧中
　　　共办讲经沙门　融辉　义通　法云
（以上第三面）
再建塔邑人名记
五侯村　周议达　周议深　周克谨
谢净　谢俊　周俊　王恒俊　崔千
崔仁杪
乐深村　杨诠　孙文质　刘铢　刘公裕
刘昭庆　刘昭吉　葛颜　岳仙　岳诠
宋清　张公亮　张清　吕仲贵　董辩
吕公庆
元村　刘谞　张约　张仅　甘池　张思孝
杨涓　张公翰
北金阁　王知儒　周子言
周清　郑常
瓦井村　周秀　□秀　刘师鉴
次乐村　王永　王嗣融
曹张村　梁楫　　　西□村　阎简

七贤村　成为贡　王诠　┘
南金阁　王栋　丁仲颜　　王颜　┘
支卢村张十公　┘
（以上第四面）
（据拓录）

注释

① 权化无隅：权化，佛教术语。无隅，无边，意思是哪里都照顾到。佛菩萨为普度众生，示现出种种化身或种种事物，来教化众生。

② 含灵：佛教中指人类。因为人是灵长类动物之长，内蕴灵性故云。

③ 释迦拘尸唱灭：释迦灭度于拘尸城娑罗双树间，故云。拘尸，全称"拘尸那揭罗"国，佛教四大圣地之一。

④ 沙界：佛教术语，即"恒河沙界"。对大千世界的称呼，意思是多如恒河沙数的世界。

按语

"每阴夜光误为鬼火"，这是说黄夜时人们经常看到佛塔放光，怀疑是鬼火。这个"鬼火"过后，"乐深村刘诠等于乾统九年（1109）二月二十一日，疑掘方扣欻然，降黑风皑雪，掣电震雷，内银匣中庆获瞻礼，续放异光，现无定处。由是归心者云奔雨骤，念佛者地吼天鸣"。这里讲述了一个惊天动地的灵异事件：乐深村村民刘诠掘地时，突然遭遇上了"黑风皑雪"与"掣电震雷"，发现原来是银匣子在放光，于是得以瞻礼了这件圣物。从此老百姓就更加笃信佛教了。这与1983年天开塔放火球相似。难怪该文亦云"舍利一十五粒，罔云是谁化体"，说明当时他们也不知道这是否为真正的"释迦舍利"。

"闻留守令良乡知县进讫吾皇，复往葬所，殊获一颗。其数日增得十三粒，莫测是由。"此"吾皇"应即指当朝皇上辽天祚帝耶律延禧（1075—1128），其在位时改元三次，即乾统（1101—1110）、天庆（1111—1120）、保大（1121—1125）。刘诠等发现这个情况，知县也将此事上报了皇帝。刘又去现场发掘，获得了舍利一颗。后来舍利数量与日俱增，最后达到十三粒。关于发现舍利的详情，在上一条也即石函铭上可以看到："于塔遗址处，因撅土获得应化舍利一粒。自后于所盛着舍利水晶瓶内即渐增胤颗粒，约一月内却到一十三粒。"也有人认为上一条说"内有舍利一十五粒"，怎么后文及本条叙述时又说是"一十三粒"了？怀疑是镌刻有误。其实并非如此，答案自在文中，"其数日增""莫测是由"了。而且20世纪发掘天开塔地宫时发现的舍利又是三颗了，或许是良乡知县送给了皇帝仅带回了三颗，也未可知。

另外，前两面刻石中出现了许多"俗字"，如"舍"（含）、"光"（光）、"卋"（世）、"秊"（年）、"燚"（然）、"昔"（昔）、"圖"（图）等，特别是多次出现的"光"字缺末笔，怀疑是一种对佛光的避讳。

六聘上方逐月朔望常供记刻石

解题

辽天庆五年（1115）三月。圭首失座，残高94厘米、宽70厘米、厚9厘米。额篆"上方逐月朔望常供记"，首题"六聘上方逐月朔望常供记"。碑阴额篆"新创僧俗弍众礼佛署名之碑"，碑身字迹剥蚀严重。国图百本据《艺风堂金石文字目》补撰人"僧了洙"，而溥儒版《上方山志》即作"了洙"。今在舍利殿内，碑身下部左右角缺损。

录文

额篆：
（额为剪刀篆）
上方逐┘
月朔望┘
常供记┘
正文：
六聘上方逐月朔望常供①记　┘
　　　　　　丰阳柳溪沙门　☒┘
按宝积经②广博仙人③问佛灭度后云何种植获☒┘
所有供养福无有异又问福为积聚耶佛言譬☒┘
求汁积聚了无见者然彼汁不从外得福德果报☒┘
犹影随形又善生经④云佛言如来即是一切智藏是☒┘
盘后等无有异又大方广不思议境界经⑤云供养佛☒┘
安乐供养法者增长智慧证法自在能了知诸法实相☒┘

六聘上方逐月朔望常供记刻石

又慈恩云　　　当来导师龙华三会⑥最先蒙度者乃是▨
慧大德冲公倜傥有器度尊贤好事修福乐施而亡厌柰▨
请隶籍焉初沙门奉均岁久住持精苦颇著声望顷置▨
三白食以荐五台尊容之像殆无阙焉至是冲公睹▨
施钱五千然后化诸法属其友人辈闻而亦乐施▨
斡之于下寺之北质库岁得息十余褵月朔望▨
设十餐依法作法自敬荐之既罢掊诸食饭▨
人畜交欢皆饫充矣自今岁始终法灭来▨
者而更增助之实冲师之意云庶几藉▨
徒然哉时　　皇辽天庆⑦五年乙未三▨

碑阴：

额篆：

新创僧

俗式众

礼佛署

名之碑

正文：

▨德于▨文为生身父母□悉施德尝施▨
▨三贯文　法侄德亮施钱三贯文　法侄德▨
▨施钱壹贯文　审赜施钱壹贯文　楼微施▨
▨操施钱壹贯文　思度施钱二贯伍佰文　玄能▨
▨壹贯文　□□施钱壹贯文　智育施钱壹贯文▨
▨为生身父母　玄心寺洙楞严施钱两贯文为生身父母▨
钱壹贯伍佰文　存法华施钱壹贯伍佰文　法择伍佰文各为生▨
主又施钱壹贯文思孝道果智凯共施钱壹贯伍佰文各为师长父母▨
涿州斋僧也前押司官李师迪施钱贰贯文为生身父母娘子施钱贰贯▨
父母李淮景钱壹贯文为生身父母　王寿钱壹贯文为亡过父母　刘惟▨
父母　孟师常钱壹贯文为生身父母　马永孚钱贰贯文为生身父母▨
贯文为生身父母　王思恭钱壹贯文为生身父母　翟志千钱壹贯文为▨
南开武孝敬钱壹贯文为生身父母　王会儿钱伍佰文为存亡父母　康▨
为生身父母　刘效纯钱伍佰文为亡过父母　行满寺尼圆通钱壹贯▨
辛郎妇与出家姊钱壹贯文为生身父母一斗泉山主义温钱壹贯文▨
尼母轩氏又壹贯文为儿母赵氏　固安小鹰军延奴钱叁贯文为法界▨
孙六斤钱贰贯文为生身父母　孙嵓卢也钱贰贯文为生身父母▨
壹贯文为生身父母　诰花严钱壹贯文为生身父母　融寺主钱壹▨
法因钱壹贯文　□□钱壹贯文　湛都和钱壹贯文　消典座钱▨
各为生身父母▨旧□村许公仅施钱壹贯文妻许杨氏施钱壹贯文▨
贯文　胡林□施钱壹贯文　昌梨村李□起施钱壹贯文次乐庄王永施钱壹▨

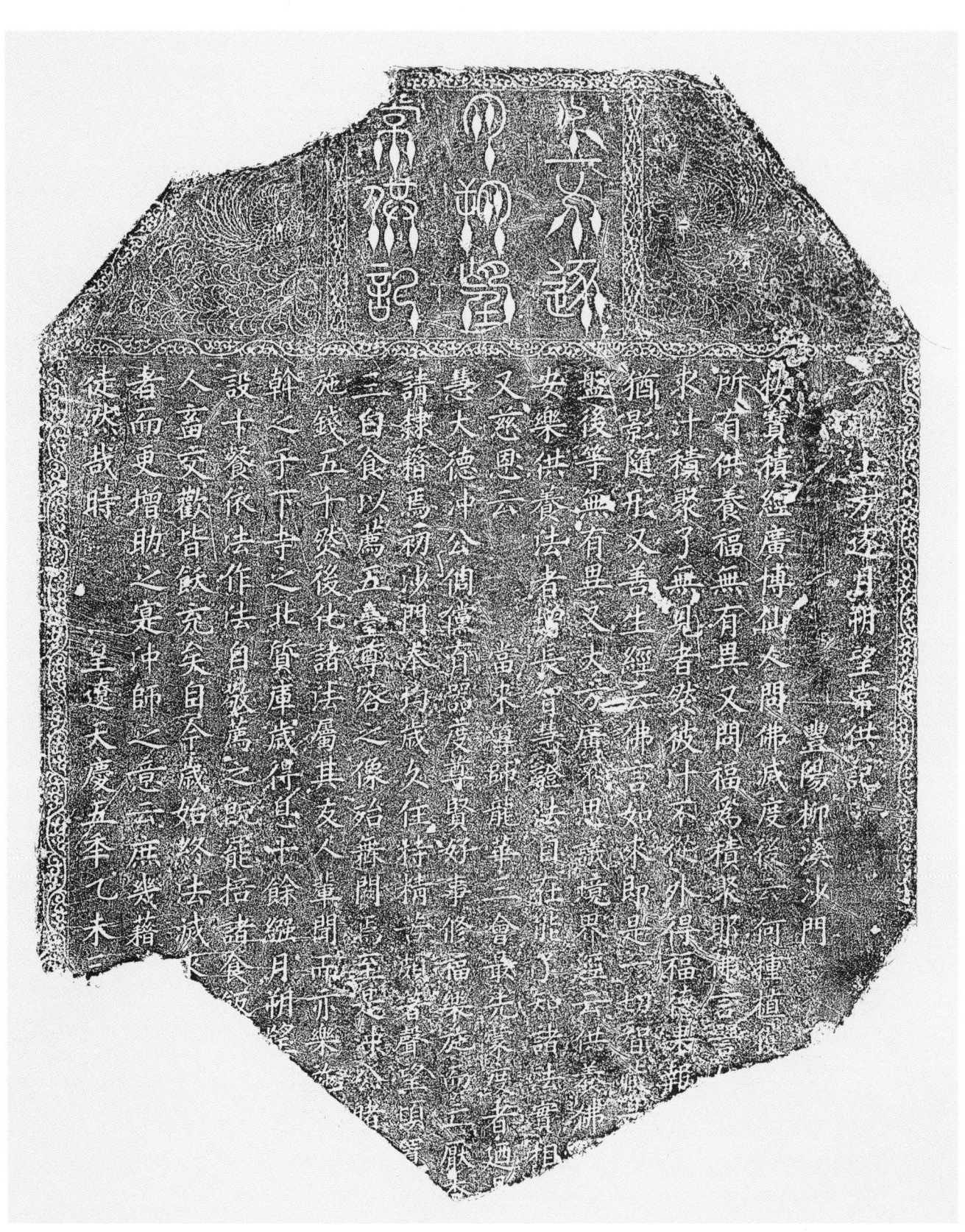

六聘上方逐月朔望常供记刻石阳面拓片

六聘上方逐月朔望常供记刻石阴面拓片

羽家施□贯文　已上各为生身父母　昊天寺许汉华施钱壹贯文　驻跸寺□↵
□崔仲鳞施钱壹贯班□施钱贯文天□施钱壹贯文□↵

（据拓录）

注释

① 逐月朔望常供：佛教信徒们约定好的每月供佛，如上香、布施、功德、劳动之类。

②《宝积经》：佛教经典，全称《大宝积经》，唐菩提流志等翻译。全经泛论大乘佛教各种主要法门，涉及范围较广，每一会相当于一经，亦各有独立主题，译者多有不同。共有四十九会。"般若部""宝积部""大集部""华严部""涅槃部"组成中国佛教史上的"五大部"。

③ 广博仙人：印度著名仙人，亦译为"毗耶娑"，被认为是《往世书》的作者并将最原始的《吠陀经》编撰出四大部的人，还被说成是印度史诗《摩诃婆罗多》的作者。《宝积经》第120卷第四十九会即是"广博仙人会"。

④《善生经》：佛教经典。东汉安世高译，本名《尸迦罗越六方礼经》，又称《尸迦罗越六向拜经》《罗越六向拜经》《尸迦罗越六方拜经》《六方礼经》等。

⑤《大方广不思议境界经》：佛教经典。全称《大方广如来不思议境界经》，唐实叉难陀译。经属《大藏经·华严部》。

⑥ 龙华三会：佛教典故，即弥勒菩萨于龙华树下成道的三会说。又称"龙华会""弥勒三会""龙华"。是指佛陀灭度后的56.7亿年，弥勒菩萨自兜率天宫下生人间，出家学道，坐于翅头城华林园中龙华树下成正等觉，前后分三次为大众说法的事。

⑦ 天庆：历史上有过三个"天庆"年号。辽大延琳天庆（1029—1030）、辽天祚帝耶律延禧天庆（1111—1120）、西夏桓宗李纯祐天庆（1193—1206）。只有第二项年号及干支与本文撰文时间相符合。

按语

该文中提到"初沙门奉均岁久住持，精苦颇著"，既然是"初"，那肯定是追述以前但又不甚遥远之事。该文为"皇辽天庆五年（1115）"作，前推数十年正是门头沟戒台寺法均大师（1021—1075）活动频繁的年份。上方山与戒台寺马鞍山同在京西，不知是否有些关系，待考证。碑阳额题"上方逐月朔望常供记"与碑阴额题"新创僧俗式众礼佛署名之碑"，均为剪刀篆体。撰文人处，今字已损，据溥儒版《上方山志》卷四《碑碣》为"了洙"。《北京市志稿·金石志》卷二《寺观金石一》记："辽崇效寺碑，佚。《金石考》，僧了铢撰，乾统二年（1102）立。""了洙"与"了铢"，似为一人。今白纸坊小学即崇效寺旧址。《日下旧闻考》卷六十《城市·外城西城二》记，元至正（1341—1368）初年，在唐贞观元年（627）所建佛寺的遗址上建立了寺庙，并由元顺帝（孛儿只斤·妥欢帖睦尔，1320—1370）赐名"崇效"，明天顺年间（1457—

1464）加以重修。实际上辽代的和尚了铢为其撰写碑文，并名"崇效寺碑"，说明"崇效寺"一名在辽代已有。

碑阴完全是功德人名，与本书所收录的早期碑刻如《六聘山天开寺忏悔上人坟塔记》《天开寺上方无止供记》等类似，阳面纪事，阴面纪人。文中有几处值得说道。关于"智𫖮"，肯定与"天台四祖"之"智𫖮"无关，二者相差约500年，仅仅是法号相同而已。"一斗泉山主义温钱壹贯文"之"一斗泉"，"斗"作俗字"㪷"符合当时的习俗。本书之"一斗泉"石刻，最早系明代，而此时已见泉名，可见此"景"历史悠久。关于"固安小鹰军延奴钱叁贯文"之"小鹰军"，内蒙古敖汉旗博物馆征集到的一件辽墓木棺残件上发现了一幅绘制的"鹰军图"，有学者加以考证，以为契丹族作为马上民族，南征北战，与北宋对抗，凶猛无比，自比猎鹰，故有"小鹰军"编制，又有"铁鹞军"之称。由"固安小鹰军"来看，当时辽国的势力范围已越过今北京以南之地。

此件残碑民国时曾在"下佛殿"仆地。陈诜《房山纪游·房山县》记"民国十三年（1924）五月二十八日"，"偕为房山之游"，"又北经红桥庵"，"又北经下佛殿"，"内有残碑卧地，谛视之，为辽天庆五年（1115）'六聘上方逐月朔望常供记'"。

附溥儒版《上方山志》录文

六聘上方逐月朔望常供记（原注：此断碑也，每行泐其半）
　　　　丰阳柳溪沙门了洙
按《宝积经》广博仙人问佛灭度后云何种植（阙）获
所有供养，福无有异。又问"福为积聚耶？"佛言（阙）譬
求汁积聚，了无见者，然彼汁不从外得，福德（阙）果报
犹影随形。又《善生经》云佛言如来即是一切（阙）智藏是
盘后等无有异。又《大方广不思议境界经》云（阙）：供养佛
安乐供养法者，增长智慧，证法自在，能了［智］知（阙）诸法实相
又慈恩云：当来导师龙华三会，［景］最先（阙）蒙度者乃是
慧大德冲公，倜傥有器度，尊贤好事，修福（阙）乐施，而亡厌奈
请隶籍焉。初沙门奉均岁久住持，精苦（阙）颇著，声望顷置
三白食，以荐五台尊容之像，殆无［门］阙焉。至是（阙）冲公睹
施钱五千，然后化诸法属，其友人辈闻而亦乐（阙）施
斡之于下寺之北质库，岁得息十余緡，月朔望（阙）
设十餐，依法作法，自敬荐之。既［能］罢掊诸［飧］食饭（阙）
人畜交欢，皆饫充矣。自今岁始，终法灭来（阙）
者而更增助之，实冲师之意云。庶几藉（阙）
徒然哉。时皇辽天庆五年乙未三囗

按：乾隆版《上方山志》无此录文，溥儒版《上方山志》经与原石对校，其文字多寡异同正如上录所示。

比丘尼了性灵塔幢

解题

金贞元二年（1154）四月。八面直楞残幢身一段，八面布字，分大小楞。残幢高69厘米、大楞宽17厘米、小楞宽10厘米。首题"大金大兴府良乡县金山院比丘尼了性灵塔记"，□珩撰文并书丹。今在舍利殿院内。

录文

大金大兴府良乡县金山院比丘尼了性┘
灵塔记　┘
苾刍尼①了性姓方氏范阳人也自幼□┘
分□长□妻□□□王氏明放尘缘染其┘
（以上第一面）
□去前／二男三女其三女曰胜哥┘
雪哥仙哥是也最长及幼各从其嫁中□┘
（以上第二面）
一名夭寿②而归其二男许令出家于天开┘
寺即提点□禅师季新法严是也纪幻僧┘
众墙堑佛庭举重事以为轻变难图而作┘
易执事侪中惟兹兄弟能至年五十四识┘
（以上第三面）
性情忘背尘合觉悟色身而电光易灭③了┘
□世而石火难停遂□□俗归真④□□□┘
／甚君师／┘
（以上第四面）

比丘尼了性灵塔幢

◻/年七十有四遇□□受施大□↵
◻/一之贰矣自□□辞世二十□↵
◻/鼎◻/↵
（以上第五面）
◻/五年九月贰日◻/↵
◻/之◻/龄七十八尼恩止↵
（以上第六面）
◻/五日具道俗威　仪焚殓而已至↵
◻/家男法严与姊及兄合↵
意建□廷□□制灵骨迁祔于天开寺上方□↵
山盖尊受遗嘱也予与法严交◻/↵
（以上第七面）
为斯记牢让无由⑤强感君镜哉同蓝□□↵
□珩撰并书时贞元⑥贰年四月初九日□↵
（以上第八面）
（据拓录）

注释

① 苾刍尼："比丘尼"最早的梵文音译，原意为"女性乞食者"，后专指受过具足戒的女性出家人。

② 夭寿：不到天年即死了。

③ 电光易灭：应与下句的"石火难停"合起来理解。俗话说"电光火石"，形容稍纵即逝的事物，源于佛经。以闪电之"光"与击石之"火"，比喻"快"，此又以"电光易灭"与"石火难停"形成"互文见义"的对句关系，来劝谕他人，谓之以"空即是色，色即是空"的道理。

④ 归真：还归本来的样子。佛教语，为"死"的讳称。

⑤ 牢让无由：找不到合适的理由，推辞无果，文中系作者自谦之辞。

⑥ 贞元：古代年号。在中国古代历史上一共出现过两次"贞元"，一次是唐德宗李适（785—805）在位时，一次是金海陵王完颜亮（1153—1156）在位时。按文意及首题辨认应系后者。

按语

溥儒版《上方山志》卷四《碑碣·唐》记"大兴府良乡县比丘尼了性灵塔记，在法华庵。贞元十二年（796）四月初一日立"，认为此塔幢立于唐代贞元十二年（796），应有误。

通过剥蚀不清的幢文可探知，幢主比丘尼了性，是范阳（今北京西南部与河北北

比丘尼了性灵塔幢拓片

部）人，姓方，丈夫姓王，生育了二男三女，大儿子早夭，三个女儿都出嫁了。父母答应了二儿子出家的请求，他就是天开寺提点□禅师季新法严师父。了性最终得寿78岁。儿女们商量着根据母亲的遗嘱，按照佛教仪轨将其烧化并安葬于上方山。

按清人查礼《莎题上方二山纪游》记，当时还有两段尼幢记载，今天再访无着。"又至广慈庵，庵内一松尤奇古。庵外有大金中都涿州范杨（范阳）洪家庄院比丘尼坟塔上石幢一截，云尼姓杜氏，固安赵家务人。又有大金中都报先寺尼德净坟塔上石幢一截，云大定二十五年（1185）无物庵裕贤开刊。今洪家庄院、报先寺、无物庵皆不可考矣。"溥儒版《上方山志》卷三《考工》记："广慈庵，在兜率寺东北半里。庵外有金中都报先寺尼德净坟碑。"又卷四《碑碣》记："中都报先寺尼德净灵塔记，在广慈庵。大定二十三年（1183）八月，无物庵裕贤开刊。"民国陈诜《房山纪游·房山县》记："又北上，抵上方山兜率寺。""其西院有金中都报先寺石幢，已残损。"实际上此二幢实为一幢之异名而已。

人们多把前"金中都报先寺尼德净灵塔铭"条与本条混为一谈，或分不清楚。虽然幢（塔）主都是女尼，但"德净"与"了性"毕竟法名不同。关键还有一点，两者都是"裕贤开刊"，同期同人所做亦不新鲜。

从名称"大金大兴府良乡县金山院"上看，此金山院并非金代西山"八大水院"之后称"金山寺"的"金水院"。金山院所在的上方山，今之房山区所属，在当时属于良乡县，再上一级的行政区划则是"大兴府"。

当寺故禅人度公幢

解题

金正隆元年（1156）。幢身八面布字，高 58 厘米、大边 12 厘米、小边 11 厘米。昙祯撰文，前记后经。首题"当寺故禅人度公幢铭"。今在华严洞院内。

录文

当寺故禅人度公幢铭　衔载　觉皇□记昙祯┘
周帝之朝具典□□□□感□□之室□后□□┘
而修寺宇弘□敕而庆绪徒核兹血☒┘
于随代龙象故有尚师□□□□僧☒┘
（以上第一面）
人度公者亦可预救德人☒┘
氏乃中都良乡县西南旧户人也依大房山师□□┘
秘南景公为师寿昌五年①试经得度业☒┘
（以上第二面）
麈尾一心之名利无羁两耳之是非不入遂以□□┘
为怀松筠梃志振锡南游上于阳□天开二山□□┘
威奇□请例衙门资□光弗悼上方精舍一境以□┘
以之☒代自天会三年②暨今三十余□□□┘
（以上第三面）
凌于碧嶂足不践于红尘以白莲之教入轴可是日┘
为常务历温凉寒暑碎事于心者未尝有替之余诸┘
德业叵以具陈夏腊五十六春秋八十五以贞元乙┘
（以上第四面）
亥岁③十二月二十五日稍以微恙右胁而逝□之二┘
所于本受业及上方山各建法幢☒门人┘

当寺故禅人度公幢拓片

建契属嘱于余祈以铭文录　师实行□撰□并叙

云尔

（以上第五面）

□□□□门人　张□　杨裕□　觉因

觉祥　觉荣　天开寺　圆灿　圆足

时正隆元年岁次丙子二月癸酉朔贡生十二□甲时　建

（以上第六面）

（第七面、第八面分三行小字、两行大字镌刻汉文音译《智炬如来破地狱真言》及《生天真言》内容，此略）

（据拓录）

注释

① 寿昌五年：辽代第八个皇帝道宗耶律洪基（1032—1101，1055 即位）第五个年号寿昌（1095—1101）的第五年（己卯，1099）。

② 天会三年：金代第二个皇帝太宗完颜晟（1075—1135，1123 即位）第一个年号天会（1123—1135）的第三年（乙巳，1125）。

③ 贞元乙亥岁：金代第四个皇帝海陵王完颜亮（1122—1161，1149 即位）第二个年号贞元（1153—1156）的第三年（乙亥，1155）。

按语

结合该文首题之后的"衔载觉皇□记昙祯"，以及落款前的"门人建契属嘱于余，祈以铭文录师实行，□撰□并叙"这句话，可以确定"昙祯"即撰文人。

按溥儒版《上方山志》卷二《儒释·度公》记"度公讳思度，中都良乡县人。依大房山景公为师。金寿昌五年（1099）试经得度业，居上方精舍。正隆元年（1156）亦示寂，石幢尚存，文泐不可读"，金代无"寿昌"年号，当为辽代，寿昌五年即己卯（1099）。又卷三《考工·十方院》记："旧名弥勒庵，金度公幢铭在焉。"

文记"自天会三年（1125）暨今三十余"，又记"以贞元乙亥岁（贞元三年，1155）十二月二十五日，稍以微恙，右胁而逝"，这两个时间相差整三十年。而"夏腊五十六，春秋八十五"，说明度公来天开寺时将近 30 岁了。

尼杜氏坟塔铭

解题

金正隆三年（1158）四月。八面刻，拓高59厘米、每面宽11厘米。镌刻《佛顶心观世音真言》汉文音译本，以及《大金中都涿州范阳县洪家庄院比丘尼坟塔记》。原在上方山，今仅见拓片。

录文

佛顶心观世音真言↵
（音译部分略，占两面加第三面第一行）
大金中都涿州范阳县洪家庄院比丘尼坟塔记↵
斯比丘尼俗姓杜氏本固安县赵家务人也父文↵
（以上第三面）
思母许氏自幼及长□至□□五十余年□□世↵
务其中身染尘缘心遂善法□□小而示□□□↵
尊亲而施矜敬又念□节之☒↵
（以上第四面）
安常来☒来过因缘↵
报难出离至年五十有八方乐修缘始来落发□↵
于范阳县洪家庄院礼比丘尼☒名行↵
（以上第五面）
缘其□□□受念大戒尔后□自□日我今垂老↵
莫能宗建树后□□何由报于主有四乃复荣林悲↵
参游第至于此观其人境□□乃发愿言我虽财↵
（以上第六面）
力无备但化信心随缘兴供可至命殚从兹寒暑↵
□劳甘赐其意甚有年矣至正隆二年十二月初八↵

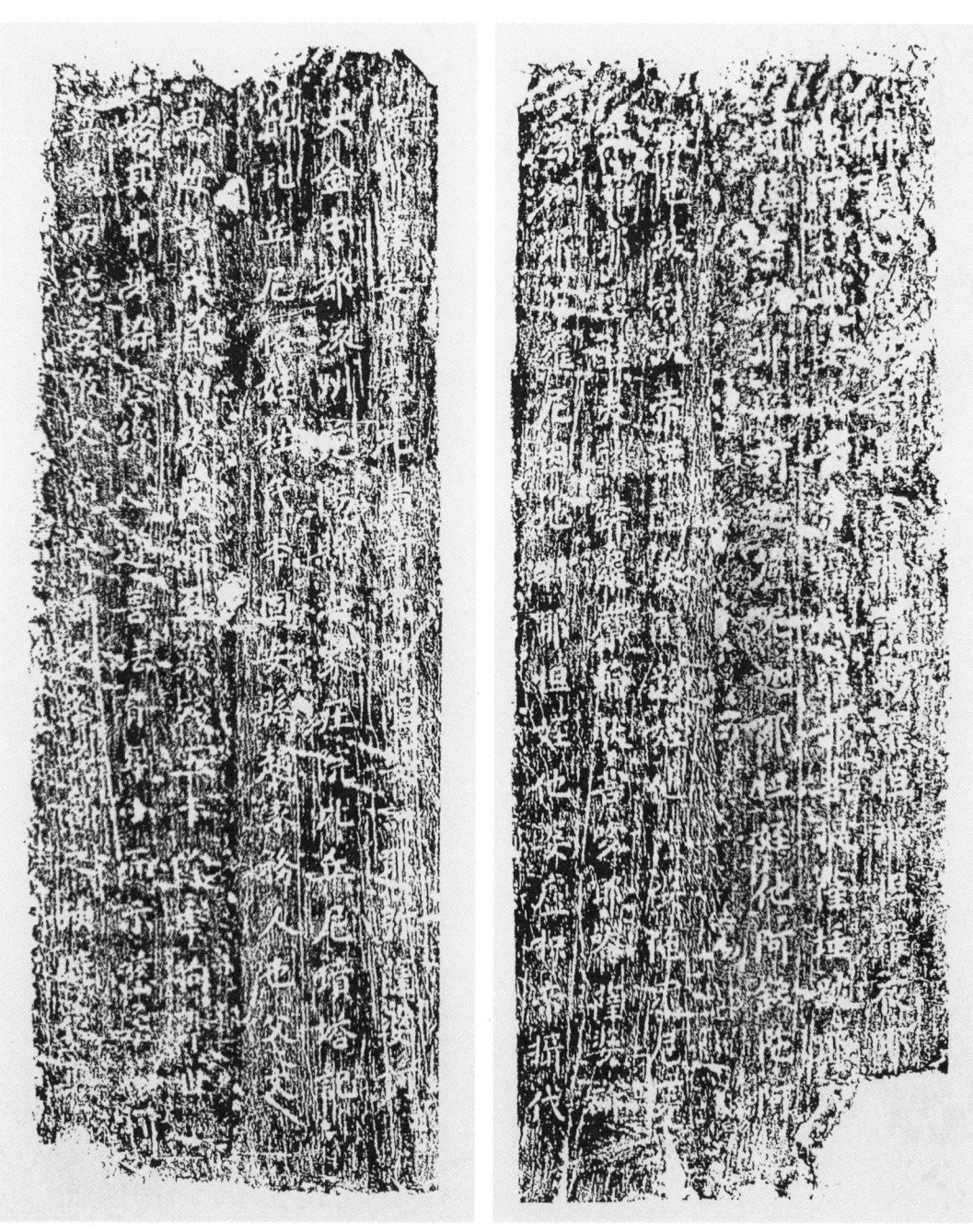

尼杜氏坟塔铭拓片（第一至四面）

尼杜氏坟塔铭拓片（第五至八面）

日终于其□□南张村之院也服年七十四夏⏎
（以上第七面）
□十六也行□生前心□所愿日愿我生生一⏎
□□□今山川就□□戒等□难其愿塔葬于兹⏎
☑正隆三年四月八日特□⏎
（以上第八面）
（据拓录）

按语

　　该文首题"大金中都涿州范阳县洪家庄院比丘尼坟塔记"中的"洪家庄"，今河北邢台犹存此名。文中"固安县赵家务"之"赵家务"，今河北廊坊亦有此名。由于金代"涿州"范围较大，此二村名称，似乎犹可证明。而"洪家庄院"的称呼，说明其当时亦属"邑会"之一。后文"终于其□□南张村之院也"之"南张村"，今保定仍存此村名。通过这些可辨认的只言片语，或许此塔主"尼杜氏"与上方山没有直接的关系，或许此碑刻仅仅是上方山的"收藏"而已。

遐龄益寿禅师塔铭

解题

金正隆庚辰（五年，1160）九月初三。冯国相撰文。未见原石及拓本，此据乾隆版《上方山志》录入。

录文

遐龄益寿禅师塔记

师字天空，讳禅悦，昌平柳村郑氏之子也。童年依安乐寺道首上人祝发①，年满于灵峰净老人座下受具。太宗②癸卯来山，居卧云庵二十余载，蔬食苦行。常修百舟三昧③，上闻其德，下诏师辞。连诏者三，遂应诏入都。上甚悦之，钦师戒行，就宫供养。遂开阐《护国仁王般若尊经》④，九旬，克备⑤辞归。赐号"遐龄益寿禅师"。御赞云："古人修隐上游访，涉水登山步林莽。禅衣露湿烟霞明，拄杖横拖风月爽。餐霞服气度春秋，白云秋水空悠悠。有时危坐入禅定，不关名利轻王侯。汤汤逝水尽流东，尘寰万虑皆为空。识得浮生这四景，百般伎俩总消融。顿息尘缘坐来静，劈破鸿蒙见真性。常生不死度流年，万古高风起人敬。"丙辰季秋甲子示寂，作偈⑥曰："名利光如水月，慧辩恰似镜痕。今朝消除梦幻，法界出入天门。"继门弟子超贤奏上，降旨："遣祭藏于西峰之侧。"春秋九十有七，法腊六十二。上赐白镪⑦三百两，为之建塔树碣以纪之云。

时海陵王⑧正隆丙辰九月初三日记，朝议大夫文华殿大学士冯国相撰。

注释

① 祝发："断发"。这是一种初入佛门的剃发仪式。经过师父为其剃光头发，接受十戒，就算出家了，不过这时仅仅是"沙弥"而已。

② 太宗：此指金代第二位皇帝太宗完颜晟（1075—1135），在位时年号只有"天

会"这一个。

③百舟三昧：此应系"般舟三昧"之误，"百""般"（"般若"之"般"）音近而讹。是指以一日一夜或更长时间经行不断、不坐不卧、不停念诵阿弥陀佛的修行法门。

④《护国仁王般若尊经》：佛教经典，全称《仁王护国般若波罗蜜多经》，又称《仁王护国经》《仁王经》《新译仁王经》，唐代不空三藏译。该经分为二卷八品。

⑤克备：准备，意思是禅师在凡间该做的事都做了，可以走了。克，可以。

⑥作倡：疑为"作偈"之讹。高僧大德圆寂之前会以"唱偈"的形式，留给弟子与信徒们一些嘱咐、提示和哲理，最常见的是四句偈。

⑦白镪：指白银。

⑧海陵王：金代第四位皇帝完颜亮（1122—1161）。他于金熙宗皇统九年（1149）杀熙宗而自立，改元"天德（1149—1153）"，后改"贞元（1153—1156）"，再改"正隆（1156—1161）"，后为部将所杀，谥"海陵王"，又谥"圣文神武皇帝"，葬于中都大房山。

按语

该文记"师字天空，讳禅悦，昌平柳村郑氏之子也"，这里的"昌平"应该与今天的昌平、延庆的某些地理位置是重合的，其"柳村"，应即今"西流村"八九百年前的原名，但村域范围未必能完全重合。今"西流村"系昌平区辖的一个"镇"名。下文提到的"安乐寺"，今天在昌平区内似乎还保留了这一地名。

文中两次提到一个干支——丙辰，"丙辰季秋甲子示寂"，"时海陵王正隆丙辰"。其实正隆年（1156—1161）没有"丙辰"，只有庚辰（五年，1160）。而上一个"丙辰"系天会十四年（1136），下一个"丙辰"是明昌七年（1196），皆非。因为前文说"太宗癸卯（1123）来山，居卧云庵二十余载"。（此庵，乾隆本未记，溥儒本虽著录但不详）然后才是被召入宫开讲。如果是天会丙辰（1136）的话，则距"癸卯（1123）来山"之时才十几年，更不可能是明昌的"丙辰"，因为它带着属性"海陵王正隆"呢。所以，它或为正隆"丙子（1156）"之误，或为正隆"庚辰（1160）"之误。

文记"春秋九十有七，法腊六十二"，说明禅师在世97年，以庚辰（1160）计算，禅师应该出生在1064年，也即辽道宗耶律洪基（1032—1101）的清宁十年。其受具足戒后的年数是62年，则其受具足戒时俗龄应该是35岁，也即辽道宗寿昌四年（1098）。

乾隆版《上方山志》卷之二《人物》记"海陵正隆年（1156—1161）御制天老僧孤髅那陀赐号遐龄益寿禅师"，由此推知海陵王曾经为禅师御制碑文，尚欠证据。但"御赞云"之112字"御赞"文，或许即海陵王御制诗。

附溥儒版《上方山志》录文

遐龄益寿禅师塔记　冯国相

师字天空,讳禅悦,昌平柳村郑氏之子也。童年依安乐寺道首上人祝发,年满于灵峰净老人座下受具。太宗癸卯来山,居卧云庵二十余载,蔬食苦行。常修般舟三昧,上闻其德,下诏师辞。连诏者三,遂应诏入都。上甚悦之,钦师戒行,就宫供养。遂开阐《护国仁王般若尊经》,九旬,克备辞归。赐号"遐龄益寿禅师"。御赞云:"古人修隐上游访,涉水登山步林莽。禅衣露湿烟霞明,拄杖横拖风月爽。餐霞服气度春秋,白云秋水空悠悠。有时危坐入禅定,不关名利轻王侯。汤汤逝水尽流东,尘寰万虑皆为空。识得浮生这四景,百般伎俩总消融。顿息尘缘坐来静,劈破鸿蒙见真性。常生不死度流年,万古高风起人敬。"丙辰季秋甲子示寂,作偈曰:"名利光如水月,慧辩恰似镜痕。今朝消除梦幻,法界出入天门。"继门弟子超贤奏上,降旨:"遣祭藏于西峰之侧。"春秋九十有七,法腊六十二。上赐白镪三百两,为之建塔树碣以纪之云。

按:与乾隆版《上方山志》互校,只有三处不同:一、塔记名称后加款"冯国相";二、原"百舟三昧"此作"般舟三昧";三、原"作倡曰"此作"作偈曰";四、原文末人名款、时间款此无。

天开寺观音院寺主源公塔铭

解题

金大定十二年（1172）十一月。比丘善崇书丹。原在天开寺，今已不见，亦未见拓片。

按语

溥儒版《上方山志》卷四《碑碣》记："天开寺观音院寺主源公塔记，在天开寺。大定十二年（1172）十一月，比丘善崇书。"

此虽亦名"观音院"，但应与一斗泉上之"观音院"无甚关系。所谓"七十二茅庵""一百二十寺院"，应该是明清之际形成的概念。乾隆版《上方山志》卷之三《建置·山外》中有"观音庵"。溥儒版《上方山志》卷三《考工》中有"观音殿"，"旧名三圣庵"，今仍存，已修复。上方山有顺治乙酉（二年，1645）"上方山三圣庵置田供众碑"。

无止斋记铭

解题

金大定十八年（1178）。圭首联首，下部断残，残高100厘米、宽61厘米。原在天开寺，后在兜率寺。今已完全剥蚀，除阳面额题与阴面个别数字外，其他均已磨蚀。此据国图百本旧拓录文。额横题隶书"无止斋记"，首题"天开寺上方无止供记"，沙门义藏刻。行文格式与众不同，上半部分三列镌刻记文，下半部密行镌刻。

无止斋记铭正、背面（左、右图）

录文

额篆：

无⏎

止⏎

斋⏎

记⏎

正文：

天开寺上方无止供记　沙门义藏刻　⏎

大定十五甲□月上方山主晖公上人曰⏎

山门在□粗寺外游□辈□以将此□右⏎

▱所▱⏎

生□□师▱日▱⏎

□所▱燕山已矣故起□⏎

禅师仁公▱石□□众后劝为⏎

□省秘▱吉⏎

□览□□山□□□或▱⏎

□之若石⏎

□□君身⏎

身外浮华⏎

拔彼巨溺⏎

施门有限⏎

积善余庆⏎

施一僧饭⏎

八踏□头⏎

郊□僭坊⏎

□逃烟霞⏎

吾佛灭后⏎

（以上第一列）

材□□□⏎

世□□□⏎

废此遐□⏎

福种邑城⏎

不为我□⏎

胜□守贫⏎

□屋华居⏎

士女骈萃⏎

诸□欣贺⏎

最胜福田⏎

此□忠勤┘

（以上第二列）

□石火心□□┘

非以□而□秽┘

由□□其恩永┘

□□安而心省┘

□□当即窗回┘

□际其于丘井┘

□□□心境┘

□□胡之顶领┘

当从山主所请┘

（以上第三列）

外虚侧□┘

山□沙门圆晖□立石┘

当今聪□□暇施╱未来╱┘

聚首身宝七日忌辰╱日忌辰┘

先考梁玘六月十一日忌辰□□先妣吕氏三月十八日忌辰条┘

西庵知众禅师施钱一伯贯正月二十四日忌辰条　┘

故介山主施钱五十贯十一月吉忌辰条　　┘

弘业袈裟施钱一伯贯□□每月十三日设□一　┘

╱一伯贯永远合并供众　┘

□□□座施钱五十贯十月十一日忌辰条　┘

□□□□□施钱一伯贯为□节君八月二十日忌辰条┘

╱施钱五伯贯自后五月十九日忌辰条┘

先考七月二十五日忌辰条先妣四月十五日忌辰条┘

妻苑氏十月十一日忌辰条　┘

涿州╱刘蛣施钱二伯贯正月八日忌辰条　┘

涿州行╱施钱五十贯为老娘刘氏十二月一日忌辰条┘

曹张刘娘□施钱二十五贯为姐正月八日生辰条　┘

乐╱那□□二十五贯为师叔十月初三日忌辰条┘

□深中保□□母蒙氏施二十贯正月十日忌辰条┘

涿州比财坊弘农郡夫人王氏施钱一佰贯文□为故奉国上┘

将军州知□□州军州事□□弘农╱┘

材□□□贞吉大定十八年九月十九日╱┘

留寺□山主╱将╱十八╱忌辰八月┘╱

╱忌辰七月┘

（以下底半截另列，残缺4行）

涿州╱┘

非大二╱┘

无止斋记铭阳面拓片

无止斋记铭阴面拓片

新☐↵
施钱五十贯☐↵
范阳县娲头☐↵
范阳县莲泉村☐↵
范阳县上梁村张☐施☐↵
自大定二十一年正月二十日☐↵
☐康☐正月二十一日☐↵
男敬国☐↵
涿州☐☐☐大德☐↵
天开寺☐☐☐施钱三十贯☐↵
☐施钱☐↵
（4行字迹不辨且残缺）
☐☐大☐↵
忌辰八月☐↵
忌辰七月☐↵
（碑阴完全磨泐，仅能辨认第二行"月二十六日忌辰"七字）

按语

溥儒版《上方山志》卷四《碑碣》记："《天开寺上方无止供记》，在天开寺。大定十八年（1178）。"

由这篇磨蚀后极不完整的碑文可知，"无止斋"或"无止供"，并不只是供佛之意。此"斋"亦不可作"书斋"解。当时涿州范阳县许多乡村的百姓，将其亡故父母（考妣）的牌位供在佛寺（天开寺），祈求佛菩萨超度亡灵，保佑在世的子孙后代，信徒们是"捐"牌，而非无代价地置放。

这篇碑文的镌刻有些零乱，文字不规整，碑体下部损坏，排版布局有些随意，再加上磨损剥蚀严重，导致录文难度加大，其也很难以标准的古籍整理模式表现出来，故在这里多交代几句。碑面上下分三部分：最上部分（大约占一半篇幅）前半记文占八行，后半上下分三列诗偈；中部记文从右向左叙刻；下部与中部一样，也是从右向左叙刻。最后一行上下通款。

文中多次提到"山主"，一开始说到"大定十五甲☐月上方山主晖公上人曰"，之后又有"当从山主所请""故介山主施钱五十贯""留寺☐山主"。然此"山主"即"晖公"。后一条"燃身明禅师塔幢"，金大定二十年（1180）建，比此记稍晚两年，为"山主沙门圆晖立"。两山主应为同一人。

燃身明禅师塔幢

解题

金大定二十年（1180）。六角直棱幢身，拓高57厘米、通宽89厘米。幢六面布字，上下饰以线刻宝相花。正面上下分两部分，上部镌刻大字"燃身明禅师塔"，下部剔地出龛雕禅师禅定像，其余五面镌刻塔铭。首题"明禅师塔铭"。圆晖立，行钦书丹，行书体。原在兜率寺塔院，今在舍利殿院内。

录文

燃身明┘
禅师塔┘
（以上第一面）
明禅师塔铭　┘
寂照叟退韩继人觉居上方懦庵得┘
弍日故人才法师悯忠弘教空大德┘
诣庵道明禅者焚身踪迹众为树塔┘
（以上第二面）
恳求作铭因随喜赞叹谨为铭曰　┘
空劫①那边赢弍着观世间事真戏谑┘
折脚铛儿破木杓草衣木食乐岩壑┘
道人善明尝此药七十七年惟自若┘
（以上第三面）
赵性宝坻本村落　统恩受具幼披┘
削末后上方得栖托便把柱杖高挂┘
却　大定庚子②岁将涸建子初一③己┘

燃身明禅师塔幢

054

燃身明禅师塔幢拓片

西朔我退大觉君行脚若合符契靡

（以上第四面）

差错食倍常日色不怍积薪自焚贵

省要如烧草木无秽恶信戒定慧④非

凡壳⑤阴云四合雪大作烟尽火灭倏

便廓山众哀感同一诺收拾余骨葬

（以上第五面）

石橦表窣堵波觉后觉

　　大定贰拾年十一月二十八日建

　　　　见山主沙门　圆晖　立

　　　　　　善阳⑥沙门　行钦　书

（以上第六面）

（据实物录）

注释

① 空劫：佛教术语，"四劫"之一，指世界已不存在，空无一物。

② 大定庚子：金世宗完颜雍（1123—1189在世，1161—1189在位）大定二十年（1180）。

③ 建子初一：夏历以十一月为岁首（子月），此指十一月初一日。

④ 戒定慧：佛教所说的"三学"，也是佛教徒们最需要培养的三项技能。修戒，完善道德品行；修定，致力于内心平静；修慧，培育智慧。

⑤ 凡壳：凡胎，凡俗之人的肉体躯壳。

⑥ 善阳：古代县名，其地在今山西朔州一带，亦作"鄯阳"。

按语

该文落款"大定贰拾年（1180）十一月二十八日建"，但乾隆版《上方山志》卷之二《人物》则记"后梁（907—923）弘宗演教秉志坚贞然身道明禅师"，两者在时间上有两百多年的出入。

溥儒版《上方山志》卷四《碑碣》记："燃身明禅师塔铭，在兜率寺塔院。"

该文前序后铭，序的文字很少，但提到了"三师""三寺"。三师即寂照叟、才法师空大德、明禅师；三寺即韩继大觉（寺）、上方慵庵、悯忠（寺）。大致是讲寂照叟从韩继大觉寺出来，转居上方山的慵庵，过两天他的老友悯忠寺的才法师空大德来访，商量着要给为佛献身自焚的"明禅师"立塔作铭的事。然后就是十一句半的铭文。最后落款"见山主沙门圆晖立，善阳沙门行钦书"。问题也出来了，到底是谁撰的铭文？揣摩文意，结合铭文，应该就是自称"寂照叟"的人，因为铭文中有"我退大觉君行脚"，与篇首正相契合。那么铭主又是何许人呢？答案就在塔铭里。"道人善明尝此药"，是说燃身明禅师法名"善明"；"七十七年惟自若"，是说善明77岁；"赵性宝坻本村落"，说明禅师俗姓赵，宝坻人。前文提到"韩继大觉"，今天房山仍有"大韩继村""南韩继村"，村史介绍说是"唐代已有中继村"，南韩继"明前成村"。这些不错，但是不确，通过此铭的记载，至少我们说"金前成村"是史实。《日下旧闻考》卷一百三十《京畿·房山县一》引《北游纪方》："韩姞寨，俗呼韩继村，有香光寺。寺右有唐宝积禅师塔，塔后为大悲阁，万历二十二年（1594）赐藏经贮焉。"至于今天多了一个"南"字也好解释。一个地方人口渐多形成村落，叫某名称，再后村子扩大，人们就再以方位词作为后缀以名新村，如张各庄、东张各庄、西张各庄、南张各庄、北张各庄、前张各庄、后张各庄之流。由于各村的建设发展不一定均衡，于是后来就形成了有"南"无"北"、有"东"无"西"、有"前"没"后"的村名情况。文中的"大觉"说明在金代时，韩继村还有一个寺庙叫"大觉"的，今天肯定是不存在的了。

附乾隆版与溥儒版《上方山志》录文

明禅师塔铭

寂照叟退韩继大觉，居上方慵庵得弍日，故人才法师悯忠弘教空大德诣庵，道明禅者焚身踪迹，众为树塔，恳求作铭，因随喜赞叹，谨为铭曰：

空劫那畔赢［一］弍着，观世间［之］事真戏谑；折脚铛儿破木杓，草衣木食乐［崖］岩壑。道人善明尝此［乐］药，七十七年惟自若；赵姓宝坻本村落，统恩受具幼披削。末后上方得栖托，便把［拄］柱仗高挂却；大定［丁丑］庚子岁将涸，建子初一己酉朔。我退大觉君行脚，若合符契靡差错；［时］食倍常日色不怍，积薪自焚贵省要。如烧［玉石］草木无秽恶，信戒定慧非凡壳；阴云四合雪大作，烟［烬］尽火灭倏便廓；山众哀感同一诺，收拾余骨藏石椁，表窣堵波觉后觉。大定［二］贰拾年［子］十一月二十八日建。［莫］见山主沙门圆晖［托］立，善阳沙门行钦［凿］书。

（乾隆版）

燃身明禅师塔铭［并序］

寂照叟退韩继大觉，居上方慵庵得［三］弍日，故人才法师悯忠弘教空大德诣庵。道明禅者焚身踪迹，众为树塔，恳求作铭，因随喜赞叹，谨为铭曰：

空劫那畔赢［一］弍着，观世间［之］事真戏谑；折脚铛儿破木杓，草衣木食乐岩壑。道人善明尝此［乐］药，七十七年惟自若；赵姓宝坻本村落，统恩受具幼披削。末后上方得栖托，便把［拄］柱杖高［卧］挂却；大定［丁丑］庚子岁将涸，建子初一己酉朔。我退大觉君行脚，若合符契靡差错；［时］食倍常日色不怍，积薪自焚贵省要。如烧［玉石］草木无秽恶，信戒定慧非凡壳；阴云四合雪大作，烟尽火灭倏便廓；山众哀感同一诺，收拾余骨葬石椁，表窣堵波觉后觉。大定贰拾年十一月二十八日建。见山主沙门圆晖立。善阳沙门行钦书。

（溥儒版）

按：燃身明禅师的这三种史料，对比起来有多处增减不同，如上录符号所标示。

燕都悯忠空大德幢铭

解题

金大定二十一年（1181）十月。幢身一段，在华严洞院内，八边等边，高54厘米、边长10厘米。首题"燕都悯忠空大德幢铭"，前铭后经，分大小字镌刻。经文部分顶格书。

录文

燕都悯忠空大德幢铭
大德俗姓孙氏法号□空鸡川①人也幼而
出家神清爽拔性颇犯刚依止广宁府②间
山玉泉寺③名公长老席下伏劳十有余岁
（以上第一面）
至定二年④移锡　中都礼大悯忠寺⑤右街
僧录⑥传戒忠大师为师依年受具经游学
肆⑦少时归于故里忽思清凉⑧瞻观妙吉菩
萨⑨慈相善根宿植励志精专一步一礼弗
（以上第二面）
惮其劳直造台山慈尊面奉睹诸胜境悲
喜交穷迤逦还都憩于本寺偶有林泉之
兴⑩策杖西游返瓶盂高挂天间上方山闲
居养道焚诵数　数寸张氏舍居于二载之
（以上第三面）
□宿疾复作五月十有一日枕肱长往寿
四十腊十九葬之于照明禅师灵塔之南
隅上建尊胜陀罗尼幢一座渠之法属求
于圆晋师☐比其空兄出家之

（以上第四面）

始末予念同盘道侣不能伏笔为之铭曰⏎

  三界茫茫 四生绕绕 似玺鋚成　⏎
  徒自缠缴 净土真宗 谁能顿晓　⏎
  不落自在 宁存边□ 良哉人人　⏎

（以上第五面）

  何尝欠少 金燕悯忠 空僧明了　⏎
  夏制不构 藏身未几 四十年间　⏎
  如空过鸟 □□□□ 幢连兹山　⏎
  群松环绕 云散秋天 一轮月□　⏎

（以上第六面）

  大定二十一年岁次辛丑仲秋十日　立　⏎

（以下到第八面末小一号字顶格镌刻梵文音译本《尊胜陀罗尼》，略）

（据拓录）

注释

① 鸡川：古地名。北宋时期置鸡川寨，属秦州。金人南下，于天会五年（1127）置鸡川县。

② 广宁府：古地名。金天会元年（1123）始将原辽显州升改为广宁府，其治所在今辽宁省广宁镇。

③ 玉泉寺：今辽宁锦州义县有风景名胜"玉泉寺"者，地近"医巫闾山（闾山）"，恐即此地。在当地的介绍中，仅说"明清两代有玉泉寺、清安寺"等，而在叙述辽金寺庙时未曾提及。

④ 定二年：金代世宗完颜雍大定二年（壬午，1162）。

⑤ 大悯忠寺：亦名"悯忠寺""闵忠寺"，即今西城区法源寺，中国佛教协会、中国佛学院、中国佛教图书文物馆所在地。唐贞观十九年（645），唐太宗李世民为纪念征高丽阵亡将士，下诏在幽州城东南隅建寺立庙，直到武则天执政时的万岁通天元年（696）才开始兴建。

⑥ 右街僧录：唐代以来朝廷委任的僧官名称，在两街功德使之下分设左、右街僧录之职，掌理僧尼名籍、僧官补任等事务。

⑦ 学肆：学校、书院一类学人聚集之处。肆，本指商铺、店铺。"书肆"为书店，"学肆"为学校。

⑧ 清凉："清凉山"的简称，今山西五台山。《大方广佛华严经·诸菩萨住处品》中记："（印度）东北方有处，名清凉山，从昔已来，诸菩萨众，于中止住。现有菩萨，名文殊师利，与其眷属、诸菩萨众一万人俱，常在其中而演说法。"人们据此尊其地为文殊菩萨的道场。

⑨ 妙吉菩萨：文殊菩萨。文殊菩萨，梵文音译为文殊师利或曼殊室利，简称"文殊"，意译"妙吉祥"或"妙德"。因其出生时，家族中出现十种瑞相，故名"妙

燕都悯忠空大德幢铭拓片

吉祥"。

⑩ 林泉之兴：解脱自己的一切职务和权力，包括修道课经等，不再为事务缠身，任己优游。

按语

"燃身明禅师塔幢"条有"才法师悯忠弘教空大德"，从时间、地点、名称上看，"悯忠弘教空大德"与"悯忠空大德"应该是一人。"才"是其"法名"，"空"是其辈分，"弘教"是其封号，犹如"弘法""弘通"之类，而"大德"则是后人对他的尊称。

"玉泉寺"在金代塔铭中的记载，可修订当地称玉泉寺仅为明清所建的不足。

金中都报先寺尼德净灵塔铭

解题

金大定二十三年（1183）八月。原在广慈庵，今已不见，仅见拓片，拓片高56厘米、宽68厘米。幢六面，第一面上部粗线刻佛结跏趺坐莲台像，下部兰荼体梵文五行。国图百本作"石原在北京房山上方山接待庵"。

录文

大金中都报先寺尼德净灵塔记
（以上第一面）
内菠菩提□须长菩提苗内埋贪欲□□成贪欲卑
□□芘刍尼仙埠涿州固安县固城村人俗姓苏氏
□始生也父母□令□清河子身羁□务心悟色空
（以上第二面）
□□□而成是苦因念色空而当成善果年近四十一
夫于□确志遂许出家礼中都报先寺善世大师为剃
发师至四十五皇城恩坛受五百戒尔后辞师随方
往北□□精╱供给□来黑白道友四十□余
（以上第三面）
县毫无倦╱师□生笔三经行□□
□梵行等三品缘起□□□苟非宿植善本广种善缘
安能兵城之中却睹□□之叶可谓菩提之□令□
□长生年耋寿之余╱务□兹大定十七年
（以上第四面）
四月十四日过□州而□□□四十二春秋八十一□
╱灵骨寄安般舟山院思考
╱门人大师尝以化度寺守太

金中都报先寺尼德净灵塔铭拓片

☐母亦弃俗出家于☐香寺↵
（以上第五面）
大师以母☐骨☐☐在六聘上方院之☐↵
弟☐系☐☐之策亦宜求葬先祖之陵也☐↵
☐☐☐忍☐☐余求记固不可辞时大定二十三年↵
八月十☐日无物庵　裕贤☐造☐刊☐↵
（以上第六面）
（据拓录）

按语

　　"尼德净灵塔"又简称"报先寺尼幢"。溥儒版《上方山志》卷四《碑碣》记："中都报先寺尼德净灵塔记，在广慈庵。大定二十三年（1183）八月，无物庵裕贤开刊。"但其后又列《报先寺尼德净坟石幢记》，大定二十五年（1185），沙门裕贤书。不知是否一事？国图百本记在"接待庵"，说明接待庵是20世纪50年代石刻存放地。

　　该文中有"大师以母☐骨☐☐在六聘上方院之☐弟☐系☐☐之策，亦宜求葬先祖之陵也"等语，其中"大师"依上下文意，似乎是幢主"尼德净"的子息，他决定将母亲葬于上方山。

　　文末落款"无物庵裕贤☐造"之"无物庵"，不见于乾隆版《上方山志》卷之三《建置》记录，溥儒版《上方山志》亦不详其准确位置。

崇公和尚塔铭

解题

金大定二十四年（1184）五月三十日。无书丹、撰文人名。法属师景等造。实物与拓片均不见，此据乾隆版《上方山志》录入。溥儒版《上方山志》记在瓣香庵。

录文

崇公和尚塔铭

公讳善崇，本县金山乡南韩继人也。俗田姓，父讳师进，母董氏。童不留髻，嬉戏异常，拜瑜伽院坚公为师。侍师忘劳，夙夜匪懈，兼习经文，以待举选。皇统元年秋登科二第。春度具足戒。一日辞游，叹曰："名利惑心，诚为罪薮①。"遽然拂袖，挂钵携节，云水栖游凡十五载而归止斯山。公赋性慈善，洁己精专，悉何天数已终。而于大定二十四年四月十八日终于兹山，春秋六十有八，夏腊四十有三。次日茶毗，幡花遵送院西。法属②师景等念师恩，顾令工造幢，藏于先茔之北，左刊石以记于不朽云。时大金世祖大定二十年五月三十日立。

注释

① 罪薮：罪恶的渊薮。
② 法属：修行上的同参道友，包括师父、师兄弟、师叔、师伯、师公师太、徒弟、徒孙等，但此处依上下文意应指徒弟、晚辈等。

按语

清人查礼《莎题上方二山纪游》记："转入瓣香庵，庵居山正中，下临大道。外有《当寺瑜伽院故山主崇公灵塔记》，金大定二十年（1180）立。又有《大宝广博庵楼阁善住秘密真言》梵字。今瑜伽院、广博庵俱无考。"可见乾隆元年（1736）此幢尚在瓣香庵，今已不见踪影。溥儒版《上方山志》卷三《考工·瑜珈院》记"瓣香庵有金瑜珈院主崇公灵塔记。盖庵即瑜珈院也"，说明当时石幢上面刻有《崇公和尚塔记》。

房山八景中有所谓"金山香水"，此"金山"指"金陵"。"南韩继"，研究地志者谓南韩继村，明代前成村，因有"韩其坟"而得名。《明禅师塔铭》亦有"寂照叟退韩继"语，而无"南"字，或许限于语式字数简称而已。此二件石刻的年代早于明代近200年，其可补村史研究之缺。据明万历三十四年（1606）韩吉村《顺天府涿州房山县韩吉村香光寺重修缘起碑记》记载，明初为姚广孝所建"香光寺"，实为唐朝宝积禅师驻锡地，故此地至少在唐时即有民人居住，否则佛寺无以立足。但"南韩继"与"大韩继"实为两村，古代的分合情况尚待理清。

另外，该文在时间上出现了矛盾之处：文中叙"而于大定二十四年（1184）四月十八日终于兹山"，落款云"时大金世祖大定二十年（1180）五月三十日立"。其中肯定有一个是错的。文记"春秋六十有八、夏腊四十有三"，由此推算崇公受戒时25岁。由"皇统元年（1141）秋登科二第，春度具足戒"可知，崇公夏腊第一年应该是皇统二年（1142），而"夏腊四十有三"，则其终于1184年，正好是"大定二十四年"，"大定二十年"应该是错误的。

又记"遽然拂袖，挂钵携节，云水栖游凡十五载而归止斯山"，说明崇公自25岁受具，然后"云水栖游"15年，40岁到68岁之间的28年一直栖止上方山。而此28年的活动，于塔铭里却没有任何交代。

附溥儒版《上方山志》录文

崇公和尚塔记　无名氏

公讳善崇，本县金山乡南韩继人也。俗田姓，父讳师进，母董氏。童不留髻，嬉戏异常，拜瑜珈院坚公为师。侍师忘劳，夙夜匪懈，兼习经文，以待举选。皇统元年秋登科二第。春度具足戒。一日辞游，叹曰："名利惑心，诚为罪薮。"遽然拂袖，挂钵携节，云水栖游凡十五载而归止斯山。公赋性慈善，洁己精专，奈何天数已终。而于大定二十四年四月十八日终于兹山，春秋六十有八，夏腊四十有三。次日茶毗，幡花遵送院西。法属师景等念师恩，顾令工造幢，藏于先茔之北，左刊石以记于不朽云。

按：与乾隆版《上方山志》互校，有几处不同：一、题名，前称"塔铭"，此为"塔记"；二、题名后加落款"无名氏"；三、前"瑜伽院"此作"瑜珈院"。四、前"忝何天数已终"之"忝"此作"奈"，为是；五、溥儒版最后无时间款。

天开寺奉先县禁山榜示碑

解题

金崇庆元年（1212）四月。残高73厘米、宽48厘米、厚10厘米。碑断残，仅余下部，上部缺多少不可知。碑阳上部横丝栏各行余一两字。丝栏下部为榜示文。碑阴题名三列，两侧亦刻题名，首行"二十四年三月□"。山主比丘师澄立石。原在上方山兜率寺，今在北京石刻艺术博物馆。溥儒版《上方山志》记在舍利殿。

录文

奉先县①于□　　　　　　榜②

据六聘山天开寺十方禅院僧善辛状告本寺系是自古名山先
于明昌二年③有本寺勾当人④僧善惠状告为见邻近村坊人户于
本寺见为主常住山林四至东至望海堈南至神仙峪西至紫云
岭神仙洞北至龙虎峪可依四至内林木被诸人强行斫截⑤其僧
善惠于官告令列文榜付本寺收执为主照⑥使此时护□禁约了
当至今已是多岁人户辏集却行依旧将诸器具于本寺见为主
山林内强行斫截及般运柴木蹬损梯道每日相持无有定度兼
□贼人每发恶言要斫坏梯道断绝路径使本寺僧徒常甚怯惧
不敢早晚出入切恐因此别致不虞之事似此止约不得便见山
门日渐凋弊难以住持及准
令文名山大川禁其樵采况本山亦是自古名山正合禁约以此
僧善惠先告到万宁县文榜收执为验今已既是改作奉先县若
不于官告诣别出文榜窃恐本山将来难以为主照使有此事因
今谨具状上告奉先县伏乞详状列出文榜一就付本寺收执乞
禁止凶恶人斫截四至内林木准告除已勘当列邻近村今不致
人户斫截树木外须合行出榜者
右出榜人户通知　　　　崇庆元年⑦四月十二日榜

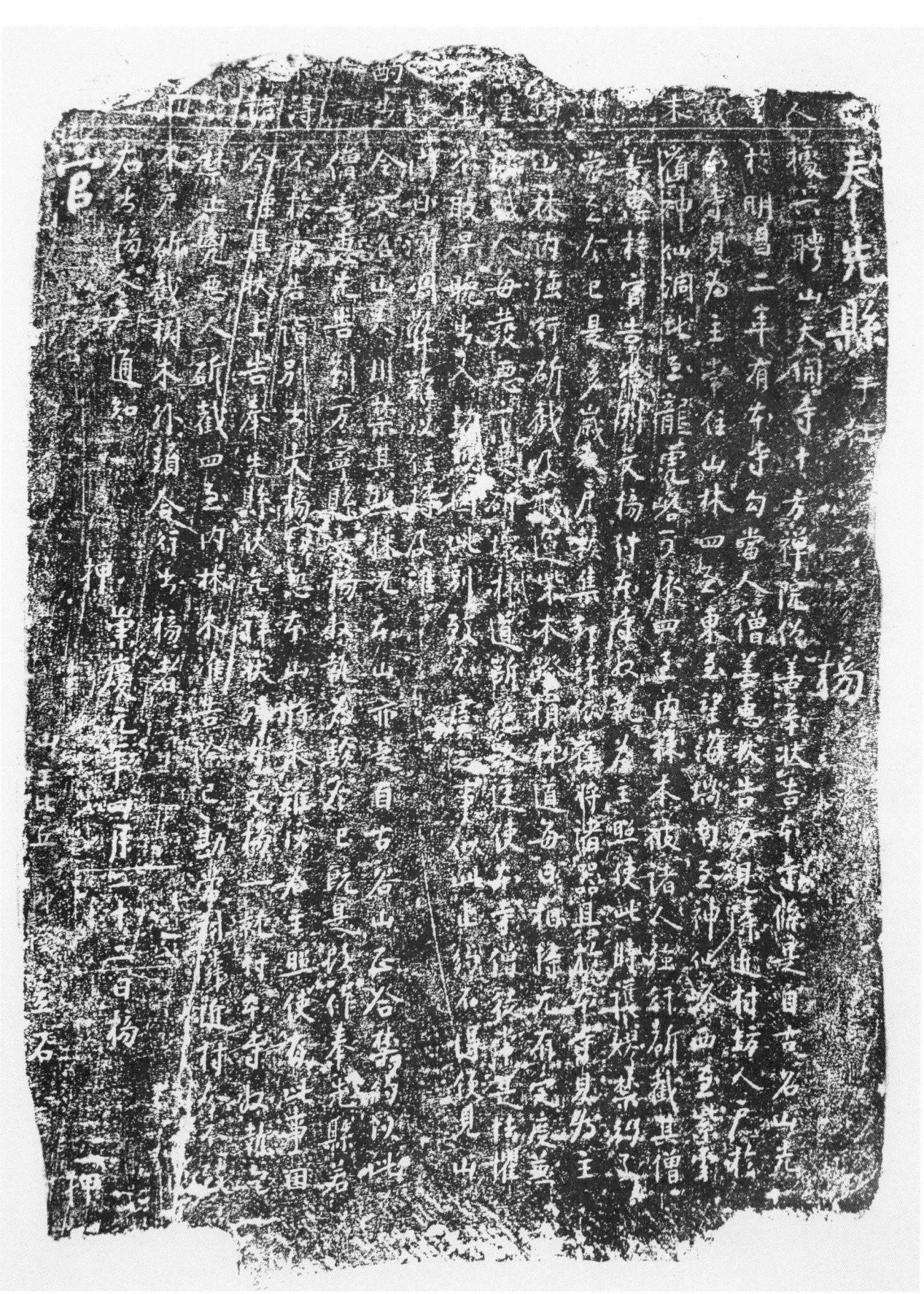

天开寺奉先县禁山榜示碑阳面拓片

　　　　　　　　　押　　　　　　押
官

　　　　　　　　　山主比丘　师澄　立石

碑阴（为功德题名。已完全磨泐，略）
（据拓录）

注释

① 奉先县：古代县名，县治在今房山区。金大定二十九年（1189），为奉山陵（金代皇陵），始析良乡、范阳、宛平三县边地，置万宁县。明昌二年（1191），改万宁县为奉先县，属涿州。

② 榜：张贴出来的政府公文。

③ 明昌二年：金章宗完颜璟（1168—1208在世，1190—1208在位）即位后的第二年（1191）。

④ 勾当人：勾当，元代及元以前常使用的名词，相当于后来的"营生""办

天开寺奉先县禁山榜示碑阴面拓片

事""管事"。"勾当人"就是"有司""具体负责办此事的人"。

⑤ 斫截：砍伐（树木）。

⑥ 主照：主要证明。照，执照，主管部门发下来的一个文件，可以作为民事纠纷中的凭证。

⑦ 崇庆元年：金卫绍王完颜永济（1168—1213 在世，1209—1213 在位）即位后第二次改元的第一年，壬申年，1212 年。

按语

此碑文系一篇地方政府（奉先县）的告示文，刻立公布于金代崇庆元年（1212），刻石原在上方山兜率寺内，内容是"六聘山天开寺十方禅院僧善辛状告"本寺于"四至"范围内受到不法乡邻干扰，"乞禁止凶恶人斫截四至内林木"等情。而此案已在明昌二年（1191）由该寺僧善惠状告到"万宁县"，并得到宪批榜文收执。后因县政府改制，天开寺仅借此烦请"奉先县"重新验明事件再予批文发布。刻石残缺，碑阳刻奉先县榜文，碑阴镌功德题名。两面共残存1000字左右。此碑文属于地方政府支持寺院经济、严格"禁采"的公告，说明在800年前朝廷就非常重视乱砍滥伐现象，并明令予以禁止。两篇告示文内容与被告相同，但起因却不同。由于政府改制，寺院不得不向新一届政府重申原告内容，申请重新认定发布。

榜文刻于四方丝栏之内，上部残缺，每行仅余一二字。上部所缺文字尚多，一定尚有细致情节。

碑阴首行"二十四年三月"，年号缺佚不明。金代各年号逾24年者，仅世宗"大定"一朝，则此年即1184年，较碑阳文字却早二三十年。依政府告示碑惯例，不论政府发文时间先后，均应勒于阳面而立，内容简约有序。阴面所刻碑文抑或早于阳面，系追述、详述情节，或为原刻。

碑文镌刻行楷不一，大小不一，横竖错位，品质不高。但保留了辽代碑刻原文，不失为上方山的重要史料。

"山林四至：东至望海堈，南至神仙峪，西至紫云岭神仙洞，北至龙虎峪。"由金代所记的"四至"来看，上方山所辖范围与"景观"名称也有些变化。"望海堈"，显然就是后来的"望海峰"，紫云岭在山之北，龙虎峪在兜率寺东。唯独两个以"神仙"命名的"峪"和"洞"，在乾隆版《上方山志》里找不到对应的名称，体现了一定的历史沿革与变迁。

溥儒版《上方山志》卷四《碑碣》记："奉先县禁止斫截林木榜，在舍利殿。崇庆元年（1212）四月二十三日榜，山主比丘师澄立石。"

金中都竹林寺第十六代清公和尚塔铭

解题

　　金崇庆壬申（元年，1212）后。八角等边幢身一段，高65厘米、边长10厘米。首题"金中都竹林寺第十六代清公和尚塔铭"，翰林修撰张　（原空）撰文。今在舍利殿院内。

录文

金中都竹林寺第十六代清公和尚塔铭　
　朝散大夫① 充翰林修撰② 同知制诰③ 张　　　撰　
师讳庆清父通母赵氏大金汾州④西河县人也俗姓唐母赵氏庆　
曹□德锡食用已腹娠从生自幼戏不群□多眠火语不茹荤腥　
□□圣教□而藏之令效艺□外无所从十岁辞亲出家品□礼　
（以上第一面）
本州崇仁寺僧善会□计经受度日发诚心延僧万　
数未逾周载愿利周圆□栖隐禅寺⑤参访秀公无间寒暑　
□参□九切切孜孜十三□中未尝懈怠朝淘夕汰日将月就如　
斯九秋颇有所得缘不契斯复参竹林海公未越半载偶因作礼　
忽然散去而后父等投机箭□□□异宗别□□□难职嗣　
（以上第二面）
（第三面，占五行，字迹剥泐不辨）
□为　
□□□祝延　
圣寿下慧□林发□已来光□□后□风□密声　
播神□□□绵绵名闻□　
禁□明示□□之粮□王□□□士庶钦崇无　
（以上第四面）

劳□工香积隆丰若非大有因缘何感闻达
圣听崇庆壬申⑥岁中冬二十有五日特奉
圣旨赐钱钞二万贯麦四百石粟三百石盐一百袋入寺赡众□
隶为官　　宣差提控恒为给赡无令失事当此师假幻质以示
疾实让人所屈已是讳竹林颂云十字街头开铺□□九天门下像
（以上第五面）
行头皇恩受了行□漏归去来乃得解田居移旧隐保养上方崇
庆辛未中春望日师为门人曰浮生梦质四大非坚幻壳无常五
阴安固宜有所归遂书遗偈曰五十二年电掣了无一法□□□
须更话玄微只与诸方无别临□□碎虚空匝地清风□□□□
圆寂次日荼毗炎炎烈焰顶面无伤㷿㷿
（以上第六面）
听□上方□聚处之
昨有侍僧袖封实□来叩言□徐而言曰
之为铭再三再四观谈无由□不当□款师平
之铭铭曰　□众□銮　□在本有　师再妙□
□□□□　云□□忠　□□□空　□街中□

金中都竹林寺第十六代清公和尚塔铭拓片

（以上第七面）

　　风牛善定　破野□□　作狮子吼　弗□纵横　⁄┘
　　棒喝齐行　了无容受　无妨杀活　弗存□曰　早⁄┘
　　四外法常　来也何先　吉而为后　照用同师　恒⁄┘
　　我戏□寂　群灵之咎　┘
⁄宋崇改元⁄立石　┘

（以上第八面）

（据拓录）

注释

① 朝散大夫：中国古代文阶官制度。隋朝始置，唐朝因之，为从五品下，文官第十三阶。历代沿用，品级略有不同，至明代时废除。

② 翰林修撰：翰林院修撰的省称。古代文官名称，从六品。职掌修国史、实录，记载皇帝言行，进讲经史，草拟典礼文稿等。一般殿试获状元者授翰林修撰。

③ 同知制诰：古代文官名称。其职责是为皇帝起草"诏诰"等。

④ 汾州：古代行政区划名称，始置于北魏，所涉范围包括今山西隰城县、介休市、永安县、平遥县、绵上县等地。

⑤ 栖隐禅寺：今北京门头沟区妙峰山镇的仰山栖隐寺，据传说该寺建于北魏，金元时期达到鼎盛。

⑥ 崇庆壬申：金卫绍王完颜永济（1168—1213）即位后第二个年号的元年（1212）。

按语

该文记塔主系"金中都竹林寺第十六代清公和尚"，既然是第16代，则竹林寺开山应比立石早两三百年。如果从金海陵王迁都燕京、扩展原辽南京，并改元"贞元"、改"燕京"为中都算起，与立石相隔近60年的时间，不可能经过16代的传灯。《日下旧闻考》卷五十九《城市·外城·西城一》引《奉福寺尊胜陀罗尼幢》："辽道宗清宁八年（1062），楚国大长公主舍诸私第，创厥精庐，奉敕以'竹林'为额。"再引《金台集》："竹林寺，金熙宗驸马宫也。寺僧云，一塔无影。"又载："竹林寺，景泰（1450—1456）中重建，易名'法林'，在笔管胡同，今已废为菜圃，无寸椽矣。有明天顺（1457—1464）中翰林学士吕原碑，其塔今无可考。"笔管胡同在老宣武区，今新文化街西北、醇亲王府（南府）以东。在清初时已废为菜圃，之后再建王府，今天就更没有遗迹了。通过以上史料可知，竹林寺建于辽，盛于金，重建于明，清已毁。既然是辽道宗时的大长公主建寺，此公主则应系道宗同辈，到金代崇庆时，该寺也应该有100多年的历史，其所说"第十六代"，还勉强说得过去。清公与上方山有无关系？在幢第七面首行有断残不完数字"听□上方□聚处"，由此判断清公可能来过上方山，但未在此山做过住持，亦未葬于此山。不知何故，其坟幢却藏于此山。

"栖隐禅寺参访秀公无间寒暑"，此"秀公"应指万松老人行秀（1166—1246）。据《续藏经》等记，承安二年（1197），诏往大都仰山栖隐寺，次移锡报恩、洪济。《万松舍利塔铭》记："泰和六年（1206），复受中都仰山栖隐禅寺请。"只可惜清公和尚比万松老人早逝。

撰文人"朝散大夫充翰林修撰同知制诰张　撰"，原文于"张""撰"之间空多格，毫无字迹，可见立幢时原空。在古代碑刻中，类似的情况也多有之。亦有将"年""月"列上，而无具体时间者。立碑刻幢本不是一件简单的事情，故古人采用了"于其所不知，盖阙如也"的传统。

"崇庆壬申（元年，1212）岁中冬二十有五日，特奉圣旨：赐钱钞二万贯、麦四百石、粟三百石、盐一百袋，入寺赡众。□隶为官　宣差、提控，恒为给赡，无令失事。当此师假幻质以示疾，实让人所屈已，是讳竹林。颂云：十字街头开铺，□□九天门下像，行头皇恩受了行□漏。归去来乃得解田居，移旧隐保养上方。崇庆辛未中春望日，师为门人曰。"辛未年这里出现了一个"时间差"。卫绍王即位改号曰"大安"，三年后又改"崇庆"。大安三年是辛未年（1211），崇庆元年是壬申年（1212）。清公"奉圣旨"是在壬申年（1212），归隐回上方山"示疾"唤众并"遂书遗偈"时，自应在其后，比如"崇庆二年（癸酉，1213）"之类。故曰"崇庆辛未"肯定是不对的，因为历史上没有年号"崇庆"对这个干支"辛未"的这样一年。

下中院村元碑

解题

元至元二年（1265）五月。郑文忠撰文，原碑名不详。此碑已佚，亦未见拓片及录文。

按语

溥儒版《上方山志》卷四《碑碣》记："下中院村碑，在下中院村东。至元二年（1265）五月十七日，天开村郑文忠撰。"

通真观碑

解题

元至元九年（1272）五月。今未见实物，拓片高146厘米、宽75厘米，额高35厘米、宽28厘米。额篆"通真观碑"，宁克诚篆额；首题"通真观碑"，彭志祖撰文并书丹，耿志明镌刻。碑阴题名。原在房山南韩继村。

录文

额篆：
通真╝
观碑╝
正文：
通真观碑╝
　　　　大长春宫①玄学②讲经提举金泉③彭志祖撰并书　　东平路④前宣抚司阅劝农兼捡察使宁克诚篆额╝
至元辛未冬十月予以事自燕抵范阳冯村全真观因为旬日之留一日黄冠师□公志通者踵门求谒稽首而言曰每╝
欲走书币有诸于是者今子至矣诚慰于心予顷间问所求曰无佗惟丐文以纪观事耳请具道所以然盖此观在涿州╝
奉先县治之西南二十里茂林沃壤云烟萧爽大房西山倚如翠屏有墅曰瓦井观曰通真实志通偕辛志明侯志正之╝
所建也岁辛未春六月志通至自汴有本村会首赵永昌等□状施己地亩以步计袤⑤七十有八广三十有一请建为╝
国焚修之所志通辈□之其始也垦榛刈芜麋豕其俱其终□□之污者□□□□之荒者□以除有殿以奉　╝
玄圣有□以奉真官西斋东厨下逮库厩园圃井湢皆隶焉请于宗师清气□人得今额此观事之大略也迄今三十余╝

通真观碑拓片

年管□□□就绪敢妄意言其始末欲刊诸石予于是待幸有以纪之可乎予欣然曰有是哉兴造始末当如所请至于

□源宗师命名之意为道者故不可忽诸窃尝谓全真之教自开辟两仪此理已具凡主盟斯道者代不乏人

我□祖立言垂训之后文庚庄列四子翼而张之汉魏唐宋以来张道陵寇谦之杜光庭陈图南辈迭起而弘畅之

至金□氏重阳王祖师度高弟曰丹阳曰长真曰长生曰长春曰王阳曰太古相继而布护之其教遂大行于世迨

国朝大定之诏征长春回燕其道拯救生灵推恩尤被宜乎四方无贵贱少长皆知从事于道由是言之信乎道之一气

通流于□虚之间无所不在而及于人身一言以尽其妙者曰真而已在至人有其真而能全其真常人有其真以至昧

其真嗜法蛊⑥之世故泪之宜所谓真者不知为何物尚可与言道邪后之学者倘能以宗师命名之意克通是理而求之

则庶乎可矣公南京内乡通许县⑦人家世以农为业自幼入道礼易州隆兴观于尊师为师尊师出于沙垡王真人之门

公之为人纯素有守在道五十余年惟以建庵立观为己事其于玄门为不负矣故并及之俾来者有警焉铭曰

猗欤师祖	来自西秦	道传老氏	教立全真	真之在人	匪由乎外	至人所得
常人所昧	道之为用					
或似不盈	无形可形	无名可名	欲假修习	实繁定力	听公所言	知公之德
公至自外	择屋奉先					
曰辛曰侯	同立福田	桢干畚锸	岁月必葺	几历星霜	功缘告毕	殿宇差差
出于无为	尸而祝之					
孰云不宜	西山高直	东流不息	通真名观	亦终无极	旦望焚诵	以集群仙
祝我						
皇家	亿万斯年				侯志政	辛志明

　　大 元 国 至 元 九 年 五 月 望 日宗主达妙大师文志通门人知观白道素等立石

　　　　功 德 主 赵 吕 婿 信 真 居 士　　甫山　燕山洞玄逸士耿志明刊

（据拓录）

注释

①　大长春宫：今西城区西便门外的白云观。白云观始建于唐，初名"天长观"，金世宗时，大加扩建，更名"十方大天长观"，金末重建为"太极宫"。蒙古汗国初年，道教全真派长春真人丘处机奉元太祖成吉思汗诏驻太极宫掌管全国道教，遂更名为"长春宫"。丘处机仙逝后，其弟子在长春宫东侧建立道院，取名"白云观"。故原

"长春宫"较现在白云观规模为大，基址靠西。

②玄学：此处代指道教。因老子《道德经》有"玄之又玄，众妙之门"，故道教又有"玄学"之说。

③金泉：古亦称"金渊县"，隋代县名，治所在今四川金堂县东南同兴场。由于古人有以其籍贯称其旧名的习惯，故此碑撰文并书丹作者署名为"金泉彭志祖"。

④东平路：元代设置"十路宣抚司"掌管各路军民之政，其在历史上存在时间较短。"十路"分别为燕京、益都济南、河南、北京、平阳太原、真定、东平、大名彰德、西京、京兆等。"东平路"属其中一路。

⑤袤：古称南北的距离为"袤"，东西的距离则为"广"，故碑文中的"广袤"可理解为长与宽。

⑥法蛊：一种以毒虫作祟害人的巫术。在器皿中投下各种毒虫，最后剩下集百毒于一身的毒虫，用来作蛊种，其所产下的卵被用于下蛊。

⑦南京内乡通许县：此"南京"是指历史上金代的南京，今开封之地。今"通许县"仍为开封属县。

按语

碑文"予于是待幸有以纪之可乎"中的"待"，依上下文意不可理解，怀疑为"特"字之误。

碑文"祖立言垂训之后，文庚庄列四子翼而张之"中的"四子"系指道教供奉的"四配"，又称"四圣"，是他们继承和发展了老子的学说，并分别有著作行世。其著作分别是：通玄真人文子所著的《通玄真经》、冲虚真人列御寇所著的《冲虚真经》、南华真人庄周所著的《南华真经》和洞灵真人庚桑楚所著的《洞灵真经》。此四位作者亦即文、列、庄、庚四人（四子）。

碑文"汉魏唐宋以来张道陵、寇谦之、杜光庭、陈图南辈迭起而弘畅之"，体现了道教在"汉魏唐宋"时期发展传承的一条脉络，列举了四位代表人物。东汉张道陵（34—156），字辅汉，原名陵，在巴蜀地区创立五斗米道，这标志着道教的正式创立。寇谦之（365—448），字辅真，上谷郡昌平县（今北京昌平）人，后徙居冯翊郡万年县（今陕西临潼），北朝时期道教代表人物和领袖、新天师道（北天师道）的改革者和代表人物。杜光庭（850—933），字圣宾，号东瀛子，处州缙云（今属浙江）人，唐末五代道士，在天台山入道，赐号传真天师。陈抟（871—989），字图南，号扶摇子，赐号"白云先生""希夷先生"，后人多称其为"陈抟老祖"，亳州真源（今河南省鹿邑县）人，北宋著名的道教学者、养生家，尊奉黄老之学。

碑文"国朝大定之诏征长春回燕"，即指发生在金代大定二十八年（1188）三月的事情。丘处机应金世宗召，从位于陕西的王重阳故居赴燕京（今北京），奉旨塑王重阳、马丹阳遗像于宫观，并职"高功"、主持"万春节"醮事，后来又逐渐得到政府授权，以至掌管天下道教。正大元年（1224）春，丘处机应燕京官员的邀请主持天长观。正大四年（1227），成吉思汗下诏将天长观改名为长春宫，并赠"金虎牌"，以"道家事一切仰'神仙'处置"，即诏请丘处机掌管天下道教。

房山县重修天开寺碑

解题

元至元二十八年（1291）。首题"涿州范阳县重修天开寺碑"，魏必复撰文并书丹，居实篆额。原在天开寺，今已不见。拓片存中国台北"中央研究院"历史语言研究所，高224厘米、宽88厘米，模糊不清。此录文据该拓片录，但依文献录文格式录写。

录文

涿州范阳县重修天开寺碑　　魏必复 元人

至元十年，岁次癸酉，应公禅师从檀那①比丘众之请，住持涿州房山县之天开寺。寺盛于前代，由唐以来，历兵烬，始荒废。师贮（原作此，应为"驻"字）锡，慨然有兴坠起废之意。于是剪荆棘、除瓦砾，不数年，归依有殿，香积有厨，粮糗有库，主有丈室，僧有寮舍，金碧辉煌，大为一方所瞻仰。又有栗园若干顷，为强悍怙势者所夺，前此主寺者弗治也。师诉之官，蒙给付焉。又垦田二十余顷，创水碾南章村，凿井治圃于寺之东南，以给僧朝夕之费。二十六年冬，住持大奉福寺实公上人以师用力之勤，状其本末②，征文于予，俾其徒勒之贞石，用识永久。以实上人乡曲耆德，义不得辞。按所具状如右，为论次之。大雄氏之设教也，以虚无为宗，以真空为色，以广荡寥廓为归，性海其乡，法界其宇，戒之为埤，惠之为户。故有茹草木，游鹿豕，绝迹广漠，放浪形骸③，而如来真境、菩萨道场与性自会，是即所谓正法也。至若大构嗣（原作此，应为"寺"字）宇，绘塑真像，金贝珠玉，种种庄严。内则错杂民居，外则蔓延山谷；大而都邑，小而戍镇，竞作佛事，以徼福利，是即所谓象教也。噫！佛之心、佛之法，混沦空洞，普博渊深，触处圆通，随感随应。学佛者想慕空寂，莫可仿佛，欲朝夕瞻仰，为大归依，则舍是象，将奚适④？盖正教者，法之正也，象教者，法之变也。正以崇教，变以广法，佛之心正而未始不为变，变而未始不为正也。师讳普应，姓赵氏，世居县之南章里。性刚毅静慧，盖平昔敬信正教而一力严恭象教者也。始出家事而依者曰瓦井阇黎才公，就而得法者曰开善禅师所净公。

注释

① 檀那：佛教用语，梵文音译词，施主的意思。

② 状其本末：将事情的原本描述出来。"状"本来是一种文体，即具有素材性质的记叙文，比如墓志文的"状"等。

③ 茹草木，游鹿豕，绝迹广漠，放浪形骸：形容出家人的避世状态，每日粗茶淡饭，像野生动物一样躲开尘世，与大自然亲近。

④ 奚适：去哪里。奚，疑问词；适，去往某处。表示自己没有前进的方向了。

按语

根据字迹模糊的拓片，尚可识此碑文原首题为"涿州范阳县重修天开寺碑"，《日下旧闻考》卷一百三十《京畿·房山县一》引《国门近游录》载："（孤山口）村东北行数里为皇后台、黑龙潭，其北即六聘山。山有天开寺，寺中有元碑三：其一从仕郎、翰林国史院典簿、顺圣魏必复撰并书，至元二十八年（1291）立，末书石局副使李文秀镌。"但在此碑拓片上未见"石局副使李文秀镌"字样。溥儒版《上方山志》卷四《碑碣》记："房山县重修天开寺碑，至元二十八年（1291）辛卯月癸酉时丙辰建，石局副使李文秀。"

另外，关于天开寺住持应公长老，碑文"至元十年（1273）岁次癸酉，应公禅师从檀那比丘众之请，住持涿州房山县之天开寺"，印证了元延祐四年（1317）《圣旨护持天开中院碑阴记》的记载："至元十年（1273），岁次癸酉，应公禅师从比丘众之请始来护持。""应公禅师道行碑"存目，但碑实物久佚，应公长老寿塔犹存，但塔铭已磨蚀不见只字。故此碑文末有"师讳普应，姓赵氏，世居县之南章里。性刚毅静慧，盖平昔敬信正教而一力严恭象教者也。始出家事而依者曰瓦井阇黎才公，就而得法者曰开善禅师所净公"，这正是对应公俗姓、法讳、籍贯、性格、法脉、师承的全面介绍。

此碑文中还提到一位大师，即居实。他是金中都奉福寺住持。奉福寺地处今西城白云观附近。碑文"住持大奉福寺实公上人以师用力之勤，状其本末，征文于予，俾其徒勒之贞石，用识永久"，是说此碑文虽系当时的翰林、大文学家魏必复所撰，而文章的素材是实公上人准备的。作为实公主持的奉福寺，"有栗园若干顷，为强悍怙势者所夺，前此主寺者弗治也。师诉之官，蒙给付焉"，是应公帮助实公打赢了这场官司，可见两位大师的关系不一般。由"天开寺奉先县禁山榜示碑""涿州房山县禁约碑""顺天府谕禁告示碑""护持山林碑"条碑文的内容可知，寺庙与百姓的纷争不断，从金代到民国持续了将近800年，需要官府平衡解决。此碑客观上也"涉案"了。

后来"栗园"似乎又成了天开寺的下院。《日下旧闻考》卷一百三十《京畿·房山县一》引《国门近游录》记："自普济寺西行，有村名别院。田中一碑，勒元色辰库鲁克皇帝旨二道，碑末书虎儿年月日，碑阴为《护持天开中院记》，集贤侍讲学士、中奉大夫魏必复撰文并书，昭文馆大学士、荣禄大夫、集贤院使廉简题额。""至元十年（1273），岁次癸酉，应公禅师始来住持，次建栗园寺，次建皇后台东西两寺，次建涿州设济寺，规模庄严，拟于天开。"

护持天开中院碑

解题

元延祐四年（1317）。此碑今在下中院村委会院内，阴面朝上仆地，螭首，失座。碑高200厘米、宽72厘米、厚16厘米。额题"护持圣旨之碑"，碑阳两道元仁宗圣旨均已磨泐不辨，仅可辨认一"大"字。碑阴无额，首题"圣旨护持天开中院碑阴记"，魏必复撰文并书丹，廉简题额。

录文

额题：
　　护持
圣旨
　　之碑
正文：
（碑面圣旨已磨泐不辨）

碑阴：
圣旨护持①天开中院碑阴记
　　　　集贤侍讲学士②中奉大夫魏必复撰并书
　　　　昭文馆大学士③荣禄大夫集贤院使廉简题额
天开古名刹在房山之麓规制廓窈始于汉历晋隋唐迄五季末盛于辽毁于金季
之兵鞠为瓦砾灰烬墟有年矣至元十年岁次癸酉应公禅师从比丘众之请始来
护持应公重庐古朴甘乐山攻苦□□既仡锡遂慨然恳辟耕斫自以克复先业为
意不数年田庐□檀那感悦遂构佛殿方丈东西斋堂僧寮库厨三门大为一方壮
观次建栗园寺次建皇后台东西两寺次建涿州设济寺规模庄严拟于天开又建
中院于寺南沙河按据上流创水碾三④以给众僧日馔费终始弗少懈尔无一毫私
夷考其行盖致像教⑤以证佛乘庶几如来戒定循循者与至元廿七年

083

护持天开中院碑

世祖皇帝⑥闻而嘉之特赐

圣旨护持是刹应公既示寂遗教弟子赵显仁护持显仁亦佳嗣师谨教以时内外

补苴涂塈⑦弗怠于素实于延祐二年二月特授

皇帝圣旨宗主大夫闻上方中院涿州设济等寺前后

纶命显仁镌之琬琰⑧意者钦惟

国家崇尚佛教当昭示终非久夫岂独山林一二衲子之荣光庇我沙门后裔将

昇于亿万寿无量也延祐四年岁次丁巳秋　月　日

（据实物录）

注释

① 护持：维持保护，皇帝降旨保护。保护的对象是佛教、佛法、僧众、寺庙等。

② 集贤侍讲学士："集贤院侍讲学士""集贤殿侍讲学士"的简称。"集贤（院、殿）"，官署名，唐始置。元初，集贤院与翰林国史院为同一官署，后分立两院，置大学士、学士、侍读学士、侍讲学士、直学士等官。故"侍讲学士"在院中仅排第四等。

③ 昭文馆大学士：唐朝时有官署名"修文馆"，在门下省，后改"弘文馆"，后又改"昭文馆"，置学士，掌校图书、教授生徒等。宋承唐制。昭文馆正职即大学士。

④ 水碾三：碾磨粮食的工具设施，有三座。碾盘一般以石凿成，以人力、畜力为动力，以水为动力者则曰"水碾"。

⑤ 像教：此指佛教。

⑥ 世祖皇帝：孛儿只斤·忽必烈（1215—1294），元代第一位皇帝，1260年即皇帝位，建年号中统，1264年改"至元"。在位共35年。庙号"世祖"，谥号"圣德神功文武皇帝"，尊号"薛禅可汗"。

⑦ 补苴涂塈：指对庙宇建筑的修缮。

⑧ 琬琰：为碑石之美称。此处系指用来刻碑的好石料。

按语

溥儒版《上方山志》卷四《碑碣》记："护持天开中院碑，在别院村。"亦见于《日下旧闻考》、溥儒版《上方山志》等所引《国门近游录》：

> 自普济寺西行，有村名别院。田中一碑，勒元色辰库鲁克皇帝旨二道，碑末书虎儿年月日。碑阴为《护持天开中院记》，集贤侍讲学士、中奉大夫魏必复撰文并书，昭文馆大学士、荣禄大夫、集贤院使廉简题额。

此处的"元色辰库鲁克皇帝"，即元仁宗孛儿只斤·爱育黎拔力八达（1285—1320），系元武宗（孛儿只斤·海山）兄弟，父亲同为答剌麻八剌，母宏吉剌氏。在位共9年（1312—1320），年号"皇庆""延祐"。

其实这段文字肯定是没"忠实"于"原著"的，也仅是录以备考而已。又引朱彝尊《中院》诗一首，录下备考：

> 天开寺中院，旧在沙河南。应公昔来栖，曾立水硙三。河流今已徙，乱石堆枯潭。孤碣当麦垄，颓基迷萝龛。同游各下马，考古性所耽。划苔读遗文，其体国俗参。纪年称虎儿，草昧典未谙。采之入旧闻，亦足资客谈。攒笔抄乍终，日隐西峰岚。添我蒙茸裘，寒色齐回骖。

朱彝尊是在"考古"，而且也承认自己是"草昧典未谙"，姑且"采之入旧闻"。可见古人著书立说，未必皆于纸上谈兵，而是敢于承认自己对民间俗情的不了解。

溥儒版《上方山志》卷八《艺文三·诗》中徐元文《下中院》诗云："曾是招提境，村名别院传。山留暮云在，人背夕阳还。枯涧分樵径，荒碑寄麦田。碑中竟何语，惟记虎儿年。"看来朱彝尊与徐元文二人对村名的解读有分歧：一个"中院"，一个"别院"。

该文记"天开古名刹，在房山之麓，规制廓窈，始于汉，历晋隋唐迄五季"，"鞠为瓦砾灰烬墟有年矣"。《日下旧闻考》卷一百三十《京畿·房山县一》记："天开古名刹，在房山之麓。规制始于汉，历晋隋唐迄五季，盛于辽，废于金季之兵。至元十年（1273），岁次癸酉，应公禅师始来住持，次建栗园寺，次建皇后台东西两寺，次建涿州设济寺，规模庄严，拟于天开。又建中院于寺南沙河。按据上游，创水碾三以给众僧日馔费。至元二十七年（1290），世祖皇帝闻而嘉之，特赐圣旨护持。应公既示寂，遗教弟子赵显仁主持。延祐三年（1316）二月，特授圣旨宗主大天开上方中院设济等寺前后纶命。显仁镌之琬琰。延祐四年（1317），岁次丁巳，秋九月。"

众邑祭祀之碣

解题

元泰定二年（1325）二月。碑原在天开村，今已佚。此据国图百本拓片录文。拓片高98厘米、宽68厘米。额横题"众邑祭祀之碣"，首题"皇后台众邑创建石碣铭记"。王东庵撰文并书丹，胡信、姚三镌刻。碑阴题名，除首行、落款外，分五列题名。

录文

额题：
众┘
邑┘
祭┘
祀┘
之┘
碣┘

正文：
皇后台众邑①创建石碣铭记　古燕王东庵撰　并书　┘
窃以混沌初分氤氲二气清气为天浊气为地三皇治世五┘
帝阐宗伏羲始画八卦轩辕增置万物乃孔宣圣千古文章┘
之祖万代帝王之师古人是今人之范今人习古人之作山┘
明水秀东有舍利宝塔东南有子陵之岩南有炀帝皇妃古┘
台之景②下有龙潭澄湛湛碧波潭后有桧柏一株万年不朽┘
树比众耆老等创盖龙王祠堂一所塑圣容俱全据　　┘
尊神灵验爷意遥知每岁选定仲春二月二日祭祀享赛敬┘
神如神之在③既显其灵须显其现天地有盖载之恩日月有┘
照临之德不有龙神造化安得苗稼淳兴穹窿有覆育之恩塝埠有贺载┘

之德今报天龙雨露之恩酬贤圣扶持之德更愿依时布雨克日垂云
今有乐深村银国宝谨发恳诚心舍施青鼌④贰伯两属买到庙
后地一所于众邑人等祭祀用度其地东至人行小道南至龙
潭西至河心北至渠心四至在内人之作善天必垂祥若乃为
非神当降祸缘此众社邑人等合立同心建立石碣一座愿祥
云布于远汉甘雨降于平田虽龙天圣力如然乃龙王神通如
此今者一犁已足⑤万物获安敢忘贺圣之心特启酬恩之念邑
众等开立于后　时大元泰定二年仲春二月二日立
　金玉府石匠胡信石匠姚三刊

碑阴：
大元大都路涿州房山县怀玉乡乐深五堡众耆老人等立石
　施主银国宝　医工提领高社长　赵提领　张得停　王琼
　　范春　董甫　刘清　张国用
（以上第一列）
　　张资成　董珍　张忠信　刘顺　杨永禄　张彦荣
　　董从政　王恕□　张得林　谢仲仁
（以上第二列）
　　谢礼　褚从仁　葛源　高进恭　岳义　董资　扬成
　　蔡清　李杰　冯政　刘得
（以上第三列）
（以下除"刘顺""金通士"分列镌刻外，在"随社众邑人等"题下又分二列镌刻）
刘顺
金通士
　　随社众邑人等
　　张忠信　刘顺　董从政　董得义　赵桂　张得宁
　　王仲祥　邢资成　宋显　刘清
（以上第四列）
　　张彦荣　王恕　刘荣　刘嗣源　陈世英　马世英　李润
　　张山　□伯义　王进□
（以上第五列）
严陵洞住持大师李宗主　监寺海固施石

注释

①　众邑：邑，金元时期特定的乡村行政单位。佛教盛行，以佛教徒聚落为一个基本单位形成"邑会"，在这里，大家既是信徒，又是村民。众邑，指许多个"邑会"。

②　炀帝皇妃古台之景：指"隋妃避暑台"。

③　敬神如神之在：意思是祭祀神明就要虔诚地去祭拜。语出《论语·八佾》"祭如

衆邑祭祀之碣

皇后軍爭絕棚建名碣銘記 古巫玉東藝撰 并書

伏以□池初分魚蟲二氣清氣為元濁氣為地三皇冶世五
帝闡宗伏羲始畫八卦軒轅增置萬物迎孔宣聖千古文章
之祖萬代帝王之師古人之範今人習古人之作山
明之水秀東有舍利寶塔東南有子陵之岩南有煬帝皇妃古
之景不有龍潭湛湛碧波潭後有撿柏一株萬奉不朽古
此之業者老等卅二人一所塑聖容俱全摊
古聞宗老等意遂知每歲選定仲春二月二日祭祀事賽敬
尊神盡臨卒意□□□□□□□□□恩旦月有項不賀載
神如神之在既顯其靈頓願其現天地有覆載之恩
照臨之德不有龍神造化孕萌萬孫有覆時□□□□
□□□□□□德更願依時佈雨兩屬貫□□
□愧今斂大乱雨露之意酬賢聖扶持之德更願依時□□□
□有樂探村銀國宝謹發綠誠心捨施青忌貳伯兩屬貫□□
□地一所於□邑人等祭祀用度其地東至人行小道南至龍廟
後□□□西至梁心四至在內人之作善天必垂祥右乃為
潭西至河心北此衆社邑人等合立同心建立石碣一亞頓祥
非神當降禍綠此龍天聖力如炊聖力龍王神通知
聖布於逆漢卅雨降於平田雖龍天聖力如炊聖力龍王神通知
此今者一斗已足萬物覆安敢忘賀聖之心特啓酬恩之念邑
衆等朋聚于台

大定甲寅二年仲春二月二日立 會府石匠胡信刊

众邑祭祀之碣阴面拓片

在，祭神如神在"。

④ 青凫：同"青蚨"，指钱，此处泛指银两。两个名词作为"钱"的别称，源自不同的典故。"青凫"，原指野鸭。《洞冥记》中有青凫化童子，执钱置汉武帝前的故事，后即以"青凫"代指钱了。"青蚨"系蝉类的飞虫。民间有"青蚨还钱"之说，于是"青蚨"成了"铜钱"的代称。

⑤ 一犁已足：意思是把地种好了就心满意足了。该词在古诗文中常用，如宋刘过《雨作妨登山》、清王恩浩《晴》等诗。

按语

碑文"混沌初分，氤氲二气，清气为天，浊气为地。三皇治世，五帝阐宗，伏羲始画八卦，轩辕增置万物。乃孔宣圣，千古文章之祖，万代帝王之师，古人是今人之范"，是作者对先贤先圣治国分工与天人感应的一段分析，强调了"孔子"至圣先师的作用。

大量地使用俗字，也许正是元代用字的特点，如此碑文中出现的"刱"（创）、"兲"（天）、"㨿"（据）、"夆"（降）、"㤙"（恩）、"浡"（勃）、"㘴"（座）等。碑文格式不太严谨，后半部有两行字未对齐，文末又对齐了。文中还出现了一些误字，如"合立"应为"合力"等。同样是"乐深村"，亦作"乐深五堡"。

落款"金玉府"，与当时元大都政府机构"金玉局"相谐，可见那时对石雕工匠的重视。

此"严陵洞"即前条天开塔内小石函铭中所言"严陵洞"，体现了从辽代至元代的一种传承关系。

六聘山天开寺重修碑

解题

元后至元三年（1337）四月。此碑已佚，亦未见拓片、录文。僧福珪撰文并书丹，必剌篆额。原在天开寺。

按语

溥儒版《上方山志》卷四《碑碣》云："六聘山天开寺重修碑记，在天开寺。后至元三年岁次后丁丑四月望日己酉记，僧福珪撰并书，必剌篆额。"

李书华《房山游记》记"民国十九年（1930）十月下旬"，"同游上方山"，"经上中院、下中院，于下午一时半至孤山口，二时至天开村，此地高度为八〇米。村中庙前有元顺帝至元三年（1337）所立之'大元六聘山天开禅寺重建碑记'一座"。此记碑即前记碑，名称不同是常事。这说明在1930年此碑尚存，李记"大元六聘山天开禅寺重建碑记"应即此元碑首题的全称。

天开寺碑

解题

元至正十二年（1352）。此碑原在天开寺，今已佚，亦未见拓片、录文。沙门西源洪注撰文并书丹。

按语

溥儒版《上方山志》卷四《碑碣》云："天开寺碑，在天开寺。至正十二年（1352）立，沙门西源洪注撰并书。"此条与上一条，在《国门近游录》中有记载："山有天开寺，寺中有元碑三：其一从仕郎、翰林国史院典簿、顺圣魏必复撰并书，至元二十八年（1291）立，末书石局副使李文秀镌；其一香山永安寺住持沙门惠川福珪撰并书，后至元三年（1337）四月立；其一石经山云居寺住持沙门西源洪注撰并书，至正十二年（1352）立。"而魏必复碑更在前条。

皇后台龙王庙碑

解题

元至正十二年（1352）。西源洪注立。此碑久佚。此据拓片及《房山县志》录文。

录文

龙王庙碑刻遗文

皇后台村　天开村南龙王庙碑载此为隋妃①避暑之台。考《隋书·炀帝纪》大业七年四月庚午，帝至涿郡临朔宫。八年正月辛巳，大军集于涿郡。六月幸辽东。七月癸卯，班师。九月庚辰，至东都②，斯时萧皇后随驾年余。《冥报记》③又载："幽州沙门知苑，精练有学识。隋大业中，于幽州西山穿岩为石室，摩四壁以写经。又取方石，别更摩写，藏诸室内。每一室满，以石塞门，镕铁固之。时炀帝幸涿郡，内室侍郎萧瑀④，皇后弟也，笃信佛法。以其事白后，后施绢千匹，瑀施绢五百匹。朝野闻之，争共施舍，故苑得以成功。"后之避暑或在此时。

注释

① 隋妃：此指隋炀帝的愍皇后萧氏（567—647）。其父西梁孝明帝萧岿，母张皇后。

② 东都：此系指洛阳。因隋唐时京都在长安（今西安），洛阳在长安以东，作为第二都城，故称"东都"。

③《冥报记》：唐代纪实故事书，作者唐临。作于唐高宗永徽年间（650—655）。是书在中国亡佚已久。1959年，人民文学出版社有排印本行世。

④ 内室侍郎萧瑀：内室，应为"内史"。内史侍郎，隋代内史省次官，正四品。萧瑀（575—648），隋炀帝萧皇后同父同母弟，字时文，南兰陵（今江苏省常州市武进区）人，为梁明帝萧岿第七子。西梁灭亡后，进入长安，官拜内史侍郎。孝顺好佛，天下闻名。

按语

　　此虽为龙王庙碑，但大部分篇幅都在谈隋炀帝与萧妃的故事，以及知苑在云居寺刻经的事，意义非常明确，引证几段隋炀帝与萧妃在北方活动的记载，来证明龙王庙的旧址隋妃避暑台不只是个传说。本书收录的另一通"龙王庙"碑——元泰定二年（1325）"众邑祭祀之碣"记"南有炀帝皇妃古台之景，下有龙潭澄湛湛碧波。潭后有桧柏一株，万年不朽树，比众耆老等创盖龙王祠堂一所"。这里记载非常明确，龙潭在避暑台下，龙王庙就建在这里。而且立碑时间1325年就是庙建成的时间。而明洪武七年（1374）"皇后台龙王庙重修碑"，仅仅是记了善人范纲等募缘修缮的事。此碑文中引《冥报记》述及知苑（又作"智苑""静琬"等）在云居寺雷音洞刻经的事，其意在说明隋妃萧氏与胞弟笃信佛法，曾经助缘过刻经，自然会来房山，在天开村龙潭上建台避暑。据此推断，龙王庙建于元代，但龙潭在隋代就有，这里作为古迹应该至少是在隋代或以前了。

天开寺陀罗尼幢

解题

元至正十二年（1352）。此碑已佚，无拓片及录文，撰文、书丹、题额之人亦不详。原在天开寺。

按语

溥儒版《上方山志》卷四《碑碣》云："天开寺陀罗尼幢，在天开寺，至正十二年（1352）。"

应公禅师道行碑

解题

元代（1271—1368）。此碑已佚，亦无拓片及录文。书丹、篆额、撰文人不详。原在孤山口。

按语

今天开村北应公长老寿塔犹存，建于元大德五年（1301）。为五级六角密檐式砖塔，门楣原嵌刻"应公长老寿塔"铭文，今已完全磨蚀了。其一层东南与西南两面嵌墙刻石，今已均不可辨。

溥儒版《上方山志》卷四《碑碣》记："应公禅师道行碑，在孤山口。由韩姑寨而西，从小径入孤山口普济寺，道旁有元应公禅师道行碑，又有僧塔甚多，不能遍览也。"

重修天开寺碑

解题

元代（1271—1368）。螭首。额篆"重修天开寺碑"，首题"大元六聘山天开禅寺▢▢"。现仅余碑首及碑身一小部分，其他部分尚埋于村民房基下。出土的残碑存房山文物部门，仆地，阴面不可见。

录文

额篆：
重修天⏎
开寺碑⏎
正文：
大元六聘山天开禅寺▢⏎
　大　香▢⏎
（中空一行）
　天之经也故▢⏎
佛之应世也故▢⏎
　人有国有▢⏎
　汉迄于有▢⏎
　重熙[①]二十▢⏎
　位经藏钟▢⏎
　新古佛道▢⏎
圣朝启运统▢⏎
　于香山▢⏎
　影处爱▢⏎
（中空一行）
　座于阶▢⏎

重修天开寺碑

诠宛☐┘
流北☐┘
之☐┘
世祖☐┘
☐┘

（据实物录）

注释

① 重熙：辽兴宗（1016—1055）即位（1031）后的第二个年号，共计24年（1032—1055）。

按语

根据相关文献，尚有多件元代天开寺的碑刻，如元至元二十八年（1291）石局副使李文秀所建"房山县重修天开寺碑"、至元二年（1265）郑文忠撰文的"下中院村元碑"、后至元三年（1337）僧福珪撰文的"六聘山天开寺重修碑"、至正十二年（1352）沙门西源洪注撰文的"天开寺碑"等。由于古人定名原则不统一，亦无完整碑文，或仅见著录，实在是不易确定，故单列于此。

此碑文正文第二行"大　香"与倒数第九行"于香山"之"香"与"香山"，似乎给我们一些提示。《日下旧闻考》卷一百三十《京畿·房山县一》引《国门近游录》云："（孤山口）村东北行数里为皇后台、黑龙潭，其北即六聘山。山有天开寺，寺中有元碑三。其一从仕郎、翰林国史院典簿、顺圣魏必复撰并书，至元二十八年（1291）立，末书石局副使李文秀镌；其一香山永安寺住持沙门惠川福珪撰并书，后至元三年（1337）四月立；其一石经山云居寺住持沙门西源洪注撰并书，至正十二年（1352）立。""重修天开寺碑"可能系文中所列三元碑之第二，因为都提到"香山"。

皇后台龙王庙重修碑

解题

明洪武七年（1374）十二月。横式刻石，高36厘米、宽63厘米。首题"皇后台重修庙记"，范仲杰撰文并书丹。原在天开村，今已佚。

录文

皇后台重修庙记
　　　　春男　范仲杰撰并书
夫大而化之之谓圣圣而不可知之谓
神龙之灵故龙潜龙飞龙大龙小故易
云潜见飞者①龙之体足以见矣盖龙龙
兴云致雨润泽枯槁普济群生是以举
世之人莫不畏而敬之拜而谢之昔有
里人思欲报神之德建立龙王祠堂绘
塑龙像每岁二月二日亨祭以其神灵
能济世故也近因兵革②庙宇摧揭霖涂
圣像当堡募缘得范纲同志③各备己物
重修庙宇补塑圣像一切新鲜冀图永
久瞻敬仍彰助缘之名以记垂后云耳
　　主办缘功德主④
　　　□□□　□□□　侄李进
　　　　范纲　　妻陈氏
　助缘耆庶⑤　刘文德　甘池宋显忠
　　　五侯崔好德　李岩卿　南张王敬之
采□五堡　张道愿　胡□　坟庄贾义甫
　　　　高文举　□□戚　岳士贤

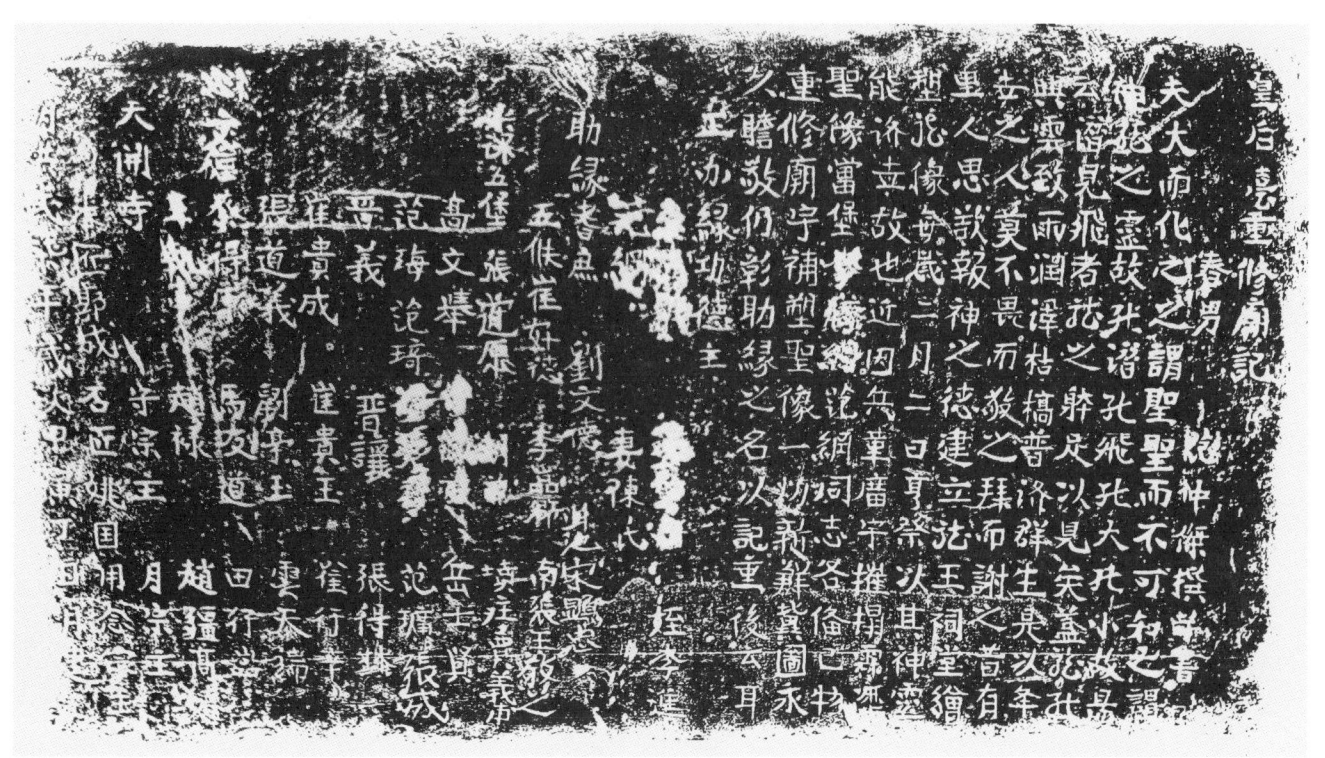

皇后台龙王庙重修碑拓片

　　范琦　范琦　□□□　范瑭　张成⏎
　　晋义　晋让　张得林　⏎
　　崔贵成　崔贵玉　崔行辛　⏎
　　张道义　刘亭玉　云天瑞　⏎
　文德蔡得原　马友道　田行岩　⏎
　　王□□　赵禄　赵强高　⏎
天开寺　　守宗主⑥月宗主　⏎
　村木匠郭成石匠姚国用念宗主⏎
大明洪武七年岁次甲寅丁丑月建　⏎
（据拓录）

注释

① 易云潜见飞：《周易·乾卦》云："初九，潜龙勿用""九二，见龙在田""九五，飞龙在天"。

② 兵革：犹如说"战争""战乱"。修辞上的"借代"法，即"兵器"与"甲胄"之简而合称。

③ 同志：犹如说"同道""志同道合之人"。

④ 主办缘功德主：功德主，佛教徒对为佛教做贡献、发起善事之人的称呼。根据其所起作用的不同而又称作"大功德主"与"主办功德主"。后亦用于其他，如道教、民俗等。此指兴建龙王祠庙助缘善人中的经理其事者、领导者。

⑤ 助缘耆庶：助此善缘的德高望重的村民百姓。耆，本指老人，但"乡耆""耆献"等则专指"德高望重的老人"；庶，平民百姓。

⑥ 宗主：此系指龙王祠掌管香火的庙祝。

按语

虽然此龙王庙记在皇后台，但由其碑末有"天开寺""守宗主""月宗主"及"念宗主"可知，此庙亦属天开寺管辖，自然亦属"上方山"诸寺了。此碑文并无太多的史料内容，但是字体镌刻却与众不同：字体过于随意，章法似乎尚可，刀工亦见功力。此系书丹者的原因。行草楷兼有，简繁俗皆具，大大小小，粗粗细细，石匠皆能如实体现。碑面有人名五处，显系人为铲挖，他们之间有何恩怨，不得而知。

"殿"字刻石

解题

明宣德八年（1433）。方形嵌墙刻石，高38厘米、宽37厘米。圆形开光，莲花捧法轮，上方饰飘浮祥云二朵。"轮"芯镌大字"殿"，内外框间饰宽瓣莲花，由右上角起顺时针、莲瓣儿内分别镌"南""无""接""引""阿""弥""陀""佛"八字。左侧落款"宣德八年（癸丑，1433）正月　日立"。刻石嵌于接引殿西山墙外北墙上距地约300厘米处。

录文

榜书：
殿⏎
回文书：
南无①接引阿弥陀佛②⏎
款：
宣德八年③正月　日立　⏎
（据实物录）

注释

① 南无：佛教用语。梵文意译为"礼敬"，有时亦音译为"曩谟"等。

② 接引阿弥陀佛：阿弥陀佛，梵文意译为无量佛、无量光佛、无量寿佛等。佛经说，阿弥陀佛在过去久远劫时曾立下大愿，建立西方净土，广度无边众生，成就无量庄严功德，为大乘佛教所广为崇敬和弘扬。故"接引"是"阿弥陀佛"的一大宏愿，有教导、接引、接化、引导、导引之意。

③ 宣德八年：明宣宗朱瞻基（1398—1435在世，1426—1435在位）在位的第八年（癸丑，1433）。

"殿"字刻石

"殿"字刻石拓片

按语

　　此刻石虽有文字，但无解释。从其文字布局来看，中心"殿"字，周匝环绕莲瓣间镌刻着"南无接引阿弥陀佛"，上面还飘浮着两朵对称的"如意云"，"莲盘"之下承托着一簇宝相花。这是说旁边的小殿是为"接引殿"。它是人们登上"云梯"之后所见的第一重殿宇，也是人们的必经之路。这巧妙地将"接引"二字诠释给大家，同时也暗含着"接引"凡俗之人进入佛门之意。信徒们千辛万苦上云梯过穿廊之后，迎面所见的墙上就是这块不大的刻石，非常抢眼，其旁殿宇就是接引殿。清人查礼《莎题上方二山纪游》云："稍前得石级，左右皆铁纽。自接待庵至此约三里，历石蹬二百五十级。级尽为接引弥陀殿，即古欢喜台。"今接引殿前尚有一不足十米的平台，南面直瞰百米山涧。查礼意此处为"欢喜台"。但清人麟庆《游上方山记》云："道光二十有五年""至下接待庵，庵旁两壁巉岩，中隐 罅。扶杖缓行，拨草踏叶，簌簌作响。足下石多活，步步防危。数转至一平处，曰欢喜台，为之一快。又半里许，见石梯，高三百级"。照溥儒版《上方山志》中的《上方山图》所示，欢喜台在今"断桥"处，而接引弥陀殿碑旁即应为"云梯庵"。溥儒版《上方山志》卷一《山水》引《燕山纪游》记："度卢沟，循房山而西，到接待亭，一望皆丹岩翠壁，游者舍骑扶筇，径旋步折。得稍平处，为欢喜台。前登兜率门，两峰壁立。"（于奕正《上方山》同）又解词说："欢喜台，在筏汉岭上，巨石数丈，平坦可坐，病陟者，喜其近上方也。"所以查礼"欢喜台"之说，他人皆不从。

重修上方兜率寺接引弥陀殿碑

解题

明成化二年（1466）四月。圆首、方趺座。首部线刻云纹及祖师菩萨像，右题"开山华严祖师"，左题"假菩萨正宗派"；首身临界处镌刻法脉16字，即"广通妙普、洪胜禧昌、继祖续宗、证道惟方"，字号略大；下部刻碑文正文。碑文首题"重修上方兜率寺接引弥陀殿碑记"，无书丹、撰文、题额人名。比丘昌级立石，宣城黄双□镌。碑面左侧的功德人名，小字，分19列镌刻。今仍在接引殿右（西）侧，嵌墙，方座随山雕，碑面出现大量剥蚀磨泐现象，损字若干。

录文

重修上方兜率寺接引弥陀殿碑记
盖闻弥陀佛①者出于西方极乐世界是大圣人也巍巍乎不言而自信荡荡乎不化而自善指人心
而即佛心举世兴寺今者上方兜率寺梯头②实弥陀之圣迹乃接引之处山势嵯峨□境崄峻创
自永乐年间开山③比丘然义并
内官监太监向福善等发心建造弥陀宝殿塑画完备今已年久栋梁摧毁是以发心比丘昌级同
住持常文檀越陈普寿等募化众缘重修殿宇顶新④塑画弥陀绀像⑤观音势至⑥童子善财⑦十六高僧⑧
观音八难⑨地藏⑩十王二堂⑪并钟鼓磬板香炉花瓶⑫俱全晨夕礼诵焚香燃烛祝
皇图而永固祈黎庶以清宁五谷丰登万民乐业涓取⑬成化二年⑭岁次丙戌四月八日刻石立碑以见
功德圆满表当来之福果普愿含灵同生净土者矣远近檀那请著芳名开造于后　涿州北关刘定张刚冯正
涿州上庄村　吴兴　张英　张雄　刘贵　刘原□　张道　张琰　吴斌　王贵　王

重修上方兜率寺接引弥陀殿碑

重修上方兜率寺接引弥陀殿碑拓片

三　李原□　李俊　李通安　李昶　李宽　李旺　张明

吴政　吴得　张成　张洪　张真　寺家庄张整　张信　□□　张原　张宽　张海　崔大　刘氏　通济关崔兴　李普济　祁清　李普庆　刘普英

康普贵　赵普才　李普福　李普贵　侯普清　刘普禄　祁□清　郑升　王安　康普山　康普迪　芦俊　朱敬　安宽　侯普春　王恭山　郁文

房山县长沟店　温亮　陈庄　周广　蔡林　韩□资　朱兴　田刚　杜村里李三　魏让　独树里张刚　赵氏　牛二官人　王兴　刘英

重义村　郝蒙□　郝弘　于俊　于英　韩村信人□增　□安　朱得　赵家庄李三　王妙喜　李贤　赵五　纪胜

次盔村　贾八 寇氏/杨氏　贾福受 冯氏　吴荣　贾旺　贾俊□　杨春　李荣母张氏　闫刚　次乐村　牛增 杨氏

周口村　张智　李兴 侯氏　寇贵　袁海　赵名　□天开村郑斌　陈妙善　郭昶　钱妙喜　于全　王三　王玉　庞海　刘氏　曹春　王通

下中院　胡敬　胡鉴　胡祥　王聚　王铎□　杨荣　杨贵　邓林　邓祥　上中院韩三　韩四　韩福贵　韩福成　谢亮　吕兴　郐逊□氏　妙善

胜水峪　程三　徐氏　刘刚　隗妙真　隗子□　许贵　张大

金台善人刘福宽　刘福觉　王普信　王海　柴妙喜　□胜水峪恒忍　宁福寺真定　曹张村　刘普海　刘普亮　牛普山

涿州信女　陈妙金　石妙清　刘慧成　张妙真　丁慧金□　张妙秀　金台罗妙音　王妙连　周善真　王亮　赵礼　福贵

时　大　明　成　化　二　年　岁　次　丙　戌　季　夏　四　月　八　日　　　比丘昌绂立石

宣城黄双□镌

（据实物录）

注释

① 弥陀佛：阿弥陀佛的简称。西方极乐世界教主，是接引众生往赴极乐世界之神。

② 梯头：此指"上方山云梯"（石凿陡峭的阶梯）的最顶（上）端。

③ 开山：佛教术语，指寺院的初创，亦指高僧大德首掌某寺院。寺院经战火或自然灾难损毁后又重建者为"重开山"。但此碑文中所说的"永乐年间（1403—1424），开山比丘然义"，则非指全部的上方山72家寺庙，实指"建造弥陀宝殿"一事或兼诸寺"兜率寺"而已。

④ 顶新："鼎新"之误，革故鼎新之意。此处是指修缮时，将神佛壁画塑像等重修换新。

⑤ 绀像：此代指神的画像和塑像。绀青色在古代是一种比较严肃的颜色，常用来绘制神像。

⑥ 观音势至：佛教中果位相同的两位菩萨，即观音菩萨与大势至菩萨。佛教有"四无量心——慈悲喜舍"之说，观音代表慈、悲，大势至代表喜、舍。喜，即随喜；舍，即施舍。

⑦ 童子善财：又称善财童子，又名善财长者子。

⑧ 十六高僧："十六罗汉"，十六位印度高僧。十六罗汉是释迦牟尼佛的弟子，他们都修成了"罗汉"的果位。五代以后又有十八罗汉之说，新加进的两尊罗汉有多种说法，兹不烦叙。

⑨ 观音八难：传说中分管八个方向的八位救苦救难观世音菩萨。此八尊观音皆面带微笑，身着八宝，绫罗虎皮禅裙，半跏趺坐。

⑩ 地藏：此即指"地藏王"，亦名"地藏菩萨"。《地藏十轮经》说"安忍不动如大地，静虑深密如秘藏"，故名。

⑪ 十王二堂：此指十殿阎王与阎王殿的治事大堂与议事后厅。据《佛说十王经》记，十殿阎王分别是：一殿秦广王、二殿楚江王、三殿宋帝王、四殿五官王、五殿阎罗王、六殿卞城王、七殿泰山王、八殿平等王、九殿都市王、十殿五道转轮王。实际上，平时我们所说的阎王殿，只是第五殿而已。而且十殿阎王的说法，也是佛教与道教、民俗等结合的产物。

⑫ 钟鼓磬板香炉花瓶：这是佛教庙堂内几种常见、常用的法器名称，分别有不同的功用。大致说，"钟鼓磬板"是作法事等之用，而"香炉花瓶"则是陈设常供而已。

⑬ 涓取：也误作"捐吉"，择吉日。碑刻中常用。最早见于晋代左思的《魏都赋》："量寸旬，涓吉日，陟中坛，即帝位。"涓，原为洗涤，此处用作择取之意。

⑭ 成化二年：明宪宗朱见深（1447—1487）即位（1464）改元（1465）后的第二年（丙戌，1466）。

按语

溥儒版《上方山志》引康熙《怀柔县志》中"辽僧名华严者"条，录以备考："华严祖师，法名义琛，玉田李氏子。幼丧母，事继母克尽孝。年十二即辞家访道，遇高人传清虚修炼之术，父访觅，令还家，更习儒业。博通文史，诗赋超群。辽寿昌五年（1099）试中甲荐名上，不赴，落发为僧。乾统（1101—1110）初，蒙恩得度。后于桲栳砖兴立小院，精修净业。参法受法前后二百余人，远近持供者无数。后染末疾入定，眼有红光，发于顶面及脐上，光照满室，咸以为得道之验。今塔尚存，人呼为华严祖师塔云。"

当我们亲临现场时就会发现，原来偌大名声的"上方山兜率寺接引弥陀殿"只是两楹一间的一座小殿而已。按传统古建筑来说，殿前（南）的下沉过廊与周围的其他设施，如平台、围栏、碑刻等应属于该"殿"的范围。考虑到它所处的特殊地理位置，人们要想把砖石建材驮运到此处，的确比登天还难。此处素有"小华山"之称，半个多世纪前（1953）电影《智取华山》在此取景拍摄，此"（上方山）云梯"就是彼

"（华山）云梯"，其险要可知。按照此碑文的记载，这次的修缮工程规模虽然不大，但内容确实不少。首先"重修殿宇，顶新塑画"，殿宇可能是落架重修，壁画、塑像等重新制作，最后还要配备好"钟鼓、磬板、香炉、花瓶"。再有，看完该碑后半部的功德题名，我们都会禁不住感叹，如此的小殿，怎会动用了一百好几十人参与出资？

碑首左题"假菩萨正宗派"之"假"，实为"借""倚""凭"之意，犹如仍在说的"借您吉言"的"借"。其首身临界处镌刻法脉16字，即"广通妙普、洪胜禧昌、继祖续宗、证道惟方"才是其所"凭借"的"正宗派"。另外此碑由于辟地而立、嵌墙而砌，碑阴无法镌刻，较多的文字都集中在阳面。碑记不长，大部分是功德题名，相对于碑记正文，略显潦草，镌刻也比较草率，甚至行字不齐。前列村镇地名，后附该处布施者名讳，如有夫妻或夫妻妾者，女附男后。在众多的人名落款中，我们发现有一些今天的"简化字"和简笔字，如"刘""荣"等。在人名用字上也发现了一些规律，像"宽、普、大、俊、斌、妙、昶、海、春、林、贵、祥、福、亮、二、三、五"等字，使用频率很高，甚至还有重名如"李三"等。

重修凤凰山华严禅寺碑

解题

明成化甲午（十年，1474）十月。方首雕云纹，方趺下埋。碑高173厘米、宽74厘米、厚13厘米。额篆"重修凤凰山华严禅寺记"，首题"重修凤凰山华严禅寺碑记"，书记德泽写记，金陵范福聪镌字。碑文以丝栏为界，分成上下两部分，上部记文，下部题名七列，第八列仅有两人名。碑阴额题"檀越芳名"，下部镌刻题名15列。今在白云坨。

录文

额篆：

重修凤凰山⏎

华严禅寺记⏎

正文：

重修凤凰山华严禅寺碑记　⏎

　　赐　⏎

　　盖闻　⏎

佛之道者本常尝入中国自汉明帝感梦①教法⏎

　　东流兰腾道扬②悲运洪慈普济四生之苦趣③⏎

　　改恶生善脱三途地狱④之沉沦诱引如道住⏎

　　奉三宝⑤建至于今上⑥蒙　⏎

圣朝王臣尊崇　⏎

佛嘱莫能泯以此道本常也　⏎

　　今以凤凰山华严禅寺古迹道场⑦山势巍镇⏎

　　高岘太虚喜其幽谷僻静堪作兰若⑧是以师⏎

　　破庵卓锡⑨住之辟荒展基不几年而成梵刹⏎

　　大阐宗风竖立祖庭开大炉鞴⑩锻炼操道因⏎

111

而退迩远近云游禅衲⑪往来高流信士檀越⑫

登山到此观瞻胜地

佛境金像晃耀殿宇交辉人杰地灵境致历然⑬

建立一新今于庆赞修建大斋普请檀越勒

石刻铭功不泯也晨昏僧众临殿祝延

圣寿无疆风调雨顺四海晏清黎庶康宁今工

周备请注芳名

御用监太监梁芳

房山县知县郭岑　僧会广净　　　书记⑭德泽写记

成化岁次甲午孟冬月吉日立　金陵范福聪镌

（以下人名八列）

下中元　胡敬　曹□　胡得玉　胡见　胡祥　胡全　邓林　邓祥　王铎　曹海　曹增　曹敬　董斌　邢忠　胡玘　刘文祥　王见　李泰　普玉　张志名　王真　上中元　韩甫贵　谢妙秀　谢泰　谢兴　韩三　韩四　韩甫成　韩能　吕兴　王甫才　宁玉

（以上第一列）

□子　曹宽　曹原　曹玉　曹斌　张大　张得山　张能　刘刚　程刚　程喜　井韩村　郭明德　郭熙　杜六　杜斌　柳成　柳广　柳能　郭英　郝铓　郝祥　郝英　石友　王端　孙善德　于海　赵家庄　纪怀　纪庆　赵宗仁　李玉　季全　杨原

（以上第二列）

坟庄村　刘亨　薛茂　王刚　王玉　王海　薛辛　薛宽　□广　刘全　薛甫随　马智　北务村　韩真　张甫山　戚甫海　李本　仝让　仝义　孟贵　国斌　王胡良　周整　周敏　孤山口　许甫得　许四　许山　许见　高铎　刘清　杨清　□顾信

（以上第三列）

南章村　李选　徐荣　赵通　王荣　赵昇　重义村　余通　余俊　郝祥　王甫　李太　三㲈水　苏刚　蔡致惠　苏喜　苏得山　苏妙连　五侯村　杜旺　党全　党妙全　董妙云　张妙能　张妙荣　王妙聪　张妙均　王妙善　东友村　王友　李刚　李原　王胈

（以上第四列）

次渠村　田安　杨俊　刘荣　栗园庄　刘大明　王惠敏　刘碧　刘敀　王全　李安　王见　张名　张文　张英　张亮　袁昌　杨福　雒家庄　王元　张亮　王濛　马祥　马四　王竹　王显　王名　王本　张安　康得　王通　王才　王礼

重修凤凰山华严禅寺碑阳面拓片

重修凤凰山华严禅寺碑阴面拓片

王玘↵

（以上第五列）

刘政　王伦　康彝　革甫岩　王五　康永　辛刚　张甫　王直　王四　王□　王忠　张风　张得　张祥　宋真　李信　杨原　刘俊　王德　郑友　王智　王□　王义　王增　康贵　吕贞　王连　王鳖　王出　马贤　马海　马甫玉　王政↵

（以上第六列）

唐□　王□　王□　王玉　里石村　刘四　刘成　刘名　李晋川　孙□山　张□通　边家庄　李玉　李山　吴林　东城坊　高林　孙英　孙甫祥　刘安　刘寔　朱家疃　李成　王富　刘聚　刘敬　王全　孙晋玉　石岐出　梁大山　官庄村　赵甫友　李兴↵

（以上第七列）

孙成　昌富↵

（以上第八列）

碑阴（文字泐甚省略）

（据拓录）

注释

① 汉明帝感梦：这是汉明帝刘庄的故事。汉永平七年（64）某夜，刘庄梦见一个高大的金人在空中飞行，以之问大臣。傅毅说，这是西方神人，叫作"佛"。

② 兰腾道扬：指佛教逐渐在中国兴起。兰、腾系竺法兰、摄（也作"聂"）摩腾的简称，两位把佛法传入中国。

③ 四生之苦趣：三界十方、六道四生，是佛教对宇宙空间、生物人类所赋予的概念，皆有其特定的说法。四生，世界众生分四大类：一、胎生，如人畜；二、卵生，如禽鸟鱼鳖；三、湿生，如某些昆虫；四、化生，无所依托，唯借业力而忽然出现者，如诸天与地狱及劫初众生。苦趣，指地狱、饿鬼、畜生这三种"恶道"。"趣"即"趋"，趋向、去向。

④ 三途地狱：佛教用语。"三途"亦写作"三涂"，即火途（地狱道）、血途（畜生道）、刀途（饿鬼道）。佛教对地狱也有特定的说法，其将地狱分为四大类，即八寒地狱、八热地狱、近边地狱和孤独地狱。

⑤ 三宝：佛教以佛、法、僧为"三宝"。佛宝指圆成佛道的本师释迦牟尼佛，法宝指佛的一切教法，僧宝指依佛法如实修行、弘扬佛法、度化众生的出家沙门。

⑥ 今上：指撰立此碑时的当朝皇帝明宪宗朱见深（1447—1487），在位23年（1465—1487），年号"成化"。

⑦ 古迹道场：古迹，名胜古迹；道场，指供佛祭祀或修行学道的处所。中国有五大佛教名山——山西五台山、四川峨眉山、安徽九华山、浙江普陀山、浙江雪窦山，

分别为文殊菩萨、普贤菩萨、地藏菩萨、观音菩萨、弥勒菩萨的道场。但一般所说"五大名山",则不含"雪窦山"。

⑧ 兰若:"阿兰若"之简,梵文音译,本指寂静处、空闲处、远离处,意为修道者的静修之处,后泛指佛寺。

⑨ 卓锡:高僧法师云游时都随身执持锡杖,因此名僧挂单于某寺,即称"住(驻)锡"或"卓锡"。锡杖系僧人携带的道具,由锡、铁等制成。卓,高义,植立。

⑩ 开大炉鞴:此为鼓励众生修炼或为众僧修炼提供方便的意思。"炉鞴",火炉鼓风的皮囊,亦借指熔炉。

⑪ 云游禅衲:游方僧人。禅衲,原指僧衣,亦代指僧人。

⑫ 檀越:施主、功德主,为寺庙捐钱财的人。梵文音译。

⑬ 境致历然:景致历历在目。历然,清晰的样子。

⑭ 书记:寺庙里的"书记"是掌管佛寺簿记案牍的僧官,掌文翰书写之事。其中包括递送官府的文件、与施主的书信往来、寺院的布告榜文,以及住持的庆吊字柬等。"书记"是寺庙中"八大执事"之一,也是"西序"六"头首"之第二位。

按语

在用字方面,此碑文中出现俗字。如"岘"(岘)、"竖"(竖),这些是普通字典、辞书都不见的字。

功德题名的村名不仅有房山一带的,还有更远的如通州"次渠村"、河北或山东"朱家疃"等,说明此处的"佛光"照近也照远。

此寺址在白云坨山上,上方山之南,素有"南华严寺"之称。虽不一定与72庵、120寺有直接关系,但在宗教派别传承与地理位置上,亦不无关系,故列于此备考。

凤凰山华严禅寺重修古刹碑

解题

明甲午（成化十年，1474）。方首硬抹角方趺，首雕祥云。通高190厘米、宽73厘米、厚13厘米。额篆"重修凤凰山华严禅寺记"，首题"房山县在京师西南百里许有山名凤凰山曰华严禅寺重修古刹碑记"。钱塘汪谐撰文，莎题殷谦篆额，门徒书记德泽书丹。碑面文字分成前后两大部分：前半部分纪事，后半部分题名。碑身从上部横通断，并缺损左侧部分题名及年款。碑阴额双勾题"十方檀越芳名"，下镌人名16列。今在白云坨。

录文

额篆：
重修凤凰山⏎
华严禅寺记⏎
正文：
　　房山县在京师西南百里许有山名凤凰山曰华严禅寺重修古刹碑记　⏎
　　赐　进　士　出　身　翰　林　院　修　撰　　　钱　　塘① 　　汪
　　谐　撰文　⏎
　　赐　进　士　出　身　都　察　院　御　史② 　　莎　　题③ 　　殷
　　谦　篆额　⏎
夫此山势者崚嶒叠嶝凹凸岭陡峻巅峦嵯峨峰茂④古丛林瑞气垂祥庆云叆叇胜境堪题华严基址是⏎
佛遗教远孙破庵杖锡到此喜其幽僻迥绝尘世刈草结庵⑤朝夕慕道戒如冰雪远近贤者　往来云衲⑥参谒⏎
甚盛陕隘难以容息乃力倡更作鸠工积材仍因古刹修盖正殿前毗卢殿⑦左右伽蓝祖　师二堂⑧庄严整⏎
饬金碧交辉方丈禅堂僧寮斋厨廊庑⑨处所无不周极其致整洁焕然一新阶峻秩秩有

序经始于⏎
成化元年□□□秋月内落成至甲午岁孟冬月吉日因祈金为记勒之贞珉传诸后世为不泯焉然则⏎
华严禅林□□□立其徒门人百众有余专依规制而修道业晨夕端祝 ⏎
圣朝万载□□□□□庶咸安丰乐稔岁其师傲化栖仁之俗归以中道而为善者补于 ⏎
盛世渐□□□□易风移俗之善哉因书是请勒于石观之矣 ⏎
（以下为僧众题名，以小号字镌刻，分列题刻，缺损4至5列）
临济下☒开山第一破庵幻住老人 ⏎
　　住持☒德庆　　　　　首座　净宗　德妙 ⏎
　　☒□明　德云　德林　德玺　德来　德胜　德满　德信　德钦　德能　德敬　德然　德用　德净　德力 ⏎
　　☒□才　德山　德端　德会　德连　德朝　德纪　德晓　德祥　德学　德伦　德仙　德亮　德让　德音 ⏎
　　☒德宝　德礼　德闰　德科　德宽　德聪　德玄　德恩　德贤　德喜　德果　代云　德章 ⏎
　　法☒园果　园恺　园渠　园寿　园续　园昭　园月　园富　园礼　园潭　园惠　园行　园忠　园印 ⏎
　　☒园敏　园清　园泰　园春　园整　园常　园景　园秀　园臻　园住　园宁　园浩　园杰　园本 ⏎
　　☒洪　行聚　真庆　宗山　常玘　安永　惠明　惠灯　明恩　圆珠　圆上　圆表　圆奉　圆省 ⏎
　　☒用　碧潭　宝林　月江　香林　无为　真际　东辉　彻空　无坏　古峰　本空　铁关　月堂 ⏎
　　御用☒ 居士　孙普恺　周福然　孙普刚　张福增 ⏎
　　司☒ 信官　卢胜　□子英　曹经 ⏎
　　房☒ 义官　刘通　刘政　刘宽　樊宣　燕昇　李奉　赵宣　高宣　张广 ⏎
大明☒月吉日立　门徒书记德泽书丹　金陵郡范福聪镌石 ⏎

碑阴：
额题：
十方檀⏎
越芳名⏎
正文：
□仲　王新　张仲　张仲　张贤　□斌　梅俊　李俊　张雄　王荣　张□　林□　刘明　刘宣　刘敬　刘泉　李□　李昶　张岩　刘顺　李飞　张海广　周广　魏真　陈仲良　蔡林　石刚　霍贤　霍□　□□ ⏎
（以上第一列）
（前残缺15行）刘宽　胡山　马昇　李清　马甫清　马三　马永　李□□　□□□　马□　朱□　马钦　孔斌　田宽　李福　马全　郑玉　魏□ ⏎

凤凰山华严禅寺重修古刹碑阳面拓片

凤凰山华严禅寺重修古刹碑阴面拓片

（以上第二列）

（前残损25行）李□ □名 张岩 高昇 李□（后残损4行）↵

（以上第三列）

（残损一整列）

（以上第四列）

（前残损19行）□□姐 □二姐 张妙金 □妙玉 张妙聪 黄妙贤 田妙清 王妙秀 杨通 □妙秀 □宣 □□贤 □玉 □□↵

（以上第五列）

（前残损7行）□才 李□ 郑甫 □□ 王荣 李祥 毛恕 张祥 李见 元材 郭林 刘妙因 王恭 吴宣 牟宣 乐深村 马俊 王恭 宋大姐 张妙香 钱妙容 钟锁 刘惠玉 郭国 高亮↵

（以上第六列）

高□村 刘福□ 刘亨 刘海 郭昶 邓名 □刚 董雨德 董昇 田春 赵增 李全 钱黄 曹春 庞海 董广昇 田广 张喜 孙旺 李昇 陈中 常景春 王得 李旺 赵海 张旺 王整 刘荣 王增 康玉 张刘氏 李通↵

（以上第七列）

白石厂 □山 崔名 崔能 崔幹 王山 董贤 张妙福 崔妙香 龙门口 王栾 尹清 张友 尹刚 尹贵 史名 魏刚 庄头村 王妙明 刘威 刘祥 王秀才 龙湾村 闫振 □惠明 岳家庄 李清 张成 马四 谢甫 孙刚 赵妙安 □□□↵

（以上第八列）

真往 陈紫 陈宝 陈福喜 陈祥 陈茂 陈能 北郑村 桂兴 王甫 马祥 李甫 宋林 宋山 宋原 张玉 张山 冯孜 冯玘 张太 孙贵 马五 张表 石甫安 刘昆 魏广 曹章村 陈恕 刘甫安 陈妙缘 刘妙香 张妙缘 程妙才↵

（以上第九列）

□月 王福英 尚福祥 郑福春 王福海 吕福云 师福广 王福杰 □普福 王忠 田福赟 李福端 牛福四 张福祥 任福□ 焦福见 刘福英 王达 王连 石甫章 陈见 王通 王福敏 李福春 张福达 张福忠 张福端 张福俊 李福鸾 刘福深 崔福礼 刘福□↵

（以上第十列）

□家庄 苏□广 徐妙聪 苏文 徐瑾 谷昇 邹□ 谷胜 谷海 张妙玉 谷令月 谷宣 张妙成 谷玉 潘妙福 谷中魁 徐端 徐□ 徐文钊 徐增 徐俊 朱年儿 徐达 徐杲 徐洪 张福民 张福良 于福通 刘福敬 李福雄 黄福俊 郑环荣 刘福智↵

（以上第十一列）

昆众□ 杨晋秀 杨妙才 杨玉春 杨玉柳 杨普太 杨氏 杨根 杨奎 杨海 孙氏 杨榛子 张普亮 张政 靳洁 杨普渠 樊普□ 刘□□ 樊儒 刘纯 刘普 郝氏 杜妙福 赵普通 □普能 甄大川 甄□玉 邹福得 邹雄 来福亮 陈智 管如□ 管妙□ 管福□↵

（以上第十二列）

☐ 果见 果聪 王妙金 王福通 陈妙善 王峦 张妙敬 王奉 李妙经 王彪 沙力封 刘敬 刘温 赵兴 金普良 管妙景 牛家庄 赵妙清 □达 □奉 王银 李善增 安宽 刘妙成 安良 肖英 赵妙端 张成 赵三 赵通 李惠明 张妙□ 刘妙贤⏎

（以上第十三列）

河间庄 董□材 杨福材 王福海 金广福 李□荣 王妙贵 张妙祥 李福山 乔妙善 董德屯 李福刚 丘福善 张福英 丁福保 于福顺 周福恒 孙四 泥洞村 赵普原 郭普旺 孙普峦 芦家庄 于福信 张□□ 石门桥 李福名 赵福忠 杨福奉 大章店 朱福真 赵信通 □福玉⏎

（以上第十四列）

□□村 张能 张本 张仲良 张玉 张礼 张付 张忠 张林 张春 张整 张奉 张拳 张瓒 张志 张见 张柱 张仁 张信 张丘 张智 张让 张铎 张俊 张贵 王佑 董俊 刘刚 普五 胡宾 高妙喜 胡福达 贾福朗⏎

（以上第十五列）

□州 萧六□ 朱本清 刘斌 高□清 王妙香 王妙真 王浩 □妙贵 王海 李妙秀 许自然 王海秀 王妙能 张兴 苏妙连 □妙善 王□ 柴旺 田妙秀 刘普元 余弼 魏清 魏亮 晋友才 张俊 赵亮 赵弼 张刚 孙福刚 □福景 胡福刚 ☐⏎

（以上第十六列）

（据拓录）

注释

① 钱塘：古代地名，县治在今浙江杭州钱塘县，亦代指杭州。

② 都察院御史：都察院为明清时期官署名，执掌监察、弹劾及建议。与刑部、大理寺并称三大法司，遇有重大案件，由三法司会审，亦称"三堂会审"。其长官为左、右都御史。此言"都察院御史"，即"都察院都御史"之简称，但却回避了"左"或"右"。

③ 莎题：草名，据说可以造纸。但此处作为地名，则是"莎题石经山"的简称。房山石经山，旧名涿鹿山，因山上蔓生莎题草，故又名"莎题山"。

④ 岭嶒叠嶝凹凸岭陡峻巅峦嵯峨峰茂：形容山势的词语，描写山的层叠、起伏、险峻、高耸、丛林茂密。

⑤ 刈草结庵：用简单的建材搭建茅庵。刈草，锄草；结，搭建。

⑥ 云衲：云游衲子的简称。云游和尚，游方僧人。

⑦ 毗卢殿：寺庙内供奉毗卢佛的殿宇。毗卢佛是"毗卢遮那佛"的简称，是释迦牟尼的法身佛。佛教有所谓"三身佛"的说法，即法身"毗卢遮那佛"，应身"释迦牟尼佛"，报身"卢舍那佛"。

⑧ 伽蓝祖师二堂：按照唐朝以来古寺院禅堂七室的传统，作为大雄宝殿的左右配

殿，伽蓝殿在东，供奉着三位善士，即波斯匿王、祇陀太子与给孤独长老，他们是最早护持佛法、建立伽蓝的人，祖师殿在西，是纪念禅宗初祖达摩禅师的殿宇。相对于"大雄宝殿"而言，此两"殿"只能称"堂"。

⑨ 方丈禅堂僧寮斋厨廊庑：指住持住所、僧众课堂、和尚居室、厨房、四面房舍回廊等。这是一座寺院中的"标配"建筑，各有各的功能。

按语

"房山县在京师西南百里许有山名凤凰山曰华严禅寺重修古刹碑记"，这是首题吗？是否过长？这也绝非个例，如《乾隆幸贡院诗》之全称为《十月二十七日幸翰林院赐大学士及翰林等宴因便阅贡院乃知云路鹏程诚不易易也得诗四首》，其实也可以视之为此四首诗的"序"，但是作为正经的叙事碑的首题，的确是有些特殊。

碑文"成化元年□□□秋月内落成至甲午岁孟冬月吉日"之"成化元年"系乙酉年（1465），这一年工程竣工。"甲午"系成化十年（1474），经过十年，寺庙才为此撰文立碑。关键它不是敕建、敕赐的寺庙，虽然有大臣为之撰文、书丹、篆额，毕竟他们也不是直接施舍的功德主，只是被请来的代笔者而已。

碑文有"其徒门人百众有余"，此话不虚。碑阳上的僧众落款就有100多个，碑阴人名更多，房山以外者不少，大多是资助银钱者。

伽蓝祖师祠碑

解题

明成化十三年（1477）。方首抹角失座，今方座系补配。碑高150厘米、宽72厘米、厚10厘米。额题"伽蓝祖师祠记"，首题磨泐不辨。碑阴额题"十方助缘芳名"，以下镌刻人名15列。今在白云坨。

碑文泐甚，连缀不成句，故省。

伽蓝祖师祠碑阳面拓片

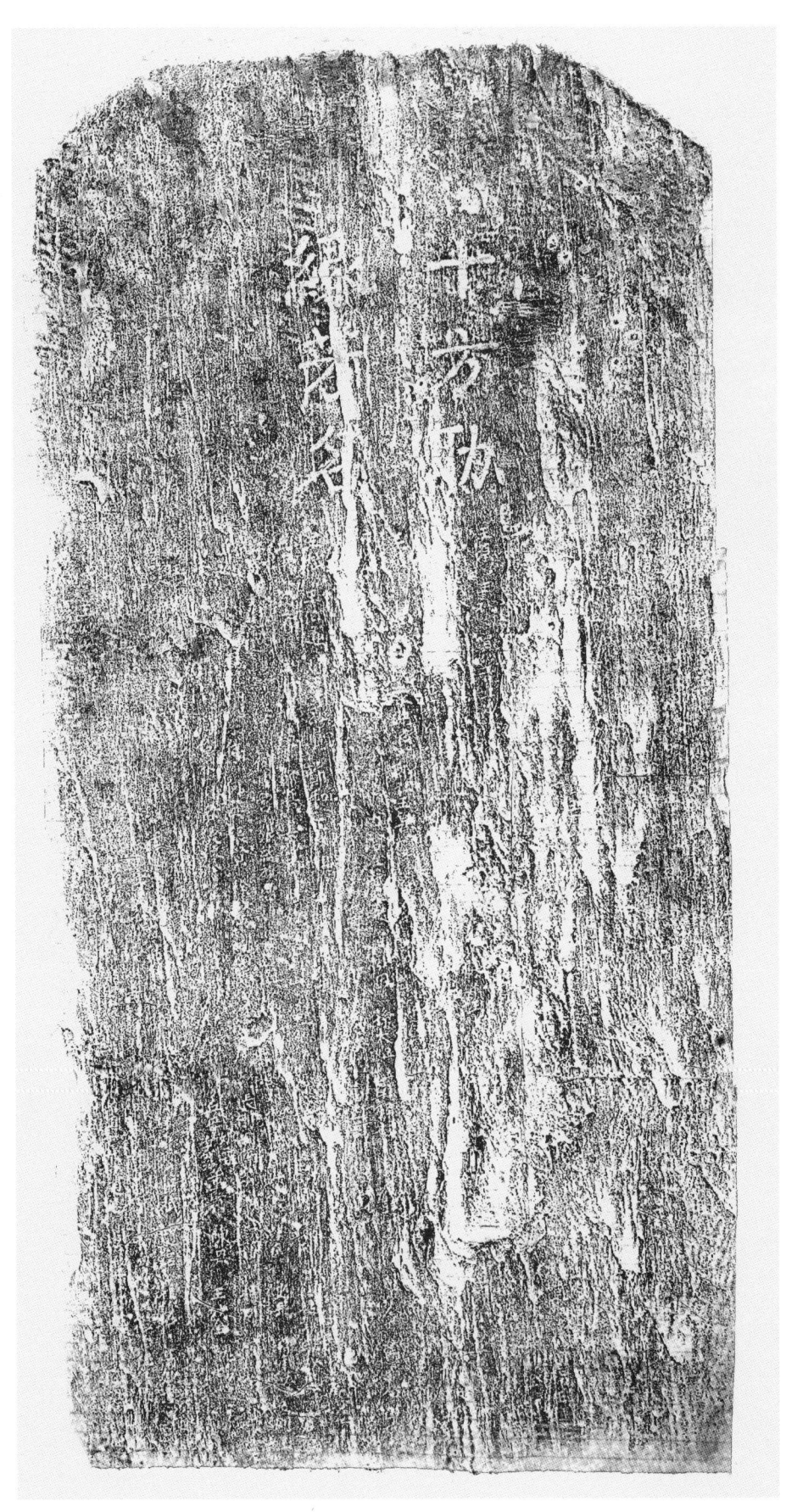

伽蓝祖师祠碑阴面拓片

重修施烛碑

解题

明弘治己酉（二年，1489）。方首抹角，浮雕祥云；补配方趺。碑高174厘米、宽73厘米、厚14厘米。额题"重修施烛碑记"，首题"重修施烛碑记"。太保庆云侯周寿、太傅常宁伯周彧撰文立碑，本山书记德泽书丹，金台龚鉴镌字。碑阴首雕祥云，额双勾题"檀越芳名"，碑身镌刻功德人名13列。今在白云坨，碑身下部横通断，复粘接。

录文

额题：
重修施┘
烛碑记┘
正文：
　　重修施烛碑记　┘
赐　太　保　庆　云　侯①　大　功　德　主　　周寿┘
赐　太　傅　常　宁　伯②　　　　　　　　　　周　┘
　伏闻┘
佛生西域祥光现于周朝圣教东流金相梦于汉帝斯因华严梵刹乃京西第一禅林峰峦┘
　陡峻悬崖凤凰山顶扬晓日香炉峰尖挂月明照光晧晧靡不明乎是师破庵振锡南┘
　礼知识首谒西蜀楚山③印证法要次续金山④灯传杖锡到于凤凰山辟荒开始数载以┘
　刹遐迩远近四海禅流云聚山堂开阐正宗齐学般若朝夕慕道端究一乘六时寂静┘
　至理悟性本空唯是见性之道也异日蒙　┘
朝庭之诏师　┘
圣母皇太后⑤修设荐祖水陆大斋胜会蒙赐表瞩因而京都内外居人闻之谒访到山由是┘
　张福进乃正阳门关街西居住异日自念云幸生盛世得遇京华今得人身而具足每念┘
四恩无可报以此发心同一耆众善人等各施赀财买油蜡浇烛自景泰六年施烛京城并┘

戒坛五台寺观庵所共七十六处至弘治元年施烛三百斤重到凤凰山圆满供献
佛天诸圣僧众朝夕登殿讽经祝延
圣寿与无疆祈保黎庶而丰岁
　　皇图永固　帝道遐昌　佛日增辉　法轮常转
　　大圣觉皇　巍巍荡荡　天上人间　法震穹苍　明帝托梦　教往东扬　大明圣主
　　奉侍佛章　王臣宰相　建立道场　檀信归依　佛法大光　银烛点处　照耀煌煌
　　福进居士　绍果真常　合会善人　定生西方　凿石立碑　万代名扬
　　临济宗第二十五代嗣祖破庵幻住老人述　　　　　　　　本山书记德泽书
大明弘治□年岁次己酉　八月中秋吉日立　　　　　　　金　台龚鉴镌
（据拓录）

注释

① 庆云侯：明代异姓封王爵，周姓。
② 常宁伯：明代异姓封王爵，周姓。
③ 西蜀楚山：明代高僧法名。禅师俗姓雷，唐安（今在四川崇州东南）人。讳绍琦（1404—1473），字楚山，别号荆壁叟，系南宗禅僧，上承无际明悟，下传古溪觉澄等。
④ 金山：此指镇江金山寺，江南佛教圣地，禅宗正宗。始建于东晋。清代，与普陀寺、文殊寺、大明寺并称中国四大名寺。
⑤ 圣母皇太后：弘治皇帝明孝宗朱祐樘（1470—1505）的嫡母王皇后钟英（1450—1518），上元（今属南京）人。孝宗即位（1488）后，尊王皇后为皇太后。

按语

"佛生西域，祥光现于周朝；圣教东流，金相梦于汉帝。"这是关于佛生西方、最早传入东方的两个故事，据《周书异记》《穆天子传》等记，周朝昭王即位的第24年甲寅年（前1027，不被学界认可）四月初八日，江河泛滥，大地震动，夜有五色光气。昭王问太史苏由是何祥瑞。答曰："有西方圣人出生，千年以后，教法传流东土。"此即佛（释迦牟尼）诞的传说。另外一则故事发生在东汉明帝刘庄（28—75）永平七年（64），帝梦金色神人，项带日光，飞在殿前。太史傅毅说起了周昭王的故事。后来皇帝遣使求法，礼请天竺高僧摄摩腾、竺法兰，以白马驮经运至洛阳，遂建白马寺，此为汉地寺院之始。

据《追封庆云侯周公（能）神道碑铭》记，有汉代周勃后人名周能（1398—1463）者，因其二女为明宪宗生母，封皇太后，故其死后获追封"庆云侯"，其父周福山、祖周德清亦如之。碑文中提到的周寿乃周太后同父异母弟，已于成化三年（1467）被封为庆云伯，赐阶推诚宣忠翊运武臣、特进荣禄大夫、柱国，食禄千石，子孙世袭，给诰券。由此可知，此周寿即庆云侯周能之子，周寿封"伯"时，其父周能已死，周寿

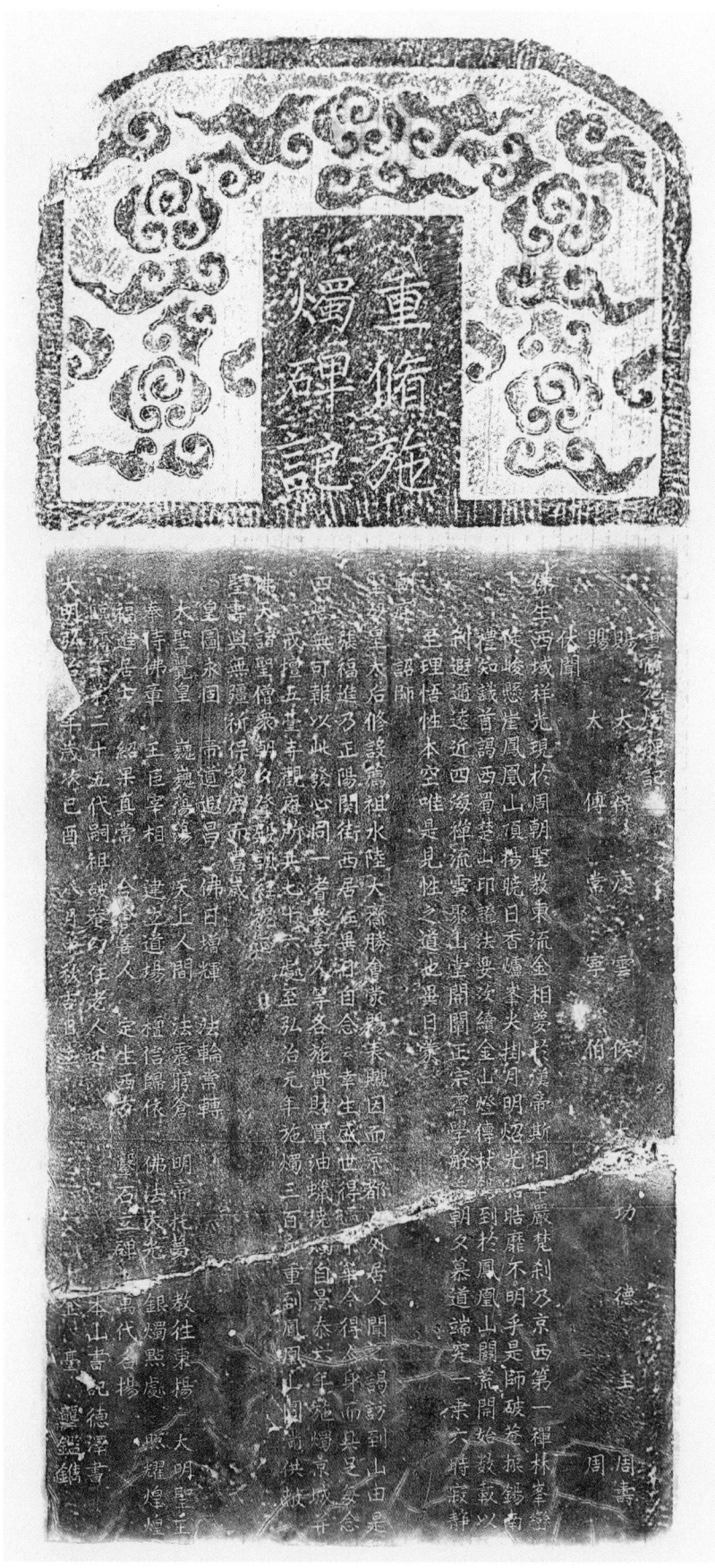

重修施烛碑阳面拓片

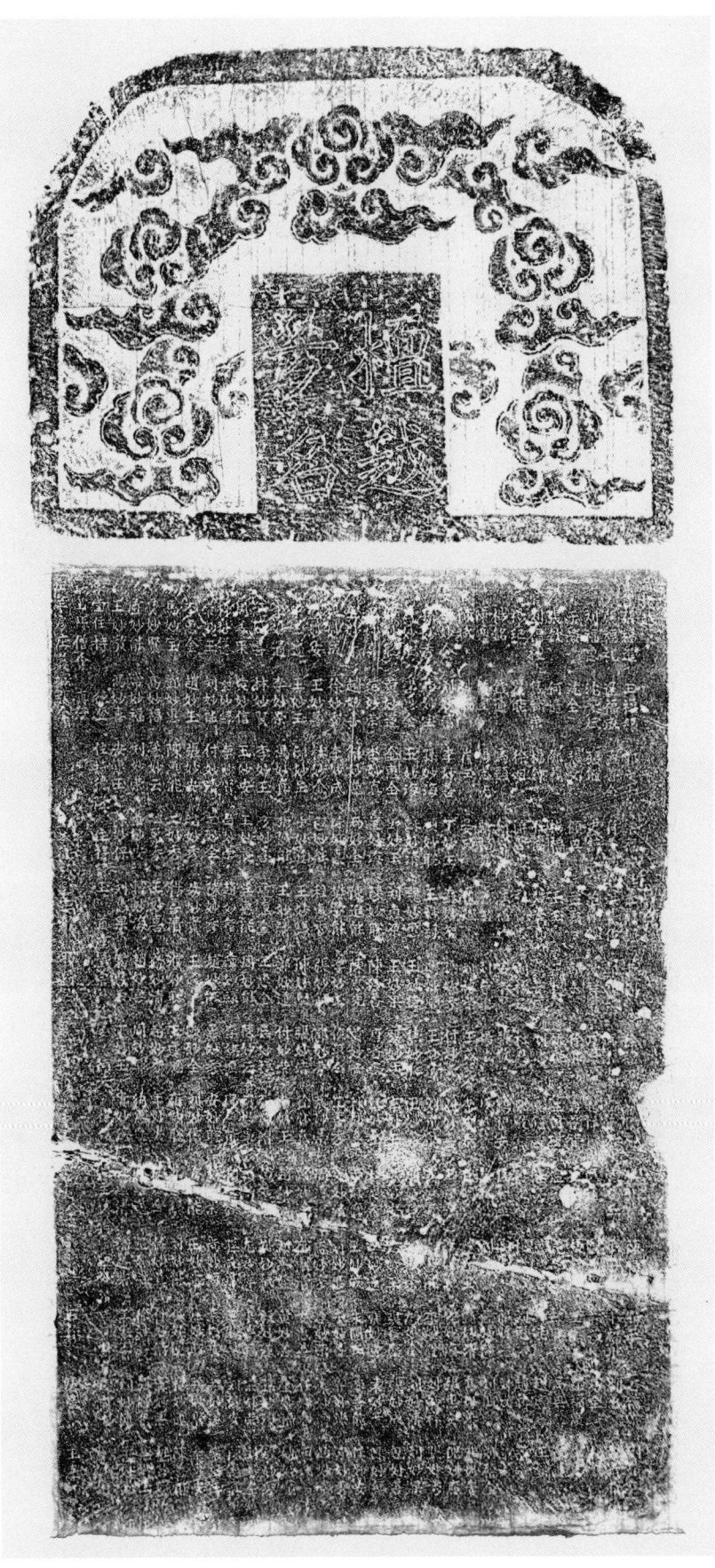

重修施烛碑阴面拓片

之前三代均追封为"庆云侯"。故此碑大功德主"庆云侯周寿","侯"似乎应为"伯"之误。既然是"子孙世袭"没有递降一等，反而升了一等，或许是因周太后而"冠上加冠"，必有缘故。据《明史》卷三百《外戚列传》记载，周寿于成化十六年（1480）加"太傅"，（弘治时加"太保"）次年进"侯"爵。又据《周能碑》，其原配甄氏生女二人，次女为周太后。其继配高氏生二子，周寿、周彧。据《明史》，成化十六年周彧被封为"长宁伯"，加"太保"。可见此碑文前列两位功德主，一位"周寿"，另一位仅"周"字应即其弟"周彧"无疑。

碑文"是师破庵振锡南礼知识，首谒西蜀楚山，印证法要，次续金山，灯传杖锡，到于凤凰山，辟荒开始，数载以刹"中的"是师"，即之前"凤凰山华严禅寺重修古刹碑"功德题名中列第一位的"临济下☐开山第一破庵幻住老人"。"凤凰山华严禅寺重修古刹碑"立于成化十年（1474），"重修施烛碑"立于弘治二年（1489），落款"临济宗第二十五代嗣祖破庵幻住老人述"，相互印证了老人辟荒建刹之事。

重修白云山华严寺碑

解题

明弘治五年（1492）五月。方首硬抹角，线刻如意祥云，补配方趺。碑高158厘米、宽69厘米、厚13厘米。额双勾篆"重修白云山华严寺记"，首题"重修白云山华严寺记"。一廉道人性濂撰文，显庆寺住持悟澄书丹，住持宗果立石。今在白云坨。

录文

额篆：
重修白↲
云山华↲
严寺记↲

正文：

重修白云山华严寺记　↲
　　直隶保定府　　崇庆寺　　净居清隐　　一廉道人　　性濂撰　↲
　　直隶保定府满城县贤台社西庄村显庆寺住持悟澄书　↲
京畿西南皆山也西抵秦晋南控赵梁绵亘起伏千有余里稽古为幽燕之地自我↲
太宗文皇帝①建都于兹盛兴佛教广度僧徒故此山之间梵刹禅宫星罗棋布据顺天府↲
涿州房山县之西南一舍许有白云山其山之麓原有古刹道场久经废弛成化间↲
僧讳宗果号曰香林乃保定世胄强氏之裔也时寻幽而至此因睹至正元年石刻↲
题名南华严寺遂结茅于故基之上香林克苦励志昼夜精勤熏以戒香澄以定水↲
仅十寒暑了悟心田由是道风远播檀信云臻弘治改元②乃有大宁都司保定前卫↲
后所总旗③胡普俊闻访香林道人入山一见道缘相契如故旧然普俊观其山明水↲
秀地僻林深诚乃藏修之士之住处也俊辄启诚聿兴修造而俊家于直隶保定府↲
满城县贤台社南韩村有数十余楹之房舍二十余顷之园田粟麦盈于仓焉骡孳↲
于厩④俊自言曰昔者庞居士轻财重道名振古今彼何人也吾何人也□家兴言杜↲
氏长子才仲子成长孙全商议间而夫妇父子协志同心更无龃龉□日□金三百↲

重修白云山华严寺碑阳面拓片

重修白云山华严寺碑阴面拓片

余两祇就于家涓吉命工抡材木之良者陶瓴□之坚者亦不惮远以□途载于山
构架佛殿三间妆塐释迦世尊文殊普贤菩萨迦叶阿难尊者⑤将及二载轮奂一新
金碧交辉炫耀人目于是香林感俊舍财建寺之功征余言以旌其善余曰出尘之
士精持律行深悟禅那⑥道心坚固者也在家之人不吝囊赀能行檀度信心诚笃者
也香林道人与普俊居士道坚信笃成此胜缘福慧二严⑦俱有分矣抑使后世缁白
之流⑧登是山读是文效而行之有所矜式者焉姑书以记永垂不朽云
　　大明弘治五年岁壬子夏五月端阳重开山住持宗果　　立石

（据拓录）

注释

① 太宗文皇帝：明代第三位皇帝朱棣，太祖朱元璋第四子，母马氏。死后定庙号为"太宗"，予谥"体天弘道高明广运圣武神功纯仁至孝文皇帝"，葬长陵。后来到了第十一位嘉靖皇帝朱厚熜时，由于"大礼仪"之争，拟将生父兴献王朱祐杬提升为"兴献皇帝"，并将牌位请入太庙。但囿于礼制，可能会将"太宗"移出，遂将"太宗"改号"成祖"。历史上人们习惯以"成祖"呼之。

② 弘治改元：明孝宗朱祐樘继位于其父皇宪宗朱见深的那一年为弘治元年（1488）。

③ 大宁都司保定前卫后所总旗：大宁都司，是"大宁都指挥使司"之简称，是明朝在今河北省北部、内蒙古自治区东南部地区设立的军政机构。明初在京师和各地皆设卫所，"卫"是"卫指挥使司"的简称，"所"是指"千户所"和"百户所"。总旗，是比较低级的军事指挥官。明代卫所最高指挥官为都指挥佥事，以下依次为指挥佥事、千户、副千户、百户、总旗、小旗。

④ 骡孳于厩：孳，生育，繁殖。厩，马厩，马骡之类牲畜的饲养圈。此句意思是马厩里的骡马越来越多。

⑤ 迦叶阿难尊者：两位罗汉都是释迦牟尼的弟子，各有神通。迦叶，亦名大迦叶、摩诃迦叶，出生于婆罗门望族，苦行第一。阿难，即阿难陀，释迦牟尼的堂弟，后跟随佛陀出家，为常随侍者，以多闻著称。尊者，罗汉别称。

⑥ 禅那："禅"，佛教梵文音译，原意为"静虑""思惟修"等，为佛教"六度"之一。

⑦ 福慧二严：佛教用语，二种庄严。福慧，为"福德智慧"之简。语出《涅槃经》："二种庄严，一者智慧，二者福德，若有菩萨，具足如是二种庄严者，则知佛性。"

⑧ 缁白之流：犹如说"僧俗二众""僧俗人士"。"缁"，黑色，僧衣颜色，代指僧众；"白"，与"缁"对举，代表俗众。

按语

此碑文中出现错别字，如"据顺天府涿州房山县之西南一舍许"，之"据"应作"距"，明显误字。

此碑文记："成化间（1465—1487）僧讳宗果号曰香林"，"因睹至正元年（1341）石刻题名南华严寺"。由此可知，就在立此碑前数十年有僧人名宗果的，曾看见100多年前的一件石刻，上面题名"南华严寺"。这说明此处"华严寺"建立之前可能会有不止一个"华严寺"。上方山"华严开辟"，是否就是针对"上方"而言？古人也认为当初华严祖师开山之作是"天开寺"。后来僧人们才主要集中在上方山的，有了自己的主寺——兜率寺，其逐渐取代了天开寺的位置，天开寺也逐渐独立了出来。

"昔者，庞居士轻财重道，名振古今"，这是发生在唐朝的庞居士的故事。庞蕴（785—808），字道玄，湖南衡阳人，在家禅者。他悟性甚高，有"中国维摩诘"之美誉，世人称其为"庞居士""庞翁""襄阳庞大士"。庞蕴世代为儒，自幼有志于探寻生命真相，后皈依佛门，悟道后，曾将数万艘私船抛河，去除世俗之累。然后携妻子儿女躬耕于鹿门山下，以编制竹器到市场变卖为生。故偈云："有男不婚，有女不嫁，大家团栾头，共说无生活。"此即所谓"轻财重道"者。

重砌上方兜率寺天梯路碑

解题

明弘治七年（1494）六月。螭首龟趺，通高295厘米、宽80厘米、厚16厘米。额篆"万古流芳"，首题"重砌上方兜率寺天梯路记"，碑阴额篆"重砌兜率寺天梯路记"。南阳李璋撰文，金台杨全书丹，安成李纶篆额。碑身题名，上下分六列。碑面风化剥蚀较严重。今在兜率寺一进院内。

重砌上方兜率寺天梯路碑

录文

额篆：

万古⏎

流芳⏎

正文：

  重砌上方兜率寺天梯路记　⏎
    中　宪　大　夫① 太　常　寺　少　卿② 南　阳　李　璋　撰　⏎
    征　仕　郎③ 中　书　舍　人④ 直　文　渊　阁⑤ 预　修　国　史　金　台　杨　全　书　⏎
    直　文　华　殿　前　中　宪　大　夫　太　仆　寺　少　卿　安　成　李　纶　篆　⏎

御用监太监王公瑞弘治六年正月二十九日钦承　⏎

上命差往小西天等处散布施我　⏎

皇上以西天诸寺密迩　⏎

皇陵　⏎

恩命是以特下又以王公素存心于好善简在　⏎

帝心有日用是　⏎

 命往公行至房山兜率寺见其佛刹创于往昔而寺前路通四远顾乃崎岖陡峻一至辄有修

  砌开辟之念抑欲将顺　⏎

137

重砌上方兜率寺天梯路碑拓片

圣意波及途人也顷之僧众持疏合爪⑥拜于前请为修路缘主公曰嘻一念发于吾心乎僧未必知何为而感通抑僧众有是心吾亦未之知

何为而默契似有不偶者遂慨然诺之而各监太监若秦公德辈闻风翕然助缘则又因公之善念皆有以感触其心焉于是取木石于

山鸠工于民不劳余力砌成天梯千余步宽展垣夷⑦有若平地来往之人啧啧称颂始事于是岁四月八日而毕工于是冬仲月⑧之五日

寺僧复请琢石求文以记其事并及诸乐助者之名氏众咸曰天梯之成倡于王公一念之间而感发于吾辈是缘也盖王公之赐也于

吾辈何有公曰吾兹行奉

皇命适然至此因而感发是缘也盖

皇上之赐也于吾心何有公事竣而还

朝间语予以事之始末而丐予执笔以从事嗟夫好善之心人人有之而人所以有是心者人心中具一性人性中通一理理无不善故无

不好善所谓秉彝之天性⑨特在感发之何如当

皇上孝思

皇陵推恩布施是以好善之天感乎公公不以主缘修路为心是以好善之天感乎人及将立石记工又皆不自以为功乃推所自出于

皇上则此心好善之天推充弥满不有以感苍苍之天乎有感必有应予于是知上天必以百福万寿锡吾

皇下及诸公视此天梯一步进一步庸何异乎予亦乐为记之俾寺僧用垂诸不朽云

　　大明弘治七年六月吉日立

碑阴：
额篆：
重砌兜率寺天梯路记
（以下第一列，居中）
太监
（以下第二列）
王绅　闫福　吕通　梁玘　陈逯　岑章　周辅　陈玹　罗洪　宁诚　秦德　李兴　黄兴　李瑾　宴宏　黎鉴　潘德　袁敬　王睿　王和　戴义　李福诚　登贤
（以下第三列，居中）
王伶　秦敬　李时
（以下第四列，居中）
中贵官
（以下第五列）
王用　吴爱　高景　张腾　雷祥　□保　赵□　凌宗　穆琦　王鼎　朱恩　宋瑾　白让　杨安　李厚　刘能　张臣　王福增　吴聪　黄狗儿　刘□　韩盛
（以下第六列）
刘信　李彪　盛中　陈恭　周景　□□　禅清　苏贵　马株　吕昇　常钦　孙敬　陈

江　苗闰　张朋┘
（据实物录）

注释

①　中宪大夫：古代文散官名称。金代始置，各代略有不同，明代为正四品升授之阶。

②　太常寺少卿：太常寺系中国古代掌管礼乐的最高行政机关，掌宗庙礼仪，明代"五寺"之一。其主官为太常寺卿，副官为太常寺少卿，正四品。

③　征仕郎：古代文散官名称。明代征仕郎为从七品升授之阶。

④　中书舍人：古代文官名称，魏晋时始置，名"中书通事舍人"，后除"通事"二字。明清时，于内阁中书科亦设中书舍人，掌书写诰敕、制诰、银册、铁券等，从七品。

⑤　文渊阁：中国古代著名建筑名称，位于北京故宫东华门内文华殿后，是紫禁城内最大的一座皇家藏书楼。明初始建，并置文渊阁大学士。

⑥　持疏合爪：双手捧着自己的"报告"，表现出非常恭敬的样子。疏，奏章，此指向代表朝廷来此访查的太监王公汇报的条款（报告）；爪，伸开五指的手。

⑦　宽展垣夷：（石质天梯经过这次"重砌"）宽度增加了，墙垣变得安全了。垣，墙；夷，平，安全。

⑧　冬仲月：农历冬季的第二个月。

⑨　秉彝之天性：人的天性是善良的，即"人之初，性本善"。《诗经·大雅·烝民》："民之秉彝，好是懿德。"秉，持，具有；彝，常。

按语

此碑文中的"天梯"，并不一定实指"云梯"，是人们对兜率寺前的这段石凿阶梯的总称。乾隆版《上方山志》卷之一《名胜·梯》记："云梯在发汗岭上，依山之石凿，磴仅容半趾，而高入云天，故曰云梯。"说其"仅容半趾"一点不假，凡人履梯上下，鲜有从容自得若蹬普通楼梯者，基本上都是手扶铁索，横置其足，再考虑前进。并非梯不容足，而是慎重再三方举足而前，唯恐台阶不容其足而已。清人福增额《云梯题壁》诗云："几日探苍翠，真成汗漫游。悬崖三十丈，瀑布挂新秋。"但是，在碑刻和文献中并没有明确界定"云梯"与"天梯"者。清人麟庆《游上方山记》云："道光二十有五年（1845）……至下接待庵，庵旁两壁巉岩，中隐一罅。扶杖缓行，拨草踏叶，簌簌作响。足下石多活，步步防危。数转至一平处，曰欢喜台，为之一快。又半里许，见石梯，高三百级。"溥儒版《上方山志》卷三《考工》记："登天桥，在虹桥庵后，向兜率寺门之路。"这是说人们由此仰望兜率寺有登天之感。后人又有"云梯总路"之说，晚近陈诜《房山纪游》云："民国十三年（1924）五月二十八日"，"偕为房山之游"。"二十九日"，"晨起上山，北登仅一径可通，即所谓云梯总路也"。故欢喜台后接近直立的石梯是"云梯"，虹（红）桥庵后通向兜率寺的石阶为"天梯"，两段"梯"及"路"为"云梯总路"。

兜率寺为上方山总寺，故又名"上方寺"。

碑阴题名中"宴宏"，应即"宴公祠"主人，时间吻合。宴宏在弘治初年升至太监，赐莽衣玉带、内府乘马。宴公祠在海淀区四季青乡万安山麓，于明正德七年（1512）为宴宏所建，初名"道统庙"，系儒庙。这与宴宏的个人文化修养有关。从弘治七年（1494）至正德七年（1512），也相差近20年。

溥儒版《上方山志》卷四《碑碣》未收录此碑，但有下一条"重修上方兜率寺天梯碑"。

重修上方兜率寺天梯碑

解题

明弘治七年（1494）。额篆"重修上方兜率寺天梯路记铭"，首题"上方兜率寺重修天梯路记铭"。安成彭礼撰文，安成李纶书丹并篆额，历阳王用镌。此碑未见实物，据旧拓录文。今兜率寺东北小门外倚北墙横卧者，仅示碑阴功德人名，怀疑其为此碑之身；大殿院西侧仆地螭首，怀疑为此碑之首。

录文

额篆：
重修上╝
方兜率╝
寺天梯╝
路记铭╝
正文：
　　上方兜率寺重修天梯路记铭　╝
　　赐进士第亚中大夫①太仆寺卿安成②彭礼撰文　╝
　　直　文华殿③前中宪大夫太仆寺④少卿安成李纶书并篆额　╝
　　弘治六年正月二十九日　╝
　御用监⑤太监王公瑞奉　╝
上命往小西天诸寺给散布施事竟复　╝
　命路经天梯道石磴崎岖坡崖陡峻上下往来者甚艰若非攀引则不可进否则有颠仆之虞公
　　纵适坂堤╝
　俯仰游目忻然有修葺意距道二里许兜率寺在焉公少憩于内问诸老僧此梯造就何年
　　僧曰此梯高╝
　拔天成也寺必因梯而立名其来远甚肇建元末屡遭兵燹又况时代凋谢寺道倾圮久矣
　　迨我　╝

142

重修上方兜率寺天梯碑碑阴

圣朝文运亨嘉永乐间住山僧然义偕内官监太监向公福善倪公忠重修梯道以便往来今八十年余岁月

弥深梯道弥毁然旧址虽存而登临不快者居多公闻之此志遂决捐囊金鸠材石一时同俦好义闻而

劝善者比比未几化崎岖而为坦夷易榛莽而为福地其造善之功可胜计耶由是往来者无怖畏之心

欢忻鼓舞以为昔之险今之夷昔之颓今之丽其赞颂之声自有不容已者公之德如此不惟有俾于人

天福果亦不坠倪向二公之初志也欤住山僧觉深辈感公好善之笃报称无极特耆石征文以纪其实

垂诸永久因铭之曰铭曰

西山之巅　云雾相连　俯瞰寰宇　上凌穹天　崎岖石磴　幽灒林泉　中有老衲　岁月逃禅

昔之颓然　今之焕然　维何人斯　心在福田　一经此地　脱洒尘缘　追崇芳躅　千古名传

弘治七年岁在甲寅夏六月吉日立　东华门管事奉御郭渊到　工部副使历阳王用镌

（据拓录）

注释

① 亚中大夫：古代文散官名称。元始置，元明两代均为三品初授之阶，后废。

② 安成：战国时期的古地名，亦名"安城"，魏邑名，在今河南原阳县西南。古人交代自己籍贯时好使用古地名。

③ 文华殿：始建于明初，位于故宫外朝协和门以东，与武英殿东西遥对。初为皇帝常御之便殿，后为皇太子观政之处。明代设有"文华殿大学士"职，正五品衔，其职责是辅导太子读书。

④ 太仆寺：中国古代朝廷的中央机构之一。秦、汉九卿中有太仆，为掌车马之官。唐代为九寺之一。明掌牧马之政令，属兵部，并于滁州设立南京太仆寺，其中设置有卿、少卿、员外郎等官职。明代北京的太仆寺位于今西城区东南部，东起府右街，西至东槐里胡同。

⑤ 御用监：明代宦官官署名称。十二监之一，设掌印太监，下设把总、典簿、掌司等职。掌造办宫廷所用围屏、床榻诸木器，以及紫檀、象牙、乌木、螺钿等玩器。

按语

此碑与前一碑是同年、同月、同事且几乎同名的两通碑，到底有何区别呢？主人公都是御用监太监王瑞，起因都是王公奉皇命去石经山（小西天）等处（佛寺）发放布施钱财。只有此碑记载了"云梯"的始建情况，"此梯高拔，天成也，寺必因梯而立名，其来远甚，肇建元末"。对于这样一个"兼语式复句"，从语法上我们很难理解其"肇建元末"是指"梯"还是"寺"。后面"重修兜率禅寺碑"条之"传说肇自陈隋间"，则明确指出"肇自陈隋间"的是"兜率寺"而非"天梯"，可以想象未建天梯之前的兜率寺那种高居云天的效果，以及修行僧人们的艰苦。此碑文又叙"永乐间（1403—1424），住山僧然义偕内官监太监向公福善、倪公忠重修梯道，以便往来"，"住山僧然义""向福善"在前"重修上方山兜率寺接引弥陀殿碑"条中有记载，"永乐年间（1403—1424），开山比丘然义，并内官监太监向福善等发心建造弥陀宝殿"。

总的来讲，前碑多述以往历史，此碑多讲修"梯"过程，两碑起到了相辅相成、互相补充的作用。

此碑在清乾隆元年（1736）时尚存，查礼《莎题上方二山纪游》中记"又至兜率寺，有嘉靖戊午（三十七年，1558）行人杨霆《重修寺记》及宏（弘）治七年（甲寅，1494）重修兜率寺天梯路碑，太常少卿李璋记，太仆卿彭礼铭，共二碑"。今双碑仅余一碑。但兜率寺大殿院内西侧有一碑螭首，额篆"施主芳名"，以及寺东北小门外之碑阴朝外之碑，两者可能属同一碑，则即是彭礼所撰此碑。

李书华《房山游记》云："（兜率寺大）殿前现存明清之碑四，其中最古者为重砌上方兜率寺天梯路记碑，乃明孝宗弘治七年（1494）所建。"他们出游的时间是民国十九年（1930）十月，这说明彼时彭礼碑仍在原地矗立着。今立者仅有三碑，即"重砌上方兜率寺天梯路记"碑、"重修兜率禅寺记"碑、"玉皇殿前常明海灯碑"。

此书丹篆额者为安成李纶。《日下旧闻考》卷一百零六《郊坰·西十六》记："白家滩有开元寺，城子山有东岳庙。""臣等谨按：白家滩在黑龙潭西四里许。开元寺明碑二：一太仆寺少卿安成李纶撰，弘治六年（1493）立；一僧净寿撰，弘治十四年（1501）立。"李纶撰文之"开元寺"碑，要早于此其书丹碑一年。

附乾隆版《上方山志》录文（溥儒版《上方山志》无此碑文）

[重修]上方兜率寺重修天梯路记铭

赐进士第、亚中大夫、太仆寺卿、安成彭礼撰文，直文华殿、前中宪大夫、太仆寺少卿、安成李纶书并篆额。

[宏]弘治六年正月二十九日，御用监太监王公瑞奉上命往小西天给散布施。事竟复命，路经天梯，[见]道石磴崎岖，坡崖陡峻，上下往来者甚艰。若非攀引则不可进，否则有颠仆之虞。公纵适坂堤，俯仰游目，忻然有修葺意。距道二里许，兜率寺在焉，公少憩于内，问诸老僧："此梯造就何年？"僧曰："此梯高拔，天成也。寺必因梯而立名，其来远甚，肇建元末，屡遭兵燹。又况时代凋谢，寺道倾圮久矣。[迫]迨我圣朝文运亨嘉，永乐间住山僧然义，偕内官监太监向公福善、倪公忠重修梯道，以便往来。今八十[余年]年余，岁月弥深，梯道弥毁。然旧址虽存，而登临不快者居多。"公闻之，此志遂决。捐囊金、鸠材石，一时同侪好义闻而劝善者比比。未几，化崎岖而为坦夷，易蓁莽而为福地。其造善之功可胜计耶？由是往来者无怖畏之心，欢忻鼓舞，以为昔之险今之夷，昔之颓今之丽，其赞颂之声自有不容已者。公之德如此，不惟有俾于[天人]人天福果，亦不坠倪向二公之初志也欤。住山僧觉深辈，感

公好善之笃，报称无极，特砻石征文以纪其实，垂诸永久。因铭之曰 铭曰：

西［方］山之巅，云雾相连；［福暇］俯瞰寰宇，上凌穹天。崎岖石磴，幽潆林泉；中有老衲，岁月逃禅。昔之颓然，今之焕然；维何人斯，心在福田。一经此地，脱洒尘缘；追崇芳躅，千古名传。

［宏］弘治七年岁在甲寅夏六月吉日立。

按：除以符号标出的二者异同外，此版未有额篆"重修上方兜率寺天梯路记铭"，末尾亦无"东华门管事奉御郭渊到工部副使历阳王用镌"等题款。

雪凭泉公塔铭

解题

明正德六年（1511）。铭文三行，占四行，空第三行。铭文"圆寂本师雪凭泉公和尚灵塔"，落款"正德六年春造"。今仍镶嵌于塔院砖塔眼光门内，表面有所剥蚀。

录文

　圆寂本师雪凭⏎
　　泉公和尚灵塔⏎

正德六年春造　　⏎
（据实物录）

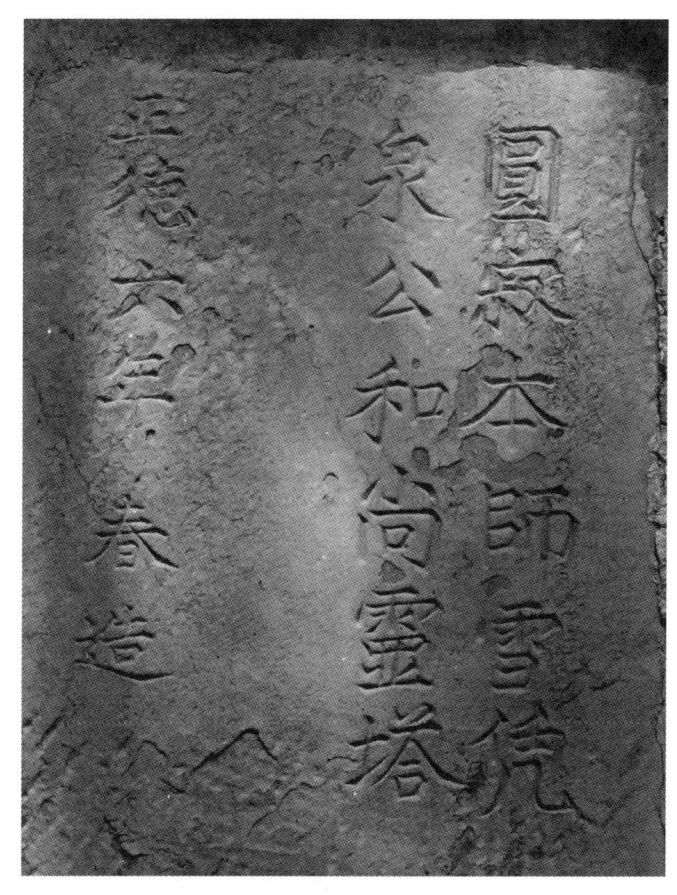

雪凭泉公塔铭

雪凭泉公塔

本师怡公塔铭

解题

明正德九年（1514）三月。铭文大字一行"圆寂本师怡公和尚灵塔"，上下款小字。上款"遗教孝徒真阐庄严□"，下款"正德九年三月吉日"。碑面风化比较严重，字迹尚能分辨。今在塔院。

录文

遗教孝徒真阐庄严□↲

圆寂本师怡公和尚灵塔↲

正德九年三月吉日　↲

（据拓录）

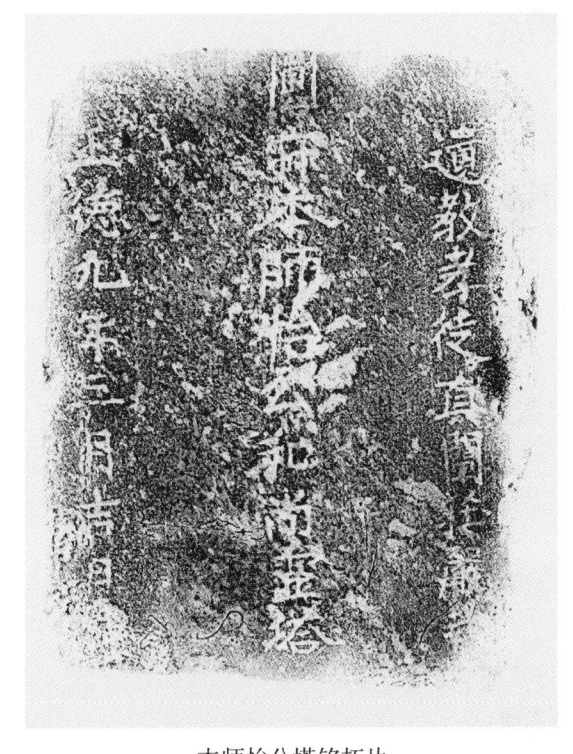

本师怡公塔铭拓片

本师恩公塔铭

解题

明正德十一年（1516）。铭文居中大字一行"圆寂本师恩公塔铭"，上下款小字。上款已被磨蚀，下款仅存"正德十一年"字。今镶嵌于塔院覆钵式砖塔眼光门内。

录文

☒

圆寂本师恩公塔铭

　正德十一年☒
（据拓录）

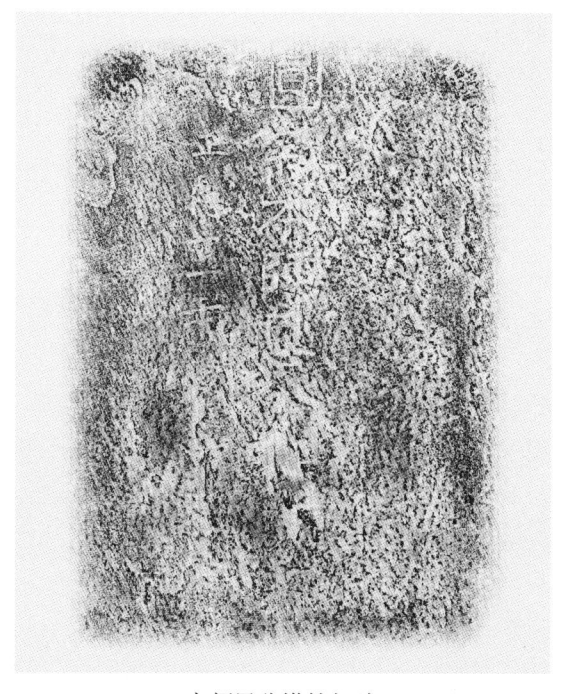

本师恩公塔铭拓片

重修上方兜率寺塔碑

解题

明嘉靖十二年（癸巳，1533）五月。方首抹角方趺，碑首线刻云龙纹，方座素面，通高140厘米、宽60厘米、厚10厘米。额篆"重修塔记"，首题"重修上方兜率寺塔记"。石亭山人纪恕撰文，畏轩邢琇书丹，靖庭纪仲美篆额。今仍在兜率寺塔院内靠墙立。

录文

额篆：
重修╯
塔记╯
正文：
重修上方兜率寺塔记　╯
将　仕　郎① 庐　州　府　庐　江　县② 主簿③ 石亭　山人纪恕　撰　　╯
顺　天　府　房　山　县　庠　生④ 畏轩邢琇书　靖庭纪仲美篆　╯
盖闻上方古刹形胜之地在邦畿百里之中东连沧海西抵紫荆北接居庸南╯
控涿鹿乃华严祖师由天开寺至此所立也祖师已逝时又立浮图以为藏□╯
之区欲使后人瞻仰不忘予尝仰观是山重峦叠嶂体势嵯峨翠竹苍松繁阴╯
掩映其山下有泉多水周流不竭泠泠然如鼓琴之音上下四旁僧房罗列殆╯
九十余座诚西山第一之境可佳可乐也四方老幼□其善名焉敬信之骆绎╯
于山径之蹊壑临参拜士夫闻之亦往观焉第以兹塔历年久远风中飘摇因╯
是倾圮见者□有重新之意但工程重大每恨力量寡弱不能嘉靖壬辰⑤春兵╯
丈局副使⑥刘公讳鉴贯保定府安肃县人秉性纯笃平素好善偶与同志内府╯
刘文等来游于此目睹塔形毁坏遂叹之曰此塔若不重修后日基址□为平╯
地虽有仰慕之诚何所宗主耶于是各发虔心舍己赀五十两米百石□以备╯
修理癸巳夏工就倾者成而崩者完巩固牢密焕然一新祖师有灵亦将永安╯

重修上方兜率寺塔碑

重修上方兜率寺塔碑拓片

于泉下此固刘公辈秉彝好善之良心亦祖师夙昔苦修清行□所感也本山

住持真衍属予一言以为后人知予嘉其志遂为□记

大明嘉靖癸巳仲夏吉日立

（据实物录）

注释

① 将仕郎：古代文散官名称。隋始置，衔最低。历代有所变更，明代为正九品初授之阶。

② 庐州府庐江县：庐州府，古代行政区划名称，府治在今安徽合肥市老城厢；庐江县，古代庐州府下辖四县之一，其他三县为合肥县、舒城县、巢县。

③ 主簿：古代官员名称。"县主簿"为县一级政府主官（县令）属下掌管文书的佐吏。但此"县主簿"仍为朝廷命官，因为他是九品将仕郎。

④ 庠生：科举制度中府、州、县学的生员的别称。

⑤ 嘉靖壬辰：明代嘉靖十一年（1532）。

⑥ 兵丈局副使：应为"兵仗局"，明代"八局"之一，系宦官官署，主管制造军用器械、宫中零用铁器等。另外七局为银作局、浣衣局、巾帽局、针工局、内织染局、酒醋面局、司苑局。副使，"局"的副官。《明史》记每局设大使一人，正五品；左右副使各一人，从五品。

按语

此碑文记："上方古刹形胜之地，在邦畿百里之中，东连沧海，西抵紫荆，北接居庸，南控涿鹿。"这是作者对上方山兜率寺一段极为夸张的描写，在其所说的"四至"之内，房山尚有无数的古迹寺观符合如此的"风水"。但是既然是受人之托撰写碑文，同时也是自己分内之事，作为本县的文书官吏又必须有才华，撰写碑文是个好机会，于是极其夸张之能事。

此碑文记"乃华严祖师由天开寺至此所立也"，此"华严祖师"即《上方山志》中记东汉光武帝建武十年（34）中印度僧人"华严慧晟"。近人陈诜《房山纪游·京兆房山县》云："塔院庵内为华严祖师塔，前有金大定二十年（1180）'明禅师塔铭石幢。'"

此为"塔记"，又在塔院，但非指众塔之记，而是"华严祖师"之记。祖师东汉时人。此塔何时所建，尚不得而知；塔在哪个方位，亦不得而知。

上方山兜率寺开井碑

解题

明嘉靖十八年（1539）。此碑已佚，亦不见拓片及录文。书丹、撰文、篆额人不详。原在兜率寺。

按语

溥儒版《上方山志》卷四《碑碣》记："《上方山兜率寺开井碑记》，在兜率寺，嘉靖己亥（1539）。"

甲辰新凿井泉碑

解题

明嘉靖甲辰（二十三年，1544）六月。立长方形，无首无座，嵌墙刻石，高56厘米、宽36厘米、厚5厘米。首题"新凿井泉记"。今在栈道旁的南双眼井处。

录文

新凿井泉记
涿郡房山县西南旧刹上方兜率寺有石井一区其水浅且
取之易涸①也由县又折而之北韩琦村旧建有一庵内患无
井泉居者每苦于远汲议者欲以创作偶有内府圆梅公闻
此叹曰民非水火不生活于是捐赀乐助易石若干丈②凡此
杂石等项悉皆备之经始于
嘉靖甲辰岁三月阅③两月而落成迨见先时石井浅狭者今则
加以锤凿深抵丈六及其泉而止焉至于庵内创作者今则
掘深十仞累石密甃固良材而事程功劝其泽可传永久视
昔烦劳而无休息者大有径庭矣兹功同成事者丘公大朝
索记于余余则曰凿井所以求泉及方为成井今公不恤劳
费百倍而成吾知民生日用不夫有所资乎后人仰公德者
宁有纪极乎若夫施财之主公与夫督工之名具列于后云
　　大公功德主　顾圆梅
　　内官监太监　罗胜　段凯
　　尚衣监太监　丘大朝　刘安
时嘉靖甲辰岁夏六月望日立　石匠邢全　马孝
（据拓录）

甲辰新凿井泉碑拓片

注释

① 取之易涸：人们在此井里打水时，打着打着就没水了。涸，干涸，水没了。

② 易石若干丈：购买了若干米长的石材。此石材也是这次"凿井"工程的"主材"。故后面"凡此杂石等项"是指那些"辅料"而已。

③ 阅：经历，经过。

按语

此碑文中提到"由县又折而之北韩琦村"，今房山区带"韩"字的村子有两处：一个是"韩村河"，一是"南韩继"。从其所描述的地理位置来看，两处均不在"房山县"之北。"韩继村"在辽代已成村，初名"韩吉村""韩吉寨"等；怀疑此"韩琦村"就是"韩吉村"的音讹。

此碑文记："迨见先时石井浅狭者，今则加以锤凿，深抵丈六，及其泉而止焉。至于庵内创作者，今则掘深十仞，累石密甃。"由此可见，此次的修井工程是两起：上方山的井挖深了一些；韩琦村庵内的井不但掘深，还加以甃底甃帮儿了。这两件好事的功德主是相同的，即顾圆梅等数人。

一斗泉岩前建观音殿碑

解题

☐六年岁在丁未（嘉靖二十六年，1547）。方首抹角方跌。通高120厘米、宽55厘米、厚10厘米。额横书"重修☐"，首题"上方兜率禅林寺一斗泉山岩前起建观音殿记"。榕人赵时用撰文并书丹，镌字匠王仲贤。碑阴题名。今在一斗泉观音院内。首身分离，碑身断为两截，右上角残缺。

一斗泉岩前建观音殿碑

录文

额题：
重修☐
正文：
　　上方兜率禅林寺一斗泉山岩前起建观音殿记
恩赐冠带信官①渠东八旬榕人②赵时用撰并书
　　尝闻上方兜率禅林寺者乃名山古刹寺☐☐境☐☐故多☐☐
言矣且☐此寺北山岩前庵中比丘谢☐
一观音之殿朝焉夕焉而明心见性焉耳所以☐☐寺所以☐
贾老善翁者齿德颇尊之一老善翁也此☐之以能经☐☐门☐☐
燃蜡之施☐木工官是殿距成矣于中☐☐☐☐观音殿朝夕☐☐
呜呼礼不☐自是以来殿之上☐圣时饶☐☐时☐
殿之前一斗泉者其水清清冷冷高高下下而曲折聚集☐☐委蛇
旋绕也亦寺中之一佳致也一日贾翁乘具至此随戏☐
僧座坐而茶毕清叙间此僧起而白之曰观寺尊缘及☐
☐矣故禀请文刻石以记其由来耳何如☐贾☐☐☐命不☐石☐

☐☐☐之刻之使往来善男信女观之者亦起☐☐之心随喜者络绎
☐☐☐也一因其请胡云笔之以举其☐之曰
☐☐☐☐☐ 圣境曾非凡 佳致千千☐
☐才言不尽 略言撚断数缘
☐六年岁在丁未季冬吉日立　　　镌字匠王仲贤

碑阴：
（前面风化不辨，大致四行）
☐文用　杨☐　郭琦　马云　马铎　高迁　佟名　刘淮　刘钦　僧人方智
☐店信人贾春室人马氏惠荣　男贾勇室人王氏金宝　婿李溱室人贾氏　孙男贾月高陈鉴
本州会中善人易清　刘友才　魏林　陈茂　刘孟原　佟伯川　周玉　石洞　赵环　苏理吴世龙　曾景山　信夫人惠女
长店会中善人　香头贾勇　张钊　陈英　刘相　李实　王虎　贾学　黄文学　李大林　刘孜　王雄　黄秀　何万仓
住持如聪　刘满　贾玉　唐方良　刘瓒　王刚　马隆　刘堂　尹龙　贾才　徐敖　刘春　张海　何景阳
内官监太监刘增　耿辅　唐宣　张经　　　　　　　　赵忠
元村善人　邵☐　邵应奎　薛淮　王甫　王现　王寅　王臣　吴俊　葛伍　李付　兰昇　王惠名　刘惠增
天开村善人　尹铎　许大仓
谷山口善人　许百万　许大金　王玉　南拜善人　孔氏惠成　张浩　张敖　张仓
本庵住僧　真妙　徒　如通　如经　徒孙　智云　智缘　智洪　智满　智才　智喜　智学
邻僧　悟心　宗密　因玉　（后面尚有浅刻五字，文意与此无关，似为游人乱刻者。）
（据实物录）

注释

① 恩赐冠带信官：得到皇帝赐予的官级品号，但并非实授。一般年龄比较大的德高望重的乡绅，通过层层上报，往往可以获得朝廷恩准的"寿官"，亦名"恩荣寿官"。

② 榕人：就是福州人。榕，福建福州的别称。

一斗泉岩前建观音殿碑阳面拓片

一斗泉岩前建观音殿碑阴面拓片

按语

近人陈诜《房山纪游》云："又东上，经数小洞，至一斗泉。泉水澄澈，山壁间多石钟乳，有明嘉靖二十六年（1547）建'一斗泉观音庵记碑'。今庵已废，泉即在废庵下。"

清人查礼《莎题上方二山纪游》中称其游山系乾隆丙辰（元年，1736）十一月。记："（一斗）泉在庵底，庵又在崖底，虽震风凌雨，不能侵洒。庵外丛筱垂扬，披拂交加。"可见，当时有庵，但并不知名。今所见一斗泉，其上建庵，庵罩泉上。庵后倚山，山多怪石，突兀其表。

谢振定（1753—1809）在其《上方山游记》中记："（一斗）泉嵌石屋中，其上为斗泉岩，高数十仞，广倍之，檐突出数丈许。空洞受天光，松柏承石罅，时露根而下，垂若瘦虬之舞云际。石附壁隐起，有若芝者，若篸笋者，若朵莲者，若蜂房燕垒者，若古篆籀者，若丈六法身者，皆钟乳凝成，千态万状，俶诡离奇，疑真仙之所宅。余屐齿半东南，名胜中罕见其比。僧又言：每盛夏时，雨集岩溜，注石洞如水晶帘，微风飓之，作笙竽巢和之音，故又名水帘洞。"按他的这段记载，明显地，"岩檐"下的"泉屋"上是没有任何宫殿建筑的。他这次携友出行是在"癸亥秋八月"，亦即嘉庆八年（1803）的八月，比查礼之游晚了近70年。也就是说，在"一斗泉岩前建观音殿"很可能是在谢振定来此之后的事，或许发生在很久以前，但房屋已被毁了。从不全的碑文落款上，能给予我们提示的只有两点："六年"和"丁未"。因为落款处的"六年"前尚不知有几字、是何字，故或许"十""二十""三十""四十""五十"；干支"丁未"每六十年就一次，但又必须是带"六"的"丁未"年。明清两代也只有"明嘉靖丁未（二十六年，1547）"和"清康熙丁未（六年，1667）"两个时间能对应得上。

蒋维乔《大房山纪游》记："又至一斗泉，泉旁有庵，亦已废。"说明此庵在民国年间已被毁。

观音殿碑

解题

明嘉靖二十六年（1547）。赵时用撰文并书丹。此碑已佚，无拓片及录文。原在观音殿。

按语

溥儒版《上方山志》卷四《碑碣》记："《观音殿记》，在观音殿。嘉靖二十六年（1547），赵时用撰并书。"怀疑此即上一条之碑。

庚戌新凿井泉碑

解题

明嘉靖庚戌（二十九年，1550）后。立长方形，无首无座，嵌墙刻石，高 56 厘米、宽 36 厘米、厚 5 厘米。首题"新凿井泉记"。今在栈道旁南双眼井处。

录文

　　新凿井泉记
涿郡房山县西南古刹上方兜率寺其峰峦莲华□
碱一川庵画景生成乃
龙神隐迹之乡实衲僧修道之所然则云水繁伙夥□
居市廛之内挂锡于庵每切乏水之虑正议之疑
然幸感
内府杨公等捐赀乐助于嘉靖庚戌岁三月初一日
命工穿凿石井一座深汲三丈有余抵泉而止愈□
养道之师荣积老幼之众若非柴干水便何由灿发
心花如是则净业可成莲邦可到故赖我
杨公不恤劳费而成泉井日用而无休息者仰
公之德宁有纪极乎
功德主　杨公　李公　王公　许公　汪公　圆容
御马监太监　　　李悦
（据拓录）

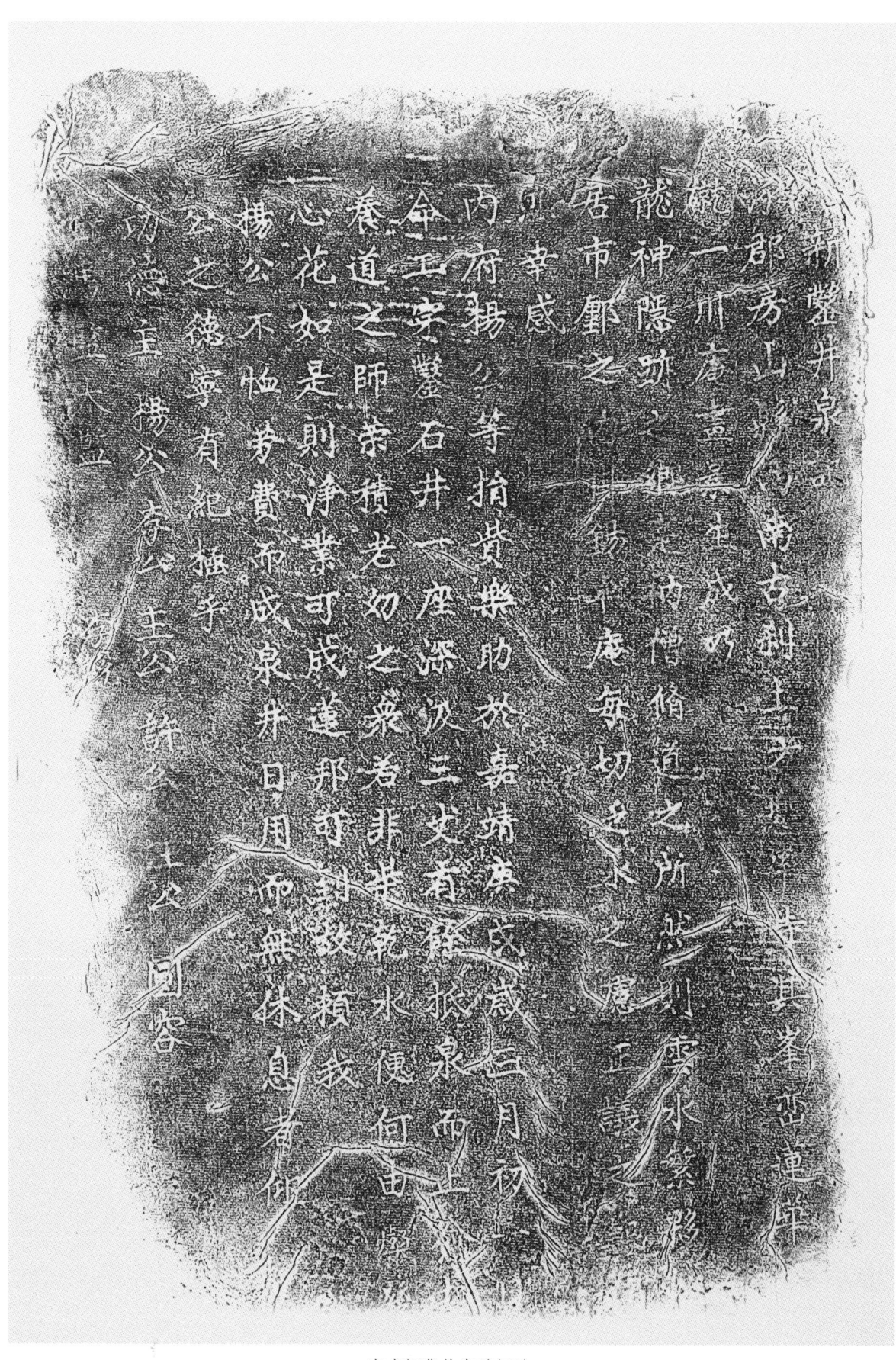

庚戌新凿井泉碑拓片

上方兜率寺穿备泉井碑

解题

明嘉靖三十年（1551）四月。此碑已佚，不见拓片及录文，撰文、书丹、篆额人亦不详。原在兜率寺西。

按语

溥儒版《上方山志》卷四《碑碣》记："《上方兜率寺穿备泉井记》，在兜率寺西，嘉靖辛亥四月。"

南双井（慧水南双井）位于摘星峰东麓山脚下，明嘉靖十八年（1539）开凿，古井直径一米左右。北双井（金仙北双井）位于望海庵西南山脚下，明嘉靖十八年（1539）开凿。

重修兜率禅寺碑

解题

明嘉靖戊午（三十七年，1558）四月。螭首方趺，底座阴阳面均雕二龙戏珠。通高242厘米、宽75厘米、厚19厘米。额篆"重修兜率禅寺记"，首题"重修兜率禅寺记"。杨霆撰文，汪槐书丹、篆额。碑阴，清光绪乙酉（1885）十一月，额篆"万古流芳"，首行"盖闻善心一举，福利千僧，布施时出，功德百世……"，兜率寺住持真修立。今在兜率寺一进园内西侧立。

录文

额篆：
重修兜↲
率禅寺↲
记　　↲

正文：

　　重修兜率禅寺记　↲
赐进士第观吏部政①行人司行人②古顺③杨霆撰　↲
乡进士④湖南书院燕山三泉汪槐书并篆　↲
　　都城之西隅有房山者苍颜秀壁盖名山也其中有兜率寺兜率上方宫名也何取于斯名盖因山之巅崖↲
　　拔出而寺居其上也传说肇自陈隋间随时修建代不乏人至我　↲
明先达亦尝修之日久古砌草横阴廊苔杂⑤有消歇堪哀⑥之意力绵才弱者⑦视之既
　　无可奈何而侈园囿台榭以为↲
　　游观之乐者⑧亦望若秦越⑨唯　↲

重修兜率禅寺碑

重修兜率禅寺碑阳面拓片

重修兜率禅寺碑阴面拓片

司礼监太监中轩李公闻而叹曰兴衰举废⑩古人至意此寺其尚矣历经前人修治今圮坏若此吾不有所更

新何以追躅先哲以示护　国为民造福之意耶乃捐俸金构材鸠工⑪以兴未逾年而告成殿前增天王者四

有殿宇以覆之又增弥勒伽蓝祖师别殿置大藏尊经并其殿屋中殿虽仍其旧而焕然一新僧房廊庑森然

相对继以金檀作菩萨像端严妙丽具慈愍性虽钟簴不移而规摹大备⑫寺貌较前弘峙改观一时刻漏修行

之辈⑬咸杖锡于此每大张法会一鸣众和所谓日明金像龛响木鱼⑭者不得专美于前矣夫李公以耆德夙望受

明天子⑮简任内司刑评

恩宠优渥使高大其舆马甲第以为耳目之娱人孰得非之今不以自奉为心凡

上所赐急急于修寺施舍等项至于奉身则澹如也乙卯岁

　　都城为盖普济寺及安肃桥梁越明年又修此寺种种不厌然其意在祝

圣寿祈　国祚愿民安便而已非徒为一身之福利也若公者可谓贤矣得闻住持如聪诵李公

　　之贤因征文于余

　　义不敢辞乃述其事以志其美于不朽云

　　嘉靖戊午岁孟夏之吉

碑阴：

额篆：

万古

流芳

正文：

　　盖闻善心一举福利千僧布施时出功德百世兹因蔚州⑯玉泉山铁佛寺

　　比丘僧莲如师来山养静见合山老衲昼夜精进唪经礼忏⑰祝

国祐民俱是修真利生之士随发心议之于主僧愿出衣钵之资⑱京钱⑲

壹阡吊整置地得租钱壹佰吊于七月十五日办

瑜伽圣会⑳念普佛㉑办大斋每位僧賺老钱壹佰零八个七月三十日念

普佛办大斋晚焰口㉒又出钵资壹百吊置地得租钱拾吊二月十九日

办　观音菩萨圣诞㉓念普佛办大斋又出钵余叁佰吊同天缘寺悟真

师功德银壹佰两同置地得租钱陆拾吊作为延寿堂养老病之费主

僧见其屡屡发心志诚不倦恐后没其功德故垂碑阴以志之

（以下两行字略小）

兹有直隶宣郡蔚州大同广崚县广宁山双龙寺僧善人等助银办斋每年二月廿一日四月初叀日

六月初三日供　佛及僧大众念佛　普报四恩　拔济三途

（以下两行字略大）

　　　天地无言　四时常兴　着空归有　着有落空

　　　　汝不取相　　我扬其名　　遗嘱后来　　勿失前踪　↵
　　（以下两行字略小）
　　　　附赘兹有本山住静僧善宝师出钵资壹佰千愿以每年十二月　↵
　　　　佛道日设斋供众永远功德特铭垂志　↵
大清光绪乙酉拾壹年拾月吉日　　　　　兜率寺住持真修立　↵
（据拓录）

注释

　　① 观吏部政：此指本碑的撰文人杨霆进士及第后，先被派遣到"吏部"去实习。"观政"的制度，为明代所特有。吏部是古代中央行政机构中所设六部之一，为主管官员的机构。

　　② 行人司行人：行人司，明代官署名称，掌传旨、册封等事。置于明初，主官行人，正九品，左、右行人，从九品。后改行人为"司正"，左、右行人为左、右司副，另设行人345人。

　　③ 古顺：古地名，在今河北邢台以西。

　　④ 乡进士：明清举人之别称。

　　⑤ 古砌草横阴廊苔杂：形容古寺建筑失修、鞠为茂草的样子。古砌，古石砌就的道路；阴廊，阳光照不到的暗廊；苔杂，杂草、青苔。

　　⑥ 消歇堪哀：即将消失了，令人哀叹。

　　⑦ 力绵才弱者：能力与实力不具备的那些人。

　　⑧ 侈园囿台榭以为游观之乐者：尽量扩建装修园林建筑，并以此为乐者。

　　⑨ 望若秦越：秦国与越国，两地相去甚远，故此形容相差甚远之意。望，亦可以理解为"地望"。

　　⑩ 兴衰举废：振兴已经衰败的和已经废弃的东西。

　　⑪ 构材鸠工：准备建材，召集工匠。鸠，同"纠"，纠集。

　　⑫ 虽钟簴不移而规摹大备：原有的格局不打破，但是规模却大了许多。钟簴，钟鼎等庙堂陈列的法器等；簴，编钟、特钟的架子。钟簴，代指原配套的陈列。"摹"同"模"。

　　⑬ 刻漏修行之辈：指那些按时课诵讽经的和尚们。刻漏，古代计时工具。

　　⑭ 日明金像、龛响木鱼：描写寺庙重修之后的景象。白天的时候，佛菩萨造像金光耀眼；课堂内四壁的佛龛回响着敲木鱼的声音。

　　⑮ 明天子：此指当朝的明世宗嘉靖（1522—1566）皇帝朱厚熜。

　　⑯ 蔚州：今河北省张家口市辖蔚县，古称"蔚州"，为"燕云十六州"之一。

　　⑰ 唪经礼忏：唪经，亦即"讽经"，诵经之意。即做礼拜同时忏悔，就是"礼忏"。唪经是为了礼佛与内心忏悔，即"唪经礼忏"。

　　⑱ 衣钵之资：特指僧人的生活费用。"衣钵"之本意为僧人的袈裟与饭钵。

　　⑲ 京钱：此指当时北京通行的制钱。原指京城铸造的钱币。

　　⑳ 瑜伽圣会：佛教的一个派别。"圣会"则是指宗教同一门派教徒们所组织的活动。

㉑ 念普佛：就是大家一起诵经。"普佛"，打坐念经。

㉒ 晚焰口：就是按佛教仪轨在寺院中做"放焰口"的法事，叫作"瑜伽焰口施食仪"。此仪式，最早见于唐代不空所译《瑜伽集要救阿难陀罗尼仪轨经》。由于大多是在晚间进行，故曰"晚焰口"。亲人亡故后，通过"放焰口"帮助他们的亡灵获得利益甚至往生善道。

㉓ 观音菩萨圣诞：此指观世音菩萨的出生纪念日，即农历二月十九。

按语

该文记"兜率，上方宫名也，何取于斯名，盖因山之巅崖拔出而寺居其上也。""兜率天"，佛教说法是欲界第四天，释尊即从兜率天降生至人间成佛，弥勒佛住兜率天，未来亦将下降成佛。故"兜率寺"取名源于"兜率天"。乾隆版《上方山志》卷之一《名胜·山》记："山名上方，寺名兜率者，取上方六欲第四天之宫名也。"

"传说肇自陈隋间，随时修建，代不乏人。"正因为"久远"，其间的建置沿革就很难说得清楚，简言之"随时修建，代不乏人"。有一种说法是，"北京上方山兜率寺是北京南部佛教名山七十二茅庵总方丈"，在佛教丛林中的地位相当重要，历史悠久、法脉相传是得到佛教界认可的。历史上曾有僧人在此驻锡，如释德清《复涿州石经山琬公塔院记》云："（达观可大）师因避暑上方山，清亦来自东海，谒师于兜率院。"

"此寺其尚矣，历经前人修治，今圮坏若此，吾不有所更新，何以追蹑先哲，以示护国为民造福之意耶？"此言"其尚矣"，但到底"上"到何时？前文已道"陈隋间"，又言"修建代不乏人"，故此亦一语带过"历经前人修治"而已。"护国为民造福"语，今天很难理解，或许是在精神上给以支撑罢了。

"殿前增天王者四，有殿宇以覆之，又增弥勒、伽蓝、祖师，别殿置大藏尊经，并其殿屋。中殿虽仍其旧，而焕然一新。"这是交代此次修缮的具体内容。前殿内新塑了四大天王，抑或新建天王殿，院内东西配殿的伽蓝、祖师殿也是这次新修建成。至于其中的"又增弥勒"，按常理应该是新塑弥勒造像。"别殿置大藏尊经"，专门有一所殿宇供藏贮《大藏经》之用。本书所录碑刻中尚有两处提到《大藏经》：一个是"天香修道禅师塔铭"条，"大明隆庆二年（1568）四月起，阅《大藏》五载"；一个是"永慈寺护持碑"条的"圣母慈圣宣文明肃皇太后命工刊印，续入藏经四十一函，并旧刻藏经六百三十七函，通行颁布本寺"，时在明万历十四年（1586）。可以推见，"天香"所读者，即此"别殿"所置者；"圣母"所续藏者，亦为此经之续。因为此处在另两处之先。清查礼《莎题上方二山纪游》亦记："先至大藏庵，庵以藏经得名。山内藏经处三：一兜率寺，一来永寺，一大藏庵也。""（兜率寺）殿后弥勒阁，贮藏经四柜。"溥儒版《上方山志》卷三《考工·舍利殿》云："殿三楹，供舍利塔，范铜佛像百区（躯），藏经四椟。"

"使高大其舆马、甲第，以为耳目之娱，人孰得非之。今不以自奉为心，凡上所赐，急急于修寺施舍等项，至于奉身，则澹如也。"这是作者从另一个角度谈及太监中轩李公的功德，在他看来，把自己的宅院修得高大宏敞本无可厚非，而李公则把心思放在修庙建寺上。

"乙卯岁，都城为盖普济寺及安肃桥梁，越明年，又修此寺"之"乙卯"是嘉靖三十四年（1555），这说明后文"普济开山第一代孤山银师塔铭"条之建普济寺系此年，第二年重修兜率寺。但其所建"安肃桥"，在何处尚须考证。

溥儒版《上方山志》卷四《碑碣》记："重修兜率寺记，在兜率寺。嘉靖戊申岁孟夏日立，杨震撰。"这段文字与实录碑文有两处不同，显系错误：一是误将"戊午（1558）"作"戊申（1548）"，时间误差十年；二是误将"杨霆"作"杨震"，系形讹。

附乾隆版《上方山志》录文

重修兜率禅寺记

赐进士第、观吏部政、行人司行人、古顺杨［震］霆撰，乡进士、湖南书院、燕山三泉汪槐书并篆。

都城之西南隅有房山者，苍颜秀壁，盖名山也。其中有［上方山］兜率寺。［者，名借］兜率上方［六欲第四天之］宫名也。何取于斯名？盖因山之巅崖拔出，而寺居其上也。传说肇自［汉唐］陈隋［历朝］间，随时［兴重］修建，代不乏人。至我明先达亦尝修之。日久［则］古砌草横，阴廊苔杂，有消歇堪哀之意，力绵才弱者视之，既无可奈何，而侈园囿台榭以为游观之乐者，亦望若秦越。［惟］唯司礼监太监中轩李公闻而叹曰："兴衰举废，古人至意。此寺其［来］尚矣，［经］历经前人修治，今圮坏若［斯］此，吾不有所更新，何以追［摄］蹑先哲，以示护国为民造福之意耶？"乃捐俸金，构材鸠工以兴［之］。未逾年而告成。殿前增天王者四，有殿宇以覆之，又增弥勒、伽蓝、祖师，别殿置大藏尊经，并其殿屋。中殿虽仍其旧，而焕然一新。僧房、廊庑森然相对。继以金檀作菩萨像，端严妙［严］丽，具慈愍性。虽［簾］钟簾不移，而规［模］摩大备，寺貌较前［宏］弘峙改观。一时刻漏修行之辈，咸杖锡于此。每大张法会，一鸣众和，所谓日明金像、凫响木鱼者，不得专美于前矣。夫李公，以耆德凤望受明天子简任，内司［形］刑评，恩宠优渥，使高大其舆马、甲第，以为耳目之娱，人孰得非之。今不以自奉为心，凡上所赐，急急于修寺施舍等［顷］顷，至于奉身，则［淡］澹如也。乙卯［春］岁，都城为盖普济寺及安肃桥梁，越明年，又修此寺，种种不伏。然其意在祝圣寿、祈国［祈］祚，［而庶］愿民［乐业］安便而已，非徒为一身之福利也。若公者，可谓贤矣。得闻住持如聪诵李公之贤，因征文于余，义不敢辞，乃述其事，以志其美于［文］不朽云。

嘉靖戊［申］午岁孟夏［日立］之吉。

冯保施财修接引殿碑

解题

明万历四年（1576）四月。方首圆顶方趺座，座系随山雕，碑首框内浮雕满云纹。通高210厘米、宽62厘米、厚16厘米。额篆"芳名万古"，首行"钦差总督东厂官校办事、提督两司"。无书撰人名。碑阴无字。今仍在接引殿右侧。

录文

额篆：
芳名⌐
万古⌐
正文：
钦差总督东厂①官校办事提督两司⌐
　房②掌司礼监③事兼掌御用监④印总⌐
　提督礼仪房⑤太监冯保施财修建⌐
　接引　⌐
佛殿静夜堂⑥石梯等处　⌐
　万历四年四月初八日立　⌐
（据实物录）

冯保施财修接引殿碑

冯保施财修接引殿碑拓片

注释

① 东厂：明代宦官官署名，即"东缉事厂"之简。明代特权监察机构、特务机关和秘密警察机关。其址在今东华门一带。

② 两司房：明代特设的由太监主管的特务机关"锦衣卫"中的重要机构，即"南镇抚司"与"北镇抚司"，主要负责本卫的法纪、军纪。但是南北两司房在分工上又稍有不同：南镇抚司主要负责本卫的法纪、军纪，北镇抚司则负责传理皇帝钦定的案件。

③ 司礼监：明代有二十四衙门，系宦官侍奉皇帝及其宗族的机构，内设十二监、四司、八局。司礼监系十二监之首，掌管皇城内一应礼仪刑名，掌内外章奏、典簿典记奏章及纳号簿等。

④ 御用监：明代二十四衙门内设的十二监之一。每监各设掌印或提督、秉笔太监一人，正四品；左、右少监各一员，从四品。

⑤ 礼仪房：明代官署名，俗称"奶子府"。系内府管理礼仪之所，掌选婚、选驸马、诞育皇室子女、选择乳妇等吉礼。置提督太监，由司礼监掌印或秉笔太监兼任。

⑥ 静夜堂：应作"净业堂"，实即和尚与居士们晨昏三课之所，也即"念佛堂"。佛教以世福、戒福、行福之三种福业为"三净业"。

按语

此碑文比较简单，只说"冯保施财修建接引佛殿、静（净）夜（业）堂、石梯等处"，但是如何去修没有讲。清谢振定《游上方山记》记："又二里许，乃至梯。梯左压千尺岩，右临千仞谷，仰视辄战栗。旧列石柱，缳铁索，行者挽之以升，碑志明司礼监太监冯保所置。""云梯"，此碑文记载详明，但是铁索却记载阙如。谢氏的"游记"告诉我们，此等"善事"仍为冯保所为。也许另有碑记，或许谢氏依此碑理解。但此碑所言"石梯"，可能未必专指"云梯"，或许也包含"天梯"呢。

冯保施财创建永亨庵碑

解题

明万历四年（1576）四月。方首抹角方趺座，碑首框内浮雕满云纹。通高218厘米、宽67厘米、厚16厘米。额篆"芳名万古"，首行"钦差总督东厂官校办事提督两司房掌司"。无书撰人名。碑阴为功德题名。今在永亨庵遗址左侧立。

录文

额篆：
芳名╛
万古╛
正文：
钦差总督东厂官校办事提督两司房掌司╛
　礼监事兼掌御用监印总提督礼仪房太╛
　监冯保施财创建　╛
　　永亨庵正殿两廊庑及　╛
藏经殿内安橱柜八座蓝绢成裹藏经一藏╛
　计五千四十八函　╛
　　万历四年四月初八日立　╛
（据实物录）

冯保施财创建永亨庵碑

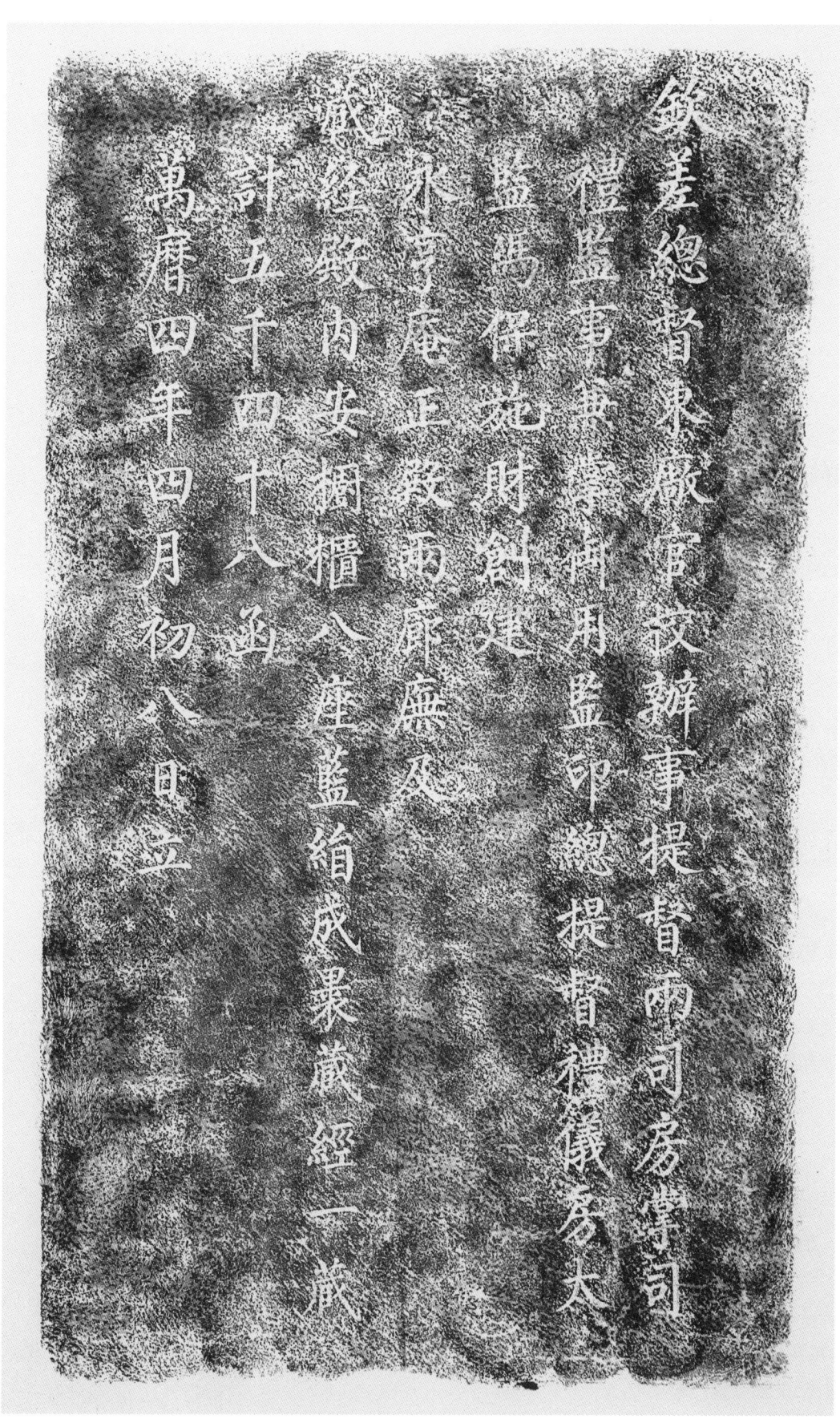

冯保施财创建永亨庵碑拓片

太监孙秀等助修永亨庵碑

解题

明万历四年（1576）四月。方首抹角方趺，首雕祥云、方座素面。通高218厘米、宽67厘米、厚16厘米。额篆"芳名万古"，首行"乾清宫管事牌子"。无撰文人名。碑阴无额，首雕祥云，碑身上部居中大字"临济正宗"，并列左侧隔行小一号字"祖师"，下部小字刻僧众法名。今在永亨庵址右侧立。

录文

额篆：
芳名┘
万古┘
正文：
乾清宫管事牌子① ┘
　司礼监随堂太监②孙秀张大受周海何忠┘
　王名姚定李忠李友臧坤宋朝用内外众┘
　善看管工程太监庞仓孙昇万寿陈昇等┘
　住持觉义法才助修　┘
　万历四年四月初八日立　┘

碑阴：
（大两号字）临济正宗┘
清净道德文成　┘
佛法能仁智慧　┘

太监孙秀等助修永亨庵碑正、背面（上、下图）

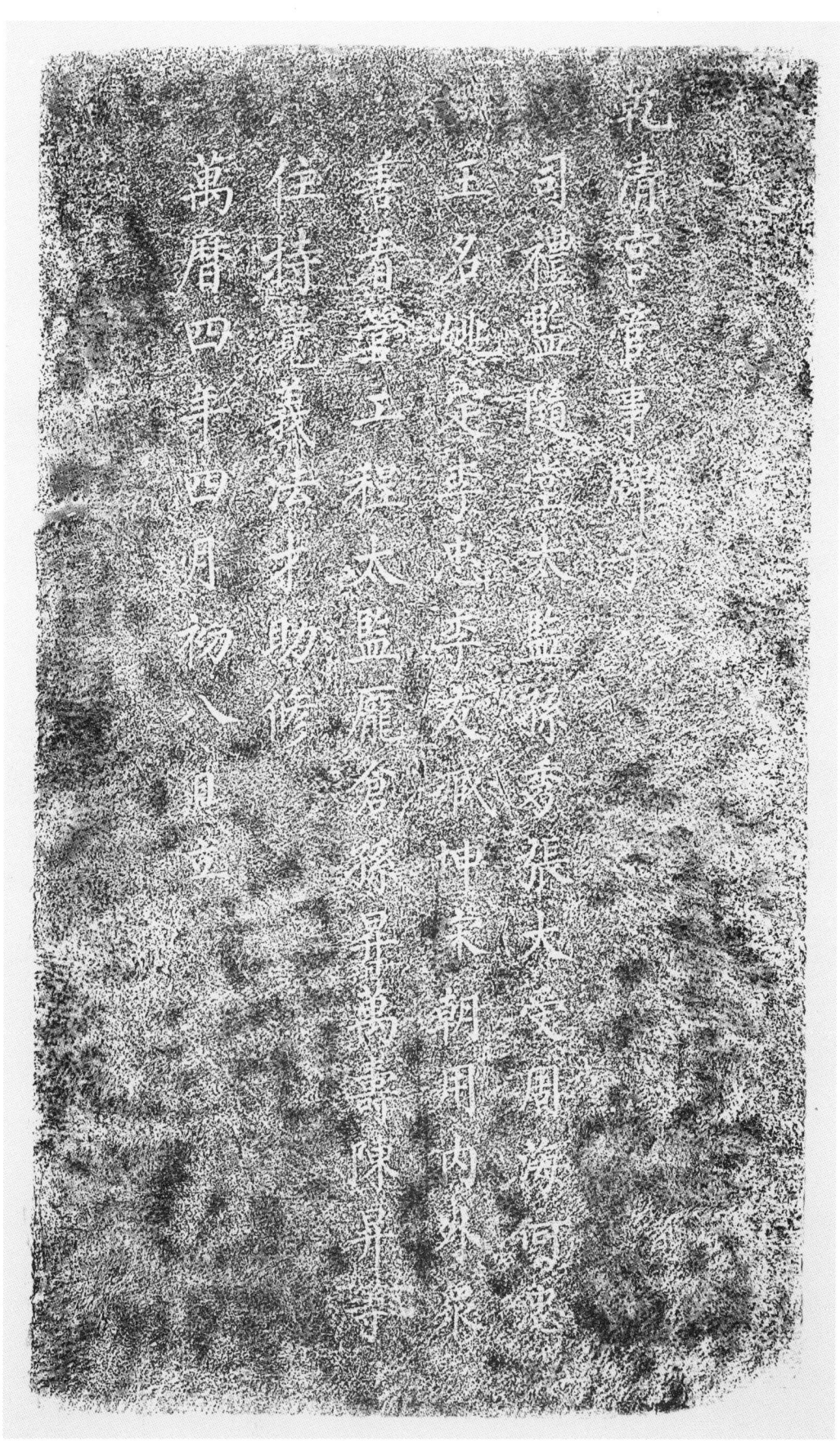

太监孙秀等助修永亨庵碑阳面拓片

本来自性圆明 ↵
行理大通无学 ↵
师祖成宾师佛界住持法才徒↵
能泽　能雨　能明　能朝↵
徒孙↵
仁真　仁永　仁轮　仁崑　仁典　仁岚↵
（据拓录）

注释

① 乾清宫管事牌子：对乾清宫管事太监的一种称呼。乾清宫是明清故宫的一所宫殿，皇帝的寝宫，位于内廷中路。建于明初，其间出现过几次焚毁重修，现有建筑为清代嘉庆三年（1798）所建。

② 随堂太监：明代宦官名称，为司礼监置，无定员，地位低于掌印、秉笔太监等。

按语

由此碑碑阴镌刻的临济法脉24字可知下面落款僧人的辈分。"师祖"是"成宾"，师是"佛界"，分别是第六"成"字辈和第七"佛"字辈。当任住持系"法才"，是第八"法"字辈。"法才"的徒弟"能泽、能雨、能明、能朝"，是第九"能"字辈。法才的徒孙"仁真、仁永、仁轮、仁崑、仁典、仁岚"诸位，正是第十"仁"字辈。

此碑中"住持觉义法才助修"以及后面万历十四年（1586）"永慈寺护持碑"碑阴落款"住持觉义法才"之"觉义"的"觉"字不在此"脉"中，说明该住持并非"临济宗"了。那么"法才"是以什么"系统"的"身份"去佐理"永慈寺"就不得而知了。

《佛说四十二章经》刻石

解题

明万历五年（1577）。冯保书丹。刻石在兜率禅林内兜率寺大殿后墙镶嵌，全经刻于15方矩形长石之上。大殿三间：明间开穿堂门，经文分列于两次间外墙上；西间八方，高192厘米、宽391厘米；东间七方，高192厘米、宽377厘米。西向东排，尺寸不等，高度不差，宽度有差。八方与七方再各有石条外框框住，两个巨大的石条框尺寸接近，作为左右间后山墙的装饰线，而墙芯正好就是《佛说四十二章经》刻石。末附刘效祖跋。

录文

（印章：鱼水相逢日风云庆会时①）

佛说四十二章经②

尔时③世尊既成道已作是思惟离欲寂静是最胜妙住大禅定降诸魔道今转法轮度众

生于鹿野苑中为憍陈如等五人转四谛法轮而证道果复有比丘所说诸疑陈佛进止

世尊教诏一一开悟合掌敬诺而受尊敕

尔时为说真经四十二章教曰

○佛言辞亲出家识心达本解无为法名曰沙门常行二百五十戒进止清净为四真道

行成阿罗汉④

（以上第一石）

○佛言阿罗汉者能飞行变化旷劫寿命住动天地次为阿那含⑤阿那含者寿终魂灵上

十九天于彼证阿罗汉次为斯陀含⑥斯陀含者一上一还即得阿罗汉次为须陀洹⑦须陀

洹者七死七生便证阿罗汉爱欲断者如四支断不复用之

○佛言出家沙门者断欲去爱识自心源⑧达佛本理悟无为法内无所得外无所求心不

系道亦不结业⑨无念无作非修非证不历诸位而自崇最名之为道

○佛言除须发为沙门受道法者去世资财乞求取足日中一食树下一宿慎莫再矣愚

人所爱舍之与欲

《佛说四十二章经》刻石拓片（第一至三石）

第一石

佛說四十二章經
爾時世尊既成道已作是思惟離欲寂靜是最勝妙住大禪定降諸魔道今轉法輪度眾生於鹿野苑中為憍陳如等五人轉四諦法輪而證道果復有比丘所說諸疑陳佛進止世尊教詔一一開悟合掌敬諾而受尊勅
爾時為說真經四十二章教曰
○佛言辭親出家識心達本解無為法名曰沙門常行二百五十戒進止清淨為四真道行成阿羅漢

第二石

○佛言阿羅漢者能飛行變化曠劫壽命住動天地次為阿那含阿那含者壽終靈上十九天於彼證阿羅漢次為斯陀含斯陀含者一上一還即得阿羅漢次為須陀洹須陀洹者七死七生便證阿羅漢愛欲斷者如四支斷不復用之
○佛言出家沙門者斷欲去愛識自心源達佛本理悟無為法內無所得外無所求心不繫道亦不結業無念無作非修非證不歷諸位而自崇最名之為道
○佛言除鬚髮為沙門受道法者去世資財乞求取足日中一食樹下一宿慎莫再矣使人愚蔽者愛與欲也
○佛言眾生以十事為善亦以十事為惡何等為十身三口四意三身三者殺盜婬口四者兩舌惡口妄言綺語意三者嫉妒恚癡此十事不順聖道名十惡行惡若止名十善行耳

第三石

○佛言人有眾過而不自悔頓息其心罪來赴身如水歸海自成深廣何能離矣若人有惡而不自悔改過得善罪自消滅如病得汗漸有痊損耳
○佛言愚人聞吾守道行大仁慈惡者來往故致罵佛佛默不對罵止問曰子以禮從人其人不納禮歸子乎令子罵我我亦不納子自持禍歸子身猶響應聲影之追形終無免離慎勿為惡
○佛言惡人害賢者猶如仰天唾唾不至天還從己身墜逆風颺塵塵不能污上汚
聞吾守道行大仁慈故致罵佛佛默不對罵

○佛言众生以十事为善亦以十事为恶何等为十身三口四意三身三者杀盗淫口四者两舌恶口妄言绮语⑩意三者嫉妒恚此十事不顺圣道而名十恶大业若解悔之而归至理十善行耳

（以上第二石）

○佛言人有众过而不自悔顿息威容⑪诸患至己罪来赴身如水归海自成深广何能免离若人有恶自解知非改过得善罪自消灭如病得汗渐有痊损⑫耳

○佛言愚人闻吾善者善之故恶来挠乱汝自禁息当无瞋责彼自恶者而自恶之有人闻吾守道行大仁慈恶者来往故致骂佛⑬佛默不对悯之痴冥骂止问曰子以礼从人其人不纳礼归子乎今子骂我我亦不纳子自持祸归子身矣犹响应声影之追形终无免离慎勿为恶

○佛言恶人害贤者犹如仰天唾唾不至天公还从己⑭身堕逆风飏恶尘不能污上人贤

（以上第三石）

者不可毁祸必降凶身

○佛言夫人为博爱道必难会守志奉道其道甚大睹人施道助之欢喜重加福报人天善利

○佛言犹如炬火数百千辉洞见诸像道亦如之

○佛言饭⑮恶人百不如饭一善人饭善人千不如饭一持五戒⑯者饭持五戒者万不如饭一须陀洹饭百万须陀洹不如饭一斯陀含饭千万斯陀含不如饭一阿那含饭一亿阿那含不如饭一阿罗汉饭十亿阿罗汉不如饭一辟支佛⑰饭百亿辟支佛不如饭一三世

（以上第四石）

诸佛⑱饭千亿三世诸佛不如饭一无念无住无修无证之者

○佛言天下有二十难贫穷布施难豪贵学道难判命不□难得睹佛经难生值佛世难忍色忍欲难见好不求难被辱不瞋难有势不临难触事无心难广学博究难除人灭我难不轻未学难心行平等难不说是非难会善知识⑲难见性学道难睹境不动难善解方便难随化度人难

○有一沙门⑳问佛以何因缘得知宿命会其至道明见诸有佛言道无形相知之何益要

（以上第五石）

当守志如磨镜师精心用意而得尘尽垢去明存即自见形如睹诸有断欲无求当得宿命

○有比丘㉑问佛何者为善何者最大佛言行道守真者善志与道合者大

○有沙门问佛何者多力何者最明佛言忍辱多力不怀恶故兼加安健忍者无恶必为人尊欲最明者心垢除灭净无瑕秽未有天地逮于今日十方所有未尝不见无有不明无有不知无有不闻得一切智可谓明乎

（以上第六石）

○佛言人怀爱欲不见道者譬如浊水致手搅之众人共临水上无能睹形影者㉒为爱欲交错心中兴浊故不见道若人渐解忏悔来近知识水澄秽除清净无垢即自见性耳

○佛言夫为道者譬如持炬入冥室㉓中其冥即灭而明犹存学道见谛无不明矣

○佛言吾法念无念念行无行行言无言言修无修修会者近尔迷者远乎言语道断非物所拘差之毫厘倐忽须臾㉔

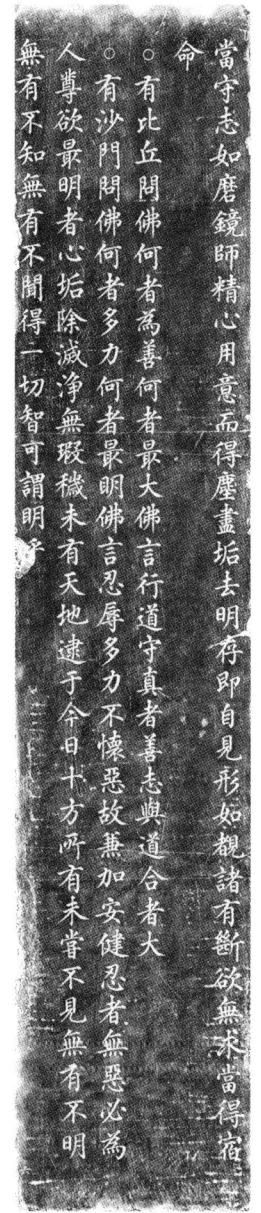

第四石

者不可毀禍必降凶身
佛言夫人爲博愛道必難會守志奉道其道甚大覩人施道助之歡喜甚加福報人天
善利
佛言猶如炬火數百千煇洞見諸像道亦如之
佛言飯惡人百不如飯一善人飯善人千不如飯一持五戒者飯持五戒者萬不如飯一須陁洹飯百萬須陁洹不如飯一斯陁舍飯千萬斯陁舍不如飯一阿那舍飯一億阿那舍不如飯一阿羅漢飯十億阿羅漢不如飯一辟支佛飯百億辟支佛不如飯一三世
諸佛飯千億三世諸佛不如飯一無念無住無脩無證之

第五石

者佛言天下有二十難貧窮布施難豪貴學道難判命不死難得覩佛經難生值佛世難忍色忍欲難見好不求難被辱不瞋難有勢不臨難觸事無心難廣學博究難除滅我難不輕未學難心行平等難不說是非難會善知識難見性學道難觀境不動難善解方便難隨化度人難
有一沙門問佛以何因緣得知宿命會其至道佛言道無形相知之何益要
當守志如磨鏡師精心用意而得塵盡垢去明存即自見形如覩諸有斷欲無求當得宿

第六石

命
有比丘問佛何者爲善何者最大佛言行道守真者善志與道合者大
有沙門問佛何者多力何者最明佛言忍辱多力不懷惡故兼加安健忍者無惡必爲人尊欲最明者心垢除滅淨無瑕穢未有天地逮于今日十方所有未嘗不見無有不聞得一切智可謂明
無有不知無有不聞得一切智可謂明

○佛言睹天地念非常睹世界念非常观灵觉即菩提如是知识得道疾矣

○佛言孰自念身中四大各自有名都无我故我既不起其如幻耳

（以上第七石）

○佛言人之随情欲求声名名之显照身之故耳身虽故已而受诸恶名之显已世之常
名而不学道枉功劳形譬如烧香人虽闻香香自烬矣危身之火悔之在后

○佛言财色于人人之不舍譬刀刃有蜜不足一餐之美小儿舐㉕之有害舌之患

○佛言人系于妻子七宝舍宅之患㉖其甚牢狱牢狱有散适之文妻子无合魂之理情欲
所爱于色岂惮驱驱虽有虎口之祸心存甘伏投泥自溺故曰凡夫透得此门出尘罗汉

○佛言爱欲莫同于色若二同者孰为道人贪色兴欲而有损乎不顺天道矣

（以上第八石）

○佛言爱欲之人犹如执火逆风而行必烧手也天神献玉女于佛欲以试佛观佛道意
而定遐迩佛言革囊众秽㉗尔来何为以可斯俗难动六情去吾不用汝天神逾敬因问道
意佛为解说即得须陀洹果

○佛言夫为道者犹木在水寻流而行不触两岸不为人取不令鬼神所遮不为洄流所
住亦不腐败吾保此木决定入海矣人为道者不为欲情所惑不为众邪所娆精进无疑
吾保此人得其道矣

○佛告学道者慎勿信汝意汝意终不可信慎勿与色会色会即祸生当得阿罗汉乃可

（以上第九石）

信意

○佛告诸弟子慎勿视女人亦莫共言语身得无上乘㉘视语都无污视色无色想对欲无
欲意莲华不着水清净超于彼老者父母想中宿如亲类稚者如子孙幼者如弟妹一度
一切众现世得出世若能如是解无钱亦富贵

○佛言人为道故当舍情欲如彼干草火来须避道人见欲必当远之

○佛言有人患淫不止踞斧刃上以自除其阴㉙佛谓之曰若断其阴不如断心心为功曹㉚
若止功曹从者都息邪心不止断阴何益斯须即死

○佛言世俗倒见不善吾理如此痴人残形损质断圣种故未可会道佛为偈曰欲生于
汝意意以思想生二心各寂静非色亦非行佛言此偈是伽叶佛说流在世间

○佛言人从爱生爱从忧生忧从怖生若离于爱何忧何怖

（以上第十石）

○佛言人为修道譬如一人与万人战挂铠排兵出门欲战意复怯弱畏生死魔乃自怕
怖或半路而还或格斗而死或得大胜还国高迁若人能坚持其心精进勇锐不惑前境
灭尽阴魔不久得道矣

○有沙门夜诵迦叶佛遗教经㉛其声悲紧欲悔思返佛愍问之汝处于家昔为何业对曰
爱弹琴佛言弦缓如何对曰不鸣矣弦急如何对曰声绝矣急缓得中如何对曰诸音普
矣佛告沙门学道亦然心须调适道可得矣

（以上第十一石）

○佛言夫人为道者犹如锻铁去屎成精㉜器必好也学道之人先去垢染行自精□□□
若暴暴即身疲其身若疲意即生恼其意生恼行即退矣其行既退罪必加矣但清□□□

第七石

○佛言人懷愛欲不見道者譬如濁水致手攪之眾人共臨水上無能覩形影者愛欲
交錯心中興濁故不見道若人漸解懺悔來近知識水澄穢除清淨無垢即自見性耳
○佛言夫為道者辟如持炬入宴室中其宴即滅而明猶存學道見諦無不明矣
○佛言吾法念無念念行無行言無言俫無修修會者近爾迷者遠乎言語道斷非
物所拘差之毫釐條忽須史
○佛言觀天地念非常觀世界念非常觀靈覺即菩提如是知識得道疾矣
○佛言孰自念身中四大各自有名都無我我既不趣其如幻可

第八石

○佛言人之隨情欲求聲名之顯照身之故諸惡名之顯巳世之常
名而不學道枉功勞形譬如燒香人雖聞香香自爐矣危身之火燒在後
○佛言財色於人人之不捨譬刀刃有蜜不足一飡之美小児舐之有害舌之患
○佛言人繫於妻子七寶舍宅之患其甚牢獄牢獄有散適因凡夫妻子無合冥之理情欲
所愛枚色豈憚驅驅雖有虎口之禍心存甘伏投泥自溺故曰凡夫透得此門出塵羅漢
佛言愛欲莫同於色若二同者孰為道人貪色興欲而有損乎不順天道矣

第九石

○佛言愛欲之人猶如執火逆風而行必燒手也天神獻玉女於佛欲以試佛觀佛道意
而定遨迩佛言革囊眾穢爾來何為以可斯俗難動六情去吾不用汝天神瑜敬因問道
意佛為解說即得須陀洹果
○佛言夫為道者猶木在水尋流而行不觸兩岸不為人取不令鬼神所遮不為洄流所
住亦不腐敗吾保此木決定入海矣人為道者不為欲情所惑不為眾邪所嬈精進無疑
吾保此人得道者慎勿信汝意汝意終不可信慎勿與色會色會即禍生當得阿羅漢乃可

《佛说四十二章经》刻石拓片（第七至九石）

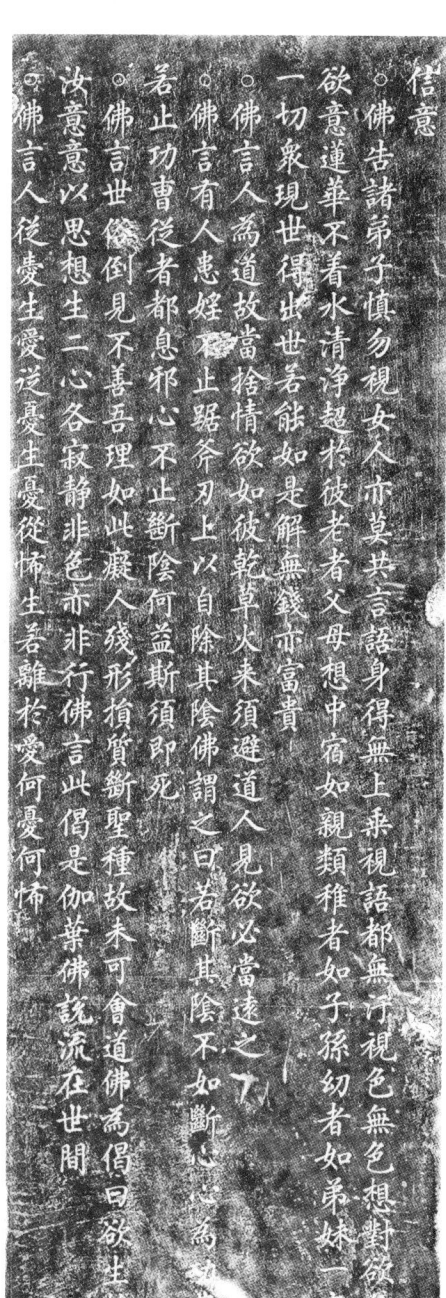

○信意

佛告諸弟子慎勿視女人亦莫共言語身得無上乘視色無色想對欲無欲意蓮華不著水清淨超於彼老者父母想中宿如親稚者如子孫幼者如弟妹一度一切眾現世得出世若能如是解無錢亦富貴

○佛言人為道故當捨情欲如彼乾草火來須避道人見欲必當遠之

○佛言有人患婬不止踞斧刃上以自除其陰佛謂之曰若斷其陰不如斷其心心為功曹從者都息邪心不止斷陰何益斯須即死

○佛言世俗倒見不善吾理如此凝人殘形損質斷聖種故未可會道佛為偈曰欲生於汝意意以思想生二心各寂靜非色亦非行佛言此偈是迦葉佛說流在世間

○佛言人從愛生憂從憂生愛離於愛何憂何怖

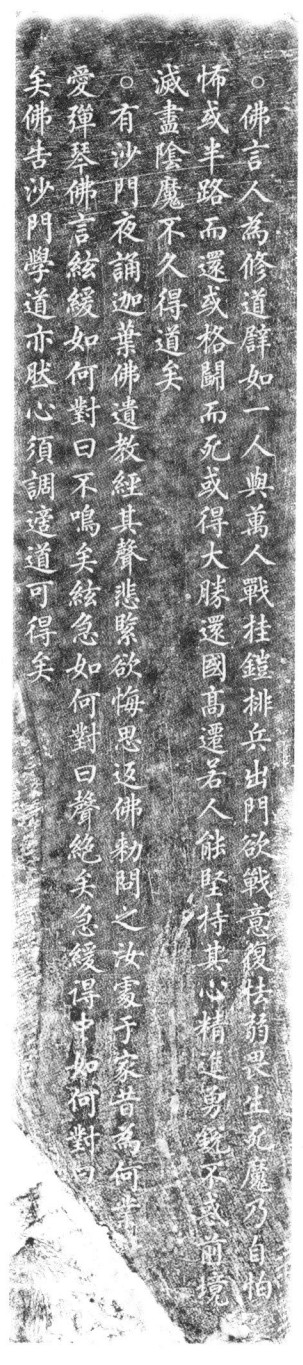

○佛言人為修道譬如一人與萬人戰挂鎧排兵出門欲戰意復怯弱畏生死魔乃自怕怖或半路而還或格鬭而死或得大勝還國高遷若人能堅持其心精進勇銳不惑聞境滅盡陰魔不久得道矣

○有沙門夜誦迦葉佛遺教經其聲悲緊欲悔思返佛勑問之汝曩于家昔為何業愛彈琴佛言絃緩如何對曰不鳴矣絃急如何對曰聲絕矣急緩得中如何對曰諸音普矣佛告沙門學道亦然心須調達道可得矣

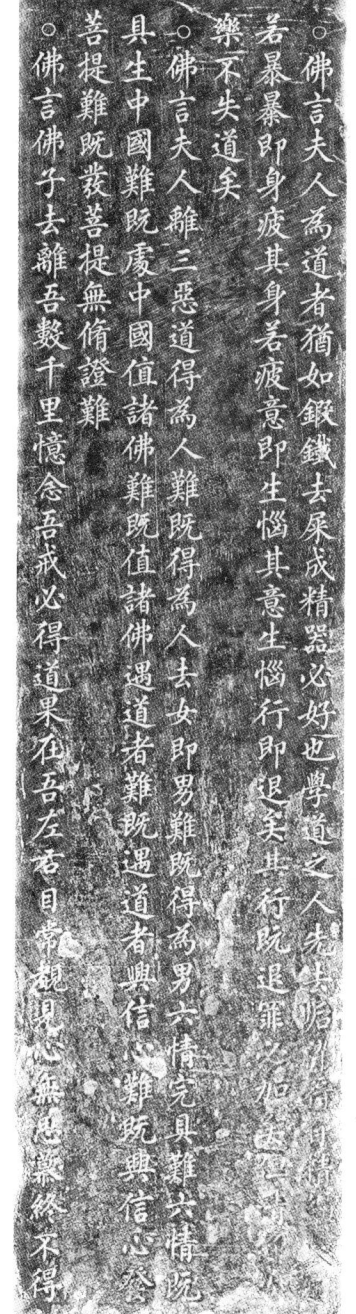

○佛言夫人為道者猶如鍛鐵去屎成精器必好也學道之人先其心垢行即清淨矣

○佛言夫人離三惡道得為人難既得為人去女即男難既得為男六情完具難六情完具生中國難既處中國值諸佛難既值諸佛遇道者難既遇道者興信心難既興信心發菩提心難既發菩提無修證難

○佛言佛子去離吾數千里憶念吾戒必得道果在吾左若目常觀視心無思還終不得

若暴暴即身疲其身若疲意即生惱行即退矣其行既罪樂不失道矣

乐不失道矣

○佛言夫人离三恶道[33]得为人难既得为人去女即男难既得为男六情[34]完具难六情既具生中国难既处中国值诸佛难既值诸佛遇道者难既遇道者兴信心难既兴信心发菩提[35]难既发菩提无修证[36]难

○佛言佛子去离吾数千里忆念吾戒必得道果[37]在吾左右目常睹见心无思慕终不得

（以上第十二石）

道如不疏敬仰及无懈怠即得圣位当坐道场邪

○佛问诸沙门人命在几间对曰数日间佛言子未能为道复问一沙门人命在几间[38]对曰饭食间佛言子未能为道复问一沙门人命在几间对曰呼吸间佛言善哉善哉□□道者矣

○佛言若人得道犹如食蜜中边皆甜吾经亦尔

○佛言为道人者佛所言说皆信顺故能伏爱欲之根不□三业[39]当行佛道示三昧[40]□□得胜处

（以上第十三石）

○佛言诸沙门行道犹如磨牛无有休息身虽行道心道不行

牛负重行深泥中疲极不敢左右顾视出于淤泥以□苏息沙门情欲

道可免苦矣

○佛言吾视王侯之位如过尘隙视金玉之宝如睹瓦砾视纨素之服如睹敝帛视大千界如一呵子视四耨水如涂足油[41]视方便门[42]如伐宝聚视无上乘如梦金帛视求佛道如眼前华视求禅定[43]如须弥柱视求涅槃[44]如昼夕寤视倒正者如六龙舞视平等者如一真地视兴化者如四时木

佛说四十二章经终

钦差总督东厂官校办事

乾清宫管事提督两司房司礼监掌监事兼掌御用监印太监镇阳冯保沐手拜书（印章：双林□□□内翰图书）

（以上第十四石）

　　佛言四十二章经为禅家[45]受持宗旨总之大藏亿余言皆权舆是

　　圣明二百年来化理綦隆[46]间不废浮屠之教[47]以故缁衣者流咸秉戒律以资祝釐旧传是经有宋六合塔本为一时名公洒

　　翰令其墨迹骞腾俨然在也乃者上方山兜率寺僧宗莲欲追往事再播真珉[48]以其资力未敷若有待会司礼监太监冯公

　　命孔君朝往主檀越问知其故归以告公遂属与同志刘君寿共毕厥愿於戏司礼公敦崇骏业以辅毗

　　熙朝[49]其于埤益治理习俗不可废者间亦偶同猎较[50]要以爱国忠

　　君仰祝灵长之祚无所往而不罄厥衷也[51]观斯举其功德无量岂独施及芘刍已哉孔

　　　君刘君公名下嘉士奉公德意而从

　　　臾助成皆可以诏后之人

　　　万历丁丑仲夏吉前进士观察大夫都人刘效祖顿首跋

　　　　　　　　　　　　　　　　　　　　　　　本山住持智宇

《佛说四十二章经》刻石拓片（第十三至十五石）

　　　　　　　　　　　　　　　　　　镌字东安任应春↵
　　　　　　　　　　　　　　　　　　　　　张应乾↵

（以上第十五石，字号稍小）

（据拓录）

注释

① 鱼水相逢日，风云庆会时：形式上属于引首章类，内容上属于闲语印，为朱文阳文印。由于摹勒于刻石上，故反为阴文。印文系歌功颂德、夸赞身遇明君之意。使用庆会而未用际会，表达印章主人的一种由衷感谢当朝皇帝的心理，而非只是生遇逢时之意。原皇帝赐印为"鱼水相逢""风云际会"。

② 《佛说四十二章经》：我国最早被译为汉语的佛经，汉明帝刘庄永平十年（67）开始出现，印度竺法兰译。

③ 尔时：彼时。

④ 阿罗汉：梵文音译，得道者、圣者之意，简称罗汉。为佛教声闻四果之四，此系最高果位。断绝一切嗜好情欲，解脱生死，是佛陀得法弟子修证最高者。

⑤ 阿那含：梵文音译，不还、不来之意。为佛教声闻四果之三、为断尽欲界烦恼而不再回到欲界受生的圣者。

⑥ 斯陀含：梵文音译，一往来之意，亦作斯陀洹。为佛教声闻四果之二，最多只会在天界与人间再往返一次，此后证得四果，注定完全解脱。

⑦ 须陀洹：梵文音译，预流、入流之意。为佛教声闻四果之一，即初果。永不堕三恶道，尚须于人天中往返投生渐渐修行至二果、三果、四果。

⑧ 心源：犹如心性，佛教视心为万法之源，故称。

⑨ 结业：佛教谓由惑所引起的善恶，指人们对事理的不明所引出的各种结果。

⑩ 绮语：指轻浮不正经、花言巧语等。

⑪ 顿息威容：可以理解为在众人面前一下子丢了面子。

⑫ 如病得汗，渐有痊损：可以理解为好比患病的人全身发汗，就快痊愈了。痊损，通过医治，及时止损了。

⑬ 骂佛：此指在言语上声音过大，内容对佛不敬等。

⑭ 仰天唾唾不至天公还从己：朝天啐唾沫，但啐不到天上，反而落到自己身上。

⑮ 饭：自己出资请人吃饭。

⑯ 持五戒：修持五戒。五戒是指大乘佛教中最根本的戒律，具体是：一不杀生、二不偷盗、三不邪淫、四不妄语、五不饮酒。

⑰ 辟支佛：梵文音译，"辟支迦佛陀"的略称。三乘中的中乘圣者。因其观十二因缘而得道，亦译"缘觉"；因其身出无佛之世，潜修独悟，又译"独觉"。

⑱ 三世诸佛：统称全宇宙中之诸佛，即过去、现在、未来等三世众多诸佛。又作一切诸佛、十方佛、三世佛。

⑲ 善知识：梵文意译词，与恶知识相对应。在佛教中用来指那些正直有德行、能诱导人走正路的修行之人。

⑳ 沙门：梵文音译，又作桑门、沙门、那婆门。勤息静志息心之意。原不论外道佛徒，为出家者总称，后专指佛教出家修道之人。

㉑ 比丘：梵文音译，又作苾刍。为佛教出家五众之一，一般指年满二十岁已受具足戒的男性出家人。

㉒ 浊水致手搅之，众人共临水上，无能睹形影者：用手将水搅浑，众人谁也看不到自己在水中的倒影。

㉓ 冥室：黑屋子，没有灯光、阳光照不进来的室内空间。

㉔ 差之毫厘倏忽须臾：与差之毫厘谬以千里、差之毫厘失之千里意近。不被注意的错误，有可能造成极大的失误。毫、厘是最基本的两个长度单位，倏忽、须臾是最基本的两个计时瞬间。

㉕ 舐：用舌头尖去舔。

㉖ 七宝舍宅之患：指凡夫俗子最担心的是把珍藏珠宝的家宅舍为寺庙。七宝泛指诸多宝物，但佛教所说的七种珍宝是指金、银、琉璃、砗磲、玛瑙、珍珠、玫瑰等。

㉗ 革囊众秽：指的是凡间那些外表光鲜华丽的玉女等，只不过是臭皮囊而已。

㉘ 无上乘：此指至极之佛法大乘之别名。诸佛如来正真正觉所行之道，彼乘名为大乘名，为上乘名，为妙乘名，为胜乘名，为无上乘。

㉙ 阴：此指男性生殖器。

㉚ 心为功曹：心为生事根源。功曹，古代官名，最初为郡守、县令的主要佐吏，此处则泛指。

㉛《迦叶佛遗教经》：佛教经典《迦叶佛语录》，姚秦三藏法师鸠摩罗什译。迦叶佛又译作饮光佛，系释迦牟尼佛前之佛，为过去七佛之第六佛。

㉜ 锻铁去屎成精：打铁的过程就是去粗取精的过程，比喻百炼成钢。屎原指人或动物食用五谷杂粮后体内的排泄物，引申为人体其他分泌物如眼屎、耳屎等，此处用来特指锻铁时的废渣等物。

㉝ 三恶道：佛教名词，指地狱、饿鬼、畜生三道，故亦称三恶道。

㉞ 六情：佛教名词，指眼、耳、鼻、舌、身、意。

㉟ 发菩提：发菩提心，修成正果之意。菩提意译为觉。

㊱ 修证：佛教的修行证理，修行就是身体力行，证理就是证悟真理。

㊲ 道果：修道人最终修道的果位。

㊳ 人命在几间：一个人的生命能有多长时间。但时间是个哲学命题，只是比喻而已。

㊴ 三业：佛教名词，指身业、口业、意业。佛教认为造业将引生种种果报，种种果报都是因此三种业而引起的。

㊵ 三昧：佛教名词，音译为三摩地，意译为摒除杂念，心不散乱，专注一境，借指事物的诀窍。

㊶ 视四耨水如涂足油：看四耨水与涂足油没什么两样。四耨水即阿耨池，印度恒河的发源地，周围八百里池水清凉，足油是涂在脚上以防蚊虫叮咬的油。

㊷ 方便门：佛教称随机度人的法门。

㊸ 禅定：梵文音译。意译为专注于某一对象而达于不散乱的状态。

㊹ 涅槃：佛教用语，又译为般涅槃泥洹，意即无为自在、不生不灭之意。

㊺ 禅家：修持禅定者。亦泛指佛家。

㊻ 化理綦隆：化理，教化之理、事物变化之理；綦隆，繁杂而隆重。此处指佛教兴盛不衰之意。

㊼ 浮屠之教：佛教。浮屠，梵文音译，意为“佛陀”。

㊽ 播真珉：以石头为载体加以传播。真珉，亦作“贞珉”，质量好的石头，此指刻石。

㊾ 熙朝：兴盛的朝代。

㊿ 偶同猎较：偶尔一同去打猎。

(51) 无所往而不罄厥衷也：尽心竭力。罄，把器物里的东西倒干净；厥衷，发自其内心。

按语

目前在我们所能见到的《上方山志》的两个基本版本中，乾隆版不见对冯保的著录，溥儒版也仅数语带过，就像上方山这座佛教丛林跟明代的大太监冯保没有太大关系似的；但实际上，上方山现存碑刻中有20余件与冯保直接相关。除本条外，尚有“冯保施财修接引殿碑”“冯保施财创建永亨庵碑”“重修接待庵碑”等。估计这是清人的一种偏见，鉴于明代太监误国的历史教训，于是他们认为明代所有的掌权太监皆非善类。溥儒版《上方山志凡例》也说：“貂珰腴文，虽有述作，弗敢称也。比诸金石，存其目而已。”但是历史就是历史，分析历史原因就是分析原因，历史现实的存在不容掩盖，尤其是方志类的文献，更应该尊重这个事实。幸好，上方山还留下了冯保的碑刻，其中《佛说四十二章经》就是其中一种。虽然它不是记事性的碑刻，但是它所保留的不仅仅是历史，还有艺术、技术等。

（一）冯保其人

冯保（1543—1583），字永亭（怀疑为“永亨”之误，上方山有冯保所建“永亨庵”），号双林，衡水赵家圈冯家村人，明代大太监。他于嘉靖年间（1522—1566）入宫，隆庆（1567—1572）初年掌管东厂兼理御马监；万历皇帝（神宗朱翊钧）即位（1573）后，历任司礼监秉笔太监和司礼监掌印太监，在宦官中可谓“位极人臣”；穆宗（隆庆皇帝朱载垕）驾崩时（1572）成为顾命大臣。掌权后的他支持张居正推行“一条鞭”法，使大明政权一度出现复苏局面。在朝廷中，冯与张形成内外相的关系。冯保有着较好的文化素养，他在司礼监监刻了《启蒙集》《帝鉴图说》《四书》等诸多书籍，并在偏远的上方山兜率寺亲自书丹由工匠镌刻了大篇幅、大体量、大号字的《佛说四十二章经》全文。最后，冯保因受人谮害，再加上曾与年幼时的神宗皇帝“结仇”，造成神宗皇帝对他的忌恨，被放逐到南京，后因病去世。

（二）关于《佛说四十二章经》

《佛说四十二章经》是最早被译为汉语的佛经。东汉明帝永平十年（67）伊存授卢景佛经之后68年，开始有了汉译本的佛经出现，这就是《四十二章经》，为中印度人竺法兰所译。他在永平初和另一高僧迦叶摩腾相偕来中国。迦叶摩腾自然也参加了这项翻译工作。经凡四十二章，故以之为名，乃连缀大小乘佛法而成，虽不精微，但确是佛经汉译的伊始。译文质朴无华，叙述平铺直叙，善用夸张和比喻，将深奥佛理开解于人。以后历代不断翻刻、著录、注释、经解等，使该经书多达两百多种。迄今所能见到最早的是唐"怀素草书本"。

（三）上方山兜率寺《佛说四十二章经》刻石

查找关于《佛说四十二章经》石刻与雕版版本的线索，很少有提及冯保此本的。版本有当代《中华大藏经》、日本民国《大正藏》与清乾隆《大藏经》本的，当然还有流传更早的唐代怀素草书本的。但是不论如何，上方山兜率寺大殿后壁镶嵌的这15条石上的刻经，的的确确是明末版本。房山云居寺石经中也有明代刻板《佛说四十二章经》，具体时间不明，推断似乎与董其昌（1555—1636）刻经有关，其代表作云居寺"宝藏"刻石，刻于明崇祯四年（1631），其在京城石灯庵刻经活动大致在天启、崇祯年间（1628—1644）。故此刻应晚于冯刻。但它们还都不是最早的石刻版本，据冯本刻石末尾刘效祖的跋文记，尚有"宋六合塔本"，但由于暂时无法前去杭州证实，仍不好猝下断言。仅可知"六合塔"作为国家级文物保护单位，在各种对该名胜古迹的介绍中，有一段值得参考的叙述："塔内保存众多的文物古迹，较著名的有南宋堂尚书的省碟碑与四十二家书写的《四十二章经》残石。"说得比较笼统含糊，且其"四十二家书写的"怀疑是对《四十二章经》的误解，并没有从专业角度明确其为南宋本的记载及实物，故尚存疑待定。

（四）关于跋文作者刘效祖

刘效祖，字仲修，别号念庵，明代散曲家、军事家、史地家。原籍滨州，寓居北京（京卫人），生卒年不详，但据此可知他在万历五年（1577）仍在世。嘉靖二十九年（1550）进士，历任卫辉府推官、户部主事、蓟辽兵备副使，官至陕西固原兵备副使。他曾婉谢严嵩罗致。在任时执法甚严，御敌有方，为人陷害，罢归乡里。"五原人扶老携幼，号泣车前，声闻四十里。"任时与人同撰《四镇三关志》（清代列入禁毁书目）。后因负才不偶，与时龃龉，因故罢官，辟日涉园。估计此时即在万历四年（1576）左右。于是退居林泉，寄情词曲、小令，以抒其悒郁愤懑之愁思。曾作诗抒愤曰："更生霜鬓已萧骚，敢谓文章掩彩毫。过误偶承明主问，因缘不是郁轮袍。"感叹自己老之将至，空有才华，却没有赶上像唐朝王维那样的机遇，还受到了皇帝的冤枉。接着可能就遇上了同样也不太顺心的冯保在刻《佛说四十二章经》，于是受其所托，为之作跋。时在次年的1577年。刘效祖的文学作品有《词脔》《裁冰剪雪》《良辰乐事》等行世。两位遭遇不尽相同，一位已致"不顺"，一位后来"不顺"，结局极为相似的"同调"碰在一起，于是才留给后人这部石刻经典。跋文中有"乃者上方山兜率寺僧宗莲，欲追往事，再播真珉"之语，此"宗莲"怀疑即天香修道禅师。万历七年（1579）《天香修道禅师塔记》云："师字天香，讳宗连，顺天武清县人氏。"此经刘效祖跋于五年，时间吻合。

（五）《佛说四十二章经》书法镌刻欣赏

可以用以下几个词语概括冯保刻《佛说四十二章经》：章法严谨，字法规矩；用笔自如，刀法简捷；选材精良，分板自然；馆阁先锋，书学模范；虽非最早，版本占先。

一眼望去，字大如拳，非常醒目。15条宽窄不一的石板镶嵌在墙芯里，在石条外框的笼罩下，黑石白字，字字珠玑，刀刀聚力，字距行距间，无任何零乱之感。整体上看，疏密布局，横行竖排、密度空间设计合理。因为不论哪种版本，都是那些内容，多多少少差异不会太大。但是面对着偌大的墙面，留多大的墙芯，罩多大的石框，15条石板如何分布这3000个大小字，计算使用几"号"字，提行、空格、分行、分段、分板时，如何使其章法不乱，并于15条石板上均匀布满，且从头至尾一气呵成，相邻衔接有序，疏密得当，首尾呼应，在没有电脑的明代，设计、书写、镌刻、施工者之间必须配合默契才能达到。山那么高、石那么重、工序那么繁，如果没有冯保对工程资金的保障、工匠们对佛教的那份虔诚，恐怕也是难以实现的。从文字的镌刻上来看，虽然落款刻工是"任应春、张应乾"二人，但从字体大小、韵味、笔势甚至镌刻上也没看出不一致的地方，也是"一刻到底"的。

清代学者谢振定造访兜率禅林时，看到兜率寺大殿后墙的《佛说四十二章经》刻石，谓之"笔法颇媚劲（隽秀俊美）"，对于"题为冯保书"，他质疑道："保固不以书名，想当时托寄宦门以邀显达者，不知出谁氏之手。"他认为一个太监未必能有如此妙书，而且冯保也不是一个以书法出名的宦人，只不过是他委托官宦书家代笔以招徕更多的达官显贵而已，或可理解为某善书者甘愿埋名书丹，而托名冯保，以此来获进身之阶。宗室麟庆作《游上方山记》云："入门为佛殿，次斋堂。殿后壁刻《佛说四十二章经》，明太监冯保书，笔力遒整，不知是真是倩？"他也怀疑此经系冯保倩人代笔之作。实则不然，冯保是一位具有"儒者风度"的大太监，喜文玩好收藏，精琴艺，善书法，万历皇帝知其雅好，赐之以象牙图章，刻"光明正大""尔惟盐梅""汝作舟楫""鱼水相逢""风云际会"。冯曾于万历六年（1578）借观神宗所藏《清明上河图》时，在末尾处留下过亲笔题跋。该墨迹同样规整清秀，不失为大家风范，同样是楷体字，较之此经却多了几分文人的个性。限于载体与再加工的关系，本刻经似乎多少有些"台阁体"的拘束。如此的一位"雅士"，敢跋《清明上河图》，难道就不能书丹《四十二章经》？另外，如果说他为攀附权贵而倩人代笔书丹的话，又为什么请弃官林下且对朝廷社会有一肚子怨气的刘效祖来做跋呢？再有，此时的神宗还是一位少年皇帝，可能还没有什么分辨能力，也不一定听得进别人的毁誉之言，所以皇帝与大臣（首辅）张居正、太监（内相）冯保关系还算不错，尚未出现嫌隙。请注意，在冯保《佛说四十二章经》15条刻石之首，一方小小的引首章，甚至常人都看不清楚字迹，但其内容却反映了冯保当时的一种心态，印文内容是"鱼水相逢日，风云庆会时"。在《清明上河图》的跋尾上，冯保钤盖的是"侍御余暇"引首章，表现的是能为皇帝服务非常高兴之意。而在此，其将皇帝赐印的原文加两字、改一字。这一加一改，只能说突出的是一个"更"字。原"鱼水相逢""风云际会"，只是皇帝对君臣关系融洽的认可，而"鱼水相逢日，风云庆会时"，则是冯保对皇帝的感恩情愫的外露。所以说此经书法为"攀附权贵"说是不成立的，因为此时冯保与张居正才是权贵，只能是被别人"攀附"而已。因此，溥儒版《上方山志》卷四《碑碣·佛说四十二章经碑》直书"万历丁丑（五年，1577）仲夏，司礼监掌监事冯保书"。他虽从心里不认可太监，但对此事是认可的。

天香修道禅师塔铭

解题

明万历七年（1579）三月。无撰文人名，王允孝书丹。法眷方润、方明、孙广灵建。此据乾隆版《上方山志》录入。溥儒版《上方山志》记此碑原在兜率寺塔院。

录文

天香修道禅师塔记

师字天香，讳宗连，顺天武清县①人氏。出家于敕赐法光寺，雪峰正宗第五代之法孙也。师幼性真②，礼诵不辍，勤参苦究，洞晓真宗③。京师人民，悉蒙教益，然度人虽美，而生死亦当自了。于是归山，于摘星砣之朝阳洞面壁六年。大明隆庆二年④四月起，阅大藏五载，修铸韦驮一尊，碑殿一座。乃功行已满，于万历七年正月十一日，师年七十有三，安然西游。法眷方润、方明、孙广灵，爰建浮屠，以宗先王报本之意，因刊石以记之。

时大明万历七年姑洗月吉旦立。

固安县髪徒⑤王允孝书。

注释

① 武清县：古县名，其地在今天津西北部，历史悠久，新石器时代即有人类活动的遗迹。秦汉时期设泉州、雍奴二县。雍奴县城遗址就在今武清境内。唐朝始将"雍奴"改为今名，取"武功廓清"之义，一直沿用至今。唐以后，历代所辖不同，曾为幽州、燕山府、大兴府辖地，明代属顺天府。

② 幼性真：幼年的时候性格纯真，没有受到"污染"。

③ 洞晓真宗：对于佛理的理解很深。

④ 大明隆庆二年：明穆宗朱载垕（1537—1572）即位的第二年，隆庆戊辰年

（1568）。

⑤ 髡徒："髮"，实应为"髡"，一种惩罚形式。古代本指剃了光头的犯人，后用来蔑称僧人和尚等。但此处应该是王允孝一种自谦、自嘲的说法。

按语

依此塔铭记，天香禅师俗名宗连，武清人，在法光寺出家，为雪峰五代法孙，后在朝阳洞面壁修行，从明代隆庆二年（1568）四月开始，一直到隆庆六年（1572），在阅读《大藏经》（即"阅藏"，有一定仪式和信徒参加的诵经活动），并为之"修铸韦驮一尊，碑殿一座"，"于万历七年（1579）正月十一日，师年七十有三，安然西游"。照此推算，禅师应该生于正德二年（1507）。

附溥儒版《上方山志》录文

天香修道禅师塔记　王允孝

师字天香，讳宗连，顺天武清县人氏。出家于敕赐法光寺，雪峰正宗第五代之法孙也。师幼性真，礼诵不辍，勤参苦究，洞晓真宗。京师人民，悉蒙教益，然度人虽美，而生死亦当自了。于是归山，于摘星砣之朝阳洞面壁六年。大明隆庆二年四月起，阅大藏五载，修铸韦驮一尊，碑殿一座。乃功行已满，于万历七年正月十一日，师年七十有三，安然西游。法眷方润、方明、孙广灵，爰建浮屠，以宗先王报本之意，因刊石以记之。

按：与乾隆版《上方山志》互校，发现几处不同：一、此记名后加撰文人名"王允孝"；二、此无末尾时间与人名款。

方润方明等为师立塔铭

解题

明万历七年（1579）十二月。铭文密密麻麻18行，风化严重。镌字人杨进孝□□□张大明。今在弥勒殿内保存。

录文

上方☒┘
师☒┘
敕赐法光寺雪☒┘
佛□法□□□训礼诵时☒┘
☒┘
死当□□□已恒山☒┘
佛心佛受达麽之密旨隐迹于上方山摘星砣朝阳洞┘
壁六年思佛法以难酬念皇恩□□□□□□接引┘
四众六种成佛之福慧于大明隆庆二年四月间起阅大藏┘
尊经五载修铸韦驮菩萨一尊碑殿一座十方襁负来归士┘
庶闻风而化修持如此十有七载功行已满道果方成于 ┘
万历七年正月十一日年已七十三岁坐化西归了然空寂呜呼生┘
利己也灭利他也利己利他佛门之大事善始善

方润方明等为师立塔

方润方明等为师立塔铭

方润方明等为师立塔铭拓片

终圣教全
身之要道今有徒弟方润方明孙广灵念师之德欲□□□
泯其修迹会四方宿徒等议建灵塔故先往者□□所
归继后者祭有所考曰塔曰坟使代代而不泯乎佛□□□
空之际惟享惟诚立万世以宗先王报本追远之意云耳时
万历七年三月　吉日镌字人杨进孝□□□张大明
（据拓录）

按语

此条与下一条肯定是一事，但未必是一件碑刻。古时亦多有塔铭以碑形立塔旁，塔铭嵌于眼光门者。故此二条录文亦不能完全重合。但是其中几个关键词句相同，如"隆庆二年（1568）四月""修铸韦驮菩萨一尊碑殿一座""七十三""万历七年（1579）"等，即便是"徒弟方润方明孙广灵"，也能相合。

永慈寺护持碑

解题

明万历十四年（1586）。方首抹角失座。通高153厘米、宽55厘米、厚16厘米。额题"钦赐护持"，首题"钦赐永慈寺护持碑记"。碑阴首题"永慈寺四至界记"，碑面文字仅五行，居中镌刻，落款与正文中空一行。朱翊钧撰文，觉义、法才立。今在永亨庵院内。

永慈寺护持碑正、背面（左、右图）

永慈寺护持碑阳面拓片

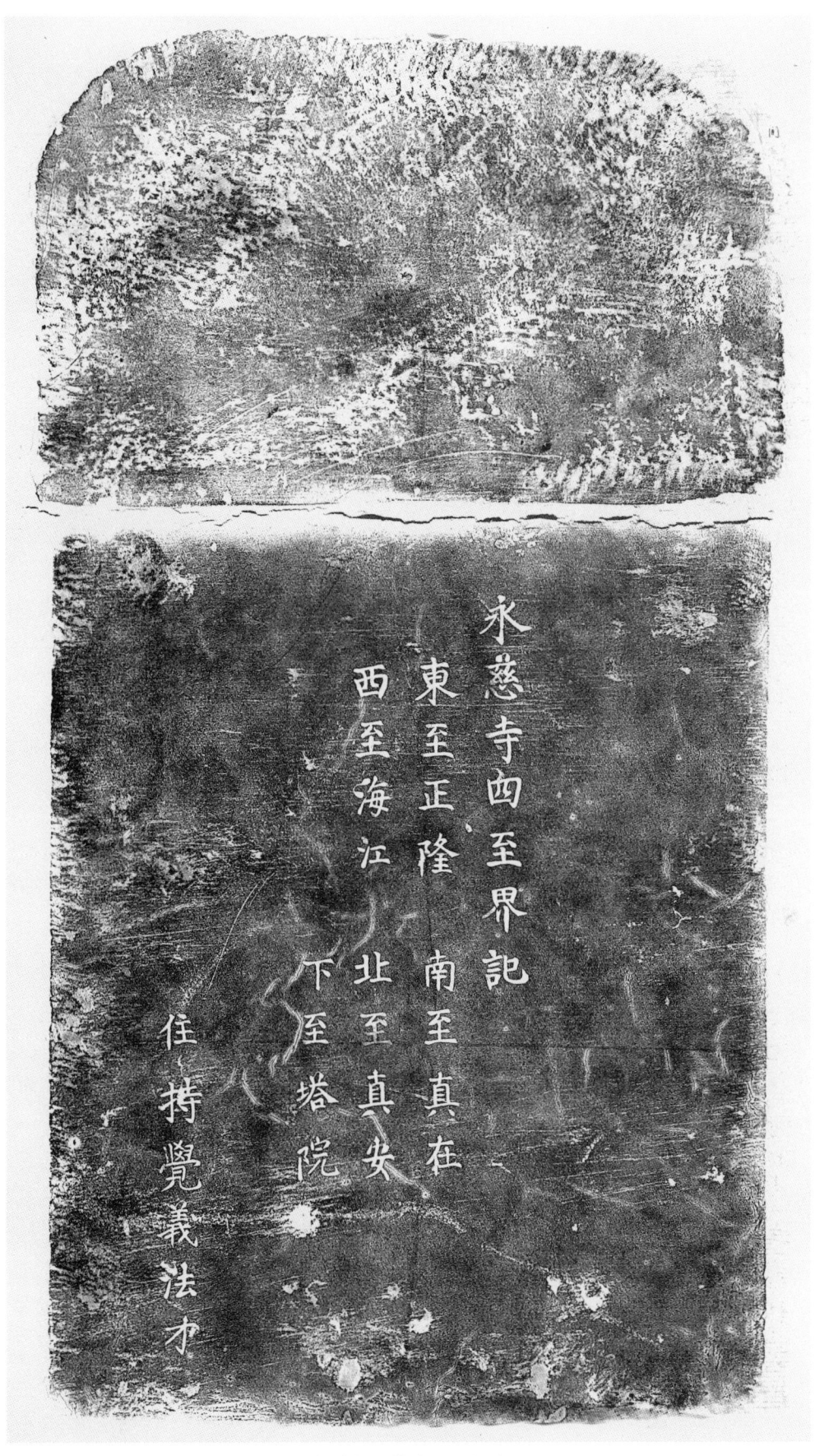

永慈寺护持碑阴面拓片

录文

额题：

钦赐↵

护持↵

正文：

钦赐永慈寺护持碑①记　↵

皇帝敕谕永慈寺住持及僧众人等　↵

　　朕惟佛氏之教具在经典用以化导善类↵

　　觉悟群迷于护国佑民不为无助兹者　↵

圣母慈圣宣文明肃皇太后②命工刊印续入↵

　　藏经四十一函并旧刻藏经六百三十七↵

　　函通行颁布本寺尔等务须庄严持诵③尊↵

　　奉珍藏不许诸色人等故行亵玩致有遗↵

　　失损坏特赐护持以垂永久钦哉故谕　↵

　　大明万历十四年九月初八日立　　↵

碑阴：

永慈寺四至界记　↵

　　东至正隆　南至真在　↵

　　西至海江　北至真安　↵

　　　　　下至塔院　↵

　　　　　　住持觉义法才↵

（据实物录）

注释

① 护持碑：刊刻有皇帝降旨维持保护某事内容的碑刻。此碑文则是明神宗万历皇帝朱翊钧（1563—1620）为上方山永慈寺所颁圣旨的内容。

② 圣母慈圣宣文明肃皇太后：万历皇帝的生母李太后（1546—1614），北直隶漷县人，穆宗朱载垕（1537—1572）妃嫔。神宗登基后，即为生母李氏上尊号"慈圣皇太后"，万历六年（1578）加尊号为"慈圣宣文皇太后"，万历十年（1582）加尊号"慈圣宣文明肃皇太后"。此碑立于万历十四年（1586），故用此号。

③ 持诵：诵习佛经，可以理解为恭恭敬敬地手捧佛经认真诵读。

按语

上方山碑刻中有几处关于《大藏经》的记载，唯此碑提到"圣母慈圣宣文明肃皇太后命工刊印，续入藏经四十一函，并旧刻藏经六百三十七函，通行颁布本寺"，记载详细，连新旧经共678函。前条"天香修道禅师塔铭"中的"阅大藏五载"，"重修兜率禅寺碑"条中的"别殿置大藏尊经"，都说明上方山有《大藏经》，但不都是慈圣太后所赐。

重修兜率寺山门碑

解题

明万历十五年（1587）。方首抹角趺座。碑高115厘米、宽52厘米、厚16厘米。额篆"重修山门碑记"，首题"重修兜率寺山门碑"。碑阴处有太监"张桢"等题名。在兜率禅林山门外，仆地，中上部断开，首左上残缺。

录文

额篆：
重修山┘
门碑记┘
正文：
重修兜率寺山门碑　　┘
上方山兜率寺其兴建始末旧碑可征虽历年┘
久而庄严殿庑尚然古色可观惟山门圮坏① 　┘
万历五岁之冬□建　┘
　　□总理工程内官监管理太监② 东冈张公等因┘
公干进诸寺□山门圮坏遂乃捐资以为重修┘
　　□唱于是僚属诸公并各出资协助砖石工力┘
是乎不□不余□二月二十五日兴工至三月┘
三日工毕诸公谓张公之善不可泯焉请勒┘
诸石俾征之君子有所感发兴起而继葺之则┘
三果百□而□寺恒奂之矣　　┘
大明万历十五年三月吉日立　　┘

碑阴：
（碑上部居中一行）总理工程内官监管理太监等官⏎
（隔六行）御　马　监　太　监⏎
（碑下半部分前后两部，前部上下分两列七行，后部一列三行）
（前部）
李禄　张进　刘齐　张桢　王海　陈朝旺　刘经⏎
卢广　傅钦　张沂　解宁　王玉　何江⏎
（后部）
李□德　马钦　耿进⏎
（据实物录）

注释

① 山门圮坏：山门损坏坍塌了。此处应指"兜率禅林"门，而非兜率寺大殿前的那个天王殿的山门。

② 管理太监："管理"未必是太监的实职，可能为具体负责之意，相当于"有司""勾当"之类的。

按语

此碑文叙"殿庑尚然，古色可观，惟山门圮坏，万历五岁（1577）之冬□建"。此碑为万历十五年（1587）立，由碑文"二月二十五日兴工，至三月三日工毕"可知整个工程用时不到十天。工期虽短，但酝酿却在十年之前。

碑阴居中"总理工程内官监管理太监等官"，其下虽列众人，但居中正对"张桢"，说明"张桢"就是"东冈张公"。张桢，字（或号）东冈。《明神宗显皇帝实录》之"万历十年（1582）"记"叙永陵、昭陵宝城工"，"仍荫太监张桢侄张绍恩锦衣卫百户"。从时间与工作性质来看，此两位"太监张桢"应该是一个人，也就是"东冈张公"。

重修兜率寺山门碑阳面拓片

重修兜率寺山门碑阴面拓片

"上方山"诗刻石

解题

明万历三十二年（1604）六月。高93厘米、宽65厘米、厚6厘米。镌刻人孙慎行与郑振先题诗二首。今已断开为三块，在舍利殿内。

录文

　　　上方山
何年佛祖亲垂化奇胜遥从绝境开十步峰盘迷径入千寻壁怒插
天来倦休接引宫前石健①上朝阳洞口台郁郁葱葱满崖嶂却疑云
气独萦回
秀色奇岩面面临寻幽步步入云深僧迎山外钟鸣寺客转峰头月
到林草树尽生谈笑色溪泉直醒坐忘心翻疑绝洞高栖者一榻残
经老壁岑②
　　　朝阳洞
峰外层峰曲曲罗上方台殿百重多高僧尚厌依香火绝顶经年卧
石窝
万历甲辰六月日晋陵闻斯孙慎行③题（附慎行印）
　　　上方山
一径遥将法界④开藤萝深处隐楼台独看灵气凭云护不尽苍峰拥
面来入院有泉供柏叶攀崖无路傍蒿莱西行此日逢初地暮色催
人首重回
望望仙源不可寻到来佳气郁萧森中峰独拥诸天胜古木环浮万
壑阴逸兴倦余犹纵目清言悟后一安心冲炎岂为探奇出草色云
烟处处深
万历甲辰六月日延吴太初居士郑振先⑤题（附郑振先印）
（据拓录）

注释

① 徤：同"健"，强健。

② 老壁岑：古老的崖壁非常险峻。岑，山小而高，引申为险峻。

③ 孙慎行：1565—1636，字闻斯，号淇奥。明朝开国功臣燕山忠愍侯、全宁侯之后，常州府武进人。万历二十三年（1595）进士，探花郎。翰林编修，累官至礼部侍郎。政治家、文学家，著有《玄晏斋集》等。

"上方山"诗刻石

"上方山"诗刻石拓片

④ 法界：佛教名词。泛指宇宙世间的一切事物等。

⑤ 郑振先：1572—1628，字太初，号象斋，孙慎行同乡，同科进士。初仕嘉兴令，后升工部主事，转兵部、礼部主事。疾恶如仇，万历三十六年（1608）曾上《直发古今第一权奸疏》指斥当时首辅朱赓。亦曾在家乡舍宅为庵。

按语

此刻石原亦在舍利殿内。溥儒版《上方山志》卷四《碑碣》记载："上方山朝阳洞诗碑，在舍利殿。万历甲辰（三十二年，1604）六月，晋陵闻斯孙慎行、延吴太初居士郑振先题。"

附溥儒版《上方山志》卷八《艺文三》所录诗文

上方山　孙慎行

何年佛祖亲垂化，奇迹遥从绝境开；十步峰盘迷径入，千寻壁怒插天来。倦休接引宫前石，健上朝阳洞口台；郁郁葱葱满崖嶂，却疑云气独萦回。

秀色奇崖面面临，寻幽步步入云深；僧迎山外钟鸣寺，客转峰头月到林。草树尽生谈笑色，溪泉真醒坐忘心；翻疑绝洞高栖者，一榻残经老壁岑。

朝阳洞　孙慎行

峰外层峰曲曲罗，上方台殿百重多；高僧尚厌依香火，绝顶经年卧石窝。

上方山　郑振先

一径遥将法界开，藤萝深处隐楼台；独看灵气凭云护，不尽苍峰拂面来。入院有泉供柏叶，攀崖无路傍蒿莱；西行此日逢初地，暮色催人面重回。

望望仙源不可寻，到来佳气郁萧森；中峰独拥诸天胜，古木环浮万壑阴。逸兴倦余犹纵目，清言悟后一安心；冲炎岂为探奇出，草色云烟处处深。

右明孙慎行、郑振先诗碑，在上方山兜率寺。

按：对两个版本进行比校后发现，溥儒版有几点不同：一、在诗名后标注人名，如"孙慎行""郑振先"；二、分别取消两位的原落款，而统之以"右明孙慎行、郑振先诗碑，在上方山兜率寺"；三、原诗碣中的"胜""健""岩""首"，此作"迹""健""崖""面"；四、原碣由于断裂、磨损、风化，下半部字迹多处磨蚀，幸赖此本得以补出。

香光寺颁赐大藏经碑

解题

明万历三十三年（1605）十二月。原在房山大韩继，今仍在。此据国图百本拓片录文。拓片高109厘米、宽62厘米。首题"敕谕"，明神宗朱翊钧撰文。

录文

敕谕
敕赐护国香光寺住持及僧众人等
　　朕发诚心印造
佛大藏经颁施在京及天下名山寺院供奉经首护敕已谕
　　其由尔住持及僧众人等务要虔洁供安①朝夕礼诵保
　　安眇躬②康泰宫壸③肃清忏己往愆④尤祈无疆寿福民安
　　国泰天下太平俾四海八方同归仁慈善教
朕成恭己无为之治道焉今特差汉经厂掌坛御马监太
　　监工忠工举卢永寿赍⑤请前去彼处供安各宜仰体知
　　悉钦哉故
　　　谕
大明万历三十三年十二月十四日

注释

①虔洁供安：（对《大藏经》）要虔诚干净地供奉安妥。洁与不洁，主要看内心是否清净，做事是否如礼如仪，比如阅经之前吃素及斋戒等。
②眇躬：古代帝后自指自称自谦之词。
③宫壸：意指帝王后宫。宫，宫殿建筑；壸，宫中的道路。

敕諭

敕賜護國香光寺住持及僧眾人等

朕發誠心印造

佛大藏經頒施在京及天下名山寺院供奉經首護敕諭

其由爾住持及僧眾人等務要虔潔供安朝夕禮誦保

安眇躬康泰宮壼肅清懺已往愆尤祈無疆壽福民安

國泰天下太平俾四海八方同歸仁慈善教

朕成恭已無為之治道焉今特差漢經廠掌壇御馬監太

監王忠王舉盧永壽齎請前去彼處供安各宜仰體知

諭欽哉故

諭

大明萬曆三十三年十二月十四日

香光寺頒賜大藏經碑拓片

④ 忏己往愆：对自己以往做过的错事，由衷地忏悔。

⑤ 赍：带着，恭敬地拿着。

按语

颁赐大藏经碑及阅藏事，上方山再加上此条记载，则有四处言及。房山云居寺、石经山、谷积山、磨碑寺等，亦有提及。

"今特差汉经厂掌坛御马监太监王忠王举卢永寿赍请前去彼处供安"，与下一条"敕旨差汉经厂掌坛御马监太监王忠王举卢永寿赍送钦颁龙藏经一藏安于香光梵刹永远焚修护持"，指的是同一件事。

另外，太监卢永寿曾与另一位太监张然在得知本念禅师的事迹后，为建鲁郭村（今石景山区鲁谷小区一带）"大慈禅寺"，陈词以请，特发帑金，并奉皇命于万历四十三年（1615）立碑以记其事。该碑落款为"钦依内府汉经厂皇坛掌坛御马监太监卢永寿张然"，可见十年之间，他的官位有所提升。上方山诸寺碑文中多次提到"太监卢永寿"，但他始终处于同事太监第三的位置，终于在"大慈禅寺"公干任上被委任到同事太监第一的位置了。

香光寺重修缘起碑

解题

明万历三十四年（1606）五月。原在房山大韩继，今已佚。此据国图百本拓片录文。拓高187厘米、宽80厘米。首题"顺天府涿州房山县韩吉村香光寺重修缘起碑记"。曾朝节撰文，包渐林书丹，陈良弼篆额。

录文

　　顺天府涿州房山县韩吉村香光寺重修缘起碑记　┘
　　赐进士及第资政大夫①礼部尚书兼翰林院学士掌詹事府②事充　会典副总裁记注
　　　　起居　经筵　日讲官前国子监祭酒③衡郡曾朝节④撰　┘
　　特进荣禄大夫⑤柱国⑥泰宁侯⑦总督京营戎政奉　敕提督　乾清宫等宫工程侍　经
　　　　筵前三承　┘
敕命提督操江兼管巡江奉祀　孝陵南京守备两京掌中左右前都督府事维扬陈良弼
　　篆额　┘
　　奉政大夫⑧光禄寺少卿兼司经局正字⑨加从四品俸侍　经筵预修　国史　玉牒华
　　亭包渐林书　┘
　　凡天下名山胜道场地或先圣栖真⑩或往贤遗迹至虽更朝换代世远事衰犹为鬼神所
　　护故得庙貌亡而复存香火绝而更续⑪是使斯民依归瞻仰所以遏荒逸而肃敬诚遂得
　　风时雨若百谷殷盛众厉┘
　　潜消而民福生矣若东之泰山南之玄岳西之五台之类是也今大都之西百余里房山之
　　界有山名荼罗顶⑫祖龙自百花坨而来至是特然孤出群峰落秀气势不尽流涌而南下
　　为伏龙岗岗势南行三┘
　　十里隐然入地岗之前结为万家聚落村曰韩吉村之北有古刹荒基俗呼为少师园据残
　　碑乃唐宝积禅师所建香光佛刹也寺之东有宝积遗塔讹称为多宝佛塔广孝姚公因初
　　功□爵至少师辞归┘
　　山林隐于太湖之华严寺　┘

香光寺重修缘起碑拓片

朝廷恩赐香光园苑为其别业久为荒废万历戊戌御马监太监张公其奉

命重修先是万历壬辰冬　翊坤宫管事菩萨戒弟子于景科女尝梦游上界见寺题曰香光佛刹适

皇上使于女传

旨于御马监太监张公其遍燕山饭僧且嘱所梦寺名当识之其遍历岩阿郊野不获此名姑置之过五年至丁酉秋其又奉

命过小西天上方寺等□饭僧一夕抵韩吉村店宿行经路北见破瓦颓垣古寺基也询诸乡民曰此少师园也夜或见火光或闻虎鸣丰草满园毒蛇交横乡民畏惮任其荒芜其闻异之因披寻古迹获断碑

于荒草间始知大唐宝积禅师所造香光佛刹也宝积乃马大师门弟隐迹于蓟州之盘山岂亦卓锡于此乎其既得香光之名叹未曾有归报于贵人以胜迹奏之荷蒙

圣恩降金复为重建既又募化中外官僚各捐俸金而助成之始事于二十六年春告成于二十八年秋九月其寺五进为六层一曰山门以总出入二曰天王殿以安护法三曰大雄殿以奉

如来尊像四曰方丈以居主者五曰重阁以奉

大悲金容六曰围楼以为屏障乾艮之地别为云楼以为警护其诸两厢为之云堂以安禅侣为之旦过寮以待宾客为之香积以修斋馔为之库藏以储钱谷为之寮舍以宿众僧为之杂室以收农器以容□

使寺之东重新宝塔以壮奇观寺之后为之园圃以供蔬品附园为之寰场以收秋禾园之中为之虚亭以避炎蒸而观四达寺之南别构一院曰延寿堂以养老病南去里许为之普同寺塔凡僧物故化

而藏之则凡丛林所宜有者色色悉备矣数载之间不离香光旧址忽然幻出鼎新佛刹是谓旧刹新成新成旧刹也若夫非新非故无坏无成一念不生十□生断非可以□□而□记也其塔□□像经书

供器什物香火地土各有若干别碑详之三十一年春内官监太监何江奉

圣旨修琉璃河石桥成并修施茶观音庵一所于桥侧治买随庵香火地二百七十亩以供本庵施茶香火之需何监题　准礼部给札与香光寺住持真奉兼领琉璃河桥头观音庵施茶别于在京西直关外

高梁桥修建西方三圣庵一所及园地为之香光寺下院一体焚修时万历三十三年岁次乙巳十二月十五日荷蒙

敕旨差汉经厂掌坛御马监太监王忠王举卢永寿赍送

钦颁龙藏经一藏安于香光梵刹永远焚修护持呜呼香光古刹原先德遗迹在昔既废虎鸣蛇出神光夜明岂非鬼神之所守乎及其将兴先入于檀越梦中其宝积之真机乎抑少师之愿力乎若机发冥运

之如此也今一旦真成焕然在目乃知梦为真根真为梦杪果谁真欤果谁梦欤寺成事备西泉张公走余请记其事余以未尝见闻辞之张公备陈本末因次第其说为记

　大明万历岁次□吉日立

注释

① 资政大夫：古代文散官名称。金代始置，明代为正二品升授之阶。

② 詹事府：明代辅导太子的机构。创设于明洪武（1368—1398）时期，置詹事，少詹事等官职。

③ 国子监祭酒：亦名"国子祭酒"，即古代国子监最高行政长官。国子监是当时国家培养人才的最高学府，但"国子祭酒"的职位并不高，仅为从四品衔。

④ 曾朝节：1534—1604，明湖广临武（今湖南临武）人。万历五年（1577）进士，探花，授翰林编修。任职史馆，充《大明会典》纂修官。万历二十年（1592），升任国子祭酒，两年后再升南京礼部右侍郎兼经筵讲官。曾于京城购地，创设湖广会馆。

⑤ 特进荣禄大夫：明代官阶名称，清废。正一品初授特进荣禄大夫，升授特进光禄大夫。

⑥ 柱国：古代武官名，又称"上柱国"。战国时楚国初置，北魏时曾有"柱国大将军"称号。明朝为武勋官第二阶，从一品衔。

⑦ 泰宁侯：明代异姓封侯一系，第一代始封泰宁侯陈珪（1335—1419），他因随大将军徐达北定中原，又随燕王出塞，"靖难之役"又随从南征，屡有战功，至建文四年（1402）被封泰宁侯。到第十二代系陈良弼，嘉靖四十一年（1562）袭爵。

⑧ 奉政大夫：古代文散官名称，金始置。明代正五品初授奉议大夫，升授奉政大夫。

⑨ 司经局正字：司经局，古代官署名称。历代有所不同，明代司经局属詹事府，设洗马、校书、正字，掌收贮图籍经史，以备进览。

⑩ 先圣栖真：古代圣贤们修身养性，取道家"栖心玄门，养性林壑"之意。

⑪ 庙貌亡而复存，香火绝而更续：寺庙虽毁，后又复建；香火断绝，后代又得以延续。庙貌，指庙宇建筑及所供像塑；香火，指寺庙师徒传承不断，就像供佛的香火不灭。

⑫ 茶罗顶：上方山主峰，乾隆版《上方山志》卷一《名胜·顶》记："高出群峰之上，在山之北，文殊殿后。"

按语

碑文"太湖之华严寺"之"太湖"非指江浙之"太湖"，系指房山之"上太湖"，此为"山"而非"湖"，在上方山景区范围，华严寺在其中。本条后康熙六十年（1721）之"大观佛日眼道人铭"条亦有"祝发门徒塔其骨于山外西南，太湖东南，紫盖峰下碧云岭，西山卯葬焉"。民国十九年（1930）前溥儒撰"护持山林碑"条有"南至太湖山南岭"。

碑文"其遍历岩阿、郊野，不获此名""丁酉秋，其又奉命""其闻异之""其既得香光之名"中的"其"字，初读有些费解，后悟"其"为太监"张其"之简。

碑文记"唐宝积禅师"，"宝积乃马大师门弟隐迹于蓟州之盘山"。据《盘山志》等记，宝积大师系马祖道一禅师弟子，唐时僧人，活动于盘山，寂后谥曰"凝寂大师"。

碑文记："（万历）三十一年（1603）春，内官监太监何江奉圣旨修琉璃河石桥成，并修施茶观音庵一所于桥侧。"据万历三十年（1602）九月大学士沈一贯所撰的

《敕修琉璃河桥记》，此系指万历皇帝听说皇祖（世宗朱厚熜）敕建（嘉靖二十四年，1545）的琉璃河桥有所损坏，于是发内帑，并"敕内官监太监何江、工部郎中胡瓒往董厥役"，慈圣太后"益出宫中委佐之"。桥修成，立碑以记。两个时间有半年的龃龉，还是应以《敕修琉璃河桥记》之（万历）三十年（1602）九月为是。两碑亦同为"包渐林"书丹，名衔上只有细微差别，即"华亭包渐林"与"臣包渐林"。"何江"也是两碑均有。

过去研究佛经版本的人认为《龙藏经》是指清代雍正时期奉世宗御旨官刻的那部《大藏经》，由于其每卷页首均有"雕龙万岁牌"，因而得"龙藏"之名。但是读明万历年神宗朱翊钧"敕谕"文，其直曰"钦颁《龙藏经》一藏安于香光梵刹"，可见清代《龙藏经》是定名，明代只是泛名而已。不然上方山碑刻中的三处，两处"大藏经"、一处"大藏"，或即皇帝所颁，即曰"龙"而已。

碑文内时间、事件缕述得很清晰，如："万历戊戌（二十六年，1598）""先是万历壬辰冬（二十年，1592）""过五年至丁酉（二十五年，1597）秋""始事于二十六年（1598）春告成于二十八年（1600）秋九月""三十一年（1603）春""时万历三十三年（1605）岁次乙巳十二月十五日"。

碑文记载"香光寺"名称的由来，说源自一场梦。"先是万历壬辰冬（二十年，1592）翊坤宫管事菩萨戒弟子于景科女尝梦游上界，见寺题曰'香光佛刹'。适皇上使于女传旨于御马监太监张公其，遍燕山饭僧，且嘱所梦寺名当识之。其遍历岩阿、郊野，不获此名。"这说的是，翊坤宫内女信徒于某，曾经梦游仙界，见有一座寺庙，额曰"香光佛刹"。得知此事后，皇上让于女传旨于太监张公公，让他在燕山斋僧的过程中，留心有无名曰"香光"的寺庙，结果没有。过了五年，张其因来小西天、上方山斋僧路过韩吉村"获断碑于荒草间，始知大唐宝积禅师所造香光佛刹也"。听起来让人觉得是在编故事，但事实上有些事情就是如此地巧合。

寺庙建成后，"五进为六层"，具体如下："一曰山门，以总出入。二曰天王殿，以安护法。三曰大雄殿，以奉如来尊像。四曰方丈，以居主者。五曰重阁，以奉大悲金容。六曰围楼，以为屏障。乾艮之地，别为云楼，以为警护。其诸两厢为之云堂，以安禅侣；为之旦过寮，以待宾客；为之香积，以修斋馔；为之库藏，以储钱谷；为之寮舍，以宿众僧；为之杂室，以收农器，以容□使。寺之东重新宝塔，以壮奇观；寺之后为之园圃，以供蔬品。附园为之寰场，以收秋禾。园之中为之虚亭，以避炎炁，而观四达。寺之南别构一院，曰延寿堂，以养老病。南去里许，为之普同寺塔，凡僧物故化而藏之。"这交代得也很全面，通过标点，更加明朗。所谓"五进为六层"，与今天的算法稍有不同，但可以理解，也即中轴前后有五个院落，但却有六组建筑，一般院落最后是围墙，可这里是"围楼"。其他像两庑和别院、场圃等，其名称、功能等叙述分明，此无赘言。

香光寺福德庄严碑

解题

明万历三十四年（1606）五月。碑原在房山大韩继，今仍在。此据国图百本拓片录文。拓高190厘米、宽78厘米。首题"福德庄严碑记"，无书丹撰文人名。碑阴题名。

录文

　　　　福德庄严碑记　┘
恭仁康定景皇帝陵①管事兼　御前办膳　钦赐蟒衣玉带②增加　禄米内府骑马御马监
　　太监张其于万历戊戌岁奉　┘
命赍出内帑钱粮并内外官僚俸金同共发心重新　┘
敕赐护国香光寺工完事备凡常住增添佛像经书供器地土场圃咸具件件俱刻于石以为永
　　远流芳不朽云尔一凡香光寺坐┘
落佛殿方丈大悲阁群楼前至山门天王殿禅堂僧舍其诸□厩房厨库园场及多宝佛塔
　　院并延寿堂等处基址东至李文┘
学多宝佛塔东至买主南至前营前街西至张文学园墙西至洪心寺北至齐顺四至分明
　　其管业地七十八亩□房山县奉┘
顺天府明文已经除豁敛粮俱为焚修香火地外实在管业地四百七十七亩九分九毫四
　　系别于万历己巳正月廿六日奉┘
旨在京西直关外高梁桥修建西方三圣庵一所置地一百二十二亩坐落□平县地方外有园
　　科洼地系内官监与三圣庵香火┘
之需其庵地土园科俱系香光寺下院及琉璃河桥北头施茶海潮观音庵一所并地二百
　　七十亩亦是本寺下院又于万历┘
　　乙巳岁十二月十五日蒙　┘
圣旨差汉经厂掌坛御马监太监王忠王举卢永寿赍送　┘
佛大藏经一藏外请戒德高僧阅藏③三载圆满讲演楞严经固理也先于二十八年冬讽诵华

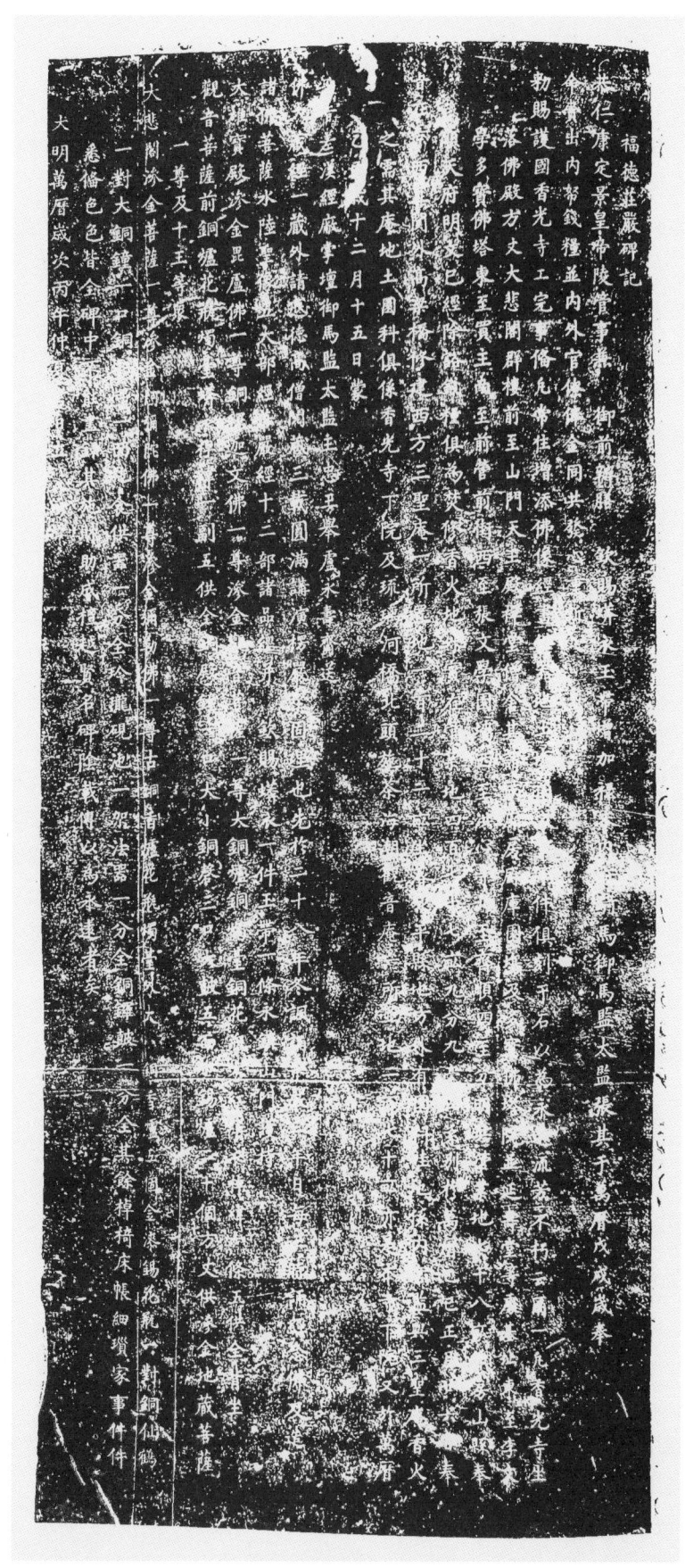

香光寺福德庄严碑拓片

严三年日每三时诵经念佛及造

诸佛菩萨水陆圣像五大部经华严经十二部诸品经并　钦赐蟒衣一件玉带一条永镇山门
　　护持

大雄宝殿渗金毗卢佛一尊铜释迦文佛一尊渗金观音菩萨一尊大铜炉铜烛台铜花瓶大
　　红蟒衣桌纬一条五供金背坐

观音菩萨前铜炉花瓶烛台蟒衣桌纬一幅五供金铜殿钟一口大小铜磬三口大鼓五面□锡
　　炉二十个方丈供渗金地藏菩萨
　　　　一尊及十王等众

大悲阁渗金菩萨一尊渗金阿弥陀佛一尊渗金弥勒佛一尊古铜香炉花瓶烛台外大铜香
　　炉五个金漆锡花瓶一对铜仙鹤
　　　　一对大铜钟一口铜□牌一面施食供器一分全玲珑砚池一架法器一分全铜锣鼓一分
　　全其余桌椅床帐细琐家事件件

　　　悉备色色皆全碑中不能尽录其施财助成檀越贤名碑阴载传以为永远者矣
　　　大明万历岁次丙午仲夏吉日立

注释

① 恭仁康定景皇帝陵：明代宗朱祁钰（1428—1457）的陵寝不在昌平而在西山，当时以亲王礼而葬。朱祁钰为明宣宗朱瞻基（1398—1435）次子。其兄朱祁镇（1427—1464）系宣宗长子，父死子继为英宗，改年号为"正统（1436—1449）"。1449年"土木之变"，英宗兵败瓦剌被俘。此间国中不可无君，于是立郕王朱祁钰为帝，即代宗。后英宗复位，代宗病死，以亲王礼葬之。

② 钦赐蟒衣玉带：因有功劳而获得当朝皇帝赏赐的蟒袍玉带，即绣有蟒纹图案的朝服和嵌有玉板的腰带。

③ 阅藏：佛教活动之一。实际是指在高僧的带领下，众僧按严格的仪轨，比如礼佛、礼师、开经偈、皈依发心、正行等过程，与信徒们一起诵经。

按语

这三通关于香光寺的碑刻，应联系起来研究，互相印证。本条碑文记："钦赐蟒衣玉带、增加禄米内府骑马、御马监太监张其，于万历戊戌岁，奉命赍出内帑钱粮，并内外官僚俸金，同共发心，重新敕赐护国香光寺"。上一条碑文仅提到"马监太监张公其"。通过本条则可以更多地了解张其的身份。其"万历戊戌岁（二十六年，1598）奉命"事，与上一条"始事于二十六年"相合。

"西直关外高梁桥修建西方三圣庵"与"琉璃河桥北头施茶海潮观音庵"俱系香光寺的下院，可互相印证。

"厩房厨库园场及多宝佛塔院并延寿堂"句中，再提"多宝佛塔"，似乎与上一条撰文人的看法（"寺之东有宝积遗塔，讹称为多宝佛塔"）定位略有不同。

太监王忠、王举、卢永寿三人，是贯穿上下三条的主要人物，也是当时皇帝、太后旨意的具体执行人。

本条与上一条的内容可能会相互冲突，然而古代文人就是不同，他把此对矛盾处理得极好，真正起到了一个"互文见义"的作用。上一条除交代事情的始末因缘外，重点叙述了寺庙院落的功能设置、殿内像塑等，而本条则把重点放在寺庙常住物账目及福田庙产等上面。相对于寺内院落、宫殿建筑、殿内佛像等，这些方面都显得次要了，但毕竟碑面有限，不能尽录，所以在"香光寺重修缘起碑"之后，又以"香光寺福德庄严碑"加以补充。

太监张其重修太湖山华严寺摩崖碑

解题

明万历三十六年（1608）春。摩崖刻。首行"御马监太监张其重修太湖山华严寺"，张其、孔良才、真奉同立。在圣水峪白云山。

录文

御马监太监张其重修太湖山华严寺
佛殿僧房置买山场立其四至界东□
佛石南至清风岭西至佛髻峰北至□
山四至分明其香光寺自太湖山华严
寺流出原一脉也刻石于此以为永远
云尔
明万历戊甲春吉日信官张其孔良才
敕赐香光寺住持真奉同立

（据实物录）

按语

此华严寺当然不是上方山的"华严洞"与"华严庵"。它位于上方山之南，就在白云坨山上，素有"南华严寺"之称。"隐于太湖之华严寺。朝廷恩赐香光园苑为其别业"，在宗教派别传承与地理位置上，与上方山亦不无关系，正如此碑文所说"其香光寺自太湖山华严寺流出，原一脉也"。故"香光寺""华严寺""上方山"诸寺，都有着千丝万缕的联系。关于华严寺碑刻，本书还收录几通，包括成化甲午（十年，1474）"重修凤凰山华严禅寺碑""凤凰山华严禅寺重修古刹碑"，成化十三年（1477）"伽蓝祖师祠碑"，弘治己酉（二年，1489）"重修施烛碑"，弘治五年（1492）"重修白云山华严寺碑"等。显然这几通碑刻都比本摩崖碑要早100多年，说明此时的"华严寺"要重修了。

关于张其与真奉的"合作"，可以上推至两年前的明万历三十四年（1606）所立的"香光寺重修缘起碑"。据记，香光寺旧址本来是朝廷恩赐给驻锡于华严寺的姚广孝的别业，名"香光园苑"。该苑日久荒废，万历戊戌年（二十六，1598），御马监太监张其奉命重修。万历三十一年（1603），"准礼部给札与香光寺，住持真奉兼领琉璃河桥头观音庵施茶，别于在京西直关外高粱桥，修建西方三圣庵一所，及园地为之香光寺下院"。至此，原来作为华严寺下院的香光寺，在朝廷的恩赐下又有了下院。张其与真奉的交往可能就始于此时。

很显然，此碑文落款"戊申"刻成"戊甲"了。

太监张其重修太湖山华严寺摩崖碑

一斗泉诗刻石

解题

明万历己未（四十七年，1619）。横式刻石，高 50 厘米、宽 80 厘米、厚 7 厘米。首行"春游上方晚眺"，邑尉檇李宋希诚勒石。在一斗泉观音殿院内。

录文

春游上方晚眺
春来无事兴偏长蹑磴穿云
到上方山树有情容我乐世
途无限任他忙逢僧且问三
生话礼
佛先供一炷香随喜不嫌天
色暮谩劳钟磬出回廊
一斗泉
一斗清渐出自然红尘不染
日涓涓流来净土钟灵秀造
化生生不计年
万历己未孟夏八日邑尉檇
李宋希诚勒石以识一时
之胜倘
诸君子赐览望为俯原
（据实物录）

一斗泉诗刻石

按语

溥儒版《上方山志》卷四《碑碣》记:"上方山一斗泉石碣,在一斗泉。万历己未孟夏八日,邑尉槜李宋希诚勒石。"又卷八《艺文三·诗》亦录此二首,但第二首《一斗泉》"造化生生不计年"之"计"作"记"字,且无诗后"万历己未"及以下诸字。

金公和尚塔铭

解题

明万历年（1573—1620）正月。砖质，立长方形。简陋，文字草率，镌刻随意。无上款，居中书刻"圆寂师耶金公和尚灵"，下款"万历岁次孟春建立"。

录文

圆寂师耶金公和尚灵↲
　万历岁次孟春建立↲
（据实物录）

按语

此"圆寂师耶"，显然是"圆寂师爷（爷）"，系俗字。

落款仅云年号及月份，却未言明"岁次"干支，实在推算不出具体时间。其可知者，既然称为"师爷"，可见此塔此铭系徒孙辈所立。字虽草率，但镌刻时用刀颇深入，可见执刻者有武功而无艺工。

金公和尚塔铭

重修文殊殿碑

解题

明天启元年（1621）。太监李志义立。此碑已佚，未见拓片及录文，书丹、撰文、篆额人不详。

按语

溥儒版《上方山志》卷四《碑碣》记："重修文殊殿记，天启元年（1621），太监李志义立。"

曹化淳诗刻

解题

明崇祯十三年（1640）春月。矩形刻石，高83厘米、宽62厘米、厚14厘米。石面镌刻曹化淳自撰自书诗二首，行书，首行"真有栖青蛇早晚绕僧肩"，末钤方圆印五方，左下尚有小号字落款"燕都耿重德□"，估计是刻工等。今在舍利殿院内。

曹化淳诗刻

录文

真有栖青蛇早晚绕僧肩
　　戒坛千佛①阁
戒坛危阁面东皋宿麦光风拥翠涛僧
自南溟来如盛事从前代迄今褒桑乾
且界青山色石景遥过紫阙高钟鼓
云中声振处香花飞落佛周遭
　　卢师山秘魔岩②
孤舟自泛③到芦沟却有双龙卫比丘我
欲问师真迹处石头久顾已千秋
崇祯庚辰春月武清止虚子曹化淳题并书
（上下依次钤五方印章）钦赐图书　艺奉国翰　□恒眉农　曹化淳印　止虚道人
　　（小字镌刻）燕都耿重德□
（据实物录）

曹化淳诗刻拓片

注释

① 戒坛千佛：此应指门头沟区戒台寺的千佛阁。该阁建于辽咸雍年间（1065—1074），1965年被拆毁，今已重建。阁内供奉大小佛像近两千尊。

② 卢师山秘魔岩：此处是指今"八大处"之第八处的一个景致。隋代的一位高僧名卢师者来此修行，故名"卢师山"，与"翠微山""平坡山"并列。八大处即以此三山为依托。秘魔岩（崖）系卢师活动的遗迹。

③ 孤舟自泛：此即卢师孤舟来此的故事。据八处证果寺《镇海寺旧碑记》，卢师从江南来，自驾小舟"舟止吾之止"，遂止于此，于秘魔崖石室内修行。后人建"招止亭"纪念。

按语

曹化淳（1589—1662），字如，宦官，道号止虚子，王庆坨（今属天津武清）人，家境寒微。曹幼时受"近君养亲"风气的影响，于十二三岁左右入宫。因天资聪慧，勤奋好学，在宫中受到良好的教育，诗文书画，样样精通，深受司礼太监王安赏识，倚为亲信。官至司礼监秉笔太监、东厂提督。朱由检（崇祯皇帝）继位后，曹化淳负责处理魏忠贤时的冤案，平反昭雪两千余件。最后自己也被牵涉进了冤案。他极尊崇宗教文化，曾在家乡王庆坨建造了玄帝殿和观音阁，并亲撰碑文。

明曹学佺《游房山记》云"独上方寺正中"，"又东折而往，则连岩层阴，雪堆未化。独有古柏青青，龙蟠虬舞，出雪之上。其岩轩揭如厌，奇秀如云，穿注如峰房燕累。岩下有泉，深三尺，广倍之，面一平台，又十倍之。相传开山时，有龙占此，禅师叱之避，尽挈其山泉以去。师飞锡击其尾，留泉仅满斗，今山即名斗泉也"。此所说"龙占"之"深三尺，广倍之"泉即"一斗泉"。

溥儒版《上方山志》卷四《碑碣》记："戒坛千佛阁诗碑，在文殊殿壁。崇祯庚辰春月，武清曹化淳题并书。"从这首诗的内容上看，它提到今门头沟戒台寺的千佛阁与石景山八大处招止亭的故事，不过是用来"托物兴辞"而已。

从这件刻石的整体布局来看，它似乎是有尾无首。第一句话"真有栖青蛇早晚绕僧肩"，倒像是一首诗的末句。参考一下之前"'上方山'诗刻石"条，孙慎行与郑振先较曹化淳略早，诗作于万历三十二年（1604）。孙作的是《上方山》和《朝阳洞》，郑作的是《上方山》。刻石上有几首诗就会有几个题目，另起一行退两格。此石上实际也有两处退两格处的诗名，即《戒坛千佛阁》与《卢师山秘魔岩》。那么此刻石最右首顶格刻的"真有栖青蛇早晚绕僧肩"就说不通了，所以曹化淳所作诗刻不止此一石。

普济开山第一代孤山银师塔铭

解题

明崇祯甲申（十七年，1644）春。首题"普济开山第一代孤山银师塔记"，无书丹、撰文人名。徒通祥、通昱等立。未见原石，此据乾隆版《上方山志》录入。溥儒版《上方山志》记在兜率寺塔院。

录文

普济开山①第一代孤山银师塔记

师俗李姓，父讳进寿，武清人也。少侍内庭银作局②，公务之余，即留心内典。于是出内，遍游南海诸名胜。至少林，遇道公无言师，披剃，法名圆银。居数时，来隐上方，构朝阳庵息静。念此山路迢遥、行者维艰，因募十方于孤山口村创建寺宇一座，曰普济禅寺，以利往来。果称第一，遂以地名号，此孤山之所以称也。乃功成名就，而示寂于万历庚申岁之正月十一日。呜呼！岂徒到人间一面者哉？法徒忆师之德，依浮屠法③，择吉卜地，葬骨于寺之西北隅，而征文刊石以志其时日于不忘。噫！追远亦厚矣哉！是为记。大明崇祯甲申春旦，孝徒通祥（通）昱等立。

注释

① 开山：佛教术语，特指在名山创立寺院。此处指创立普济禅院的孤山老和尚。

② 内庭银作局：也称"内府银作局"。银作局，洪武三十年（1397）成立，掌造内府金银器用，属于太监管辖的"八局"之一。另七局系兵仗局、浣衣局、巾帽局、针工局、内织染局、酒醋局、司苑局。

③ 依浮屠法：按照佛家的规定建立灵塔。

按语

据此塔铭记,"孤山银师"俗姓李(父亲姓李名进寿),武清人,少年时曾入内庭银作局,但是否曾经"净身",这里没交代。银作局系内府八局之一,其主官为掌印太监。后来在少林寺道公无言师处落发,赐名"圆银"。不久即来上方山建了朝阳庵,将之作为修行之所。但是这里没有交代在哪里圆寂的。

大师不仅"构朝阳庵",还"因募十方于孤山口村创建寺宇一座,曰普济禅寺,以利往来。果称第一,遂以地名号,此孤山之所以称也"。所以原来曾经矗立在天开寺附近农田之中的"孤山老和尚碑"(今已征集到房山区文管所保存),就是圆银老和尚的纪念碑。《日下旧闻考》卷一百三十《京畿·房山县一》记:"由韩姑寨而西,从小径入孤山口普济寺。"又引《国门近游录》曰:"孤山普济寺、欢喜台、接待庵、上方兜率院,皆万历初太监冯保修筑,各有碑。"可见募缘者为银师和尚,助缘人为太监冯保,有碑记可证。前条明嘉靖戊午(三十七年,1558)杨霆所撰的《重修兜率禅寺记》记"乙卯岁,都城为盖普济寺及安肃桥梁",此"普济寺"应非文中所指。

孤山口村,地理位置比较特殊,据《大清一统志》记,系当时涿州和易州的分界处。

"示寂于万历庚申岁之正月十一日"之"万历庚申岁",即万历四十八年(1620)。可惜没有生年月或法腊、夏腊、俗寿等可参考。而此塔铭又为其孝徒立于20多年后的"大明崇祯甲申(十七年,1644)",因时间相隔较久,故遗落了许多内容。

附溥儒版《上方山志》录文

孤山银师塔记　无名氏

师俗李姓,父讳进寿,武清人也。少侍内庭银作局,公务之余,即留心内典。于是出内,遍游南海诸名胜。至少林,遇道公无言师,披剃,法名圆银。居数时,来隐上方,构朝阳庵息静。念此山路迢遥、行者维艰,因募十方于孤山口村创建寺宇一座,曰普济禅寺,以利往来。果称第一,遂以地名号,此孤山之所以称也。乃功成名就,而示寂于万历庚申岁之正月十一日。呜呼!岂徒到人间一回者哉?法徒忆师之德,依浮屠法,择吉卜地,葬骨于寺之西北隅,而征文刊石以志其时日于不忘。噫!追远亦厚矣哉!是为记。

按:与乾隆版《上方山志》互校,只有三处不同:一、记名后加"无名氏"三字;二、前"岂徒到人间一面者哉"之"面"此作"回";三、末尾无时间款与人名款。

孤山和尚碑

解题

明崇祯十七年（1644）。方首抹角失座。方首框内雕二龙戏珠。碑高212厘米、宽84厘米、厚20厘米。首题"普济开山◻"。原在天开村麦田内，今由房山文物所收藏。

录文

　　　　普济开山◻↵
　　　孤山大师俗姓李氏祖上□进守生于武清少侍　　↵
　　内庭银作局管理公务之余留心内典颇于　　↵
　　□法相于是遍游南海诸大名山历参知□至少林遇道公无言和尚机缘契合道公乃为披
　　　　剃□名↵
　　　圆银乃临济□派也居数时归隐房山县之上方山构　　↵
　　　朝阳庵结静侣以□礼诵又念山路迢遥行者艰辛乃募化　　↵
十方于上方之东南十五里许村名孤山□创建↵
　　　普济禅寺殿阁崔巍□□□□供　　↵
领僧诚为福田之所□并侣安行者得□便利往来果称第一因是　　↵
　　大师乃以地名号孤山者以绍其志耳□仰之行四众依以提挈一方赖以恃□乃于万历
　　　　庚申岁↵
　　　正月十一日示寂焉徒等追□　　↵
　　　大师操□持器法□□至依浮屠法择吉卜地于寺之西北隅仍以纪其时□于石表方坟于↵
　　　　崖□以□不朽云尔　　↵
　　　时　　↵
　　大明崇祯岁次甲申仲□穀旦◻↵
（据实物录）

按语

本条与上一条塔记，显然都是为圆银大师撰写的。一个嵌于塔上，一个刻于碑上。内容略有不同，区别不大，亦无矛盾龃龉之处，可互相参照。

圆银大师"乃于万历庚申岁正月十一日示寂焉"，即于明万历四十八年（1620）去世，24年后即崇祯十七年（1644），才建塔立碑。

上一条"因募十方于孤山口村创建寺宇一座，曰普济禅寺，以利往来"，本条"乃募化十方于上方之东南十五里许村名孤山口创建普济禅寺"，都交代清楚了普济寺是圆银（孤山）大师创建，地点就在孤山口村，西北距上方山十五里。明嘉靖戊午（三十七年，1558）《重修兜率禅寺记》云"乙卯岁，都城为盖普济寺及安肃桥梁，越明年，又修此寺"，"乙卯"是嘉靖三十四年（1555），即圆银大师建普济寺的时间，此事发生在圆银去世前65年，如此推断的话，大师俗寿至少80岁以上。

"一斗泉"诗刻

解题

明代（1368—1644）。斗方形刻石，高37厘米、宽42厘米、厚12厘米。首题"一斗泉"，李廷幹撰文并书丹，五言绝句一首。今在舍利殿内，已碎成数块，但不缺字。

录文

一斗泉
万象包罗处渊
泉斗样深涓涓
酌不竭一任洗
凡心
关西李廷幹
（据实物录）

"一斗泉"诗刻

按语

李廷幹曾做辽东守备，作《登小西天诗》。李孝女，华阳诸生李廷幹女。

乾隆版《上方山志》卷之一《名胜·泉》记："一斗泉在象王峰腰石。华严开山驱龙索水，仅得一笠，泻而成泉，故曰一斗。"此泉虽水小不泓，但历史悠久，如按记载，则为两千年前之古迹了。

另外，乾隆版《上方山志》在卷之四《诗部》亦载有言及一斗泉的三首七绝诗与一首五言律。如下：

一斗清寒石脉洪，古今渴解热烦翁。我来照影须眉冷，止水观心一镜空。

清泉一斗古今流，浇得深山六月秋。性淡镜人冰铁冷，十千毛发指于头。

石脉清寒细水流，泉名一斗漾千秋。渊深不作波涛险，髓洗潜龙活水头。

盈尺方池绿，灵源活水来。泉香花落瓣，咏古石生苔。
凉解游人渴，清添衲子杯。一泓天地髓，今古泻灵台。

更有借一斗泉作出"廉政"诗的。赵之燮《一斗泉》："化石为液云为浆，薄饮一掬生清凉。不廉不贪亦不涸，为我涤尽吟诗肠。"

谢振定《游上方山记》记："右为一斗泉。相传华严师卓锡时，龙先宅于兹，师檄驱之，龙尽吸山泉以逃。师飞杖落其尾，有水一斗，泉以此得名。"

另据溥儒版《上方山志》记，"明李廷幹一斗泉诗石刻石，高一尺五寸、广一尺三寸。六行，行三字至六字"，"一斗泉诗碣，在一斗泉"。

"一斗泉"诗刻拓片

重修供千日期碑

解题

明代（1368—1644）。方首抹角，浮雕祥云。方趺系补配。碑高179厘米、宽80厘米、厚14厘米。额篆"重修供千日期碑记"，首题"重修供千日期☐"。碑阴首雕祥云，额双勾题"檀越芳名"，以下题名15列。今在白云坨。碑阴右下部残损，左边残损字若干。

录文

额篆：
重修供千↵
日期碑记↵
正文：
重修供千日期☒↵
☒进　士　出身☒　户　部　☒↵
☒进士　出身☒　行　人　司　行　人☒↵
☒↵
☒出现于世如☒生☒故演三☐☐法☒↵
☐☐白马四☒年☒古界☒↵
☐国门☐南☒曰☒火↵
荒别出☒日至日☒林☒↵
☒园☒大阁☐☐一十八☒↵
☒而四☒↵
居士孟君☒等三人☐☐州☒↵
☒故我☐☐☐得☐金田回☒↵
☐☐曰文☐不工我　↵
☒礼☐古观康弘☐☐都人☒↵

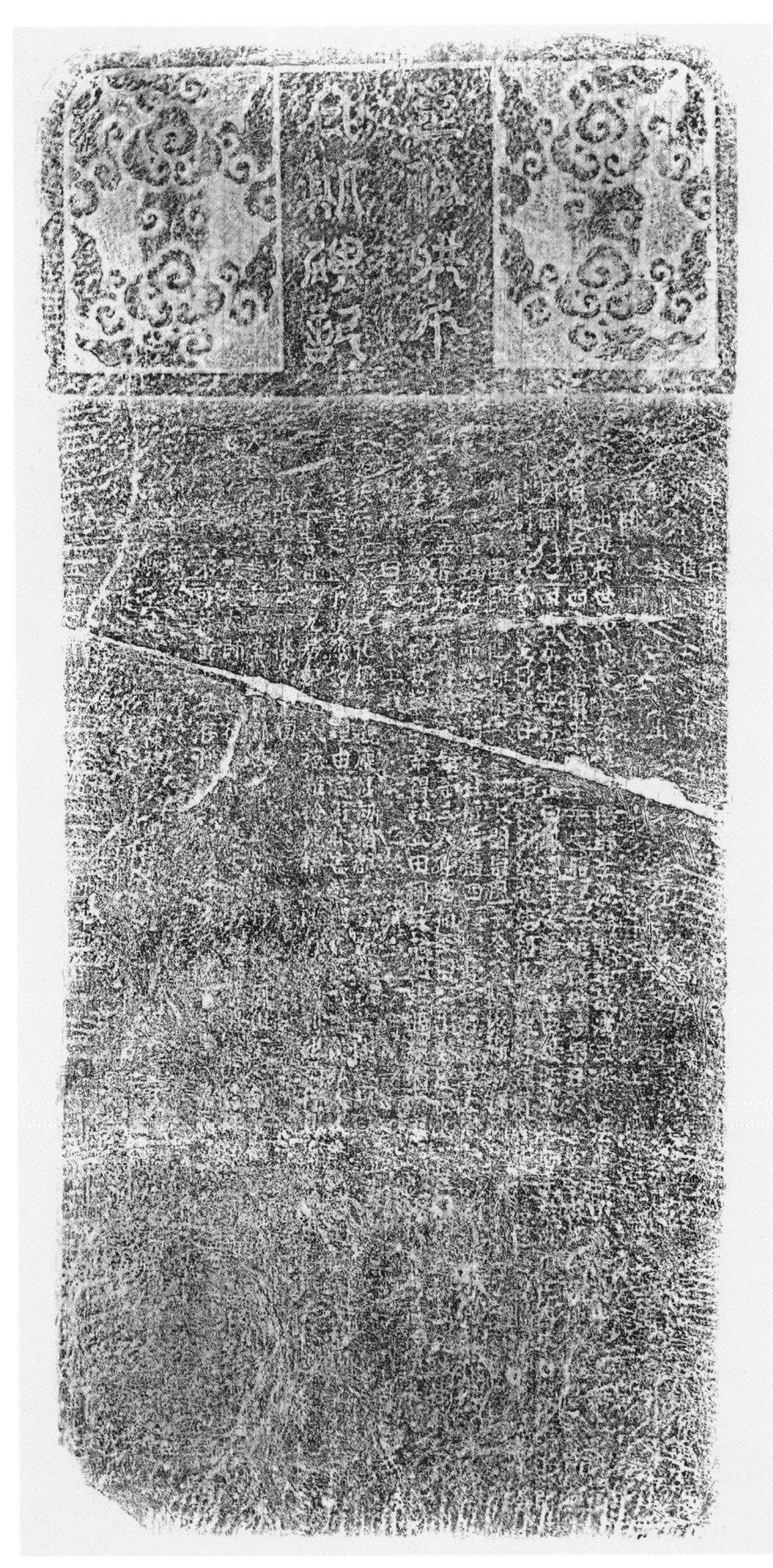

重修供千日期碑阳面拓片

重修供千日期碑阴面拓片

大□□之╱如□理由言行□□吉╱
天下者有之□君╱
永□护后云╱
大圣╱
╱大师╱
不可╱

（其后三行实在辨认不出）

碑阴：
额题：
檀越╱
芳名╱
正文：

乃山　张让　张恕　张兴　吴俊　张妙贤　乔峦　谷成　秦好能　李清　冯妙　郑惠全　郝能　严妙贵　王妙祥　黄妙贤　邵端　郭妙喜　杨茂　孙妙安　刘普禄　范孜　肖荣　侯清　春禄　学庆　竹贵　张妙玉　李妙全　苏惠能　薛妙增　张普见　孙妙秀　□□□╱
（以上第一列）

苏杰　张妙玉　张发　高林　冯妙能　褚妙贵　席惠明　李妙果　李惠聪　孟禄　王妙森　刘妙真　王佐　陈惠能　王季　杨惠增　康海　康泰　沙沟村　陈普广　董妙贵　殷忠□　回妙荣（此三字小号，显然是补刻）李妙果　潭上村　吴□　李谦　李德　高成　刘发　吴江　李景和　吴名　张妙忠　□成□╱
（以上第二列）

□家庄　武全　田圣良　狄胜　刘贵　孙发　刘忠　刘俊　吕镇　武英　高林　滕胜　刘广海　邱刚　赵亮　狄友仓　狄兴　刘发　郑三　李清　李见　刘海　孙清　孙亮　孙得　孙海　孙三　孙四　王成　刘英　赵三　董儿　金□宝　□□╱
（以上第三列）

西光河　刘宽　刘江　刘满　王幹　高富　肖家庄　肖文整　肖安　肖通　肖仲原　杜兴　杜英　王安　百户营　郭天　殷妙敬　郭广　郭增　郭原　刘恕　三家店　常普庆　刘妙成　米聚　刘妙贤　米发□　赵惠明　殷妙桂　刘旺　王妙原　╱
（以上第四列）

河间府　董堤村　孙普恺　李妙荣　崔成　王妙贵　孙雄　孙历　孙奈　郑氏　□宁　崔安　崔忠　崔秀　毌鲜氏　崔大　崔敬　王妙云　孙镇　崔妙聪　王普海　杨妙秀　刘见　张普名　金彦成　王玉　王昇　张氏　刘麟　白忠能　常杰　常惠能　╱
（以上第五列）

刘奉　杨珀　王处　崔妙连　王海　杨洪　任友亮　任宽　侯氏　毌李氏　张妙贤　韩钦　张原　孟普亮　陈甫受　八里铺　魏荣□　魏普□　卞普聪　韩普让　柳普海　韩普义　魏普宣　韩刚　魏普川　魏普端　魏普奉　王普栾　张普□　修普

见 赵昇 赵峦 赵□ 韩□

（以上第六列）

中□屯 □普桂 陈普玉 邵普江 赵普仁 陈普教 郭普桥 吴普端 杨普山 张普全 郭普政 吕普安 郭普兴 郭普宽 朱普泉 毛普宣 任普玉 孙普雄 刘普山 万普孜 桂清 王妙惠 张安 王妙敬 香城铺 于福顺 王妙清 吴甫旺 于氏 杨甫太 贾妙贺 □五教 □□宣

（以上第七列）

□□□ 孙普□ 崔妙得 郭普山 崔喜□ 南古寨 王普原 张普通 鲁普桂 张德果 芦家庄 刘名 邢妙贵 张惠飞 徐妙祥 李妙兴 于甫房 于处 张妙福 于甫名 齐普聪 汪妙全 王甫江 刘见 王口村 南甫广 南政 南俊 杨甫玉 三方村 高玉 郑甫海 □显 赵田□

（以上第八列）

百□桥 付福玘 王福俊 刘福宣 朱富果 杨福亮 张福友 葛福旺 孟福成 杜福宽 石福德 孟福见 付福让 刘福聪 刘福泰 周福镇 邢福玉 张文举 王福泉 杨福川 孟妙贤 单妙果 王妙安 毕妙端 杨妙荣 石福山 邵福玉 孟福铎 石福成 石福名 杨福成 朱□

（以上第九列）

崇德屯 □福英 王福深 高福政 刘普玉 顾福兴 王福俊 褚信 王福清 于聪 徐政 芦□ 刘聪 于多智 赵妙真 乔惠通 韩惠智 韩妙成 张妙端 彭荣 小郑村 芦福真 顾氏 芦福增 许妙金 李文 李本 □□ 田□ 刘发 □福端 □□教 □

（以上第十列）

□□□ 郭福□ 郭福□ 郭福金 郭仲显 郭福信 张妙贤 郭仲善 郭仲庆 郭福让 冯妙云 郭仲德 李甫山 李佐 李佑 王甫友 李大姐 许杰 陈玘 杨福善 李妙贵 李文 焦志洪 李妙成 赵妙清 李政 溪北口 胡友 马春 □见 艾□ 王瓒 陶礼 □

（以上第十一列）

店□村 □□ 齐□ □□ 李晟 石刚 孟增 郭镇 齐增 □昇 杨荣 杨□ 杨广 杨亮 刘大宣 □山 王达 寿妙□ 新河口 □政 郭成 白富 白昇 韩玘 肃宁县 杨普山 杨士名 杨士学 杨士雄 尚宁 刘惠 孟□

（以上第十二列）

□ 西城村 贾□ 东□ 李海 张大姐 王钦 张刘海 蔡全 常大姐 蔡□□ 崔氏 蔡二姐 孙大山 张惠善 贾文通 韩妙能 孙山 庄妙友 孙文 刘□ 刘山 李妙□ 何金 蔡□良 郭州□ 郭□华 杨妙顺 □家村 王□ 牛□

（以上第十三列）

□山楼 龙门亭 郝让 郝福德 郗奉 成妙香 郝福善 晋惠□ 赵永昌 赵惠□ □成 冯妙 贾惠勇 郑甫才 郑荣 陈得才 涞水 □□ 成妙玉 裴祥 郝妙能 郑景和 裴惠果 成妙荣 邢泉 于□庆 成惠 □

（以上第十四列）

☐霸州　忠廷　☐☐　程☐　牛五　杨玉　牛刚　张甫　张玘　崔枳　朱☐秀　崔普名　崔普文　☐贵☐　王普福　张妙景　王普山　何惠贤　王镇　☐妙增　王忠　☐☐　蓟州　德泉☐┘

（以上第十五列）

（据拓录）

按语

  此碑的确损坏得厉害，碑面剥蚀严重，几乎没有完整的句子，因此无法研究。但是碑阴题名15列基本上可以辨认清楚。虽然只是人名，但由于同处一个时期，同为一件事情，同有一个信仰，500个左右的人名中，在取名、用字上也有特点。比如爱用"妙""普""成""贵""政""发""三""兴""能""见""果""清""桂""海"等字；用"惠"而从不用"慧"；甚至还有好多同姓名及异姓同名之人，如"高林""李文""王海""普山""普宣""妙敬""妙成""妙端"等。题名15列，其中不分人名和其前所属村名，均做一样处理，并没有另行或以大小号示之。

如公瑞浚和尚塔铭

解题

清顺治二年（1645）仲春。立式塔铭刻石。铭文仅三行，但占六行空间。表面剥蚀严重。今在塔院。

录文

　传　┘
天台贤首宗第二十七代如公瑞浚和尚塔┘
　大清顺治二年岁次乙酉仲春　┘
（据实物录）

如公瑞浚和尚塔

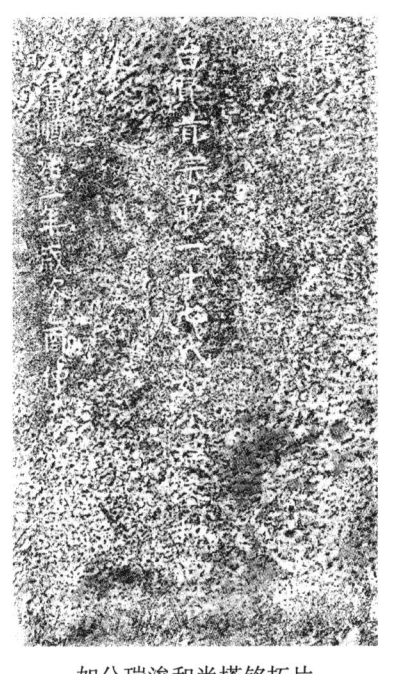

如公瑞浚和尚塔铭拓片

上方山三圣庵置田供众碑

解题

清顺治乙酉（二年，1645）十一月。方首抹角方趺。首雕寿山祥云，方座素面，但有圭角云纹。通高215厘米、宽69厘米、厚13厘米。额篆"三圣庵置田供众碑记"，首题"上方山三圣庵置田供众碑"。福唐张应召撰文。阴额双勾篆"万古流芳"，碑面前部镌刻捐资地亩，后部题名"曹化淳"等，计九列。今在观音殿院内，身座分离，碑首右上残缺。

录文

额篆：
三圣庵⏎
置田供⏎
众碑记⏎
正文：
　　上方山三圣庵置田供众碑　⏎
上方山京师八景之一房山县治焉①距县三十里许在县之西南麓名胜甲他山尖峦错崎⏎
怪石层立而林壑祇舍丹腰蒨葱②不可胜纪凡兜率诸寺相传七十余皆山半岩穿历落远⏎
近间③最上为摘星砣云水诸洞计十有三梯径险绝以铁环贯石手挽环而登住岩住洞僧⏎
极苦非具十分戒性十分坚愿不易到此梵修大众仰给不赀将为往古佛过中不餐④上制⏎
以急赖修日惟一食乎将为千二百五十人分卫入城寄食给孤长者乎将为俣佉之国有⏎
自然粳米抑一瓮饭出八十盆供二百人乎恐非常道也僧同相募檀越明山陶公文西坡⏎
赵公进众等五十三参捐资置田七顷九十八亩三分庄房八十二间坐落石娄村岁收粒⏎
食以每月初八日给散各庵观岩洞诸僧功施弘普视净馔一头何足道哉　大清改元分⏎
　　满汉疆土丈量田地而寺田适入圈内奉　⏎
旨香火地概许存留但既入圈内不便错壤给谏孙公查勘房山地亩批示改拨余时令房山即⏎
　　为申请户部按亩拨补里亩区数另勒石以垂永久夫有常田而后有常食有常食而后有⏎

上方山三圣庵置田供众碑

常僧有常僧而后有常寺名山载灵佛灯不断虽亿万斯年可矣且人亦曾阅佛经四十二章乎佛言饭凡人百不如饭一善人饭善人千不如饭持五戒者一人饭持五戒者万人不如饭一须陀洹饭须陀洹百万不如饭一斯陀含饭斯陀含千万不如饭一阿那含饭阿那含一亿不如饭一阿罗汉饭阿罗汉十亿不如饭辟支佛一人饭辟支佛百亿不如饭一佛学愿求佛欲济众生也人知寺田但以供养僧众而其旨义深远不止一端法论言恩田供父母敬田供佛僧悲田供贫病经言福田能生善种大藏论诸天人第一福田推此义也其非仅仅供养僧众之说也抑以因果为下根说法昔宋武不梦道人提钵就乞乎因言君前世施维卫一钵饭今居斯位可知寺田所舍功德无边矣原檀施之功不可泯因拨补兹田并叙缘起览余言者其有兴乎 时

顺治乙酉岁仲冬吉旦知房山县事福唐张应召⑤记

（印二方）张应召印 宝石品石主人

碑阴：

额篆：

万古

流芳

正文：

房山县为☐

钦差科部宪行☐系民☐☐人将勋卫非官等地照数拨补合行给贴本☐照依后开拨给地亩管业如补☐

俱赴县陈告以凭宛☐至帖者 计开拨

兴州中屯卫前所粮头开山用下 杨继先地十五亩 闫敬地六亩 王宗仁地五亩

周☐地一十五亩 刘登☐地二十四亩 陈九宁地十五亩

永宁左卫粮头陈九宁下李春地十四亩 刘文☐地九亩 郑国士地十四亩 刘登地二十五亩 李自和地十八亩

李尚义地十四亩 ☐十三亩 ☐☐☐地十一亩 张东☐地二十亩 ☐☐地八亩 佟有奇地七亩

（碑阴前部后几行字迹难辨，此略；另后部题名略）

（据实物录）

注释

① 房山县治焉：指房山县政府所在地。治，治理公务。

② 林壑祇舍，丹臒葐蒀：这是形容上方山庙宇特点。山林溪谷之间，隐约可见寺庙庵观；红墙碧瓦掩映在郁郁葱葱的丛林之中。祇舍，祇树给孤独园精舍的简称，此处借代佛家寺院。

③ 山半岩穹历落远近间：形容上方山上的庙宇，坐落在山之半、岩之顶，星罗棋布，上下远近错落有致。

④ 过中不餐：指不可以在规定许可以外的时间吃东西。

上方山三圣庵置田供众碑阳面拓片

上方山三圣庵置田供众碑阴面拓片

⑤ 张应召：清初顺治时期的第一任房山县长。

按语

　　此碑碑名为"上方山三圣庵置田供众碑"，又在观音殿院内，则"三圣庵"与"观音殿"有无关系？清查礼《莎题上方二山纪游》云："又至观音殿，有顺治乙酉（二年，1645）知房山县福唐张应召《上方山三圣庵置田供众碑》，又钟上有'天启癸亥（三年，1623）上方山三圣庵悬挂'字，知观音殿本名'三圣庵'也。"溥儒版《上方山志》卷三《考工·观音殿》记："观音殿，旧名三圣庵。观音三十二应像，明万历惜薪司太监李志义塑。"三圣庵内原有观音三十二应身塑像。

　　碑文"最上为摘星砣、云水诸洞"中的"摘星砣"，亦作"摘星岩"。《日下旧闻考》一百三十《京畿·房山县一》引清阮旻锡《上方山记》云："山中为刹七十有二。寺之古者曰兜率，创自隋唐，多华严师遗迹。""峰最尊者为斋星陀，华严（祖师）于此斋星。曰摘星，讹耳。"后来谢振定在其《上方山游记》中也说："燕蓟人谓'摘'为'斋'，故陀（坨）以'斋星'名，然不及手摘星辰之说为雅。"

　　碑文"余时令房山""知房山县事"中提到的人物是前面"重修凤凰山华严禅寺碑"条之"房山县知县郭岑"，为明代成化甲午（十年，1474）事；后面"上方山寺义田碑"条之"房山县正堂李冕、房山营守府陈有信、房山县县丞杨大猷、房山县儒学李瑶、房山县训导丁增祐""房山县补厅朱绍周"等，为清代乾隆二十六年（1761）事。

　　"为申请户部按亩拨补里亩区数，另勒石以垂永久。"分析此段文字，似乎还应立有一通碑，是记载"户部"核准的田亩数事，但从此碑阴所记，即应所谓"另勒石"者，实际并没有再立一碑。由于撰文并不一定与刻立碑同时，有此现象并非偶然。

　　"夫有常田而后有常食，有常食而后有常僧，有常僧而后有常寺。"佛教对"常"与"无常"这对哲学概念有诸多的讨论。"诸行无我，诸法无常"是佛教对世间、对社会、对自然的一个基本解释。规律是无常的，但是如果人们把对佛教的信奉作为"常行"，那些原本无常的事物就成了有"常"的了。

　　"且人亦曾阅佛经四十二章乎？"《佛说四十二章经》，已见前条，嵌于兜率寺大殿后墙上，为明代太监冯保出资、于万历五年（1577）所刻。碑文中从"佛言"到"不如饭一佛学愿求佛欲济众生也"，为引用原经文之语，但略有不同，尚有"饭百亿辟支佛，不如饭一三世诸佛；饭千亿三世诸佛，不如饭一无念无住无修无证之者"等语。

　　"人知寺田但以供养僧众，而其旨义深远，不止一端，法论言恩田供父母，敬田供佛僧，悲田供贫病。经言福田能生善种。"一个农田、田地的"田"，带上宗教和人文色彩的解释，就有了"恩田""敬田""悲田"和"福田"之含义。

兜率堂同隐之塔铭

解题

清顺治五年（1648）三月。立长方形刻石，外框卷草纹，内框刻有大字塔铭，上下款小字。明官建立，石匠景子月。

录文

正文：
上方山兜率堂上本枝前亡后化同隐之塔
上款：

兜率堂同隐之塔

兜率堂同隐之塔铭

兜率堂同隐之塔铭拓片

妙德英庻常觉性　真如智慧本元明　↵
洪宗福法隆慈济　嗣祖全新道戴兴　↵
下款：
大清顺治五年岁次戊子季春吉旦　弟十四代明官建立　石匠景子月　↵
（据实物录）

按语

　　此塔铭的上款28字，正是兜率寺法脉的流传顺序，有些可以得到证实。如下：

　　明代成化二年（1466）四月《重修上方兜率寺接引弥陀殿碑记》记"住持常文"。第五代为"常"字辈。

　　□六年岁在丁未（嘉靖二十六年，1547）《上方兜率禅林寺一斗泉山岩前起建观音殿记》记"住持如聪"。第九代为"如"字辈。

　　明万历五年（1577）"《佛说四十二章经》刻石"条记"本山住持智宇"。第十代为"智"字辈。又记"乃者上方山兜率寺僧宗莲"，第十六代为"宗"字辈，等等。

上方山兜率寺普同塔记刻石

解题

清顺治五年（1648）。立长方形嵌塔刻石。首题"上方山兜率寺普同塔记"，此石风化严重，上半部字迹尚且可辨，下半部几乎不辨一字。今在弥勒殿内。

录文

上方山兜率寺普同塔记
□谓佛祖会□唯在机缘□□前／
明衣钵①为予故尔祖祖相传灯灯续／
因衣钵归从恐泯□于宗迹或离乱□法脉／
永绝遗风今有道者耿年昭依皈向佛门／
赖兜率玄宗莫能侍巾瓶于在日前／
共慕勋瞻是以发心修建□湛一新／
派宗归然感酬师报德普本慈悲／
昭明蚁念②更祈现前法眷③个个利兴人人／
□等亲人人咸登觉岸者／
（中空三行）
时顺治五年岁次戊子吉旦　立
（据实物录）

注释

① 衣钵：佛教出家僧人没有财产，唯有袈裟——衣，与化缘用的盛器——钵。故师父圆寂，将衣钵传与弟子继承，并以此来形容师父将自己的佛理精髓传授于弟子，或将自己主持的寺庙传位给弟子。

② 蚁念：蚂蚁的精神。形容人们具有的执着、坚定的信念。
③ 法眷：法属。各信徒、师徒之间都是"法属"，一起修法。

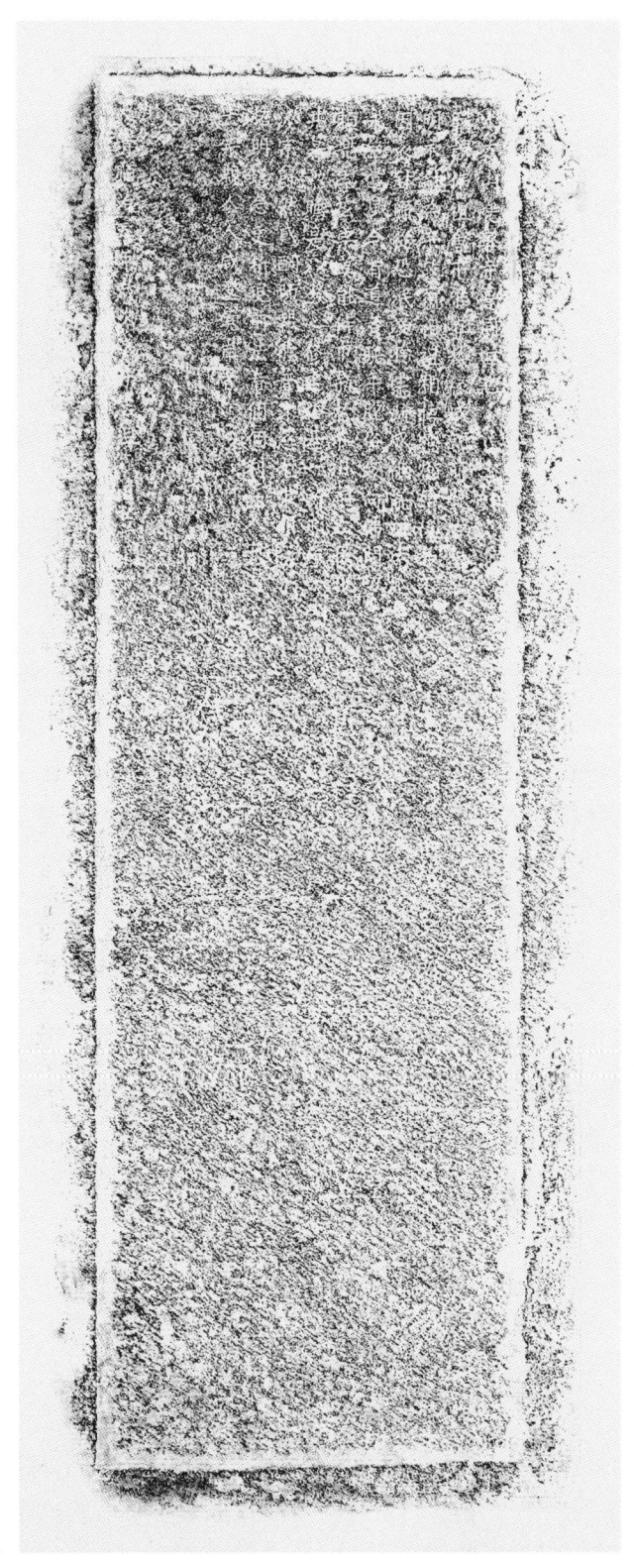

上方山兜率寺普同塔记刻石拓片

古清大士塔铭

解题

清顺治九年（1652）三月。方首抹角方趺，座系补配。碑高130厘米、宽57厘米、厚12厘米。额篆"皇清"，首题"古清大士塔志铭"。今在塔院立，碑表布满菌类黑斑。姑存其目。

古清大士塔铭正、背面（左、右图）

259

古清大士塔铭阳面拓片

古清大士塔铭阴面拓片

古雄州陶公碑

解题

清顺治十一年（1654）九月。方首抹角方趺。首雕福山、寿海、祥云，座表斧剁痕。通高176厘米、宽61厘米、厚14厘米。额篆"皇清"，碑身居中大字刻"古雄州明山陶公文碑"，上下款小字刻。碑阴为子孙题名，上下分六列题刻。今立于塔院"随缘幻迹"塔前。

古雄州陶公碑正、背面（左、右图）

录文

额篆：

皇」

清」

正文：

享八十四岁辛未㊗️七月二十八日辰时建生　」

（中空行）

古雄州明山陶公文碑」

（中空行）

顺治十一年九月初七日卯时卒　」

碑阴：

（居中只三行）

孝名下　孝侄　孝侄」

（以上第一列）

（居中向右增一行）刘辅宸　支　忠　陶汝吉　陶汝珍」

（以上第二列）

（居中一行）孝孙」

（以上第三列）

陶嘉会　陶嘉胤　陶三锡　陶三戒　陶三畏　陶三益　照　虚　陶嘉猷　陶嘉烈」

（以上第四列）

（居中一行）孝重孙」

（以上第五列）

（二行，分别靠右、靠左书）法孙　法孙」

（以上第六列）

真　实　陶以敬　陶以篪　陶以埙（中隔一行）陶以雅　陶以梲　陶以南　真　义」

（以上第七列）

（据实物录）

按语

据推算，陶公应是明隆庆辛未（五年，1571）生人。他的事迹在前面的碑刻中有所披露，如前知县张应召撰文的"上方山三圣庵置田供众碑"于顺治乙酉（二年，1645）十一月立，比此碑早了近十年时间。该文记"僧同相募檀越明山陶公文、西坡赵公进众等五十三参，捐资置田七顷九十八亩三分、庄房八十二间，坐落石娄村"，是说和尚同相像观音童子五十三参似的找到陶文公与赵进众公募捐，得福田九十八亩三分、庄房八十二间，这肯定算得上大功德主，所以在这里为他立起这样一座丰碑。

在碑阴陶公子侄的题名中发现有两大类情况：姓陶的、有法名的。这说明陶公的后代一部分出家了，一部分仍在家。

古雄州陶公碑阳面拓片

古雄州陶公碑阴面拓片

钦赐秘辉和尚塔铭

解题

清顺治十一年（1654）。立式塔铭。石表剥蚀严重，字迹难辨。今在弥勒殿内。

录文

☐二十五年☐┘
☐住持等十☐┘
钦赐紫☐燃秘辉☐和尚☐┘
　　法嗣　本宗　本　☐　┘
　顺治十一年吉月日本☐立┘
（据拓录）

钦赐秘辉和尚塔铭拓片

丁酉十方普同塔铭

解题

清顺治十四年（1657）十月。塔铭纵长方形，外框缠枝莲，内框上下部以起凸丝栏分开。上部开光内起凸刻海棠线框，框内凿穿。下部开光内镌刻塔铭，塔铭大字居中，上下小字款。

录文

大清顺治十四年孟冬吉日 ⏎
十方普同塔① ⏎
　　　　　菩萨戒弟子性天建立 ⏎
（据实物录）

注释

① 普同塔：一般高僧大德的骨灰塔多为一僧一塔，形制不一。但也有多位僧人共处的骨灰塔，此即为"普同塔"。

丁酉十方普同塔铭

按语

上方山上今仍存的铭文"普同塔"者，除此之外，尚有"乾隆二十年（1755）三月初一日"的"十方普同塔"。既然是"普同塔"，就不是专为一个高僧而建的。所以在上方山上今天有多少座塔，并不意味着就有多少位高僧。

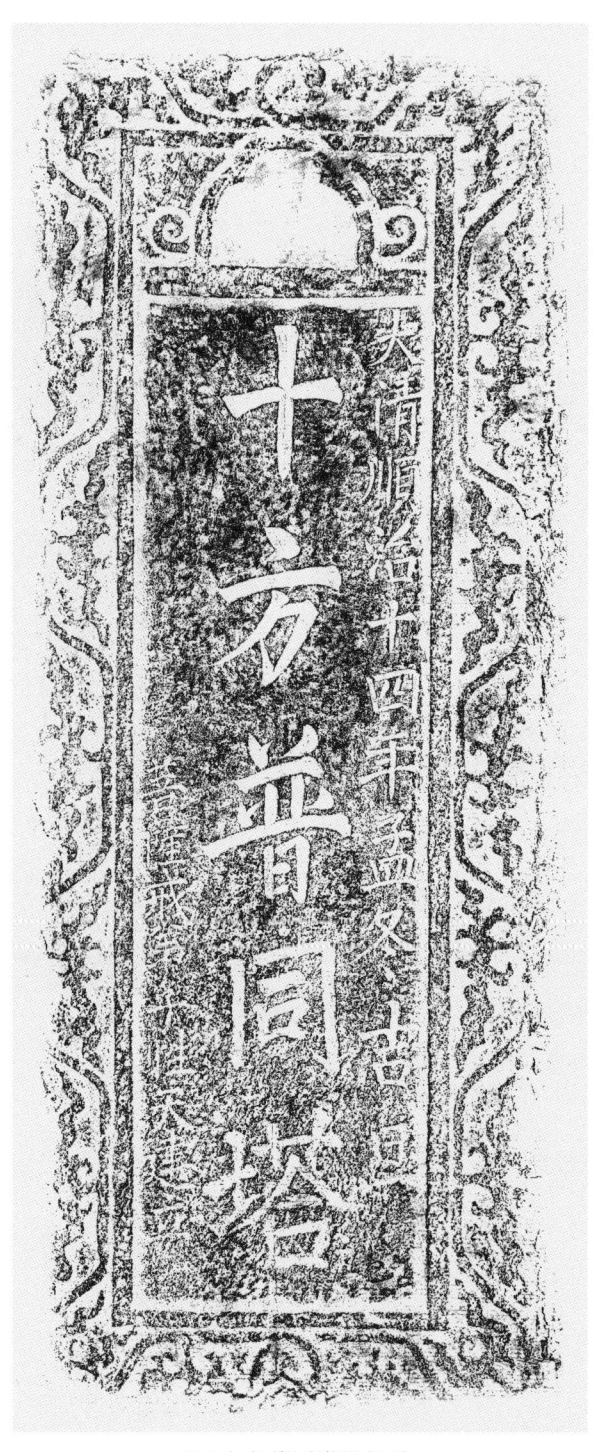

丁酉十方普同塔铭拓片

遍通禅师塔铭

解题

　　清顺治十八年（1661）五月。方首抹角方跌，首雕寿山、祥云。通高186厘米、宽63厘米、厚14厘米。额篆"皇清"，首题"遍通禅师塔铭"。□蔚霖顿首拜撰文。今仍立于塔院"云融之塔"前。碑阴分三列刻捐资数量及人名。

录文

额篆：
皇┘
清┘
正文：
　　遍通禅师塔铭　┘
赐进士翰林院编修□蔚霖顿首拜撰　┘
　　遍公尊者□□也╱南╱讳云程□霖□幼
　　□□┘
　　□琦╱┘
　　树脱╱托╱归╱入╱┘
　　居又数载开厌俗落发归僧性多烈□好╱┘
　　不以空自多其为僧也亦不以僧自拘侗□不
　　□岂可╱┘
　　律耶顺治庚子图示疾终于上方山中时腊月
　　十二日也╱┘
　　六十有七释称寂融又道法遍通有公之属

遍通禅师塔铭正、背面（上、下图）

君朝用辅宸☐↵
　　　泣恳余言勒石冀图不朽余忝乡讳义不可辞☐↵
　　　胡为乎荣　清门之平　　☐↵
　　　红莲焰发　窀堵波成　　☐↵
　　顺治十八年岁次辛丑夏五月二十六日☐↵
　　　　☐☐☐☐　↵

碑阴：
　　修造↵
寿息石塔碑门门垣等↵
项工价等费共银↵
　　壹百七十四两有↵
　　奇开列于后　↵
　　　　计开　↵
　　石作银四十八两↵
　　瓦作银五十三两↵
　　木作银十两一钱↵
　　青白灰一万九千↵
　　　　斤银二十七两↵
　　　　往西泊展拓基址↵
　　　　并所用银四十↵
　　　　五两　↵
盖造朝用辅宸勒石↵
（以上第一列）
（以下三行统冠之以"孝侄"）
马应善↵
马应骐↵
真　祥↵
（中空一行）
（以下七行冠之以"孝名下"）
张问明↵
刘光显↵
刘辅宸↵
刘朝用↵
李逢春↵
吴　镇↵
张凤翔↵
（中空一行）
孝妹马☐氏↵

（以上第二列）

孝甥王盛文↲

（中空一行）

（以下八行统冠之以"孝孙"）

马道胜↲

马逢华↲

胡拱极↲

许景清↲

张应诏↲

金治国↲

靳文忠↲

普　谦↲

（中空二行）

孝甥陈泉一↲

（以上第三列）

（据实物录）

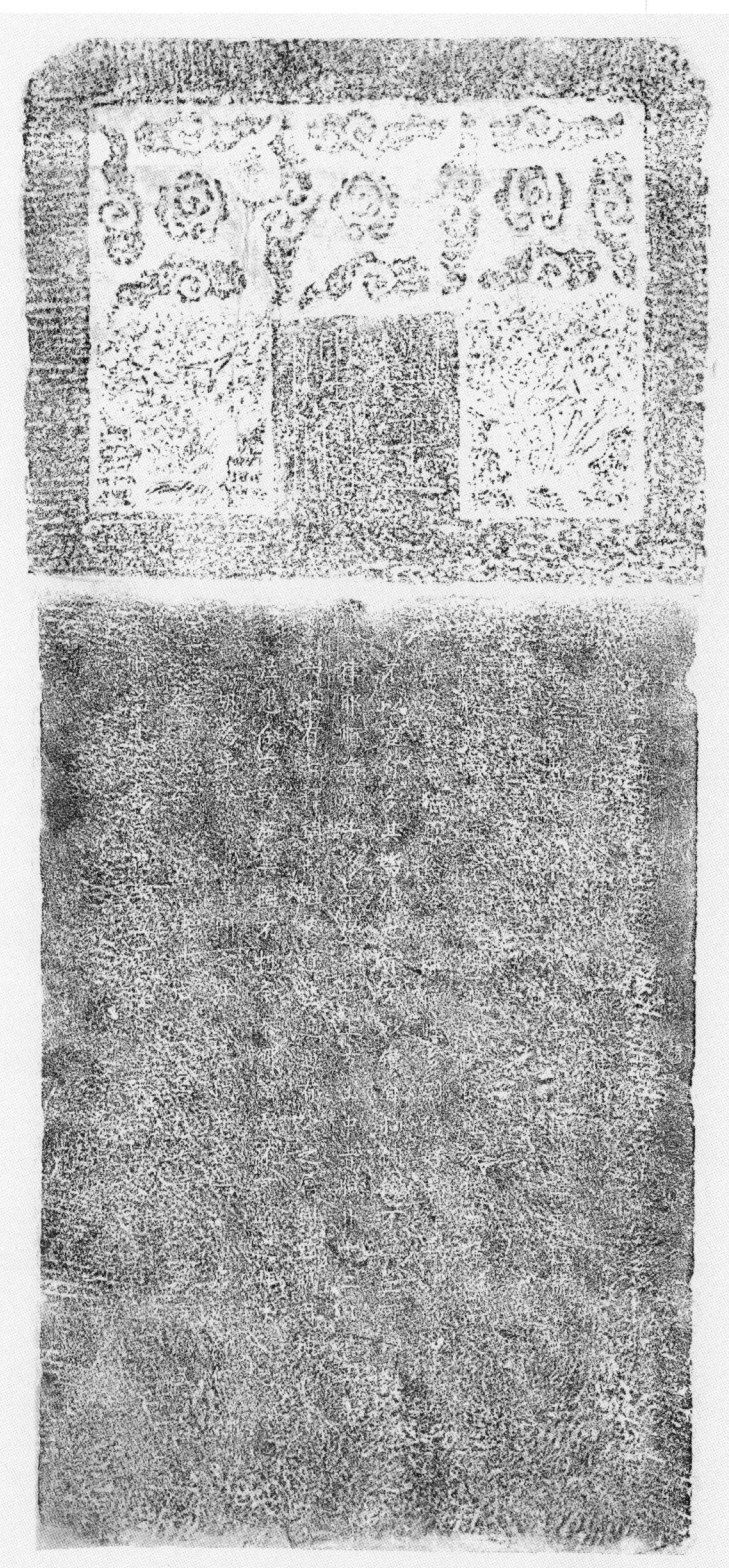

遍通禅师塔铭阳面拓片

湛白大士塔铭

解题

　　清康熙十一年（1672）三月。方首硬抹角方趺，首雕云纹。通高191厘米、宽64厘米、厚15厘米。额篆"慧苑遗荫"，首题"湛白大士塔铭"，东安县事龙其善顿首拜撰，曲阳县冉□刊。碑身线刻卷草文。碑阴题名。今仍在塔院"同源隐迹"塔前。

湛白大士塔铭正、背面（左、右图）

录文

额篆：

慧苑

遗荫

正文：

湛白大士塔铭

☐尚者明季大司礼秉衡①郭公☐☐之☐直隶东安人其

☐传而生公资秉慈惠性笃忠纯尤信浮屠说固

其天性然之自甲申春遂☐☐有遗世思寄迹烟霞耽心云

水辽元☐郡之上方山☐胜素甲幽燕中多仙踪圣迹因☐

刹京卓锡乌凡艺游孤处深谷穷岩周急☐之指☐胜居尝

于东安乡☐师以教☐之士迄今弦诵

之风不变以公☐诚☐☐建于

朝恺悌慈祥溢于野尝☐未从释时即以郭佛称之洵哉其为

佛矣公常斋心面　佛清磬一声辄有朝鸦异鹊数什百飞集

廊厦间若解梵语状则公之☐生禅心足以感召异类

和尚双称上性下天法号湛白行年☐十有六就于本山建舍

利塔焉因碑而记之于后世知☐☐其与大和尚

赐进士出身文林郎知☐东东安县事龙其善顿首拜撰

康熙十一年岁在壬子暮春吉旦立　曲阳县冉☐刊

（据实物录）

注释

① 秉衡：掌握全局。

按语

根据此碑文推断，碑主应该是"上性下天湛白大士"，俗姓"郭"，本是司礼监太监出家。此碑文称："建于朝，恺悌慈祥溢于野。尝☐未从释时，即以郭佛称之。洵哉其为佛矣！"

湛白大士塔铭阳面拓片

重修上方山文殊殿常明香灯碑

解题

清康熙十一年（1672）中秋月。方首抹角方趺，通高178厘米、宽60厘米、厚13厘米。额双勾题"重修碑记"，首题"重修上方山文殊殿常明香灯碑记"。苏宣化撰文。碑阴额双勾题"永远香灯"，碑身人名不甚清晰。今在文殊殿，碑身上部横通断，复粘接，每行损字一二不等。

录文

额题：
重修┘
碑记┘
正文：
  重修上方山文殊殿常明香灯碑记　　┘
都城之西南八十里许乃房山县即古之万宁郡[①]也
 过县四十里余有山曰上方势纵云表壁峭崖拔晃┘
 若飞走者是此山之盘礴砥砺也林苍雾密突屼峥
 嵘形似虬龙磔然矫起者是登此山之级磴也攀┘
 藤铁锁蹑甲趋鳞来往如织出没云中者是朝此山之善信也既其至也露顶螺顶楚楚令仪
 霭然接┘
 见者是居此山之大众也群峰拱翠众木流辉吞吐云月掩映崖峦且而高阁碍日宝殿凌空
 禅房泼┘
 秀丈室雨花金　　┘
躯晃耀于中天香雾氤氲于法界是环列此山之兰若也是则有毗卢顶[②]兜率寺宗其主也
 东象王山普┘

重修上方山文殊殿常明香灯碑

275

贤殿辅其左③也西荼罗顶文殊殿勖其右④也紫云岩摘星砣观音殿地藏殿环其卫也次有浑龙潭

斗笠泉仰华严祖师之灵迹也于是复有云水洞相传为神仙洞门隘中阔入则必灯必火景则希见希

闻极其征也石色如玉众巧天然非世所能揆其胜也自汉迨唐金宋元明历朝游览莫不探奇标异

勒名碑碣者讵不谓此山之难再也诚哉此山为震旦之伟观群岫之拔秀者也至于明禅师之题百

咏南禅师赓品其后亦乐其山而美其景也然则文殊殿╱修后虽兴□有数而乐□

修因代不乏人□□年悉数者乃明神宗时╱修阁津梁□在唯文殊殿

尚待其人於戏□上此山难遭难遇我等□□□山岂□□□是以感发诚心遂有□□□□之举斯

□由于

国朝世祖丁酉□□□康熙辛亥年倾城不□□□良缘唯祈╱视古╱

不朽耳

赐进士第翰林院□□加一级苏宣化撰

时

康熙拾一年岁在□□中秋月　吉旦立

碑阴：
额题：
永远香灯
（居中大字）香灯信心弟子（下分两列小字撰弟子人名若干，此略）发心弟子（小字三个人名：邵应文、范佑仁、李新琛）

（据拓录）

注释

① 万宁郡：早期对房山县的一个称呼。金代因选址于大房山上建金朝皇陵，割范阳、宛平、良乡三县边地置"万宁县"，以奉山陵，取其"世世安宁"之意。所以，古代之"万宁"与后来之"房山"也不是完全对等关系。

② 毗卢顶：乾隆版《上方山志》卷之一《名胜》记"毗卢顶在山之北，毗卢庵上"。在上方山的中轴线上，毗卢顶与兜率寺形成后与前的位置关系，故曰"毗卢顶，兜率寺宗其主也"。

③ 东象王山普贤殿辅其左：象王峰与普贤殿在文殊殿之东，故曰"辅其左"。

④ 西荼罗顶文殊殿勖其右：文殊殿与荼罗顶，前后位置，均在西侧，故曰"勖其右"。荼罗顶，明代曾朝节所撰的《敕建香光寺碑》记："大都之西百余里，房山之界，有山名荼罗顶，祖龙自花陀而来，至是特然孤出。"

重修上方山文殊殿常明香灯碑阳面拓片

重修上方山文殊殿常明香灯碑阴面拓片

按语

乾隆版《上方山志》第19页后接第21页，缺第20页，此碑文后段缺佚。此碑今仍在山上，已断为两截，复粘接，每行损字一二不等。这些损字大半凭乾隆版《上方山志》补出，乾隆版《上方山志》缺录的后半部却又通过此碑文补出。

此碑文与首篇《百咏南禅师塔记》一样也是"也"字句式叙述法。

附乾隆版《上方山志》之《重修上方山文殊殿常明香灯记》

重修上方山文殊殿常明香灯记

都城之西南八十里许，乃房山县，即古之万宁郡也。过县四十[余里]里余有山口，上方势纵云表，壁峭崖拔，晃若飞走者，是此山之盘礴砥砺也；林苍雾密，突屼峥嵘，形似虬龙，磔然矫起者，是登此山之级磴也；攀腾铁锁，蹑甲趋鳞，来往如织，出没云中者，是朝此山之善信也；既其至也，露颅螺顶，楚楚令仪，霭然接见者，是居此山之大众也；群峰拱翠，众木流辉，吞吐云月，掩映崖峦，且而高阁碍日，宝殿凌空，禅房泼秀，丈室雨花，金躯晃耀于中天，香雾氤氲于法界，是环列此山之兰若也。是则有毗卢顶兜率寺，宗其主也。东象王山普贤殿，辅其左也；西茶罗顶文殊殿，勋其右也。紫云岩、摘星砣、观音殿、地藏殿，环其卫也。次有浔龙潭、斗笠泉，仰华严祖师之灵迹也。于是复有云水洞，相传谓神仙洞。门隘中阔，入则必灯必火，景则希见希闻。极其征也，石色如玉，众巧天然，非世所能揆其胜也。自汉迄唐金宋元明，历朝游览，莫不探奇标异。勒[石]名碑碣者，讵不谓此山之难再也。诚哉，此山为震旦之伟观、群岫之拔秀者也！至于明禅师之题，百咏南禅师赓品其后，亦乐其山丽美其景也。然则文殊殿（乾隆版《上方山志》第19页后接第21页，缺第20页，此碑文缺后段）／修后虽兴□有数而乐□修因代不乏人，□□年悉数者，乃明神宗时／修阁，津梁犹在，唯文殊殿尚待其人。於戏！□上此山，难遭难遇我等，□□□山岂□□□是以感发诚心，遂有□□□□之举斯□。由于 国朝世祖丁酉□□□康熙辛亥年倾城不□□□良缘唯祈／视古／不朽耳。赐进士第、翰林院□□、加一级苏宣化撰。时康熙拾一年岁在□□、中秋月 吉日立。

按：通过对校，发现乾隆版《上方山志》除丢掉碑文后半部外，与碑刻原文差异不大。

"宝阡"刻石

解题

清康熙十三年（1674）仲秋。横式刻石，系非空禅师塔铭。居中双勾横书"宝阡"二大字，上下款小字。今在塔院。

录文

康熙岁次甲寅仲秋⏎
宝阡⏎
圆寂非空禅师立⏎
（据实物录）

非空禅师塔

非空禅师塔铭

非空禅师塔铭拓片

涿州房山县禁约碑

解题

清康熙十四年（1675）二月。方首抹角失座，碑身亦断为两截，高110厘米、宽59厘米、厚16厘米。首行"☐涿州房山县正堂王为禁约事照得上方山"。碑阴斧剁痕无字。今在云水洞外。

录文

　　　　☐涿州房山县正堂王　为禁约事
　　　照得上方山　　↲
　　　乃清静梵修祝　　↲
圣道场☐☐☐今僧众出入只由云梯
　　　总路游因无路匪☐↲
　　　竟开☐☐私自行走潜踪叵测致难
　　　☐☐地方关系匪↲
　　　轻兹合☐☐僧公同催正断塞
　　　☐☐☐案现奉　　↲
　　　☐示勒石合总☐一晓谕嗣后如有仍
　　　前↲
　　　故违借称游☐☐采私行小路及捎带枪刀弓箭什物↲
　　　者许该地方保甲☐接待庵云水洞僧人协同拿赴　　↲
　　　县即以不轨治罪☐☐甲解究处不贷特示　　↲
　　　时康熙拾肆年贰月　日示　↲
（据实物录）

涿州房山县禁约碑

按语

李书华《房山游记》云:"大悲庵东山神庙旁,有石碑一,为康熙十四年(1675),涿州房山县禁止在上方山私行小路,只许由云梯总路出入之晓谕。"李携友游云水洞系民国十九年(1930)十月,彼时此碑尚立于山神庙旁,山神庙在大悲庵东。

涿州房山县禁约碑拓片

款龙桥名碑

解题

清康熙十五年（1676）。方首抹角无座，碑高 81 厘米、宽 53 厘米、厚 12 厘米。方首左上角残损，框内浮雕祥云，空额。榜书"款龙桥"三字，行楷。上款"康熙丙辰年仲春吉旦"，下款"住山沙门智眼捐资造"。

录文

康熙丙辰年仲春吉旦⏎
款龙桥⏎
住山沙门智眼捐资造⏎
（据实物录）

款龙桥名碑

按语

清康熙六十年（辛丑，1721）七月《大观佛日眼道人记》记载："筠客师者，嘉兴仲氏之子也。""康熙丁卯（二十六年，1687），老人重师性纯，堪为法器，是以印证接续洞脉三十一世，令为上方观音住持。"康熙二十五年（1686）后《道目禅师自序》记载："余捐衣钵，重建殿宇，造款龙桥，山门重葺。"

此款"款龙桥"三字，有人说系为康熙皇帝御笔亲书，无据。此三字行书体，的确像康熙字体，但非。如系皇帝御笔，至少在碑额处亦应钤盖御玺"康熙御笔""康熙宸翰"等。不落款、不留圣讳的御书字碑，天下实属少见。

款龙桥名碑拓片

龙惠泉碑

解题

清康熙十七年（1678）三月。方首抹角，线刻云纹，失座。额题"万古流芳"，居中大字"龙惠泉"，上下款记功德人名。今在兜率寺。

录文

额题：
万古↲
流芳↲
正文：
榜书：
龙　惠　泉↲
上款：
　　　　　　住山道人蒋科信募化↲
康熙十七年三月穀旦　↲
下款：
　　　　陈　鋐　刘　芳　陈正己　　↲
　　　　李怀苾　刘起龙　陈　镃　　↲
京涿信善　叶如松　赵应龙　周世奇　↲
　　　　马　骊　陈允泽　陈尽□　　↲
　　　　陈正心　等捐资同造□　↲
（据实物录）

龙惠泉碑拓片

"茔域"刻石

解题

清康熙十七年（1678）九月。实为王性亮塔铭，居中大字横书"茔域"二字，上款"大清康熙十七年九月十五日为"，下款"圆寂本师王公讳性亮觉灵基"。今在塔院。

录文

大清康熙十七年九月十五日为┘
茔域┘
圆寂本师王公讳性亮觉灵基┘
（据实物录）

性亮塔

性亮塔铭

性亮塔铭拓片

月公禅师塔铭

解题

清康熙十八年（1679）仲秋。立式塔铭刻石。文字仅有三行，占五行空间。遗孙洪理立。今在塔院。

录文

　　　　　　遗孙洪理　┘
圆寂兜率堂十二代讳月公禅师灵塔┘
康熙十八年仲秋　望日吉日立　┘
（据实物录）

月公禅师塔铭

月公禅师塔铭拓片

玉公禅师塔铭

解题

清康熙十八年（1679）仲秋。立式塔铭刻石。文字仅有三行，占五行空间。今在弥勒殿内。

录文

☐住持上堂玉峰┘
圆寂祖师玉公禅师灵塔┘
康熙十八年仲秋　　望日吉日立　┘
（据拓录）

玉公禅师塔铭拓片

道目禅师自序铭

解题

清康熙二十五年（1686）后。道目禅师自撰文。未见原石，此据乾隆版《上方山志》录入。

录文

道目禅师自序

余闽南人也。时值闽海烽烟①摇漾，旧林难问，倦飞何还？择木寻林，何从栖托？来此山中，似有夙因②，不觉心醉，定其栖止。先构一茅，名归一庵。尚未入室，适王内臣以观音殿原系公建，请余主席，相送入山。余捐衣钵，重建殿宇，造款龙桥，山门重葺，开铺大道，修理普贤，与诸静主③谈讲真诠④，丛林规模约略可观。丁未冬月，余去弁山⑤龙虎法席。期满之年后，由上方归隐栖贤⑥，兴建梅山，已经八载。于丙寅秋，应祖庭请，僧众云集，日食艰支，托钵而行。自浙及燕，重来置产。饭僧栖止，山灵投合，似不忍舍。奈初住祖庭，担持法担，尚无有人。勉强出山，看云南下，赋还山诗，共记十首，集此数言，以记始末，俾后住者知前苦心，惟冀后来永兴云尔。

注释

① 闽海烽烟：福建由于其特殊的地理位置，尤其是在明清两朝烽火不断，历来为兵家必争之地。明代时，荷兰人的活动比较频繁，他们为中国内陆巨大的经济利益所驱使，看准此地，尝试打开自由贸易大门。清代，闽江口、琅琦岛、金牌、五花门形成重要的军事要地，战事不断。

② 夙因：佛教所谓的"前世因缘"。今世某事之果，只是前世某事之因。

③ 静主：佛教术语。禅宗僧人静思坐禅，其中之长老，则谓之"静主"。

④ 真诠：佛教术语。与"真谛"义近。

⑤ 弁山：又名卞山，今在浙江湖州城西北9公里处，位于太湖南岸，主峰名云峰顶。

⑥ 栖贤：此处应指庐山之栖贤寺。

按语

此碑文末尾没有明确落款时间，但文中提到"造款龙桥"及三个时间"丁未""已经八载""丙寅"。因款龙桥建于康熙丙辰（十五年，1676），两个干支年应在其前后，也即"康熙六年（1667）"与"康熙二十五年（1686）"，故可知应在1686年以后。

"余捐衣钵，重建殿宇，造款龙桥"，此系"道目禅师"自叙，前面"款龙桥名碑"落款"住山沙门智眼捐资造"，由此可知"道目"亦名"智眼"。

"先构一芧，名归一庵"，此"芧"，应即"茅"之省。此庵名"归一庵"，于乾隆版与溥儒版《上方山志》中均未有其他著录。

建立上方山云水洞大悲庵碑

解题

清康熙庚辰（三十九年，1700）九月。方首抹角，雕云纹、二龙戏珠。方座雕麒麟献瑞。碑已断为三段，中段失落于民居中。残上段高65厘米、宽58厘米、厚14厘米，残下段高44厘米、宽55厘米、厚13厘米，趺高46厘米、宽72厘米、厚30厘米。额题"万古留芳"，首题"建立上方山云水洞大悲庵碑记"。夏村李新口述，爱新觉罗·丹臻撰文，峧下野人王国孝书丹。碑框线刻龙纹，阴框线刻卷莲纹。碑阴额双勾题"皇图永固"，周饰祥云寿山。今在云水洞外。

录文

额题：
万古┘
留芳┘
正文：
上段：
建立上方山云水洞大悲庵碑记┘
窃观西山诸☐┘
或柏翠松苍☐┘
上方山云水☐┘
携火俯躬而☐┘
履危岩则怪☐┘

建立上方山云水洞大悲庵碑（上、下图）

于上虹落长□↵
　　　大鸣小叩小鸣□↵
　　　可得而仿佛哉□↵
　　　激烈一似万马□↵
　　　于耳使人□↵
　　　步局踏以出不禁□↵
　　　穹谷嵁岩中□↵
　　　寥寥可数今者余□↵
命蒐于西山之麓得游□↵
　　　　而返者愿　↵
王资之以成厥功余曰□↵
　　　书于石使后之游□↵
　　　　时　↵
大清康熙岁次庚辰季秋□↵

下段：
于丘陵之侧或烟收云敛而爽气聚于眉端↵
以成燕台之大观也及游　↵
名之而不得矣当其简侍从撤车骑命僧↵
旷如奥如不知身自狭径以至坎地也旋↵
山也若者仰而望鹤立清泉也若者绵亘↵
欹者卧者嵌空玲珑者斑斓陆离者⬚大叩↵
⬚惊心骇目旷志怡神矣岂米颠①袖中三石↵
嫠妇之泣下孤臣之写怨②乎转闻风声↵
乎嗟嗟身履峭壁而风水之声又往来↵
欲灭身渐进而道渐迷乎由是言寻故↵
形势仅知泰山为高黄河为大耳至若↵
几千万矣即耳而闻之而亲历一二者↵
（中空一行）
有梵宇数椽今将葺之以济倦游而↵
（中空一行）
⬚金其意为追叙洞中所见所闻以↵
夏村李新　↵
（中空一行）

建立上方山云水洞大悲庵碑阳面拓片

建立上方山云水洞大悲庵碑阴面拓片

碑阴：

额题：

皇图↵

永固↵

上段：

京都顺天府涿州房山县　上方☒↵

都统伊里伸　鲁伯黑　班☒↵

王府长史巴尔右达　内阁学士　兼☒↵

三等护卫三　保　护军校　李☒↵

太监周贝成　英奇德　□☒↵

　　☒亮 何子礼　小红寺信士　☒↵

朱文科应氏朱文举李氏朱文进任氏　☒↵

通州管家庄信士朱忠马氏　☒↵

保定府雄县王路等村信士佟守中　☒↵

　　王应全　王文政　国有朋　☒↵

上庄村信女尚门张氏　□门赵氏☒↵

赵门李氏　王门尚氏　□门孟氏☒↵

雄县王路村信女佟门唐氏　☒↵

孤山口村信士许吏　许集成☒↵

安中夏　程万明　王印☒↵

大禹村信士曾培福　孤☒↵

中院村　石国亮　陈☒↵

韩其村信士李应财　☒↵

下段：

根　孟阿达　↵

护卫 和 尚　查尔器　五什哈　↵

十　温保　苏都礼　德器　↵

嘎拉抹　猛阿达　西哩格恩　□虎达↵

下坡店信士卢宗盛　↵

（中空两行）

徐国□　王文运　肖甫王　范宗立　↵

现　宋乔栋　王兴宗　↵

门张氏　孙门王氏　陈门张氏　王门苏氏　董门周氏↵

（中空一行）

张门韩氏　宋门候氏　王门候氏　↵

陈 敬　杜天然　王进朝　许尔男　许芝　↵

（中空一行）

正蓝棋　关　德　↵

缸洼村玄应观住持王永捷　↵

垓下野人王国孝书

（据实物录）

注释

① 米颠：米颠，米癫，即米芾（1051—1107），字元章。爱石如命，故得"米癫"之号。

② 孤臣之写怨：形容被皇帝疏远的臣子在诉说自己的冤情。

按语

此碑在李书华《房山游记》中有记载："大悲庵为一小庙，庙南向，高度五六〇米，南房三间，为大悲宝殿，就中东边一间，新改为接待室，西房为僧室，云水洞口即在庵内。五年前来游时，洞口仅有砖门一座，半就倾圮。此次重游，则见洞口已筑房三间，中祀佛一尊，游人须绕至佛像后进洞。庵中有《建立上方山云水洞大悲庵碑记》，乃康熙时显亲王撰。"由此可知碑记全名为《建立上方山云水洞大悲庵碑记》，撰文人是显亲王爱新觉罗·丹臻。丹臻系赫赫有名的第三代肃亲王豪格的孙子、显懿亲王富绶的儿子，康熙九年（1670）袭显亲王爵，四十一年（1702）死后谥"密"，葬于门头沟陇驾庄，今其地为原北京军区卫生干部训练中心占用，遗址犹存，墓碑尚在。清代历史上虽然有好几位"显亲王"，他们只是父子相袭，符合此时间段的只有"丹臻"一人。

道潜真禅师塔铭

解题

清康熙五十二年（1713）。金台彭述古撰文。未见原石，此据乾隆版《上方山志》录入。

录文

道潜真禅师塔记

县西南隅孤山口村，师之籍也，郭世刘氏子①。师龆年不乐童戏，惟见佛生喜。父母忆子根深，遂送之于上方文殊化愚师座下剃发为徒学梵智，师依愍忠德修律主圆具。康熙六年春复归山，依师座侧，定省忘劳。一日夜坐，忽见白光盈室，心神泰然。自后阅诸秘典，无不了了②。虽通宵阔论，而精神不怠。可见童年归空，操行坚贞之验也。师性严洁，发语无私。理家之外，而持一山之治乱。凡处正，弗论亲疏，赏罚分明，其殆铁面无私者欤！康熙癸巳岁，师无恙而沐手着衣，跏趺而逝③。按是月旬日前，师荼筵诸山④，将家与徒科理。且曰："从今吾担卸矣。"呜呼！吾师虽应缘于事，而恒持内悟，能知去来，不为漏逗归元者，亦有深义存焉。师寿六十有九，佛腊四十九夏。徒祥洪欲报法乳之恩⑤，而敛建塔作记，砻石以纪之。乃为铭曰：法门是赖，潜公再来；戒诵精纯，名香丹台。惟真惟朴，洒落襟怀；无生寂灭，佛地栽培。大清康熙五十二年重阳日记，金台彭述古撰。

注释

① 郭世刘氏子：可以理解为郭姓的后代，母亲刘氏。
② 阅诸秘典，无不了了：形容所读佛教书籍很多，而且无所不知。
③ 跏趺而逝：盘腿打坐而逝之意。跏趺，即"结跏趺坐"，佛的坐姿。严格地说，即两腿交互，将右脚盘放于左腿之上，同时左脚盘放于右腿之上，两个脚心朝上的坐姿。

④ 茶筵诸山：聚请上方山各寺庙庵观的主持饮茶谈事。
⑤ 法乳之恩：佛教术语。徒弟在师父那里获得的佛法、知识、法术等被看作孳乳自己的营养。语出《涅槃经·如来性品》"饮我法乳，长养法身"和《莹山清规》"恭为本师释迦牟尼如来，以酬法乳之恩者"。

按语

"依愍忠德修律主圆具"，前面"燃身明禅师塔幢"条称其为"才法师悯忠弘教空大德"，"崇公和尚塔铭"条记"公讳善崇，本县金山乡南韩继人也。俗田姓，父讳师进，母董氏"。

"按是月旬日前，师茶筵诸山，将家与徒科理"之"科理"，似乎应为"料理"之误，溥儒版《上方山志》亦作"科"。

"徒祥洪欲报法乳之恩，而敛建塔作记，砻石以纪之。"可见，此塔为禅师徒弟"祥洪"所建。

附溥儒版《上方山志》录文

道潜真禅师塔记　彭述古

县西南隅孤山口村，师之籍也，郭世刘氏子。师龆年不乐童戏，惟见佛生喜。父母忆子根深，遂送之于上方文殊化愚师座下剃发为徒学梵智，师依愍忠德修律主圆具。康熙六年春复归山，依师座侧，定省忘劳。一日夜坐，忽见白光盈室，心神泰然。自后阅诸秘典，无不了了。虽通宵阔论，而精神不怠。可见童年归空，操行坚贞之验也。师性严洁，发语无私。理家之外，而持一山之治乱。凡处正，弗论亲疏，赏罚分明，其殆铁面无私者欤！康熙癸巳岁，师无恙而沐手着衣，跏趺而逝。按是月旬日前，师茶筵诸山，将家与徒科理。且曰："从今吾担卸矣。"呜呼！吾师虽应缘于事，而恒持内悟，能知去来，不为漏逗归元者，亦有深义存焉。师寿六十有九，佛腊四十九夏。徒祥洪欲报法乳之恩，而敛建塔作记，砻石以纪之。乃为铭曰：法门是赖，潜公再来；戒诵精纯，名香丹台。惟真惟朴，洒落襟怀；无生寂寞，佛地栽培。

按：与乾隆版《上方山志》互校，有几点不同：一、记名后加撰文人"彭述古"；二、前文中"无生寂灭"，此误作"无生寂寞"。三、文末无时间与人名款。

大观佛日眼道人铭

解题

清康熙六十年（1721）七月。无书丹、撰文人名。未见原石，此据乾隆版《上方山志》录入。

录文

大观佛日眼道人记

筠客师者，嘉兴仲氏之子也。幼业儒，比长①，厌世累，拜新城镇能仁寺淡月上人为师剃发。年满，依道目老人圆具，就于座下，随入参堂，精诚颖悟，神契于道。康熙丁卯，老人重师性纯，堪为法器，是以印证接续洞脉②三十一世，令为上方观音住持。既而入山，应物随缘，岁寒挺特。偶遇诗人，亦诗亦赋，但不落阶级。师尝有云："懒经营，疏荣辱，深知世事有定数；利名眼前花，伎俩水上浮。食充饥，衣遮寒，无得无失乐余年。清风明月不相关，至道无难罔费草鞋钱。直须涧饮林栖绝，挂攀拨转，瞳神祖翁鼻孔总撩天。"居山三十五载，于辛丑七月十日，别众而终于此山。祝发门徒塔其骨于山外西南、太湖东南、紫盖峰下碧云岭，西山卯葬焉。

注释

① 比长：等（他）长大点。

② 洞脉：脉，此即法脉，佛教宗派传承的脉络，也即正宗传法的世系。此指曹洞宗传承的法脉。曹洞宗由青原下五世的洞山良价（807—869）和他的弟子曹山本寂（840—901）开创，他们先后在江西高安县的洞山和吉水县的曹山传法，后世故称之为"曹洞宗"。它是禅宗五大宗派之一。

按语

"康熙丁卯（二十六年，1687），老人重师性纯，堪为法器，是以印证接续洞脉三十一世，令为上方观音住持。"这是指大观佛日眼道人接续观音庵住持，实际上是对曹洞宗三十一世辉煌局面的再度发扬。明万历三十八年（1610），曹洞宗第三十一世的无明慧经禅师应请至江西寿昌寺，座下有弟子鼓山元贤、东苑元镜、寿昌元谧、青原真元等，广大宗门，代代相传，形成法系，人称"寿昌法系"。这奠定了曹洞宗中兴的基础。

"居山三十五载，于辛丑（康熙六十年，1721）七月十日，别众而终于此山。"此"三十五载"即指道人入主观音庵至圆寂这一段时间。虽多方查证，我们终不得其法腊（夏腊）、俗寿等实数。

附溥儒版《上方山志》录文

大观佛日眼道人记　无名氏

筠客师者，嘉兴仲氏之子也。幼业儒，比长，厌世累，拜新城镇能仁寺淡月上人为师剃发。年满，依道目老人圆具，就于座下，随入参堂，精诚颖悟，神契于道。康熙丁卯，老人重师性纯，堪为法器，是以印证接续洞脉三十一世，令为上方观音住持。既而入山，应物随缘，岁寒挺特。偶遇诗人，亦诗亦赋，但不落阶级。师尝有云："懒经营，疏荣辱，深知世事有定数；利名眼前花，伎俩水上浮。食充饥，衣遮寒，无得无失乐余年。清风明月不相关，至道无难罔费草鞋钱。直须洞饮林栖绝，挂攀拨转，瞳神祖翁鼻孔总撩天。"居山三十五载，于辛丑七月十日，别众而终于此山。祝发门徒塔其骨于山外西南、太湖东南、紫盖峰下碧云岭，西山卯葬焉。

按：与乾隆版《上方山志》互校，只有两处不同：一、记名后缀以撰文人名"无名氏"；二、前文中"师尝有雲"之"雲"此作"云"，应是。

顺天府宛平县郜世贵捐地碑

解题

　　清康熙六十一年（1722）九月。方首抹角方跌，首雕祥云，方座素面倒角。额题"万古流芳"，首行"京都顺天府宛平县居住奉"。郜世贵撰文。碑阴分五行镌刻承管寺庙名称。今仍在兜率寺山门前，座之阴面上部残缺。

顺天府宛平县郜世贵捐地碑正、背面（左、右图）

录文

额题：

万古

流芳

正文：

　　　京都顺天府宛平县居住奉

佛修因信心弟子邰世贵同妻周氏暨二男一女

　　　　　　邰尧相　　邰尧臣

　　　　　　女瑞姐　　管家赵来

　　同诚发心将自置旗地壹段计地肆拾亩坐落襄驸马

　　村东南角　东至姚姓　西至本主　南至本主

　　北至官地四至分明诚心施舍于

上方山众僧承管屡年起租①均散合山以为供

佛永远香火之资自舍之后恐有亲眷户族人等争竞者故

　　此舍契文约永远存照为证

　　（中空二行）

　　康熙陆拾壹年九月贰拾柒日立舍契人邰世贵

碑阴：

　　　　兴隆庵

　　　　文殊殿

承管住持兜率寺

　　　　观音殿

　　　　大悲庵

（据实物录）

注释

① 屡年起租：每年都可收租。

按语

乾隆版《上方山志》卷之二《人物·义田》记："大清康熙十六年（1677），宛平善信邰世贵捐地四十亩供众，有碑。"显然，此处之"十六年"为"六十一年"之误。

顺天府宛平县邰世贵捐地碑阳面拓片

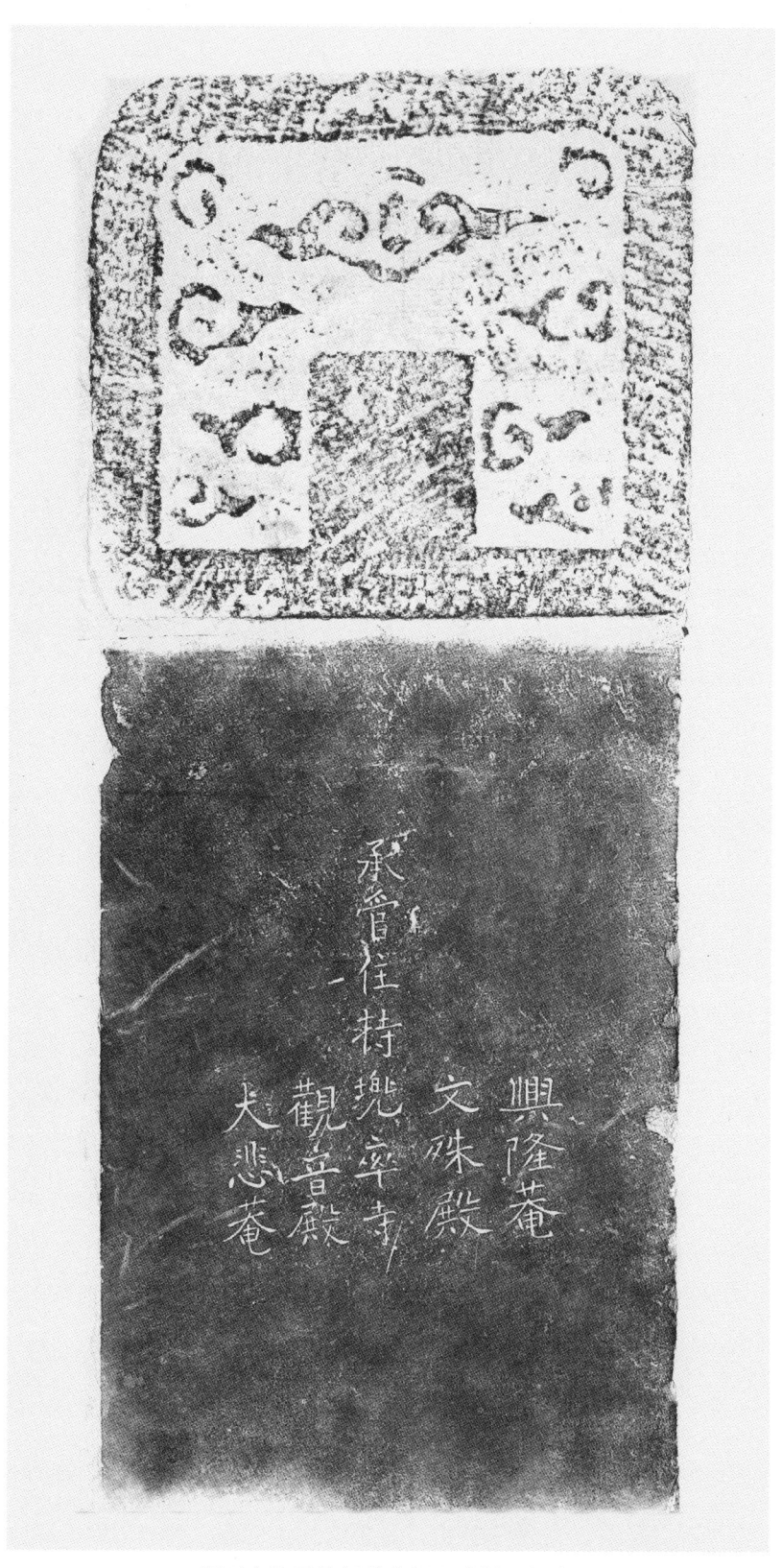

顺天府宛平县邰世贵捐地碑阴面拓片

上方山大悲堂住持印心玺公灵塔铭

解题

清康熙时期（1662—1722）。石塔六面，塔顶残缺，须弥座仅余上枭。残通高210厘米、大边宽62厘米、小边宽50厘米。正面镌刻"圆寂上方山大悲堂上开山第一代住持传曹溪宗三十八代印心玺公和尚灵塔"。塔今在北京石刻艺术博物馆。

录文

圆寂上方山大悲堂上开山第一代住持传曹溪宗①三十八代印心玺公和尚灵塔⏎

（据实物录）

上方山大悲堂住持印心玺公灵塔铭

注释

① 曹溪宗：佛教宗派之一，禅宗的一支。该派始祖为唐朝的道义和尚（753—814），其本为朝鲜人，于兴元元年（784）前往唐朝江西开元寺继承智藏法师的佛法，继又赴百丈山传授怀海和尚法要。37年后回朝鲜，创立曹溪宗。

按语

根据现存情况并结合传统做法分析，其顶部失去的系"宝珠顶"，须弥座损失的部分应含束腰、下枭及圭角云纹部分。康熙六十一年（1722）"顺天府宛平县邰世贵捐地碑"记有"大悲庵"，乾隆三年（1738）"上方山供众地亩碑"记有"大悲庵"。乾隆甲申（1764）《上方山志》记有"大悲院"与"大悲庵"。

觉岸等三禅师塔铭

解题

清雍正二年（1724）四月。立式刻石。正文三行，末款小字一行。今在塔院。

觉岸等三禅师塔

觉岸等三禅师塔铭

录文

圆寂大悲堂上第四代天朗禅师塔┘
圆寂大悲堂上第三代觉岸禅师塔┘
圆寂大宅佛堂第五代住持闻慧塔┘
雍正二年四月　　吉旦后嗣源利立　┘
（据实物录）

按语

此塔铭佐证了"印心玺公"的时代,大悲堂上第三代、第四代、第五代三位禅师的灵塔建于清代雍正二年(1724),可见第一代"印心玺公"所处时代不会太早。曹溪宗始祖道义和尚(753—814)于德宗兴元元年(784)创立了"曹溪宗"——禅宗的一个分支。如果以每23年为一代计算的话,则作为曹溪宗第三十八代的大悲堂上第一代印心玺公和尚,应该是清康熙时期的禅师。

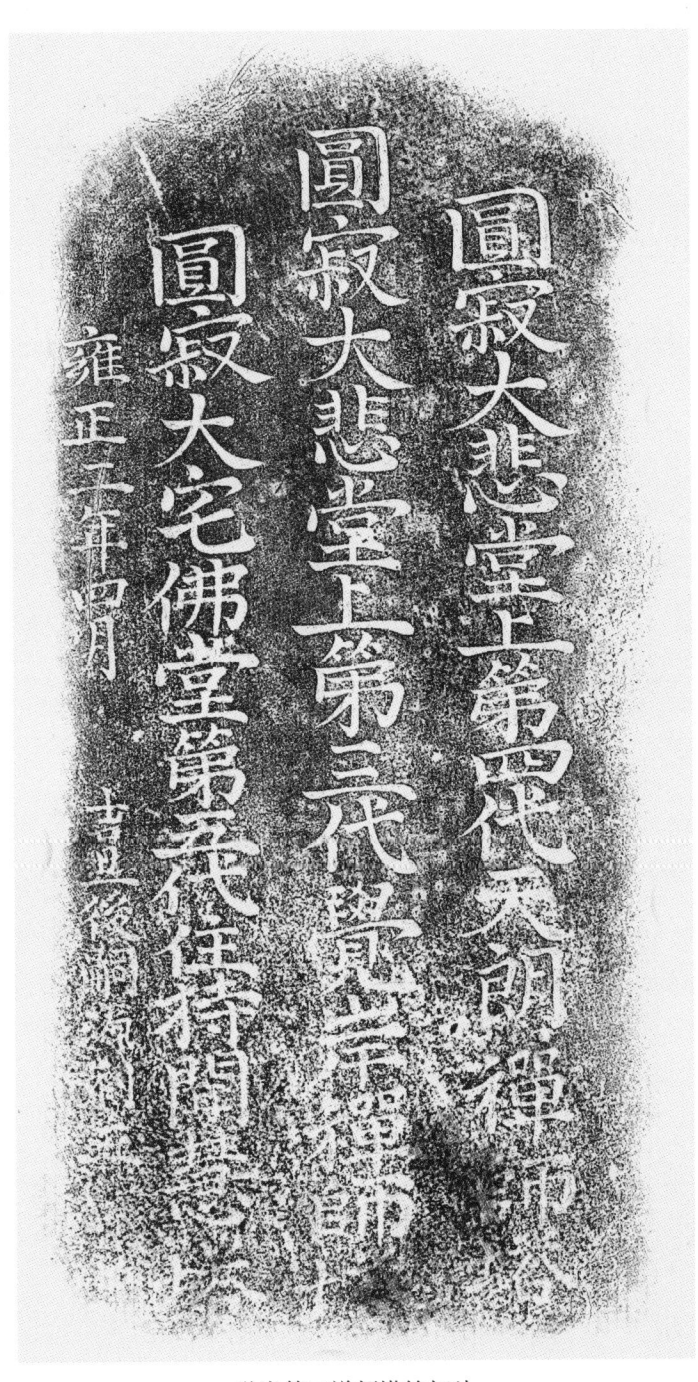

觉岸等三禅师塔铭拓片

会末李氏捐地碑

解题

清雍正三年（1725）。螭首失座，今座系补配。碑高157厘米、宽68厘米、厚14厘米。额篆"万古流芳"，首行"燕京之西一带名山不可以数而计焉其中西山上方山者"。今立于兜率禅林门外西侧。

录文

额篆：
万古┘
流芳┘
正文：
燕京之西一带名山不可以数而计焉其中西山上方山者┘
峻□□□□□之众南继百花之峰东□□河之水□□□□┘
半□红销淅润□流山月一临□□□□有势□径崎岖□┘
上方者何以其登涉之艰而依傍□□故也且有云水洞□┘
此一斗泉七宝池浑龙潭等处种种佳景难以尽志其闻者┘
冀所应时而发□维以禽闻声而起闲云片片古木森森□┘

会末李氏捐地碑

会末李氏捐地碑拓片

□□七十有余人□在在称之未尝知钱也以□□□善□
□□□□三春络绎无□□有故山会末李氏╱
□□乙亥□□□□恐日久人心懈而不□□特□捐□
二百卅一地一百二十亩座落于□州古丘村□□每年租
二十六石今蒙侍愿供□□上方山合山大众以为永□□
╱刊石以记
　时
大清雍正岁次乙巳季春之月　山长白张清╱
（据实物录）

按语

"一斗泉、七宝池、浑龙潭。"此三处景致，"一斗泉"不用说，"七宝池"本书仅本条录入，乾隆版《上方山志》没有，其卷之一《名胜》中也没有"池"类。"浑龙潭"，本书康熙十一年（1672）"重修上方山文殊殿常明香灯碑"条有此，也是"旱"作"浑"字，乾隆版《上方山志》亦作此字。

苍林岫师塔铭

解题

清乾隆丁巳（二年，1737）四月。傅雯撰文。未见原石，此据乾隆版《上方山志》录入。

录文

苍林岫师塔记

师讳常岫，字苍林，号松阿游之。黄岩籍，巴世郑氏子[①]。师少善尺牍，习经史。束发[②]后，归依印空长老剃度，千佛寺从大演义公习梵孝。年二十，于广济堂上受王光大师规律。毕，即参游五台、南海诸名胜，而后隐栖上方。五载，复因事回南。住越溪，结小庐，遂示寂于其间。遗有《松阿集》传世。祝发徒子迎其骨而立塔六聘山北隅，西山卯葬[③]焉。因为之铭曰：

真常湛寂，惟师有灵。智觉无碍，始风之清。

海愿难量，山力余型。追往从来，与天地平。

大清乾隆丁巳四月吉日立　傅　雯题

注释

① 巴世郑氏子：可以理解为父亲姓巴，母亲姓郑。

② 束发：成童的代称。

③ 卯葬：关于丧葬风水的术语，系"寅发卯葬"的简称。风水师要选择墓地的朝向、深浅、土质，选择"寅时（3：00—5：00）"出殡、"卯时（5：00—7：00）"下葬等，可能会对死者后代的运势有利。同时也大多选择在西边，故曰"西山卯葬"。

按语

据记，苍林岫师名常岫，字苍林，号松阿游之。籍黄岩（今属浙江台州）。少好读书，成年后在千佛寺印空长老座下受具。后又从学于大演义公、广济堂上王光大师，参游山西五台山诸名胜，之后在上方山五年。因事又回到越溪（今四川内江市威远县所辖）自建茅庵修禅，直至圆寂。其授具的弟子迎回其骨殖，为其在上方山建塔竖铭。

附溥儒版《上方山志》录文

苍林岫师塔记　　傅雯

师讳常岫，字苍林，号松阿游之。黄岩籍，巴世郑氏子。师少善尺牍，习经史。束发后，归依印空长老剃度，千佛寺从大演义公习梵教。年二十，于广济堂上受王光大师规律。毕，即参游五台、南海诸名胜，而后隐栖上方。五载，复因事回南。住越溪，结小庐，遂示寂于其间。遗有《松阿集》传世。祝发徒子迎其骨而立塔六聘山北隅，西山卯葬焉。因为之铭曰：

真常湛寂，惟师有灵。智觉无碍，始风之清。

海愿难量，山力余型。追往从来，与天地平。

按：与乾隆版《上方山志》互校，只有三点不同：一、记名后加撰文人名"傅雯"；二、文中"千佛寺从大演义公习梵孝"之"孝"此作"教"，为是；三、文末无时间与人名款。

上方山供众地亩碑

解题

　　清乾隆三年（1738）十月。方首抹角方跌。首雕祥云，方座素面。通高160厘米、宽48厘米、厚11厘米。额双勾题"阖山供众"，碑面僧众题名四列，实际是两部分。碑阴首雕祥云寿山，额双勾题"万古流芳"，首题"上方山供众地亩碑记"，明曜撰文。怀疑该碑立反了，碑阴应为碑阳，碑阳应为碑阴。

上方山供众地亩碑正、背面（左、右图）

录文

额题：

阖山↵

供众↵

正文：

兜率寺　隆安　毗卢庵　觉利　大藏庵　洪贵　文殊殿　自如　观音殿　行锳　大乘庵　普润　澹远庵　福圆　西域庵　照心　兴隆庵　寂鉴　西方庵　普鞁　地藏殿　圆鉴　永慈庵　性贵　大悲庵　自修↵

（以上第一部分，占两列）

房山县城内信士李有德　小营村观音庵住持照现　药师殿　普德　瓣香庵　慧勇　昙华庵　通方　崇宁庵　宗泰　云水洞　沙宝　十方院　行实　接待庵　法晟　普济寺　实宝↵

碑阴：

额题：

万古↵

流芳↵

正文：

　　　　上方山供众地亩碑记　↵

盖闻舍身而算跻无量① 普心而泽周万物② 见泯人我功　↵
　被尘劫③ 是以克诚胜果光映名山舌轮先转法轮常　↵
　震④ 也本山药师殿住持上穆下然师愿力弘深施洽　↵
　无尽也同徒通经通律通论同徒孙佛住捐银贰百　↵
　柒拾伍两肆钱契置旗地东西贰段壹顷陆拾亩坐　↵
　落涿洲西北杨胡屯岁取租钱捌拾吊均散阖山供　↵
　众日后倘有眷属争竞阖山证盟于若原主回赎仍　↵
　将地价银两阖山共议另置地亩供众红契大小贰　↵
　张永存文殊殿自如师收执自　↵
雍正陆年将银托人置地因为地契不明至　↵
乾隆叁年立碑为证永留于后矣　↵
乾隆叁年岁次戊午拾月吉　日立　三楚⑤沙丘明曜撰↵

（据实物录）

注释

① 舍身而算跻无量：此指佛经故事中释迦牟尼佛转生为西吾国王一事。帝释天化身为罗刹以验"布施"之心真伪，说："我今饥饿已极，必得以人血肉为食后方可宣说菩提之道，打开涅槃之门。"国王想"损害别人当然不合理，为得佛法，我必须不是自

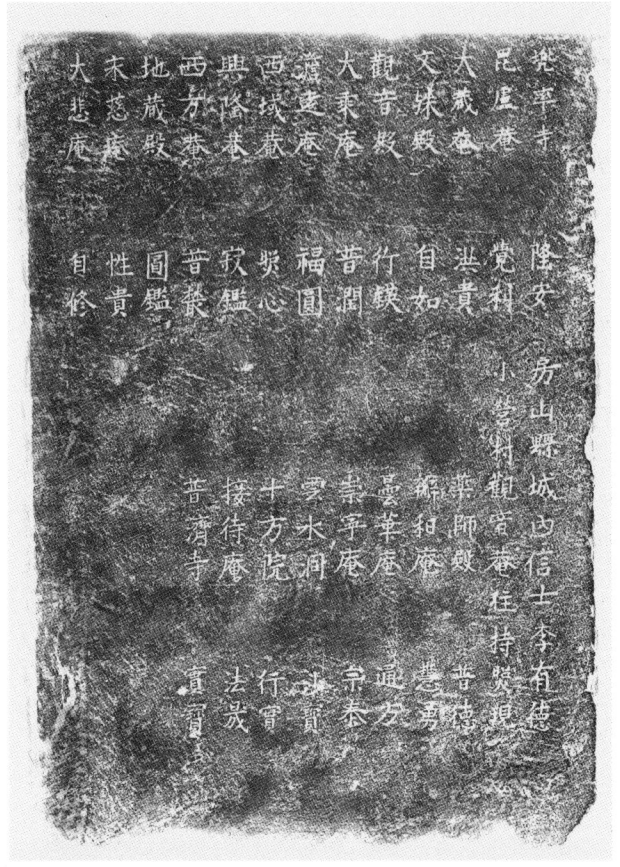

上方山供众地亩碑阳、阴面拓片（上、下图）

己"。所以国王是经过思考盘算之后，而跻身无量的。

②普心而泽周万物：这是一句有些道家色彩的话语。道家讲究"无为而治，无为而无不为"，以"平常心"的心态去看世界，去帮助世间一切万物，从而淡化了人我关系。

③尘劫：尘世间的劫难。佛教术语，其称一世为一劫，无量无边劫方为尘劫。

④舌轮先转，法轮常震：佛教讲"观想心月轮，观想舌根，是身心转化的关键"。自己的眼耳鼻舌身意有所变化，法轮就在运转了。

⑤三楚：秦汉时把战国时期楚国的疆域分为"三楚"，即南楚（南郡，江陵）、东楚（吴）、西楚（彭城）。

按语

关于药师殿、药师堂，上方山碑刻中有多处记载。清乾隆二十年（1755）"乙亥十方普同塔铭"条下款记"赦孤会建立药师殿，佛住监造"；乾隆甲申（二十九年，1764）"穆然普德禅师塔铭"条记"雍正二年（1724），师将田产尽交了然师兄管理，撩衣便行，而作西南游。至上方，得药师殿，而志遂定"；乾隆二十九年（1764）"药师堂上临济正宗传法宗派幢"条正面刻"药师堂上临济正宗传法宗派"；乾隆四十五年（1780）"药师殿慈光住公塔铭"条刻"药师殿住持上慈下光住公和尚之塔"；等等。可见，上方山药师殿（堂）的创建时间并不早。

碑阴（今碑阳）所落僧人名款非常重要，一共21位，每于庵、寺、殿、院、洞下缀以僧号，说明这些僧人不是住持就是主管，可备一考。

水月禅师行实碑

解题

清乾隆丁卯（十二年，1747）春月。弟子真州方嶟撰文，信女赵罗氏、李刘氏及面会众善，捐资建塔。未见原石，此据乾隆版《上方山志》录入。

录文

水月禅师行实记

超凡非小器，须本圣贤胎。秋月圆明里，昙花一朵开。

师讳成渊，字水月，胡姓，母董氏，江右赣州龙南县人氏。师幼性悟，祝发于东华山，依慧敬为师。白圭师座下规律毕，即打包行脚，江之南、海之东，参游①十余年。而至浙江天台山，得法于广润寺镜堂长老。沉渊默契，《楞伽经》②义。平阳座下推为后来居上也，住持方丈十三年。一日，谓法嗣③曰："余卓锡于此已历年所，丛林接续尚赖后贤，吾其卸担矣！" 乾隆元年，退院来京，止宣武门外之松柏庵。凡高僧羽流④无不与师互相印证，以故师名著京师达官。长仍复厌去，而之上方，结茅峰下。文殊达公异之，请主黄龙。是时师年已近七十，而精神完好，良以得于天而全于天，未可以学力办也。师主黄龙者七年，凡于戒定慧之旨⑤无不了了。十一年秋八月望日，师忽不见，莫知何往。开户视之，惟一瓢、一笠、一履、一袜而已。其榻遗有一偈云："秋月圆明，归元消息；踏破虚空，不留形迹。"咦！既为同道人，不作累坠事。呜呼！师之得心应手，可谓全始终者矣。而究其归于何所，虽猿鹤亦不知也。越明年丁卯春，有樵青⑥之沈姓于山北翠微峰⑦见师端坐。是时已六月矣。沈子归语人，始知之陋⑧。至峰下，窅不得径，遂攀藤附葛以升峰顶，众皆环绕法体，焚香顶礼，莫知端倪。师则面目如生，不现寂灭。山中善信闻而群集者，无不欢喜赞叹，以为得未曾有⑨也。按翠微去黄龙五里之遥，素多虎迹，樵青者非结伙不敢近，而师现示于危疑之地，无我无人，怃然而来，哩然而化。所谓若来若去⑩者，非欤？噫！师之定力为何如乎？夫自秋徂冬而春，霜露凋残，风雨摽落⑪，而血肉不坏，至于今日，传之道路⑫，必有将信将疑者，而孰知师之道力坚深，虽虎狼且畏而避之，何有于霜露风雨哉？大众积柴，即于峰顶举火，而师之顶门汗出异香，遂敛其骨而葬焉。信女赵罗氏、李刘氏及面会众善，捐资建塔，以表其德。噫！师之禅学，为今之所难矣！

大清乾隆丁卯春月吉日立，真州佛弟子方嶟拜撰。

注释

① 参游：佛教术语，"参学云游"之简称。指出家人到各地参学讨教。

② 《楞伽经》：佛教经典，全称《楞伽阿跋多罗宝经》，亦名《入楞伽经》《大乘入楞伽经》。有北魏菩提流支等多种版本及不同的卷数，如四卷、七卷和十卷本。

③ 法嗣：继承祖师衣钵并主持一方丛林的僧人。嗣，子嗣，后代。

④ 高僧羽流：道德高僧与道士。

⑤ 戒定慧之旨：佛教真谛。戒定慧亦称"三学"，即佛教徒们所要修习的三个方面：戒，道德品质；定，内心平静；慧，智慧。

⑥ 樵青：女婢。然此文是否为"女婢"，值得商榷，抑或为"年轻樵子"之简。

⑦ 山北翠微峰：乾隆版《上方山志》卷之一《名胜》记："翠微峰在山西北，其峰苍翠精微，故曰翠微。"与今八大处之"翠微山"非指一处。

⑧ 始知之陋：才知道如此的简陋。

⑨ 得未曾有：从来没有过的事情。

⑩ 若来若去：佛经有言："须菩提，若有人言：如来若来若去，若坐若卧，是人不解我所说义。何以故？如来者，无所从来，亦无所去，故名如来。"此为宗教意义，来去自由，来去无形，来去无求。

⑪ 风雨摽落：由于风吹雨打而造成的损坏。摽，被击打落下。

⑫ 传之道路：（此事）传到外面（被人听到）。道路，未必实指，可以理解为"界""群"等。

按语

"（乾隆）十一年（1746）秋八月望日，师忽不见，莫知何往。开户视之，惟一瓢、一笠、一履、一袜而已。""究其归于何所，虽猿鹤亦不知也。"这如实地记下了"水月禅师"似乎知道自己将死，又不愿意拖累别人，自己去寻找归宿的情况。读到"惟一瓢、一笠、一履、一袜而已"句，使人顿生感伤，再读"虽猿鹤亦不知也"之句，又觉禅师仙去，令人羡慕不已。此篇行实的确不同于一般的叙事文，多少有些文学色彩。"越明年丁卯春，有樵青之沈姓于山北翠微峰兄（见）师端坐。是时已六月矣。"时隔半年后，有位姓沈的樵夫终于在大山深处发现了禅师坐化的躯体，而且"自秋徂冬而春，霜露凋残，风雨摽落，而血肉不坏"，这更增加了神秘色彩。

附溥儒版《上方山志》录文

水月禅师行实记　方峤

师讳成渊，字水月，胡姓，母董氏，江右赣州龙南县人氏。师幼性悟，祝发于东华山，依慧敬为师。白圭师座下规律毕，即打包行脚，江之南、海之东，参游十余年。而至浙江天台山，得法于广润寺镜堂长老。沉渊默契，《楞伽经》义。平阳座下推为后来居上也，住持方丈十三年。一日，谓法嗣曰："余卓锡于此已历年所，丛林接续尚赖后贤，吾其卸担矣！"乾隆元年，退院来京，止宣武门外之松柏庵。凡高僧羽流无不与师互相印证，以故师名著京师达官。长仍复厌去，而之上方，结茅峰下。文殊达公异之，请主黄龙。是时师年已近七十，而精神完好，良以得于天而全于天，未可以学力办也。师主黄龙者七年，凡于戒定慧之旨无不了了。十一年秋八月望日，师忽不见，莫知何往。开户视之，惟一瓢、一笠、一履、一袜而已。其榻遗有一偈云："秋月圆明，归元消息；踏破虚空，不留形迹。"咦！既为同道人，不作累坠事。呜呼！师之得心应手，可谓全始终者矣。而究其归于何所，虽猿鹤亦不知也。越明年丁卯春，有樵青之沈姓于山北翠微峰见师端坐。是时已六月越矣。沈子归语人，始知之陋。至峰下，窅不得径，遂攀藤附葛以升峰顶，众皆环绕法体，焚香顶礼，莫知端倪。师则面目如生，不现寂灭。山中善信闻而群集者，无不欢喜赞叹，以为得未曾有也。按翠微去黄龙五里之遥，素多虎迹，樵青者非结伙不敢近，而师现示于危疑之地，无我无人，怃然而来，哩然而化。所谓若来若去者，非欤？噫！师之定力为何如乎？夫自秋徂冬而春，霜露凋残，风雨摽落，而血肉不坏，至于今日，传之道路，必有将信将疑者，而孰知师之道力坚深，虽虎狼且畏而避之，何有于霜露风雨哉？大众积柴，即于峰顶举火，而师之顶门汗出异香，遂敛其骨而葬焉。信女赵罗氏、李刘氏及面会众善，捐资建塔，以表其德。噫！师之禅学，为今之所难矣。

超凡非小器，须本圣贤胎。秋月圆明里，昙花一朵开。

按：与乾隆版《上方山志》互校，只有五处不同：一、记名后缀以撰文人名"方峤"；二、前开篇四句偈语此移至篇末；三、前"有樵青之沈姓于山北翠微峰兄师端坐"之"兄"此作"见"，为是；四、此"是时已六月越矣"，多一"越"字；五、此无前篇末时间款、人名款。

修殿造像置地永远供众碑

解题

清乾隆十五年（1750）四月。方首方趺，首雕祥云寿山、方座素面。通高175厘米、宽58厘米、厚14厘米。额题"万古流芳"，首题"修殿造像置地永远供众碑记"。阔如撰文并书丹。文中二、三、四、六、十五行顶格书，其他低一格镌书。共20行，满行26个字。今在因果庵内。

修殿造像置地永远供众碑

录文

额题：

万古⏎

流芳⏎

正文：

　　修殿造像置地永远供众碑记　⏎
盖闻上方山者乃近都西南之名山天下众善
　　之福地群峰环抱胜⏎
景难陈中有兰若七十余处皆是衲子修行之所内有　⏎
伏魔庵①住持先泉自见本庵年深残坏不忍观瞻遂发心自捐洁财⏎
　　率徒宗鼎努力同建大殿三间兼造　⏎
伏魔圣像前后禅房焕重新又见各静室内资用不丰甚为乏短抱⏎
　　道诸师不能息妄修因余以此为忧又自捐囊财置买镶红旗满⏎
洲都兴左领下领催纪兰泰本身地坐落新城县东陶家营潘家⏎
庵后一段一顷三十亩一段八十亩一段二十亩庄窠房产一段⏎

修殿造像置地永远供众碑拓片

共为五段计地两顷五十亩价银五百两整纪兰泰业主情愿卖
与上方山伏魔庵住持先泉名下舍与合山永远供众所有福利
彼此同沾说合人百户庙沛然书字人阔如中保人郝秉辅将此
所置地亩历年租价均散合山永为各庵常远香火惟愿诸师息
心精进圣道早成速报
佛恩拔济三有实乃先泉之本愿也今欲勒石命余为叙余虽不文
感其胜事信笔书此实事功德永垂不朽云尔

         兜率寺长老② 济印
         普济寺都管③ 实住 同立
         文殊殿耆旧④ 自如
大清乾隆十五年四月初八日立石 观音殿耆旧福澄

（据实物录）

注释

  ① 伏魔庵：实际就是关帝庙。关帝，即关羽，民间称作"关老爷"，道教奉为四大护法，祀为武财神，有"荡魔天尊""伏魔大帝""三界伏魔大帝神威远镇天尊关圣帝君"等号。

  ② 长老：对德高望重的僧人的尊称。乾隆版《上方山志》卷之二《人物》记："兜率住持，山之长老也。合山遇有公事，皆聚评于此。"故此碑落款为"兜率寺长老济印"。

  ③ 都管：乾隆版《上方山志》卷之二《人物》记："普济寺主僧，山之都管也。"此为处理山上七十二庵的各种杂事的主管和尚，亦作"督管"。

  ④ 耆旧：此处落款处有两位"耆旧"，即自如和福澄。过去"耆旧"是用来指称那些在地方、乡里德高望重的老人。但此山还有特殊的说法，乾隆版《上方山志》卷之二《人物》记："文殊主僧，山之耆旧也。凡山有事，得与闻之，亦轮管公租散山之事。"溥儒版《上方山志》卷二《儒释》记："山僧之年高戒长者曰耆旧。"

按语

  上方山的碑刻中，经常会出现"均散""给散""散山"一类的词语，虽未必是其独创，但也的确有其特点。前面如彭礼《上方兜率寺重修天梯路记铭》之"弘治六年（1493）正月二十九日，御用监太监王公瑞奉上命往小西天诸寺给散布施事竟"；邰世贵所撰的"顺天府宛平县邰世贵捐地碑"文之"屡年起租，均散合山以为供佛永远香火之资"；明曜所撰的《上方山供众地亩碑记》之"岁取租钱捌拾吊，均散阖山供众"；张应召《上方山三圣庵置田供众碑》之"岁收粒粮，以每月初八日，给散各庵观岩洞诸僧"；廓如所撰的《修殿造像置地永远供众碑记》之"将此所置地亩历年租价均散合山，永为各庵常远香火"；其后如"修吕帝阁碑"条之"香灯岁修钱二百千零……八股钱八百千零，其钱按四季给散"；《建立供众斋僧碑记》之"且何常明情愿将本身地每年所获之租制钱八十千，均散合山，以为永远租种之产"；自如所撰的《穆然普德禅师塔记》之"五年春，捐田顷余，均散合山，结缘供众"；等等。虽只两字组一词，意义不同一般。其所体现的是一种"集体主义"思想，体现的是"平均"与"散发"的两种特点。山上七十二茅庵，有山高水低之分、远近高低之别、香火旺盛与否不同，但是不论哪个庵观寺庙募来的钱财、福田所产、租赁所入，不分你我，只看需求，"均散"之"均"未必是按庙平分，而应是不分亲疏远近地分配；"给散"之"给"，亦应是给予帮助之"给"。故在乾隆版《上方山志》中均将此类碑刻署之以"供众"之名。溥儒版《上方山志》卷十《艺文五·诗》有释典林《散山》诗，以鹤喻僧，以粒粟喻香积，指满山僧众无贵贱、一视同仁之意。诗曰："鹤瘦啄苍苔，天心雨粟来。金钟一棒响，少长满华台。"这是指合山僧众是"一家"，也将自己管理的寺庙庵观看作"家"。乾隆二十六年（1761）《上方山寺义田碑记》记"其闭关静摄者，则僧众公给之香积"。这充分体现了合山僧众间的友爱。又如清康熙五十二年（1713）《道潜真禅师塔记》"师性严洁，发语无私。理家之外，而持一山之治乱"之"理家"与"按是月旬日前，师茶筵诸山，将家与徒科理"之"家"，溥儒版《上方山志》原序中"凡执家务十三载，人事稍尽，经营无穷"之"家务"，都是指一庵一寺的事务。近代蒋维乔《大房山纪游》记："各庵苦行僧人，每年皆向兜率寺领口粮，一人铜子二十吊，米一石二斗。"寺僧不仅艰苦自律、质朴，而且有修为。民国时的袁励准在他的《房山游记》里说："至兜率寺，寺僧极朴野，且通经典，胜云居寺僧远矣。"

落款的四位禅师，即"兜率寺长老济印、普济寺都管实住、文殊殿耆旧自如、观音殿耆旧福澄"。另在乾隆二十一年（丙子，1756）《建立供众斋僧碑记》作"兜率寺长老慈光、普济寺督管实住、文殊殿耆旧自如、观音殿耆旧福澄"，乾隆丁丑（二十二年，1757）《明贤胜修尊宿供众碑记》作"兜率寺长老慈光、普济寺督管实住、文殊殿耆旧自如、观音殿耆旧福澄"。可见时间仅差五六年，兜率寺住持已经走马换任了，济印换慈光。当然"长老"亦未必就是住持，但一定是管大事、德高望重者。或许"济印长老"此时身体欠佳，不能主事，也许已经圆寂了，都有可能。另外这三处出现同样僧职的"普济寺实住"，第一个是"都管"，其他两个是"督管"。本身"督"与"都"意义上就区别不大，也许就是通用的。

乙亥十方普同塔铭

解题

清乾隆二十年（1755）三月初一日。居中榜书大字，双勾刻。上下款小字，之间隔空一行。赦孤会建立，佛住监造。

录文

大清乾隆二十年三月初一日　立⏎
十方普同塔　⏎
赦孤会建立药师殿佛住监造　⏎
（据实物录）

乙亥十方普同塔

乙亥十方普同塔铭拓片

建立供众斋僧碑

解题

清乾隆二十一年（丙子，1756）夏月。方首抹角方趺，首雕寿山祥云，座素面无纹饰。通高164厘米、宽56厘米、厚14厘米。额题"万古流芳"，首题"建立供众斋僧碑记"。今立于兜率禅林山门外，座右残缺，碑阴无字。

建立供众斋僧碑

录文

额题：
万古⏎
流芳⏎
正文：
建立供众斋僧碑记　⏎
上方山者京西南仙境也从前得道升空者指不胜屈而要皆不外求积⏎
德累仁者近是但山间异草名花冬夏有长青之色奇峰峻岭往来多不⏎
绝之游欲结诸方之缘而土田甚少欲成正果之路而供给不丰以是博⏎
施济众使人人遂生复性[①]有非一朝一夕之所能几也兹有本山养静禅⏎
师[②]号心安林果者并有各庵禅师源汇法然见空月三皆大公无我诚愿⏎
捐己以利物万善一本窃念殊途而同归爰是各出其所有之银四百两⏎
置正黄旗何常明之地五段一顷六十七亩一分五厘坐落房山县坨头⏎
村且何常明情愿将本身地每年所获之租制钱八十千均散合山以为⏎
永远租种之产因助　诸位禅师作成福田登觉岸返迷途则彼此之功⏎

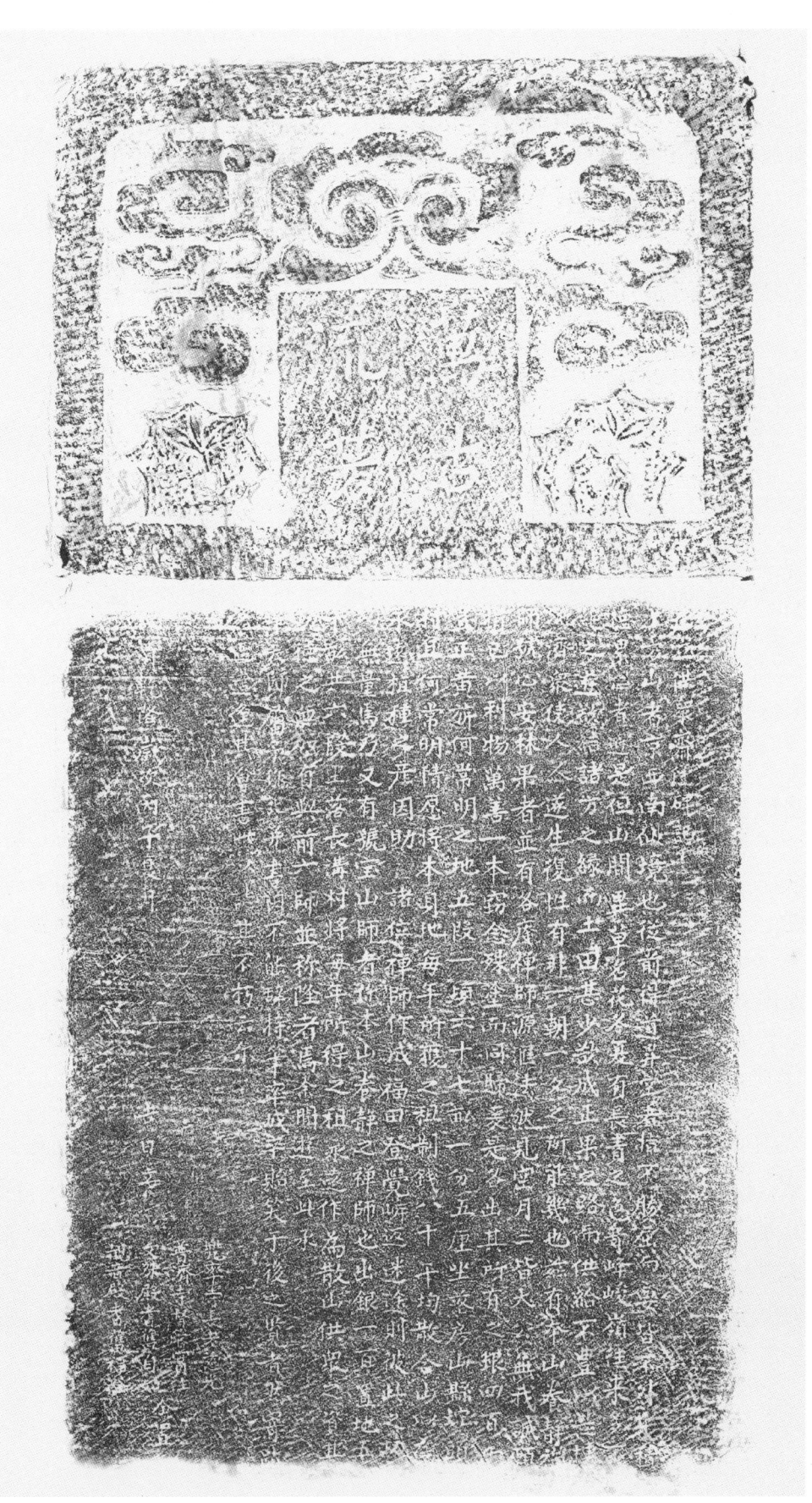

建立供众斋僧碑拓片

均无量焉乃又有号宝山师者系本山养静之禅师也出银一百置地五
十亩共六段坐落长沟村将每年所得之租永远作为散山供众之资其
功德之无加有与前六师并称隆者焉余闲游至此承
禅大师属予作记并书因不能辞持笔率成卒贻笑于后之览者然寄迹
□□区适逢其会书此以志其不朽云尔

           兜率寺长老慈光
           普济寺督管实住
大清乾隆岁次丙子夏月 吉日立   同置
           文殊殿耆旧自如
           观音殿耆旧福澄

（据实物录）

注释

① 遂生复性：顺遂生活，重复天性。
② 养静禅师：非僧职之名，指修身养性坐禅、不问"政事"之禅师。

按语

  本条与下一条碑文中均不见作者名讳，但时间上（乾隆丙子、乾隆丁丑）仅差一年；名称上（建立供众斋僧碑记、明贤胜修尊宿供众碑记）均为"供众"性质；立碑都在兜率禅林山门前；碑末落款都是四行小字，完全相同的四位长老；文中皆有一句相似的话，即"余闲游至此，承禅大师属予作记并书"，"余闲游至此，一日开一大师命余序之，因走笔率成"。有如此多相似之处，相信作者一定是同一人，山外游客，或为居士，或是当官之人，不愿意透露个人信息者。

  此碑文记"兹有本山养静禅师号心安林果者，并有各庵禅师源汇、法然、见空、月三，皆大公无我，诚愿捐己以利物"。乾隆版《上方山志》卷之二《人物·义田》记："乾隆丙子岁（二十一年，1756），善僧心安、林果、源汇、法然、见空、月三公，捐地一顷六十七亩一分五厘供众。"完全印证，但后者将"心安林果"视为二僧，疑似不确。《人物·义田》又记："乾隆丙子（二十一年，1756），善信张鹤、马士禄、吴德绍等率众捐地七十二亩供众，有碑。""京都善信王国政率众捐地一顷一十五亩供众，有碑。"此二条记载的碑刻，在实际调查中未见，其中的善信名讳在已调查的碑文中未能搜索到。"承禅大师"，似乎是说"承蒙各位大禅师之托"之意。

明贤胜修尊宿供众碑

明贤胜修尊宿供众碑

解题

清乾隆丁丑（二十二年，1757）。方首抹角方趺，首雕云纹、方座素面。通高168厘米、宽58厘米、厚14厘米。额题"万世永久"，首题"明贤胜修尊宿供众碑记"。今仍在兜率禅林山门前东侧立。

录文

额题：
万世↵
永久↵
正文：
明贤胜修尊宿①供众碑记　↵
尝闻僧在西域当佛未入中国时而宇宙芸生皆忽于佛教因不↵
知有斋僧养众之说迨至汉明帝始请入中国及唐宋以至于今↵
不待家为之晓而户为之谕亦莫不知有佛教而慈悲之法门②从↵
此大兴焉则佛之为教岂无足轻重者可同日语哉兹有房邑界↵
内去邑三十里名上方山者山中有七十余所古刹其僧众不为↵
不多矣而养赡恒虑其不足于是有胜修禅师念切僧众以为山↵
不可无寺有寺则众圣之法象独尊寺不可无人有人则诸佛之↵
香烟维续是故将所置田产二项情愿勒石以作永久供养之资↵
其一段九十亩坐落次洛村系买正黄旗包衣刘灏佐领下张浩↵
老圈地价银一百九十八两又两段四十亩坐落王家庄系民人↵
陈宪仁自种学田地价银八十两今将二项地每年所得之租按↵
名分济众僧以补一时之乏缺但此地倘异日本人回赎即将此↵

327

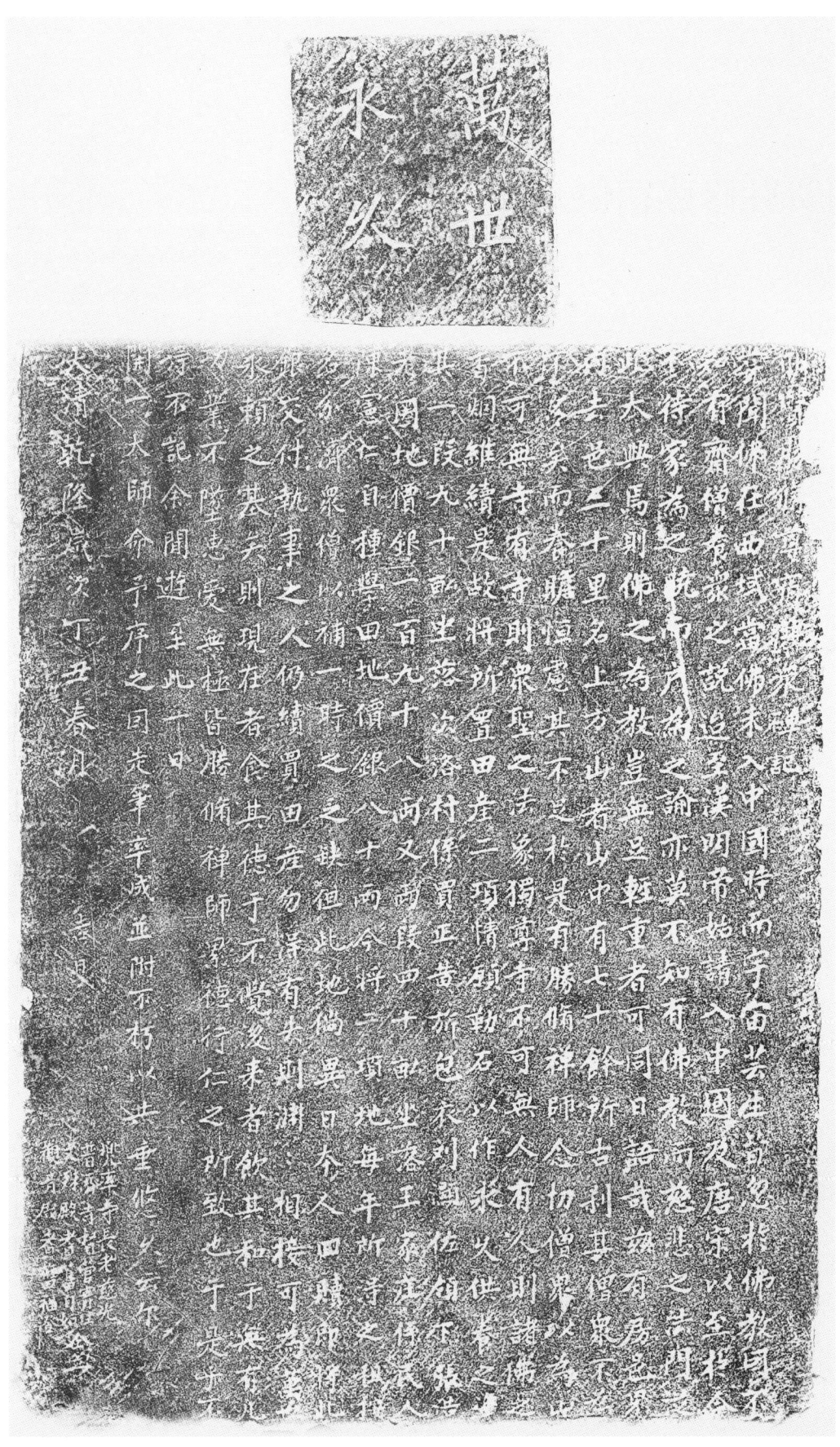

明贤胜修尊宿供众碑拓片

银交付执事之人仍续买田产勿得有失则渊渊相接可为万世
永赖之基矣则现在者食其德于不觉后来者饮其和于无有凡
功业不坠惠爱无极皆胜修禅师累德行仁之所致也于是乎不
得不记余闲游至此一日
开一大师命予序之因走笔率成并附不朽以共垂悠久云尔

大清乾隆岁次丁丑春月　　吉日	兜率寺长老慈光 普济寺督管实住 文殊殿耆旧自如 观音殿耆旧福澄	同立

（上四行文字，字略小）

（据实物录）

注释

① 尊宿：亦作"尊夙"，是指年老而有名望的高僧。"宿"，星宿，说明此尊长老在佛教界的地位。"夙"，则为其音近而讹，但意义也稍有差异。夙，旧、老之意。

② 慈悲之法门：佛教用语。佛教最讲慈悲，慈悲的道理、哲理就是"慈悲法门"。

按语

乾隆版《上方山志》卷之二《人物·义田》记："乾隆丁丑年（二十二年，1757）善僧胜修捐地一顷三十亩供众，有碑。""碑"即此碑。此碑文记："将所置田产二项情愿勒石以作永久供养之资"，"其一段九十亩，坐落次洛村"，"又两段四十亩，坐落王家庄"。两项三段相加是130亩，也即"一顷三十亩"。完全印证。

下一条"灵迹远播"铭，实为胜修的灵塔铭。从时间上看，二者只差两年。立碑为纪念"胜修"，说明胜修已逝。

"灵迹远播"铭

解题

清乾隆己卯（二十四年，1759）三月。横式嵌墙刻石，高27厘米、宽41厘米、厚7厘米。边框起凸刻，框芯刻字。居中大字横书，上下款小字。今在舍利殿内。

"灵迹远播"铭

录文

法华堂上第一代胜修灵域↵
灵迹远播↵
大清己卯三月　　吉日立　↵
（据实物录）

按语

由"法华堂上第一代"可知胜修系上方山七十二茅庵之一的"法华庵"的开创者。因为在上方山上的碑刻中尚无早于木条"法华堂（庵）"的记载。而乾隆甲申（二十九年，1764）之乾隆版《上方山志》卷之三《建置》记"庵"51座，中有"法华庵"。此记载晚于本刻五年，可以征信。但前一碑中仅云"明贤胜修尊宿""胜修禅师"等，并无"开山"之记，更说明前一碑立时胜修在世。本石镌刻，胜修已成盖棺定论。

伏魔堂浩如泉公塔铭

解题

清乾隆二十四年（1759）五月。独立于塔院上层左上角（西北），白玉石砌筑，覆钵式与阿育王式混合型塔，塔铭在正面（南）眼光门内。分三行镌刻，上下款与塔铭之间各空两行。

录文

大清乾隆二十四年五月　　　日立　┘
圆寂伏魔堂上第一代上浩下如泉公和尚觉灵塔┘
　　　　　　孝徒宗鼎　宗生　宗兴　┘
（据实物录）

伏魔堂浩如泉公塔铭

按语

泉公此塔建造得比较别致，既非纯粹的覆钵式塔，又非纯粹的阿育王式塔，而是兼有两者的特点。石材选料不错，至今仍然白净如新。在上方山现存诸塔中，这是最讲究的一座。因为这座塔不是简单地建起来的，而是雕凿出来的。按设计方案，将雕刻出来的构件，一一组合拼砌在一起，才形成了我们今天所见到的样子。塔至今还保存完好，矗立在塔院区的乾位（西北），显得那么的"傲骄"。选址于此，亦可见泉公在上方山诸寺长老中的地位。伏魔堂供奉的主神应系真武大帝。

伏魔堂浩如泉公塔

心安禅师置地碑

解题

清乾隆二十四年（1759）秋月。今在舍利殿内。

录文

本山静主心安禅师置地一段按每年┘
起租清钱二十六千六百文永远　┘
散山供众无止　┘
　　　　观音殿经管均散合山证明　┘
（中空一行）
乾隆二十四年秋月　吉日　　立塔　┘
（据拓录）

心安禅师置地碑拓片

上方山置地碑记

解题

清代（1644—1911）。原碑不见。博明撰文。此据溥儒版《上方山志》录入。

录文

上方山置地碑记　博明

上方山纪僻，人之往游者，必备糗粻[1]，越险阻竭蹶而游者甚少，故其寺僧独贫。先是京都贾人[2]张鹤施面以济，马士禄等好善者踵而行之，遂为每岁既久，外舅黄父子暨诸好善者，虑其无以继也，爰议置地若干，以为永远面资。凡阅岁而事就。夫乐道人之善，君子事也，故乐为记之。

注释

① 糗粻："粻"应为"帐"之讹字。糗粻，指食粮。《新唐书·柳宗元传》记"赋彻而藏，厚载糗粻"。

② 贾人：做买卖的人。古代有说法，商贾泛指商人；析言之，则行曰商、坐曰贾，即挑担沿街串卖的商人与坐店经营的商人不同。

按语

此记文无从得知年代时日，溥儒版《上方山志》列入"上方山寺义田碑记"条前，故据以录此。

上方山寺义田碑

解题

清乾隆二十六年（1761）四月。方首抹角方趺。首雕福山寿海祥云，方座素面。通高218厘米、宽64厘米、厚14厘米。额题"万古流芳"，首题"上方山寺义田碑记"。李冕撰文。碑阴无字。今立于兜率禅林山门外。座右有所剥蚀。

录文

额题：
万古⏎
流芳⏎
正文：
上方山寺义田碑记　　⏎
都城以西西山其巨镇也而上方之名特著余以丁丑冬岁来宰是邑窃自幸探奇讨胜庶几如⏎
愿以酬官事羁牵卒不果去年春案牍稍闲又邑中同志二三辈适有游山之约遂偕往焉余闻⏎

上方山寺义田碑

之是山旧结庵七十二处僧众住持其间岁入不敷率以募缘为生活计其闭关静摄者则僧众⏎
公给之香积①萧然斋馔或且不充矣夫释氏之言慈舍犹儒家之言惠施也今此一邑之中老有⏎
饥幼有寒为之宰者斯不得不经营措置俾无或失其所彼居吾土均吾民耳而独能恝然乎哉⏎
爰是即宦俸所得聊与捐助特念升斗之水难济辙鲋乃谋诸同官同官曰然又告诸邑中之有⏎
力而乐施者凡十数人各出余赀共襄盛举计置田一顷八十余亩田在上方山下之孤山口地⏎
甚近殊便僧也从兹修真无恙有赖宝地常宁护法有功福田益广冀诸同志勇于为善生年可⏎
纪之行当不独此而即此已足为邑人劝是亦宰是邑者所深幸也于是乎书　　⏎

上方山寺义田碑拓片

房山县正堂李　冕
　　房山营守府陈有信
　　房山县县丞杨大猷
　　房山县儒学李　瑶
　　房山县训导丁增祐
　　正黄旗内务府副管领加三级白明贵易□寿保
　　房山县补厅朱绍周
　　房山营署司　许如兆
　　　　公村霍文通　　□家庄杜宏德　　顾册村王正义　顾册村□□豫
　　　　回城黄世济　　吉阳村苗世旺　　殿子村李吉苑　云岗村张永□
　　　　石窝赵邦正　　上洛村隗廷璋　　王家庄周天树　十鳞店高明□
　　　　高家庄周士兴　瓦井村张□□　　卢村□

大清乾隆二十六年岁次辛巳四月初八
（据实物录）

注释

① 香积：指僧人的伙食。

按语

此碑在乾隆版《上方山志》中也有记载，卷之二《人物·义田》记："乾隆二十六年（1761），房山县令李冕、守府陈有信捐俸导众置地一顷八十亩散山，有碑。"接着又记："右义田各有碑记，而其坐落地名、段落亩数，载在红契存执兜率寺长老处。惟伏魔庵仍存本庵。药师殿契存文殊殿。"可见彼时"义田"都有地契。溥儒版《上方山志》亦录此文，此处空缺之补文据其录入。存契有三种情况：存"总寺"管；存他寺管；存本寺管。

"夫释氏之言慈舍，犹儒家之言惠施也。"这是撰文人李冕帮助大家以儒家的"惠施"来理解佛家的"慈舍"。"慈舍"，实际是佛家常说的"慈悲喜舍"之简。将此四字之意无限扩大、无限深化，就是大慈、大悲、大喜、大舍，此即"四无量心"。《大般涅槃经》解释说："为诸众生除无利益，是名大慈。欲与众生无量利乐，是名大悲。于诸众生心生欢喜，是名大喜。……自舍己乐施与他人，是名大舍。"儒家所说的"惠施"是施加恩惠之意，理解起来远不如"慈、舍"复杂。

"是山旧结庵七十二处"，此碑立于乾隆二十六年（1761），乾隆版《上方山志》作乾隆甲申（二十九年，1764），卷之三《建置》中记"庵"有51座，即大悲庵、兴隆庵、伏魔庵、静业庵、西方庵、毗卢庵、崇宁庵、大藏庵、本极庵、西朝阳庵、般若庵、大乘庵、望海庵、淡远庵、西域庵、瑞云庵、弥陀庵、黄龙庵、华严庵、松棚庵、福基庵、永慈庵、因果庵、积德庵、福德庵、势至庵、归依庵、昙花庵、送子庵、东坡庵、瓣香庵、东朝阳庵、贤圣庵、塔院庵、红桥庵、菩提庵、普兴庵、圣泉庵、广慈庵、云居庵、法华庵、堂子庵、向阳庵、云梯庵、接待庵、新开庵，山外尚有龙树庵、茶棚庵、文殊庵、卢舍庵、观音庵。但是在中国古代宗教民俗传统中会经常说"黄山七十二峰""崂山七十二庵""妙峰山七十二茅庵""丫髻山七十二茅棚""关沟七十二景"等，其实这是传统上对吉利数字的一种追求，犹如说《水浒传》一百单八将，有三十六天罡、七十二地煞（地上一将〔相〕，天上一星）。所以古人所谓的"七十二"只是个"凑数"，图吉利而已，切不可"务实"。而其所谓"庵"或"茅庵"等，亦未必实指"庵"类建筑或尼姑庵。上方山除这 51 "庵"之外，尚有三寺：兜率寺、普济寺、后隐寺；七殿：药师殿、文殊殿、观音殿、地藏殿、普贤殿、下佛殿和尊胜殿；八洞：延寿洞、华严洞、白牛洞、文殊洞、九还洞、金刚洞、朝阳洞和云水洞；一阁：观音阁；一园：苹果园；一泉：一斗泉；一台：西厢台；一砣：摘星砣；二崖：狮子崖和极乐崖；三庙：山中龙王庙、山外龙王庙和三义庙；二院：十方院和大悲院。共计 81 处宗教场所。按溥儒版《上方山志》卷三《考工·庵》记，"上方古称七十二庵，今传其名一百有三"。又附录引万历二十五年（1597）"羊房村碑"四十庵名，即多宝庵、慈善庵、松林庵、药师庵、万贤庵、古林庵、栗树庵、涌光庵、天室庵、竹泉庵、天桥庵、普明庵、斗泉庵、大修庵、无极庵、护国庵、西岩庵、云峰庵、慈音庵、福惠庵、九还庵、紫云庵、孤松庵、崇寿庵、三际庵、古镜庵、七珍庵、弥勒庵、柏林庵、三教庵、吉祥庵、开山庵、其沟庵、普贤庵、海潮庵、海会庵、永泉庵、无济庵、无碍庵、变通庵。

另据溥儒版《上方山志》卷七《艺文二·记》引徐渭《上方山记》，"自欢喜台拾阶而升，凡九折尽三百余级，始登毗卢顶。顶上为寺一百二十。丹碧错落，嵌入岩际，庵寺复精绝"。《长安客话》亦云"至山腰则一百二十寺，一一可指数"。姜宸英《登上方山饭兜率院》诗云："大房之山中条麓，上方开凿尤自古。香界中藏百二十，神仙窟宅谁能数。"实际所谓"一百二十"也是凑数而已。

附溥儒版《上方山志》录文

上方山寺义田碑记　　李冕邑侯

都城以西，西山其巨镇也，而上方之名特著。余以丁丑冬岁来宰是邑。窃白幸探奇讨胜，庶几如愿以酬，官事羁牵，卒不果。去年春，案牍稍闲，又邑中同志二三辈，适有游山之约，遂偕往焉。余闻之，是山旧结庵七十二处，僧众住持其间，岁入不敷，率以募缘为生活计。其闭关静摄者，则僧众公给之香积，萧然斋馔，或且不充矣。夫释氏之言慈舍，犹儒家之言惠施也。今此一邑之中，老有饥，幼有寒，为之宰者，斯不得不经营措置，俾无或失其所。彼居吾土，均吾民耳，而独能恝然乎哉？爰是，即官俸所得，聊与捐助。特念升斗之水，难济辙鲋，乃谋诸同官，同官曰然，又告诸邑中之有力而乐施者凡十数人，各出余资，共襄盛举。计置田一顷八十余亩，田在上方山下之孤山口，地甚近，殊便僧也。从兹修真无恙，有赖宝地常宁，护法有功，福田益广。虽诸同志，勇于为善，生年可纪之行，当不独此，而即此已足为邑人劝。是亦宰是邑者所深幸也，于是乎书。

按：幸赖溥儒版《上方山志》保留的文字，得以将碑文磨泐的部分全部补出来。但此版除将"李冕邑侯"款缀于记名之后外，原其他十几行人名落款均予省略。

老米会施田碑

解题

清乾隆二十九年（1764）二月。圭角方首方趺，座仅斧剁痕。通高175厘米、宽58厘米、厚13厘米。额题"衔垂奕祀"，首题"老米会施田碑记"。无书撰人名。今在兜率寺山门前东侧。

录文

额题：
衔┘
垂┘
奕┘
祀┘
正文：
　　老米会施田碑记　┘
尝闻人政食居其先五德仁列于首是知积米散
　山捐金置地☐┘
　兰若七十有二佛老者流云栖于其间类皆淡薄清修四方☐┘
　☐俾今禅学高僧有以养其生而修其性此米会之所以兴☐┘
　康熙癸巳岁京都善人把君米会之倡始者也爱结同心捐金积米☐┘
　俯仰何懋欤　雍正癸丑岁续有崔君步把后程董理其事复虑人☐┘
　倡议置地期于垂远有志未逮竟而物故于辛酉年间继此则会☐┘
　乾隆岁在庚午会中众善始行捐金置田计地壹顷捌拾贰亩☐年☐┘
　歉今春善士鲁讳圣教崔讳璇费讳宁者三友登山复置地叁拾捌亩同☐┘
　中院村傍而其价银出于三姓他莫与焉前后计地两顷贰拾亩☐┘

老米会施田碑

老米会施田碑拓片

以公同办理先后二宗同愿施山永远功德漪欤休哉① 慈心抑何善□
矣栽培者深发荣必茂则有开必先者亦后来居上而父子接踵□
盖诚有不朽者矣是为记
乾隆贰十玖年岁次甲申二月朔日西直门外米会檀越立□□木山□
地共玖段开列于左□坐落房山县东南南北地壹段肆拾亩□
老□府村西南南北地壹段叁拾叁亩□坐落坟庄村南南北地□
座落下中院村东东西地拾捌亩　壹段肆亩　上中院村西北南北□
（据实物录）

注释

① 漪欤休哉：多么美好之意。"漪欤"，先秦文学作品如《诗经》中常用的感叹词，表示赞美；休，美好。

按语

此碑文记："人政食居其先，五德仁列于首。"《尚书·周书·洪范》列"八政"，即"一曰食，二曰货，三曰祀，四曰司空，五曰司徒，六曰司寇，七曰宾，八曰师"。也就是说，君主治国应把人们的温饱放在第一位。南宋陆游亦讲"农为四民之本，食居八政之先"。儒家所说人有"五德"，即"仁义礼智信"，评定一个人的好坏，"仁"在第一。

乾隆版《上方山志》卷之二《人物·义田》记："京都把善信、崔善信，于康熙癸巳年（五十二年，1713）倡始米会。"但实际该碑是"雍正癸丑岁（十一年，1733），续有崔君步把后程"，故"把""崔"二君的善行前后相差20年。乾隆版《上方山志》卷之二《人物·义田》又记"乾隆庚午（十五年，1750），米会众善信捐地一顷八十二亩供众"，与此碑相印证。

此碑文记："□年□歉今春，善士鲁讳圣教、崔讳璥、费讳宁者三友登山复置地叁拾捌亩同□。"由于碑表剥蚀，关键词语辨认不清。幸乾隆版《上方山志》又记"乾隆十九年（1754），米会善信鲁圣教、崔璥、费宁公捐地三十八亩供众，有碑"，得以释疑补缺。

"兜率禅林"门前尚有一通"华严米会碑"，虽亦为"米会"，但其创始、建制、时间、管理与此均不同。

药师堂上临济正宗传法宗派幢

解题

清乾隆二十九年（1764）三月。残幢构件，八面等边直楞，四面布字，四面空白。幢高68厘米、边宽14厘米、径33厘米。第一面分为上下两部分，上镌文字，下部剔地出龛雕小沙弥禅定像，与金代"燃身明禅师塔幢"雕沙弥像类似，只是沙弥一个是左伏、一个是右伏，此系后者。龛下方再饰以线刻宝相花。另外三面叙写宗派。今在舍利殿院内。

录文

敬刻宗派永传于后┘
药师堂上临济正宗传法宗派┘
乾隆二十九年三月榖旦日立┘
（以上第一面文字部分）
（中空第二、第三两面）
延福　道德　觉行　满圆　清净　真常　祖定　洪远┘
（中空一行）
智慧　普通　佛法　兴隆　了悟　本性　方广　正宗┘
（以上第四面）
能仁　演妙　玄鉴　明照　戒善　周全　永作　继绍┘
（中空一行）
澄湛　体坚　海印　文宣　顺理　从义　造修　惟先┘
（以上第五面）

药师堂上临济正宗传法宗派幢

药师堂上临济正宗传法宗派幢拓片

玉镇　金章　同信　曾光　慈受　如子　昙晏　贵昌⏎
（中空一行）
幻休　唱导　琼词　蕴奥　临济　家声　千古　浩浩⏎
（以上第六面）
（据拓录）

按语

此碑所列"传法宗派"，在三面共计书刻了六行，每面两行，每行16字，两字为一组，共计48组96字。乾隆三年（1738）十月《上方山供众地亩碑记》记"本山药师殿住持上穆下然师"，其中"穆"字，不见于此96字中。然而乾隆甲申（二十九年，1764）《穆然普德禅师塔记》记"名普德，字穆然"，"普"字为本碑第四面第二行第三字。《上方山供众地亩碑记》又记"同徒通经、通律、通论，同徒孙佛住捐银"，此碑第四面第二行第二、三组"普通"与"佛法"中的"通"与"佛"印证了前述师徒关系顺序。于是乾隆二十年（1755）"乙亥十方普同塔"条记："赦孤会建立药师殿，佛住监造。"经过近十年，普德禅师的徒孙、通经的徒弟"佛住"则成了"药师殿"的住持。

乾隆四十⑤年（1780）"药师殿慈光住公塔铭"条"药师殿住持上慈下光住公和尚之塔"之"慈"，为此碑第六面第一行第九字。

穆然普德禅师塔铭

解题

清乾隆甲申（二十九年，1764）夏。清凉道人自如撰。未见原石及拓印，此据乾隆版《上方山志》录入。

录文

穆然普德禅师塔记

盖谓玉体洁润，故丹紫莫能渝其质①；松耐岁寒，故霜雪莫能凋其操。是知节义如公，惟可尚矣。师籍蠡县②小陈村，翟姓。少侍内庭李公，总家务事。公见师简直，恐难久留，遂惑其志，择马氏妻之。是夜独坐，谓马氏曰："声色非吾愿，我志乐空门。"黎明即遁迹西山。访师，月余不遇。复自叹曰："吾无愧于公，未何私匿？"复归，而将所经手一一交明，坚辞出家。康熙四十一年，师年三十六岁，于法通寺③拜古林师披剃，名普德，字穆然。师名著内庭，梁、李、魏三大监愿捐俸金鸠材工，将旧寺扩充一新，更名净因寺。置田八顷余亩，佐师讲戒，宏法利生。丙戌春，依岫云寺④德彰律师圆具后，移都北之太平庄，农耕数载。师心古性纯，加天垂祐，凡有所种，无不丰收。蓄积有年，遂自建观音一寺，置田八顷，以养后眷。雍正二年，师将田产尽交了然师兄管理，撩衣便行，而作西南游。至上方，得药师殿，而志遂定。乃掷筇挂钵⑤，整其旧田五顷，曰："吾愿足已。"五年春，捐田顷余，均散合山，结缘供众。噫！吾师之德，口无妄言，心无妄动，足无妄履，友无妄交，非学力而能然也，实出性天耳。乃功圆行满，而于乾隆七年壬戌春示微疾而终，世寿七十有七，法腊三十七夏。徒暨孙感德报恩，遂敛其骨而葬于西崖之石室。恳餘作序，勒石记之。乃谓铭曰：冰心玉质，惟精惟纯；惟师穆公，符本天真。奇哉伟哉！秋月一轮。众目瞻仰，今古伟人。大清乾隆甲申夏立，清凉道人自如撰。锡仁锡仲，霜藏场央；泱鸯秧嫱，狼状方桨；舫梁娘庄，黄仓皇装。

注释

① 玉体洁润，故丹紫莫能渝其质：形容自己守身如玉，外物不能改变自己的本性。丹紫，色重的颜料；渝，改变，违背。

② 蠡县：古地名，原为蠡州，明代降州为县。现为河北省保定市下辖的一个县。

③ 法通寺：京城仅有一座知名的法通寺，旧址位于今东城安定门内华丰胡同。始建于元代，明代两次重修、增建，清康熙四十四年（1705）重修。

④ 岫云寺：京西门头沟区潭柘寺，始建于西晋时期。初名嘉福寺，清康熙皇帝赐名岫云寺，老百姓俗称潭柘寺。

⑤ 掷筇挂钵：把手中的竹杖丢下，把化缘的饭钵放好，意思是选择在此常住了。筇，竹手杖。

按语

此碑文记："口无妄言，心无妄动，足无妄履，友无妄交，非学力而能然也，实出性天耳。"《华严经·如来光明觉品》曰："一切诸世间，皆从妄想生；是诸妄想法，其性未曾有。"佛教讲"无妄"是天性，故此处所说"言""动""履""交"之各种规矩的行为都是天性使然。

此碑系"大清乾隆甲申（二十九年，1764）夏立，清凉道人自如撰"，"自如"是谁？本书中多见其人，如：乾隆三年（1738）"上方山供众地亩碑"条有"红契大小贰张永存文殊殿自如师收执"，碑阴题名中有"自如"；乾隆十五年（1750）"修殿造像置地永远供众碑"条落款"文殊殿耆旧自如"；乾隆二十一年（1756）"建立供众斋僧碑"条落款同；乾隆丁丑（二十二年，1757）"明贤胜修尊宿供众碑"条落款同；等等。自如不单是文殊殿住持、后来的耆旧，他还是乾隆甲申（二十九年，1764）版《上方山志》的作者。溥儒版《上方山志》"原序"云："余俗武姓，顺天大兴人。父名国栋，母萧氏。康熙丙戌（四十五年，1706）十月望日卯时，余之生辰也。余自六岁（康熙五十年，辛卯，1711）即来上方文殊殿，依族叔上瑞下公师为徒。比长，学梵于继源师，受具于愍忠法藏律主。其年依维修师于本寺听讲法华。""屈指庚午（乾隆十五年，1750），盖出家已四十年矣。诵曰：'四十年来一梦兮，百千更变事难齐。何年撒手归清净，重看莲花不染泥。'凡执家务十三载，人事稍尽，经营无穷。诵曰：'迅速光阴五九零，盘根错节损真形。纵然积富堆山岳，难免临行水上萍。'闲中想来，人寿百岁者稀，余将半百……"通过自如的自述，我们大概理出一条线索：1706年出生，1711年出家，庚午（乾隆十五年，1750）时44岁，再过两年即46岁，正是自如编写完成《上方山志》这一年（乾隆壬申，1752）。一等又是十三年（即"凡执家务十三载"），一直到乾隆甲申（二十九年，1764），自如即将60岁。同年（1764）《上方山志》"吴仁敌序"也说："以故师自六龄来山，迄今五十余年，看花开落、度岁寒暑者，深因有悟于□为之前，虽美不彰；莫为之后，虽盛不传之理。"故自如出版其所编纂的《上方山志》时的年龄应该是58岁。

此碑文中之"置曰八顷，以养后眷""恳馀作序，勒石记之"两处，其"置曰"应为"置田","恳餘"应为"恳余"之误。

附溥儒版《上方山志》录文

穆然普德禅师塔记　　释自如

盖谓玉体洁润，故丹紫莫能喻其质；松耐岁寒，故霜雪莫能凋其操。是知节义如公，惟可尚矣。师籍蠡县小陈村，翟姓。少侍内庭李公，总家务事。公见师简直，恐难久留，遂惑其志，择马氏妻之。是夜独坐，谓马氏曰："声色非吾愿，我志乐空门。"黎明即遁迹西山。访师，月余不遇。复自叹曰："吾无愧于公，未可私匿？"复归，而将所经手一一交明，坚辞出家。康熙四十一年，师年三十六岁，于法通寺拜古林师披剃，名普德，字穆然。师名著内庭，梁、李、魏三太监愿捐俸金鸠材工，将旧寺扩充一新，更名净因寺。置田八顷余亩，佐师讲戒，宏法利生。丙戌春，依岫云寺德彰律师圆具后，移都北之太平庄，农耕数载。师心古性纯，加天垂祐，凡有所种，无不丰收。蓄积有年，遂自建观音一寺，置田八顷，以养后眷。雍正二年，师将田产尽交了然师兄管理，掩衣便行，而作西南游。至上方，得药师殿，而志遂定。乃掷筇挂钵，整其旧田五顷，曰："吾愿足已。"五年春，捐田顷余，均散合山，结缘供众。噫！吾师之德，口无妄言，心无妄动，足无妄履，友无妄交，非学力而能然也，实出性天耳。乃功圆行满，而于乾隆七年壬戌春示微疾而终，世寿七十有七，法腊三十七夏。徒暨孙感德报恩，遂敛其骨而葬于西岩之石室。恳余作序，勒石记之。乃为铭曰：

冰心玉质，惟精惟纯；惟师穆公，符本天真。

奇哉伟哉！秋月一轮。众目瞻仰，今古伟人。

按：与乾隆版《上方山志》互校，有多处不同：一、记名后加撰文人名"释自如"；二、前文首句"盖谓玉体洁润，故丹紫莫能渝其质"之"渝"，此作"喻"；三、前文"吾无愧于公，未何私匿"之"何"，此作"可"；四、前文"梁李魏三大监"之"大"，此作"太"；五、前文"置曰八顷，以养后眷"之"曰"，此作"田"，为是；六、前文"撩衣便行"之"撩"，此作"掩"；七、前文"遂敛其骨而葬于西崖之石室"之"崖"，此作"岩"；八、前文"恳餘作序，勒石记之"之"餘"，此作"余"，为是；九、前文"乃谓铭曰"之"谓"，此作"为"；十、前文末"大清乾隆甲申夏立，清凉道人自如撰。锡仁锡仲，霜藏场央；泱鸯秧嫱，狼状方桨；觔梁娘庄，黄仓皇装"，此处没有。

华严米会碑

解题

清乾隆四十年（1775）四月。方首抹角方趺座，通高169厘米、宽55厘米、厚12厘米。额题横书"华严米会"，首行"夫上方华严开辟唐宋兴隆皇恩浩荡檀越信心建立兰若七十有二乙未春"。无书撰人名，会首韩玉章等立。前半部记文，后半部题"会首"等人名，末尾落款。碑阴额双勾横书"万古流芳"，首题"上方山施舍供众地亩碑记"，京都西双广济寺宗公和尚撰文，清嘉庆四年（1799），兜率寺住持（了常、了业、广和）同合山僧众诚立。今在兜率禅林山门前。

华严米会碑正、背面（左、右图）

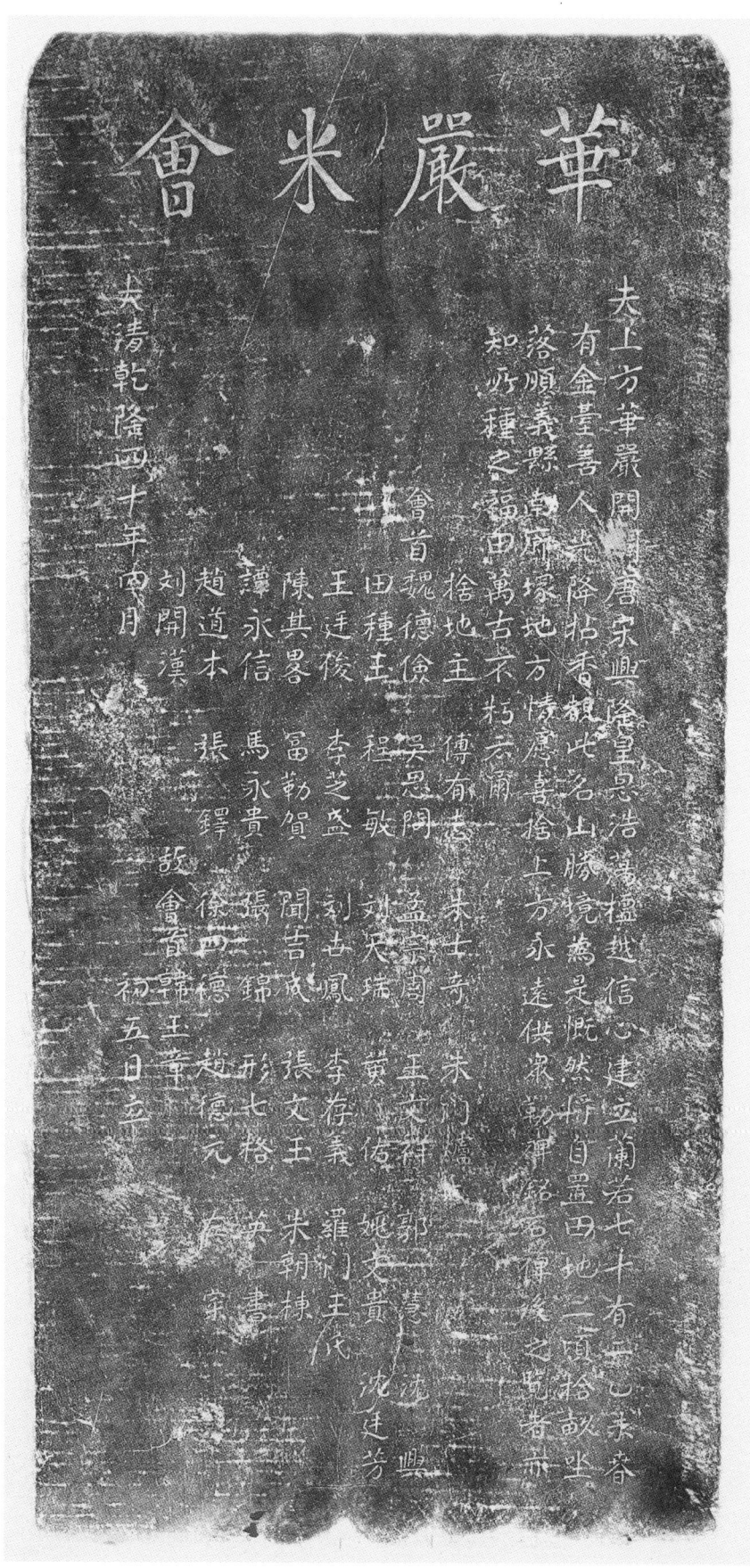

华严米会碑阳面拓片

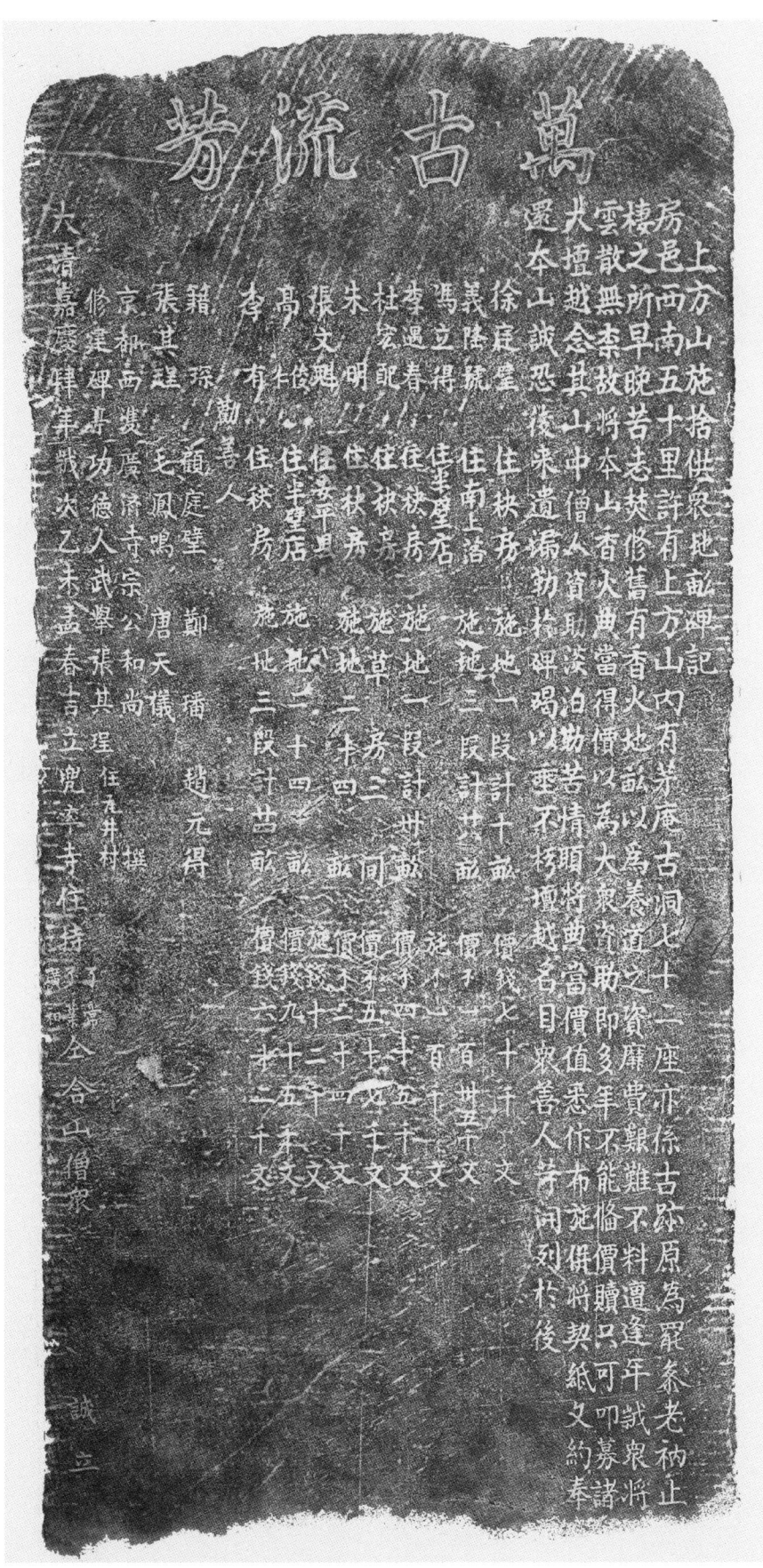

华严米会碑阴面拓片

录文

额题：

华

严

米

会

正文：

夫上方华严开辟唐宋兴隆皇恩浩荡檀越信心建立兰若七十有二乙未春
有金台善人光降拈香睹此名山胜境为是慨然将自置田地二顷拾亩坐
落顺义县南廊冢地方情愿喜舍上方永远供众勒碑铭石俾后之览者亦
知所种之福田万古不朽云尔

舍地主　傅有志　朱士奇　朱门炉氏
会首魏德俭　吴思问　孟宗周　王文祥　郭　慧　沈　兴
田种玉　程　敏　刘天瑞　黄　佑　姚文贵　沈廷芳
王廷俊　李芝盛　刘世凤　李存义　罗门王氏
陈其略　富勒贺　闻吉成　张文玉　朱朝栋
谭永信　马永贵　张　锦　形七格　英　书
赵道本　张　铎　徐四德　赵德元　左　宲
刘开汉　　故会首韩玉章

大清乾隆四十年四月　　初五日立

碑阴：

额题：

万

古

流

芳

正文：

上方山施舍供众地亩碑记

房邑西南五十里许有上方山内有茅庵古洞七十座亦系古迹原为罢参老衲[①]止
栖之所早晚苦志焚修旧有香火地亩以为养道之资靡费艰难不料遭逢年岁众将
云散[②]无奈故将本山香火典当得价以为大众资助即多年不能备价赎[③]只可叩募诸
大檀越念其山中僧人资助淡泊勤苦情愿将典当价值悉作布施并将契纸文约奉
还本山诚恐后来遗漏勒于碑碣以垂不朽檀越名目众善人等开列于后

徐庭璧　住秧房　施地一段计十亩　价钱七十千　文
义隆号　住南上落　施地三段计廿八亩　价钱四百卅五千文
冯立得　住半壁店　　　　　　　　施钱一百千　文

李遇春	住秧房	施地一段计卅亩	价钱四十五千文
杜宏配	住秧房	施草房三间	价钱五十七千文
朱 明	住秧房	施地二十四亩	价钱二十四千文
张文魁	住安平县		施钱十二千文
高 詹	住半壁店	施地二十四亩	价钱九十五千文
李 有	住秧房	施地三段计廿四亩	价钱六十二千文

劝善人

籍 琛　顾庭璧　郑 璠　赵元得

张其珵　毛凤鸣　唐天仪

京都西双广济寺宗公和尚　　　撰

修建碑亭功德人武举张其珵住瓦井村

大清嘉庆肆年岁次乙未孟春吉立兜率寺住持 了常 了业 广和 同合山僧众　　诚 立

（据拓录）

注释

① 罢参老衲：指那些身体欠佳而无法云游参学的老和尚。宋陆游《频夜梦至南郑小益之间慨然感怀》："身似庵居老病僧，罢参不复系行縢。"

② 众将云散：（如果是那样的话）大家就都各奔东西了。

③ 备价赎：准备钱财照价赎买回来。

按语

上方山另有"老米会施田碑"，立于兜率寺山门前东侧。然此碑略晚，主人亦不同，故非同一会。"老米会施田碑"记："乾隆贰十玖年（1764），岁次甲申二月朔日，西直门外米会檀越立□□木山◯。"此中"西直门外米会檀越"，非又一"米会"，而是指该米会远在西直门外的"会员"而已。此碑文记："（乾隆）乙未（四十年，1775）春，有金台善人光降拈香，睹此名山胜境，为是慨然，将自置田地二顷拾亩，坐落顺义县南廊家地方，情愿喜舍上方，永远供众。"意思是，金台善人（匿名者）来上方山上香，发现胜境，于是舍地供众。此即为有关上方山"华严米会"创始人与创始由来的叙述。"金台"由于有燕昭王筑"黄金台"招千里马的故事得名而作为旧京之称，故此碑文给我们留下的信息也只是此会创始人"为京城之人""顺义有地"而已。

那么晚二十多年镌刻的碑阴文字，虽然从内容上看亦属于"施地供众"的性质，然而从行文上看，却找不到系"老米会"事业继承和发展的痕迹。记载的是上方山遭遇凶年，诸寺僧人散、田产卖，多亏众檀越出资，将其"备价赎回"，故镌碑以垂不朽。

　　碑阴撰文人为"京都西双广济寺宗公和尚"。清朱一新《京师坊巷志稿》载："双寺，东曰嘉慈，西曰广济，明成化时建。"京城有二"广济寺"，今"佛协"之"广济寺"又在"双寺"以西。但"双寺"中的"广济寺"在"嘉慈寺"之西，故此处曰"京都西双广济寺"。

药师殿慈光住公塔铭

解题

清乾隆四十五年（1780）四月二十五日。无书丹、撰文人名。分三行定格书，行间中空三行。

录文

大清乾隆四十五年修建 ┘
（中空三行）
药师殿住持上慈下光住公和尚之塔 ┘
（中空三行）
四月二十五吉日造功成 ┘
（据拓录）

按语

药师殿的传承已如上述，先后排列有96字之多。按乾隆二十九年（1764）"药师堂上临济正宗传法宗派幢"条所叙，其字辈尚可再用20多代，至今应该是刚够，再后恐怕又得重新"轮回"了。

药师殿慈光住公塔铭拓片

关帝庙香火地碑

解题

清嘉庆七年（1802）四月。断首缺座，仅余碑身。残高 89 厘米、宽 63 厘米、厚 7.5 厘米。首行"京南大城县北辛张村古刹"，兜率寺方丈通顺撰文并立碑。今在舍利殿院内。

录文

京南大城县北辛张村古刹
关帝庙香火苇地①二段一段名和尚大地一段名风家小地乃师祖俗家之产带□
入庙作为香火通顺与师弟通荣接司此庙原期共守清规长留香火不意通荣
勾串村中土棍②马思贤等将前地典当与众分肥通顺见其行为势难劝戒随至
都拈花寺③静修以免薰莸杂处④后至乾隆四十八年通荣族父同村中乡亲至拈
花寺劝顺回庙整顿香火顺不忍师祖遗产终于弃置于是沿门托钵募化香资
将前地赎回嗣后至上方山住静通荣复勾串马思贤等将地转典合村乡绅见
其损坏庙宇典当香火不法累累王价浦郑彩占等在县公呈逐出勒令还俗蒙
县尊传谕令顺回庙住持香火未回之先郑彩占等将地典出其价作为村中公
用余剩复又分肥庙中香火仍然乌有顺于嘉庆四年在各宪具呈将地赎回但
此地再失再复用费数千余千皆赖戒徒智圆帮助募化告贷始得完功而剃度
徒法名无障等行为有类乎通荣香火亦难望其长守因思顺退修上方二十余
载仰赖佛天赎回此地具见法门不二凭依善守之僧我佛无私默佑能修之辈
故将此地之花利作为上方之香火所谓普天同一佛谁辨东西万刹尽皆僧当
分诚伪岂得拘拘彼此而使不法之徒得以复行典当也哉至于地租收送则有
万宁寺⑤戒徒智圆随同赎地备历艰辛深悟因果可保无他此项地租即着智圆
自嘉庆十三年后每年收取送至上方山兜率寺供奉三宝合施大众庶期衣钵
相传可谓佛门有庆为此备序始末勒石以昭久远惟望后之接司者共谅通顺
之苦心也谨记

关帝庙香火地碑拓片

时 ┘

大　清　嘉　庆　七　年　孟　夏　毂　旦 ┘

上　方　山　兜　率　寺　方　丈　和　尚　通　顺　立 ┘

（据拓录）

注释

① 香火苇地：属于寺庙供奉香火的地亩。此非田地，而是芦苇地或滩涂地，属于产粮少的薄地一类。

② 土棍：恶棍、地痞，当地的坏人。

③ 拈花寺：今仍存遗迹，在西城区大石桥胡同，为北京市级文物保护单位。始建于明代万历九年（1581），初名千佛寺。

④ 薰莸杂处：好赖人同处，好人也会变坏的。语出《左传·僖公四年》"一薰一莸，十年尚犹有臭"。意思是香的和臭的混在一起放，再离开分别放置，十年还有味。此句偏向于"香"的也会被熏臭的。薰，香草；莸，臭草。

⑤ 万宁寺：又写作万灵寺。其地在今东城区鼓楼大街草厂胡同，原建于元大德九年（1305），初名"大天寿万宁寺"，元成宗敕建，规模宏大。随着元朝灭亡，该寺规模渐小。道光时，该寺曾因避圣讳改作"万灵寺"。

按语

此碑虽非政府布告，但具有等同作用。因为在这个积存多年的僧俗纠纷中，县太爷也出面干预了。"乾隆四十八年（1783）""其损坏庙宇典当香火，不法累累，王价浦、郑彩占等在县公呈逐出，勒令还俗"，"（通）顺于嘉庆四年（1799）在各宪具呈，将地赎回"，说明不法僧人与地痞、恶棍捣乱，侵占田产，将典当"分肥"，主僧与乡贤父老报官后得到官府的支持，事情解决之后，立碑示后。

此碑文中似有一处时间上的龃龉，"此项地租，即着智圆自嘉庆十三年（1808）后每年收取，送至上方山兜率寺，供奉三宝，合施大众"。因此碑落款系嘉庆七年（1802）四月，但却为"十三年"事？其实，细读碑文即可解开谜团，由于"至于地租收送，则有万宁寺戒徒智圆随同赎地，备历艰辛"，故此定例，让智圆从十三年开始，将所收租银送兜率寺供众。

修吕帝阁碑

解题

清嘉庆十八年（1813）四月。失首方趺，座饰双海棠线。通高170厘米、宽65厘米、厚18厘米。首行"尝闻重岩邃谷中灵淑之所荟萃神圣之所寄迹者也而地之隐显关乎时事之创修☐"。今立于兜率寺山门殿前。

录文

   尝闻重岩邃谷中灵淑①之所荟萃神圣之所
   迹者也而地之隐显关乎时事之创修☐
   山高峰矗天古树荫地自华严祖师诛茅结庵迄
   今二千余年道场益盛时有高僧云集其上☐
   春　梦因老夫子由上方归亟称不已并云　仙
   佛一体三教同源已托山僧及门下☐
孚佑帝君但金身尚未庄严清等仰体至意爰塑
圣像并配像二尊与契友徐君玉山同诣阁中供献赡
   仰之际见其前列玉姿后☐
   钟声遥相应和遂觉尘虑顿息天怀畅适诚人间
   仙府也而山中☐
   五百两在河西务地南与人伙开鉴泰典铺一座逐年利息以为☐
   修理兜率寺及
吕帝阁并朝阳庵又于阁旁修造正房六间山门一座厚其墙垣涂以☐
佛殿之北建
玉皇殿五间东供
孚佑帝君西供

修吕帝阁碑

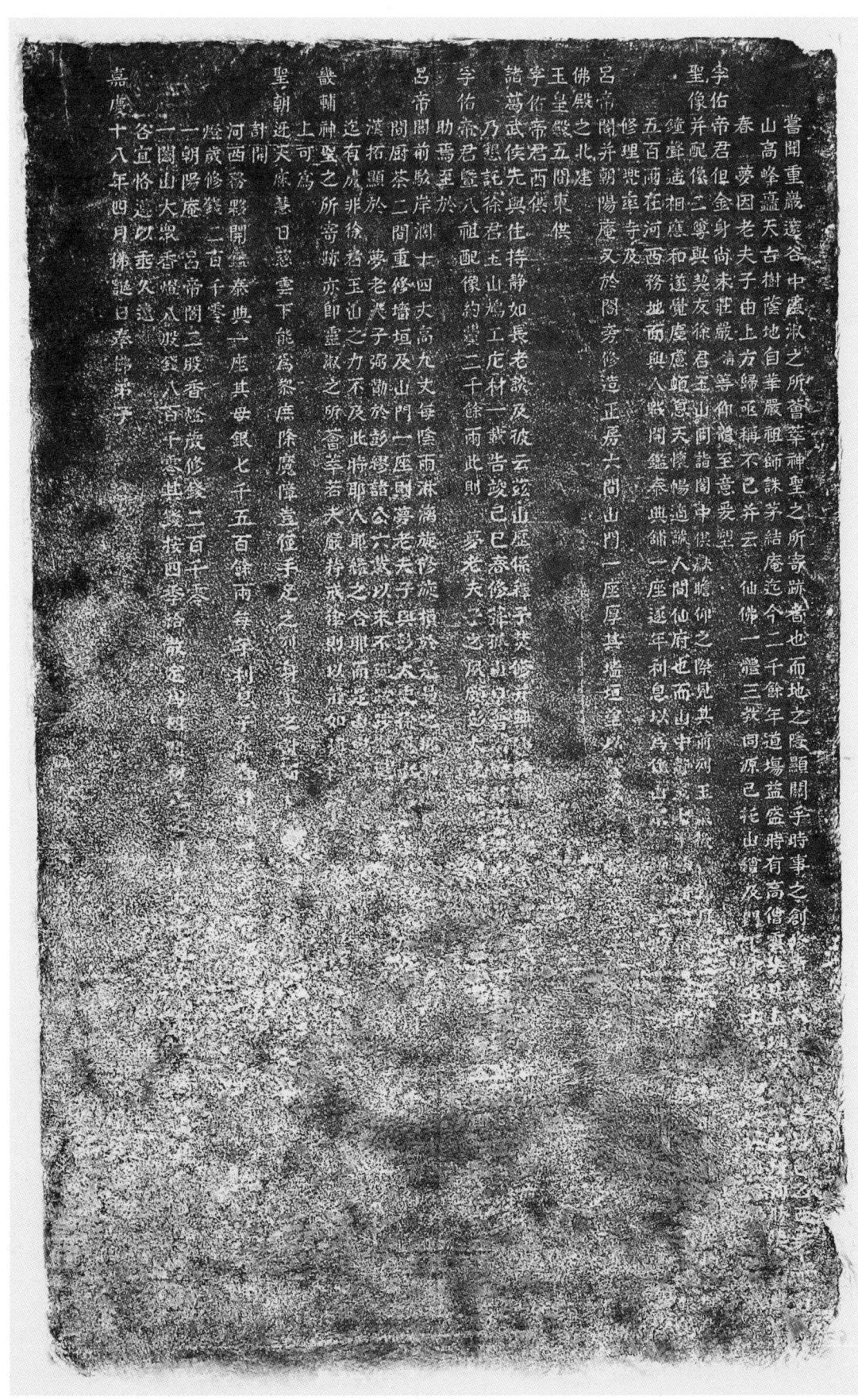

修吕帝阁碑拓片

诸葛武侯先与住持静如长老谈及彼云兹山历系释子焚修并无□
　　乃恳托徐君玉山鸠工庀材②一载告竣己巳春修葺孤山□
孚佑帝君暨八祖配像约费二千余两此则　梦老夫子之夙愿彭太史□
　　助焉至于
吕帝阁前驳岸阔十四丈高九丈每阴雨淋漓旋修旋损于是□之
　　间厨茶二间重修墙垣及山门一座则梦老夫子与彭太史
　　汉拓显于　梦老夫子弼勋于彭缪诸公六载以来不□跋涉
　　迄有成非徐君玉山之力不及此时耶人耶缘之合耶而是
畿辅神圣之所寄迹亦即灵淑①之所荟萃若夫严持戒律则以□如
　　上可为
圣朝迓天庥慧日慈云下能为黎庶除魔障岂仅手足之烈身家之
　　计开
　　　河西务伙开鉴泰典一座其母银七千五百余两每年利息子银
　　灯岁修钱二百千零
　　一朝阳庵　吕帝阁二股香灯岁修钱二百千零
　　一阇山大公香灯八股钱八百千零其钱按四季给散定为
　　各宜恪遵以垂久远
嘉庆十八年四月佛诞日奉佛弟子
（据实物录）

注释

① 灵淑：拟人的手法，形容上方山幽岩邃谷之中有灵气。
② 鸠工庀材：召集工匠，准备建材。鸠，纠集；庀，具备。

按语

此系上方山诸寺中极不多见的道教庙宇，但落款却是"嘉庆十八年（1813）四月佛诞日，奉佛弟子"。就如前一条"关帝庙香火地碑"所记，作为庙祝的通顺，为其师弟通荣所欺，致使庙产田地被侵占，后来通顺反复"斗争"了多次，并在大家与官府的帮助下，终于收回"香火地"。在这数十年间，通顺两次"躲进"佛教寺庙，一个是京城拈花寺，一个是房山上方山寺，最后在兜率寺做了方丈。他认为"仰赖佛天赎回此地，具见法门不二，凭依善守之僧，我佛无私默佑能修之辈"，于是"故将此地之花利作为上方之香火"。所以表面上看起来关帝庙与上方山没有关系，但是记写那里的碑却在这里，原来是兜率寺方丈的关系。

玉皇殿前常明海灯碑

解题

清道光二十七年（1847）九月。方首抹角方趺，首雕寿山祥云，座刻麒麟，四框缠枝纹。通高 207 厘米、宽 65 厘米、厚 16 厘米。额题"万古流芳"，首题"玉皇殿前常明海灯碑记"。无书撰人名。阴额"永垂不朽"，碑身分六列镌刻"李永馥"等功德人名，后部刻"计开地亩"数，字号略小。今立于兜率寺前院西侧。

玉皇殿前常明海灯碑

录文

额题：
万古⏎
流芳⏎
正文：
　　玉皇殿前常明海灯①碑记　　⏎
　　兹因京都内务府善信张舒秀来山进香⏎
玉皇驾前施舍大玻璃海灯一口以后又引善⏎
　　信城里关外旗民信士人等同往进香虔⏎
　　心发愿共捐资财四佰余千舒秀合宅老⏎
　　幼乐助钱叁佰余千共成善事置地贰佰⏎
　　余亩每年取租钱壹佰余千以为万古香⏎
　　灯之资不朽　　⏎
　　众位檀越名目开列于后　　⏎
大清道光岁次丁未二十七年九月初九日立⏎

玉皇殿前常明海灯碑阳面拓片

碑阴：

额题：

永垂⏎

不朽⏎

正文：

（碑前半功德人名，分六列）

李永馥　李振源　施凤翔　彭福山　何春生　张舒英　王吉陞　张常海　施门李氏　徐门石氏　⏎

（以上第一列）

赵兴旺　王春庆　施永祥　郭亮贵　李得禄　张景文　智绅　王明礼　施门刘氏　张门李氏　⏎

（以上第二列）

刘天富　宁玉春　赵连达　李永顺　王明仁　郑长山　吴明福　张舒秀　⏎

（以上第三列）

王德禄　德楞额　黎富全　张得通　日昇号　卢义　徐万龄　张佛保　郑门曹氏　张门周氏　⏎

（以上第四列）

赵福志　施琏　彭五达塞　凤岐　张也思哈　王常山　陈门谈氏　王门唐氏　⏎

（以上第五列）

（前空七行）施门郭氏　王门郑氏　张春姑娘　⏎

（以上第六列）

（碑后半记地亩）

　　计开地亩　武侯村　⏎

林字玉　种地五十八亩　李芝　种地五亩　⏎

王云汉　种地十亩　刘元蒲　种地五亩　北务村　⏎

杨成章　种地三十亩　良乡县　炒米店　⏎

李瑞　种地七十七亩　官道口　郭安　种地二十三亩⏎

（据实物录）

注释

① 常明海灯：一种比喻，民俗中一说海灯系菩萨现身的法相。

按语

　　读该碑文可知，此次的捐款置地活动，是由"京都内务府善信张舒秀来山进香"引起的。张舒秀当时捐了"玻璃海灯一口"，随后又动员城内外的百姓，共集捐款七百余千文，并以此钱置两百余亩福田，将此地分别租给佃农，每年可收回一百余千文，交给住持，用来延续香灯之费。碑阴前半所刻人名，即捐资善信，其中如"德楞额""彭五达塞""张也思哈"等显然是满洲旗民。后半部记录了某村某人租种福田若干，租种地亩总数为218亩。——交代清楚，立碑为据。

顺天府谕禁告示碑

解题

清同治九年（1870）五月。方首抹角，失座，碑高165厘米、宽68厘米、厚16厘米。额双勾题"顺天府示"，首行"经筵讲官礼部尚书教习庶吉士兼管顺天府府尹事务加五级随带加一级纪录二十三次万"。真修监刻，石匠赵廷彦。阴面额篆"芳名万古"，首行"钦差总督东厂官校办事提督两司房掌司礼监事"，孙真轮撰文。碑阴前半重镌明天启六年（1626）五月碑文，后半小字刻方丈徒孙真轮补志。原在今上方山森林公园进大门处，首身断离，今已修复，并配方趺座，立于上方山园区门外南侧台上。

录文（阳面）

额题：

顺 天┘

府 示┘

正文：

经筵讲官①礼部尚书②教习庶吉士③兼管顺天府府尹事务④加五级⑤随带加一级⑥纪
　　录二十三次⑦万　　　┘

钦 命 二 品 顶 戴⑧ 顺 天 府 府 尹 加 七 级 纪 录 十 次 王 为 ┘
　　严禁晓谕事照得⑨房山县上方山兜率寺建自前朝越今二千余载住持方丈僧众人等均各┘
　　遵守清规相传已久此寺山峦耸翠松柏青葱实为　　　　┘

国家之祥瑞前因不法僧人本参等勾串附近匪徒偷伐树株隐匿契据以及凶酒滋事不守清┘
　　规经明宽之徒真轮来　　　┘

　　辕呈诉业经讯明⑩本参等实属不守清规即经照例治罪断令真轮充当兜率寺方丈掌管上┘
　　方山一切僧众合行⑪出示谕禁为（此字大两号）此示仰⑫上方山兜率寺所管各寺僧人
　　并附近乡民人等┘

　　知悉（此二字大两号）嗣后倘敢偷伐上方山树株以及勾引不肖匪徒在寺凶酒骚扰
　　一经兜率寺方丈⑬真┘

轮查知或被告发即行严拿惩办如系僧人故犯立即勒令还俗若系乡民蔑法定即加等治

罪□宜凛遵毋违特示遵　　右仰知悉（此五字大三号）

同治七年六月　　初九　日　（此九字大二号）

　　　　告示（此二字大三号）实贴⑭兜率寺方丈

　　　　　　　　　　　监院⑮真修监刻石匠赵廷彦

（据拓录）

注释

① 经筵讲官：指具有为皇帝讲读经史资格的官员就是经筵讲官。宋代凡侍读、侍讲等官均称"经筵官"。明清时期定制，侍读、侍讲学士等为翰林院职官名称，以实际进讲官为经筵讲官，或简称"经筵官"。

② 礼部尚书：古代中央机构有吏、户、礼、兵、刑、工六部，各有所司。各部的行政最高领导为"尚书"。礼部主管朝廷礼仪、祭祀、宴请、贡举及外事活动等，尚书为其主官，清代为从一品。

③ 庶吉士：亦称"庶常"，取自《尚书·立政》之"庶常吉士"一语。这是明清两朝翰林院中的一个职位，从通过科举考试中进士者当中选择有潜质者担任，是皇帝的近臣，负责为皇帝起草诏书、讲解经籍等。

④ 顺天府府尹事务：意思是由于某种原因（比如府尹职位暂缺等），需要兼管顺天府府尹事务，但其实际的官位要高于顺天府府尹。顺天府是指明清两代的北京地区，其辖区在乾隆八年（1743）以后开始固定下来，共领五州十九县，即通、蓟、涿、霸、昌平五州和大兴、宛平、良乡、房山、东安、固安、永清、保定、大城、文安、武清、香河、宝坻、宁河、三河、平谷、顺义、密云、怀柔十九县，因此又混称为"顺天府二十四州县"。明清两代顺天府尹均为正三品文职外官。

⑤ 加五级：此为清代"加级"制度的体现。加级、纪录，是清代对官员的奖励（议叙）。纪录有三等：纪录一次、纪录二次、纪录三次。纪录四次，即可加一级（加到三级，需纪录十二次）。

⑥ 随带加一级：根据清代吏部的奖叙制度，对于京外有功绩的官员，给予议叙奖励，或纪录，或加级。凡给予纪录奖励者，无论调任、升任，俱准随带至新任注册；凡给加级奖叙者，则有随带与不随带之分。

⑦ 纪录二十三次：参见上条。"纪录"二十三次，如果再"纪录"一次的话，就可以升六"级"了。

⑧ 顶戴：清代用以区别官员品级的帽饰。以红宝石为最高，其后依次为珊瑚、蓝宝石、青宝石、水晶、砗磲、素金、镂花阴文金顶、镂花阳文金顶。革职或降职时，要革除或摘去所戴顶子。

⑨ 照得：古代公文用语，意思是"查察而得"。碑文中可以理解为"查证得实"。

⑩ 业经讯明：已经审讯得实，审问清楚了。

⑪ 合行：应该施行。

⑫ 示仰：指示、传达，公示告知大家之意。后文"右仰"义近。公布出的告示，让大家仰望得见；刻于碑右（前面部分）的告示，让大家知道。

⑬ 方丈：佛教中一般以"方丈"代表"方丈和尚"。方丈是院里的最高领导者，即"住持"，同时也负有老师的职责。

⑭ 实贴：意思是这篇告示文就是专门发给兜率寺的。贴，张贴。

⑮ 监院：在佛教寺院中，"监院"就是总领众僧的职称，为一寺之监督。即负责协助方丈监管寺院事务，总管内部一切事务。又称监寺、院主、主首。大寺可设几名监院。

录文（阴面）

额篆：
芳名↲
万古↲
正文：
钦差总督东厂官校办事提督两司房掌司礼监事↲
　　兼掌御用监印总提督礼仪房御马监⑯太监冯↲
　　保李志义并议施财重修上方山兜率寺下院⑰↲
　　接待庵正殿三间东西两庑僧房六间韦驮殿↲
　　一座山门一座左有钟楼一座　↲
　　内府各衙门太监信官⑱（张　喜　缪进朝　师　明　蒋进朝　李　孝）共助银陆两　↲
大明天启六年岁次丙寅五月吉日立　↲
（原碑此称作"重修接待庵碑"）
（以下用小字镌刻）
　　原碑历久字迹剥蚀谨照原文重刻并将兜率寺历经重修新建各处工程附列于后　↲
　　嘉庆十七年合山僧众由京都宝禅寺⑲敦请　博闻⑳和尚至兜率寺住持方丈因年老于十九年传授　庆↲
　　缘㉑和尚道光六年新建斋堂五间十二年新建钟楼一座十四年新建退居五间配殿十二间二十四年新↲
　　建舍利殿三间配殿十二间二十八年重修接待庵　关圣殿三间配殿马殿共九间至咸丰三年因年老↲
　　传授　瑞云㉒和尚同治元年装修大殿九年五月吉日住持方丈法孙真轮敬志　↲
（据拓录）

顺天府谕禁告示碑阳面拓片

顺天府谕禁告示碑阴面拓片

注释

⑯ 御马监：明代宦官官署名，"十二监"之一，是明代宦官机构中设置较早的一个。有掌印太监、监督太监、提督太监各一员，下有监官、掌司、典簿、写字等员。掌腾骧四卫营马匹及象房等事。康熙即位后即裁撤。

⑰ 下院：佛教用语，指较大型寺院的分院。

⑱ 信官：古时多把信佛的官员称为信官。

⑲ 宝禅寺：位于北京市西城区西四北八条北边不远处的宝产胡同内，此胡同旧称宝禅寺胡同，因有宝禅寺而得名。该寺始建于元代，初名普庆寺。

⑳ 博闻：此即博闻禅师。溥儒版《上方山志》卷二《儒释》记："博闻禅师，讳了达，号博闻，易州人。嘉庆中（1796—1820）住上方兜率寺，传临济之宗。"

㉑ 庆缘：此即庆缘禅师。溥儒版《上方山志》卷二《儒释》记："庆缘禅师，讳达善，号庆缘。静海人，房氏子。博闻禅师之法嗣也。道光（1821—1850）中住兜率寺。"

㉒ 瑞云：此即瑞云禅师。溥儒版《上方山志》卷二《儒释》记："瑞云禅师，讳悟雨，号瑞云。顺天钟氏子，庆缘禅师之法嗣也。咸丰（1851—1861）中住兜率寺。"

按语

冯保作为明朝的大太监、万历（1573—1620）初期的红人，却在万历十一年（1583）就与他的侄子冯邦宁死于狱中了。他曾为"钦差总督东厂官校办事、提督两司房事、司礼监事、兼掌御用监印、总提督礼仪房、御马监太监"，集众职于一身，一身兼两"监"，实非等闲可比。担任首辅期间，张居正获得了慈圣宣文明肃皇太后、万历皇帝的支持，得到了内相冯保的配合，执政多年，推行了"一条鞭法"，增加了国家财政收入，裁减冗员，减少支出，使大明政权一度出现了复苏局面。但可惜好景不长，万历十年（1582），由于积劳成疾，首辅张居正死于任上。是年十二月江西道御史李植上书弹劾冯保"十二大罪状"，立即得到神宗皇帝的批示："冯保欺君蠹国，罪恶深重，本当显戮。念系等考付托，效劳日久，故从宽着降奉御，发南京新房闲住。"于是，朝廷又展开了查抄冯保家产的行动，将他发配到南京种菜。此时他还遭到了多位大臣的"弹劾"：山东道监察御史江东之、陕西道扬四知等亦纷纷弹劾，谓其与张居正同流合污，多图不轨。这导致张"祸发身后"，冯病死狱中。

客观地讲，冯保虽然为当时的"佛教事业"做过不少"贡献"，是敬了"神"的，但是却得罪了"人"，也就是那些弹劾他的大臣们。回溯历史，并不简单。如下：

他得罪了万历皇帝。神宗年幼（10岁）登基（1573），18岁（万历九年，1581）时，因醉戏宫女，冯将状告到太后那里，太后非常愤怒，差点儿废掉神宗帝位。为此两人结了"梁子"。

与大学士高拱有嫌隙。冯保嘉靖年间（1522—1566）入宫为宦，隆庆（1567—1572）初掌管东厂，监理御马监。司礼监掌印太监空缺，按资历应由冯保升任，但最后由高拱推荐的御用监陈洪升任。陈离任后，高又推荐掌管上膳监的孟冲继任。冯保不满于高拱。高见冯权势越大，先下手为强，授意阁臣，提出"还政于内阁"，组织大臣一起倒冯。而冯与张联手，抓住高曾在前朝穆宗（隆庆皇帝朱载垕）驾崩后所议"十岁太子如何治天下"语，在太后与贵妃处告状，高拱被革职逐回老家。紧接着，刚登基的小皇帝出宫视朝时，被一名叫"王大臣"的男子冲撞，侍卫将其擒获后，搜出刀、剑各一，于是下旨押东厂审讯。冯借此又要株连高拱，且要置其于死地。朝中人人自危。幸有都察院左都御史葛守礼、吏部尚书杨博坚决要求此案由刑部、都察院与东厂联审，这才洗清了高拱的冤情，王大臣被处以死刑。

矫诏。隆庆六年（1572），穆宗驾崩。冯保假传遗诏"阁臣与司礼监同受顾命"，与内阁首辅高拱、次辅高仪、次辅张居正同为"顾命大臣"。虽然是成功了，但却埋下祸根。

贪财。张居正在太后、皇帝的支持下，在内臣冯保的配合下，由次辅升为首辅。但冯保却贪财，张先后送给冯名琴七张、夜明珠九颗、珍珠帘五副、黄金三万两、白银二十万两，惹怒了当朝皇帝、众大臣等。冯保虽然得到了太后的信任，但却遭到了皇帝的怀恨；排挤高拱，大臣敢怒不敢言；贪财也令众人不齿。所以虽然冯保也在建庙刻经，为家乡修桥，有才情、善书画，但毕竟积累了祸因，在他的靠山和合作者死后一年，也含恨而死。

天启六年（1626）的旧碑上记载冯保与李志义施财重修兜率寺下院——接待庵，其中包括正殿三间、东西两庑僧房六间、韦陀殿一座、山门一座和钟楼一座，但并没有交代这个工程是何时实施。因为此时1626年距冯保死时的万历十一年（1583）已经过去了40多年了。也就是说，后人为了纪念冯保、不忘其功德而补立了碑，却忘了这是发生在哪一年的事了。但是冯保为上方山做的另一个功德，就是在兜率寺后山墙上嵌刻其捐款并手书的《佛说四十二章经》。此落款也没有纪年，最后刘效祖的跋文落"万历丁丑夏吉"，可证明其时间至少在万历五年（1577）或之前不远。即便如此，我们还不能认定接待庵也是这一年所建。仔细看会发现有个突破点，就是两个不同的落款：

> 钦差总督东厂官校办事、提督两司房、掌司礼监事、兼掌御用监印、总提督礼仪房、御马监太监冯保

> 钦差总督东厂官校办事、乾清宫管事、提督两司房、司礼监掌监事、兼掌御用监印太监、镇阳冯保

前一款是此碑的，后一款是《佛说四十二章经》的，前款多了一个"御马监"，后款多了一个"乾清宫管事"，这就不一样了。古人落款时一般总想把自己做过的官衔阶爵都列上，而且越高的位置越放到前面。可见，"乾清宫管事"是新加的差事，"御马监太监"是无所谓的官职。因此，此碑所记冯保重修接待庵的时间，一定要早于镌刻《佛说四十二章经》的时间（1577）。

与冯保合作重修接待庵的李志义，上方山今存碑刻中除此之外再没有提到过他。可是在乾隆版《上方山志》卷之二《人物·善信》中尚有如下记载："万历年（1573—1620）重修观音阁，善信惜薪总理司、御马监太监李志义。"乾隆元年（1736）查礼《莎题上方二山纪游》亦有所记："仍至文殊殿晚饭，登观音阁，有减塑观音三十二应象及窑变观音，一殿有增塑观音三十二应象，皆明万历末惜薪司太监李志义塑。殿宇

亦志义所创，殿后画像甚古，即志义也。"

碑文"并议施财重修上方山兜率寺下院接待庵"，我们可以理解为"接待庵"是"兜率寺"的"下院"，但是溥儒版《上方山志》则另有所说。溥儒版《上方山志》卷三《考工·寺·上方寺》记："房山县上方山有寺，分上下院，相去不远。上院封键多年。有二恶少，强僧开视之，一无异也。僧曰'是上代相传，岂无故与？'少曰'不过托以惑人耳！余两人今夕当醉眠其间！'是夜果携酒歌呼房中。方就寐，忽房外敲门有声，两人以为僧也，不之理。少顷，其声剥啄及窗户。窗户碎，有黑手大如伞，自外入。两人奋剑砍之，哀啼声如山岩崩裂。两人惧，急奔下院，藏僧弥房。僧曰'误我矣！'达天曙，上院雷震枪刀声。甫息，登山视之，上院片瓦不存。"也许这只是个故事，但却明确上方寺曾有"上院"。至于"中院"和"下院"，溥儒版《上方山志》卷一《山水·山》记载详明。其云："六聘山见于《辽史》，见于《寰宇通志》及《明一统志》。近时士子多守《广舆记》为《兔园册》，削去不载，人遂略焉不考。康熙癸丑（十二年，1673），登上方山，见兜率寺南十方院东有金大安中《忏悔上人坟塔》。后十四年，复游上方，于孤山口西麦田中见有元延祐间所树碑，则集贤学士魏必复所撰，称此地为六聘山天开寺下中院。又于甘池村北数里访天开寺尚存，盖当日寺僧管业其地甚广。天开乃其下院，孤山则下中院，兜率为上方，而总名之曰六聘山天开寺。六聘之义，地志不详，疑即霍原教授之地，舍原之外，无人足以当之矣。"清石景芬《石经山访碑记》记："遂上马出南关过墓，前有高塔古寺，上房山下院也。旁有龙潭，相传华严祖师居上房山，龙徙居此。"近代蒋维乔《大房山纪游》记："行三十里，至孤山口，是为上方入口处。再行十余里，经下中院、上中院，而至接待庵。"近代陈诜《房山纪游·京兆房山县》记："（孤山口）循涧西北上六里，经下中院、上中院、十八盘，又四里抵接待庵。"民国李书华《房山游记》记："出孤山口后，仍复西行，经下中院村，至上中院村，此地高度一五〇米。按魏必复《天开中院碑阴记》中所谓'建中院寺于南沙河'者，则中院在元以前实寺也。"日人武内义雄《房山纪》记："从前这三寺本是一大寺，天开是其院，孤山是其中院，兜率在上方，总称六聘山天开寺。"

在记载冯保重修接待庵的碑文后部还有几行字，是"内府各衙门太监信官（张喜、缪进朝、师明、蒋进朝、李孝）共助银陆两"。一共五人，才捐助陆两白银。仅仅这些够什么用呢？如果是重修，领头大太监都出了，不会就差这一点，这五个人实在也拿不出手啊！冯保也不会答应的。因此，怀疑这个捐资记录很有可能是立碑时（1626）大家的捐款。立碑大致需要百十两银子，这五人再助上六两好说得过去。

碑阴下面小字加注的部分，实际上是交代了以上部分只是按照原来明代碑文重新镌刻的。之后又记载了自明代建庵以后，在清朝的几次修缮和当时兜率寺传代的情况。

第一次，嘉庆十七年（1812）请宝禅寺博闻和尚来做住持。宝禅寺在今北京西四宝产胡同。

第二次，嘉庆十九年（1814）因年老传授衣钵于庆缘和尚。

第三次，道光六年（1826），新建斋堂五间。

第四次，道光十二年（1832），新建钟楼一座。（请注意：没有鼓楼！）

第五次，道光十四年（1834），新建退居五间、配殿十二间。

第六次，道光二十四年（1844），新建舍利殿三间、配殿九间。

第七次，道光二十八年（1848），重修接待庵关圣殿（三间）、配殿、马殿共九间。

第八次，咸丰三年（1853），庆缘和尚传瑞云和尚衣钵。

第九次，同治元年（1862），装修大殿。

第十次，同治九年（1870）五月，住持方丈真轮敬志。

直到最后一条记载，才是此碑真正刻立的准确时间。

因合山众僧专请京都宝禅寺僧博闻来做兜率寺住持一事，说明当时山上可能有些"式微"，需要重整河山，接待庵更是无人打理，指望博闻来后振兴一回。实际上他只做了两年就告老了，在修缮接待庵一事上似乎没有任何动静。而真正"新建斋堂五间"，又是在14年以后的事。

另外，似此类古代政府布告碑，除了行文叙述上有一定的格式外，在镌刻上、石上也是有一定的要求的。比如大小字、转行、顶格、落底等都与普通碑刻明显不同。此告示的发布者是当时的顺天府尹万某，很多类似的政府告示都是只写姓不知名的，也许只是后人不知吧！当时地方百姓哪有不知道自己父母官的。但事过境迁，的确给后来读碑人造成障碍。其实此人即万青黎（1821—1883），字文甫，号照斋，亦号藕舲，江西德化人，道光二十年（1840）进士。碑文一开始在"万"前面的一大堆官名，都是他逐步获得的名誉和地位。此碑刻立时间为同治九年（1870）五月，万青黎是同治四年（1865）由兵部调任礼部尚书，同时兼任顺天府尹的。也就是说，万青黎并不是真正的全职顺天府尹。这是清代特有的一种现象"兼尹"，也就是说，万青黎是清廷特派的兼管顺天府的官员。所以在"万"之后还有一个不具名的"王"，此人才是顺天府尹的现官现管呢。通过查证，此人即王榕吉，山东长山县人，道光二十四年（1844）进士，同治六年（1867）由山西布政使升迁于此，又于九年（1870）七月迁大理寺卿。也就是说，他在立碑后的两个月就换任了。

总结一下兜率寺住持传位的情况：嘉庆十七年（1812），博闻和尚住持兜率寺，嘉庆十九年（1814）传授庆缘和尚；咸丰三年（1853），庆缘和尚传授瑞云和尚；同治九年（1870），住持为法孙真轮。然而在同治七年（1868）的顺天府告示（此碑阳）中有"断令真轮充当兜率寺方丈，掌管上方山一切僧众"，可见真轮是在1868年由政府做主才做了兜率寺住持的。文中"庆缘传授瑞云和尚"之"瑞云"，可见于溥儒版《上方山志》卷十《艺文五·诗》所录恭忠亲王奕䜣《退居庵与老衲瑞云谈禅》诗。

王九成等捐资修红桥庵碑

解题

清光绪庚寅（十六年，1890）。圆首方趺。碑高137厘米、宽47厘米、厚8厘米。额题"万古垂青"，首行"盖闻福自善修诚愿必获绵延起创成林崇德巍奕兹□上方山旧迹红桥庵"。兜率寺住持证果撰文。阴额篆作印章形"笔下分香"，首题"碑阴流芳"，功德人名上下分三列镌刻。今在红桥庵内，碑身下部横通断，复粘接。

录文

额题：

万古┘

垂青┘

正文：

盖闻福自善修诚愿必获绵延起创成林崇德巍奕兹□

上方山旧迹红桥庵┘

壹所年久失修十方老衲缺之栖止适有新城县马官屯

王善人九成来山进┘

香目睹庵止零落因发心捐银贰拾金并萧官营会首善

人李公崑合会共捐┘

钱陆拾余千付主僧从起修葺俾后罢参老衲来者容膝

亦不泯古宿遗风成┘

全养道坛场主僧估料工程敬谨修饰盖得正殿叁楹及

西房山门群墙筱桥┘

均克日工竣焕然新眹殊赖檀那[①]优功慨助以倾圮成

王九成等捐资修红桥庵碑正、背面

（上、下图）

为采䇿大觉之场从得↵
径路矣惟花费内尚不敷用所亏者从常住措[筹]② 盛举已成勒石永表　↵
好善德誉欤　↵
　　　诸上善信芳衔列于碑阴　↵
（中空四行）
大清光绪庚寅年清和佛诞日③　　　　　　兜率寺住持证果敬撰　↵

碑阴：
额篆：
笔下↵
分香↵
正文：
　　　碑阴流芳　↵
王九成 马官屯 施钱拾千↵
李 崑 萧官营 施钱肆千↵
刘文祥 侯家干池 施钱壹千↵
李文周 肖官营 施钱弍千↵
张广仁 龙湾 施钱壹千↵
李 秀 岐山庄 施钱壹千↵
刘裕德 曲堤 施钱贰千↵
刘门李氏 华家店 施钱壹千↵
傅门庞氏 艸厂 施钱壹千↵
赵门宋氏 上堡 施钱壹千↵
董门王氏 曲堤 施钱壹千↵
李门张氏 孤旗村 施钱壹千↵
刘门林氏 □家坟 施钱贰千↵
（以上第一列）
刘克昌 华家店 施钱壹千↵
朱璋 樊家店 施钱壹千↵
刘益三 柴家营 施钱贰千↵
张兆熊 侯辛庄 施钱贰千↵
史郁文 侯干池 施钱壹千↵
石耀峰 华家营 施钱壹千↵
（中空一行）
李门雷氏 宋干池 施钱叁千↵
李门方氏 新城 施钱壹千↵
王门王氏 曲堤 施钱壹千↵
韩门李氏 侯干池 施钱壹千↵
刘门张氏 宁家坟 施钱贰千↵

王九成等捐资修红桥庵碑阳面拓片

王九成等捐资修红桥庵碑阴面拓片

刘门田氏 宁家坟 施钱贰千↵
（以上第二列）
侯殿臣 陈家庄 施钱贰千↵
李得兴 东侯□ 施钱乙千↵
张一枝 柴家营 施钱乙千↵
杨维和 垡头 施钱乙千↵
王锡珍 王家庄 施钱乙千↵
林晓泉 林家庄村 施钱式千↵
（中空一行）
崔门王氏 崔家营 施钱叁千↵
段门李氏 谢家营 施钱乙千↵
王门赵氏 曲堤 施钱乙千↵
段门潘氏 谢家营 施钱式千↵
田门张氏 杨家庄 施钱式千↵
（以上第三列）
（据拓录）

注释

① 檀那：意同"檀越"，佛教用语，梵文音译，布施者。

② 所亏者从常住措𦈢：（修红桥庵）的经费不足之处，需要从日用花销内节省出来贴补。

③ 清和佛诞日：清和节即佛诞日，时间在每年农历四月初八。

按语

关于兜率寺住持证果，溥儒版《上方山志》卷二《儒释·证果禅师》条记："讳真修，号证果，直隶刘氏子，瑞云禅师之法嗣也。同治（1862—1874）中，住兜率寺。"又卷三《考工·虹桥庵》题名中，"红"作"虹"字。越往后，越嫌文饰，又如原"发汗岭"改作"筏汉岭"。但近代蒋维乔《大房山纪游》记："过天王洞，登筏汉岭；岭不高而陡绝，俗讹为发汗岭，言至此者必发汗云。"

碑阴的题名也很有价值，其中保留了许多今已不存或已改称及分合的村庄名称，发现里面有不少带"营"字的村庄，说明当时的军事化程度深，今天确实不多了，仅仅有像"史家营"之类的。还有其记载捐款银两时用字也很随意，比如"二"有时作"贰"，有时作"式"，"一"有时作"壹"，有时作"乙"等。

重修上方山兜率寺舍利殿碑

解题

清光绪十七年（1891）八月。方首抹角失座，无边框。碑高100厘米、宽45厘米、厚10厘米。额篆横书"万古流芳"，首题"重修上方山兜率寺舍利殿碑记"。完颜嵩申撰文并书丹。今在舍利殿内。

录文

额篆：
万古┘
流芳┘
正文：
重修上方山兜率寺舍利殿碑记　┘
盖闻莫为之前虽美弗彰莫为之后虽盛弗传是以乘风载响音徽[①]自遥寻烟染芬薰息尤┘
烈人事如此庙貌同然况乎梵王宝座[②]净拓琼林[③]觉路莲台[④]宏开绀碧[⑤]非资大愿力八德水[⑥]┘
何以常清惟发真慈悲五衍车乃臻不敝上方山兜率寺舍利殿者京西古刹房山丛林在┘
昔规模壮丽节山棁藻[⑦]之辉煌兼之法相庄严金面文胸之变相岩谷窅其幽曲岚泉洁其┘
形声奈日往而月来经风漂而雨蚀盖久矣双树无依渺渺旃檀之气兹何幸五灯有感恢┘
恢甘露之门也　住持空祥[⑧]上人业行贞纯理怀悱恻太息榱椽之朽嘻吁迦叶之衰[⑨]于是┘
击法鼓以振众聋拨妙轮而植缘果运广长舌阐法应化之三身开惺悟心辟贪嗔痴之九┘
品则有　韩君密寿者夙根善性雅量宽洪不入菩萨魔知足于富乐安隐超出住相界[⑩]能┘
行波罗密多[⑪]慨然舍六百之金焕乎新十寻之宇从此云流万栱耸鸱吻而冠飞鱼凤定四┘
荣镂爵栖而承阳马玉鸟赑伏于琅础金环虹衔于雕楣仰则气象万千夕照丽于珠网俯┘
则光辉富有朝霞灿乎丹除斯皆方丈之苦行真修致檀越之现身舍利信乎金资宝相永┘
赖闲安而鼎勒玉文难名功德也已　┘
赐进士出身　┘

诰授荣禄大夫　太子少保刑部尚书　会典馆副总裁镶白旗汉军都统总管内务府大臣　完颜嵩申[12]顿首拜撰并书

光绪十七年岁在重光单阏仲秋月榖旦

（据实物录）

重修上方山兜率寺舍利殿碑

注释

① 音徽：美音，德音。

② 梵王宝座：泛指佛像宝座。

③ 净拓琼林：泛指佛教寺庙。

④ 觉路莲台：指菩萨指点迷津，助人走向成佛正路。

⑤ 宏开绀碧：形容佛的智慧像大海一样广阔。绀碧，深蓝色，形容大海的颜色。

⑥ 八德水：佛教词语，形容人的八种德行，即孝、悌、忠、信、礼、义、廉、耻。

⑦ 节山梲藻：又作"山节藻梲"，山形的斗拱，绘有纹饰的梁上短柱。形容宫殿建筑的辉煌大气。

⑧ 空祥：溥儒版《上方山志》卷二《儒释》记："显瑞禅师，讳空祥，号显瑞。大兴人，证果禅师之法嗣也。同光（1862—1908）中住兜率寺。"

⑨ 嘻吁迦叶之衰：嘻吁，表示叹息的感叹词。迦叶，又译作"大迦叶""摩诃迦叶"，佛陀十大弟子之一。生于王舍卫城近郊之婆罗门之家，于佛成道后第三年做佛弟子。禅宗以其为佛弟子中修无执着行之第一人，特尊为头陀第一。故此句意为忧虑当今佛教的现状。

⑩ 超出住相界：佛教用语，可以理解为空祥上人的道行已超出常人。

⑪ 能行波罗密多：指住持空祥上人道行高深。

⑫ 完颜嵩申（1841—1891）：字伯屏，号犊山，内务府满洲镶黄旗人，完颜崇实之子，咸丰十一年（1861）举人，同治七年（1868）进士，卒谥"文恪"。撰写此文年份正是其逝世之年。

按语

"盖闻莫为之前，虽美弗彰；莫为之后，虽盛弗传"，此句为化用韩愈《与于襄阳书》"士之能垂休光、照后世者，亦莫不有后进之士、负天下之望者，为之后焉。莫为之前，虽美而不彰；莫为之后，虽盛而不传"，故曰"盖闻"。

"双树无依，渺渺旃檀之气兹何？幸五灯有感，恢恢甘露之门也"，引用了佛教中的几个典故，兜率寺通过这次重修，使原本不旺的香火又重新见到了振兴的景象。"双树"即"娑罗双树"，当年释迦牟尼就是在拘尸那城娑罗双树间入灭，故以此典暗喻寺庙衰败将修。"五灯"是指宋人编撰的五种禅宗典籍，即《景德传灯录》《天圣广灯录》《建中靖国续灯录》《联灯会要》《嘉泰普灯录》。佛教以"灯"喻法，"灯灯相传"，佛法不断。"甘露门"指如来之教法。甘露为涅槃之譬喻，故趋赴涅槃之门户譬之为甘露门。此处比喻佛法借此殿宇重修而得到振兴。

因果不昧碑

解题

清光绪二十年（1894）。圆首失座，首身一体。碑高91厘米、宽37厘米、厚19厘米。额篆横题"因果不昧"，碑阴无字。今在舍利殿内。

录文

额篆：
因┘
果┘
不┘
昧┘
正文：
　　天缘寺比丘尼悟真　┘
　　信女弟子朱门王氏　┘
　　年例发心设斋　┘
　　供　众　┘
光绪二十年九月十九日立┘
（据实物录）

因果不昧碑

重修斋堂碑

解题

清光绪二十年（1894）四月。方首抹角方趺，通高125厘米、宽35厘米、厚7厘米。额篆横书"万古流芳"，首题"重修斋堂碑文"。隐僧墨禅撰文并书丹，行书，住持空祥谨立。今在舍利殿内。

录文

额篆：
万
古
流
芳
正文：
   重修斋堂碑文 隐僧墨禅撰并书
窃维人天教主护法安僧功存有作六度梵行兜率寺者乃京
西之名刹也由汉迄今尚复兴修兹因近年雨水交作殿堂渗
漏工程浩大整饰惟艰其中斋堂椽木朽烂每逢
檀越斋僧不能应供受食幸遇
密寿韩君来山进香见此斋堂摧残广发慈心喜舍功德银三
百两以资重修屡成胜事宏开慈善之门薰修无量之福承斯
善利子孙绵长惟愿僧众祈祷 佛天垂佑善门清泰合宅康
宁咸生欢喜枝叶长生立此铭曰永报檀信矣
光绪二十年四月佛道日   住持空祥谨立
（据拓录）

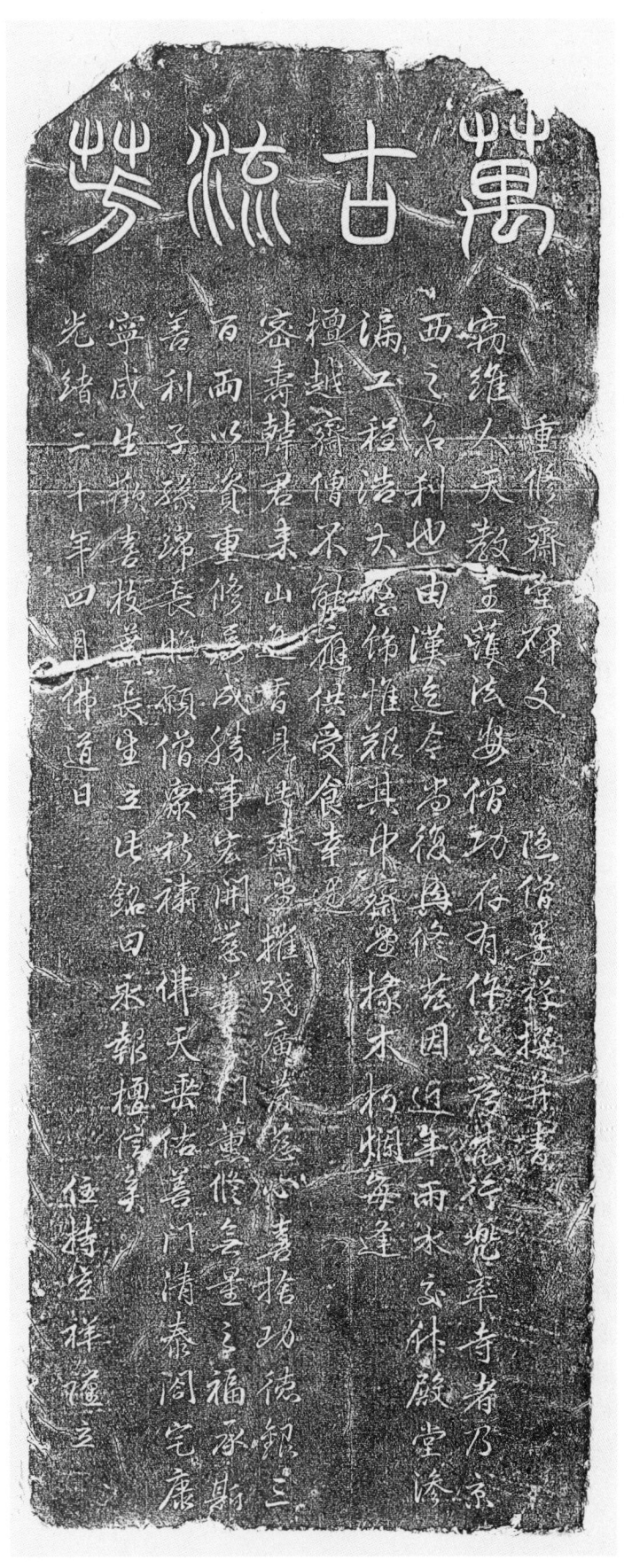

重修斋堂碑拓片

创修径路碑

解题

清同治、光绪年间（1862—1908）。上部残，中部斜通断。残高45厘米、宽39厘米、厚8.5厘米。住持空祥立并书丹。今在舍利殿。

录文

☐记
☐四十两因山路崎岖巅崖之险往来
☐生恻隐故发慈念创修径路普结万
☐诚感十方檀越亦悦☐端可引朝山
☐德福寿绵绵过去先远上品金莲千
（中空二行）
（大字）由此往南
住持戒衲空祥　立　并书
（据拓录）

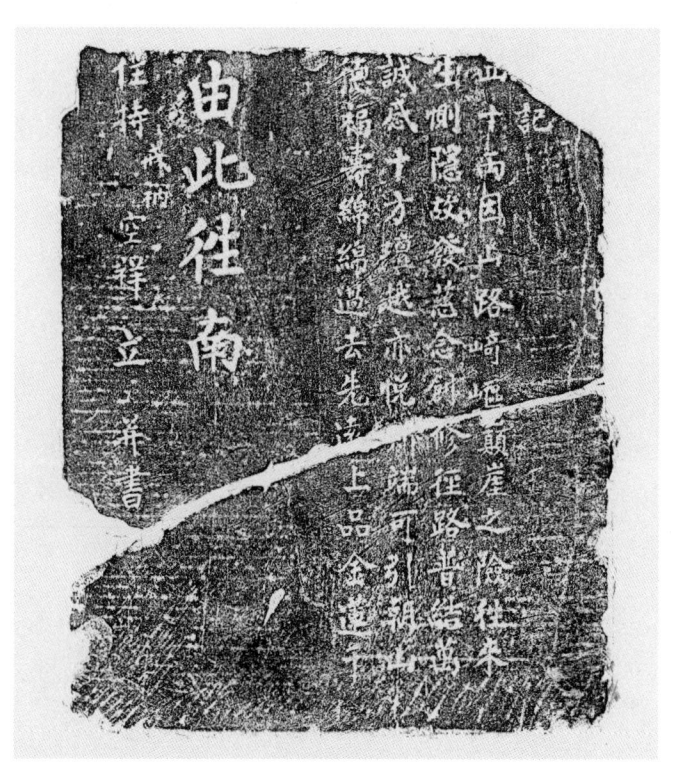

创修径路碑拓片

按语

此残刻石没有体现准确的时间、地点，亦不知来处。但从"空祥"处还是能得到启发。清光绪十七年（1891）完颜嵩申撰文并书丹的《重修上方山兜率寺舍利殿碑记》，记文提到"住持空祥上人"，即空祥系当时兜率寺的住持。溥儒版《上方山志》卷二《儒释》记："显瑞禅师，讳空祥，号显瑞，大兴人。证果禅师之法嗣也。同光中住兜率寺。"

华严会碑

解题

清代（1644—1911）。无首失座，仅余碑身，残左上部，额损一字。碑身高79厘米、宽60厘米、厚13厘米。额横题"华严会□"。碑表风化严重，字迹难辨。碑阴刻人名。今在福德庵。

录文

额题：
华
严
会
□

（碑表风化严重，字迹难辨，此略）

碑阴：
☐ 郝运　郝弈　王仲庆　潘齐　潘公如
☐ 李甫元　刘公义　宁公进　宁奴儿　刘□孝　刘贵□
☐ 李元　任宜　李直　李公弈　张彦　刘庆甫
☐ 李文兴　李天吉　刘详　刘永安　年庆伦
☐通　李彦　杨整　杨晏　□□初　杨宽　□晏　许□成
☐ 许□玉　杨☐
☐ 赵志　赵德用　宁孝友　□丹　黄兴才
☐ 李璋　刘庆安　☐
☐照　王直
☐何　☐（以下数字小字刻）三家店地保☐
☐杨☐

☐王进　王造　赵熙　傅刚成　┘
大☐二十一年　┘
（据拓录）

慈寿塔铭

慈寿塔铭

解题

清代（1644—1911）。塔铭竖长方形，外框卷草。内框有"慈寿塔"三大字，小字落款竖书。

录文

慈寿塔⏎
　　庚寅八月十九日戌时建造⏎
（据实物录）

按语

根据塔与铭之特点，此应系清初之物，这里的"庚寅"极有可能是康熙庚寅（四十九年，1710）或乾隆庚寅（三十五年，1770）。

慈寿塔铭拓片

普公塔铭

解题

　　清代（1644—1911）。横式，居中大字横书"玉阜"二字，小字落款竖书，上款磨泐不辨，下款"圆寂师祖普公讳如江觉灵基"。在塔林，嵌砖塔眼光门内。

录文

居中横书：
玉阜╝
下款：
圆寂师祖普公讳如江觉灵基╝
（据实物录）

普公塔

普公塔铭

普公塔铭拓片

护持山林碑

解题

民国十九年（1930）前。溥儒撰文。未见原石，此据溥儒版《上方山志》录入。

录文

  护持山林碑 溥 儒

  上方幽窈，当桑乾之西①。无金锡之美、渔盐之利②。竹树委于沮泽，苗草杂于土穰。非房人之所欲也，而山僧资焉。魏晋以来，无井税之役③，凶年饥岁，樵苏不及于空谷④，林木皆全其天，禽兽皆遂其生⑤。自辽金以来，牧斯土者⑥，禁伐林木之碑相望，岂厚山僧而薄房之人哉⑦？将使安于斯土，无相侵夺，利有所不同故也。夫渔盐不生，金锡不出，则不争。无狸首之木，则匠师不顾⑧。且房之为邑也，平野百里，力田而食，则谷满家而粟满仓，岂有欲于上方一峰而必往其斧斤哉？己巳八月，清池上人既主兜率，惧林木之有伐者，立石表于疆界曰：东至于迎风峪，北至于棺材山，西至于羊毛梯，南至太湖山南岭。中为峰、为寺，寡平壤，所谓无渔盐之利者也。使余为文，以告房人。

注释

  ① 上方幽窈，当桑乾之西：上方山山谷幽深窈窕，桑乾河流经它的东边。桑乾河，永定河的上游。

  ② 无金锡之美、渔盐之利：山中没有金锡之矿，地方又无水产与井盐可获之利。

  ③ 无井税之役：由于井水不足，所以也不用向政府缴纳井税。

  ④ 樵苏不及于空谷：砍柴打草的人都不进这荒山野岭的地方。樵，砍柴；苏，打草。

  ⑤ 林木皆全其天，禽兽皆遂其生：草木山林任其生长，鸟兽之类无人狩猎。这其

实影响它们的生长。

⑥ 牧斯土者：指这里的地方官。牧，州牧，地方官。

⑦ 岂厚山僧而薄房之人哉：难道对山僧和房山居民还有厚有薄吗？

⑧ 无狸首之木，则匠师不顾：《狸首》本为先秦逸诗之名，与此不相干。按字面可以理解为，如果不是那些带有鬼脸、狮子头一类的好木头，匠人们连睬也不睬一眼。

按语

此碑文记："竹树委于沮泽，苗草杂于土穰。非房人之所欲也，而山僧资焉。"意思是，山上的杂草树木等无人栽培，原地自生自灭，对于房山人民来讲，谁也不需要，但这是山里居住的这些师父们的生活来源。

此碑文记："自辽金以来，牧斯土者，禁伐林木之碑相望。""禁罚碑"有很多，但今天所能知道的，不过三通。一是"天开寺奉先县禁山榜示碑"，碑文系一篇地方政府（奉先县）的告示文，刻立公布于金代崇庆元年（1212），原在上方山兜率寺内。碑文的内容是"六聘山天开寺十方禅院僧善辛状告"本寺于"四至"范围内受到不法乡邻干扰，"乞禁止凶恶人斫截四至内林木"等情，请求政府做主，政府核实后，遂发公文榜示。二是"涿州房山县禁约碑"，清康熙十四年（1675）二月立，今在云水洞外。三是"顺天府谕禁告示碑"，清同治九年（1870）五月立，除此篇告示外，碑阴重镌明天启六年（1626）五月一篇碑文，记提督东厂、御马监太监冯保捐资修建上方山接待庵事。

此碑文记："己巳八月，清池上人既主兜率。"此"己巳"应即民国十八年（1929）。溥儒版《上方山志》卷二《儒释·清池禅师》记："名密舟，字清池。直隶曲阳人，卢氏之子，云祥禅师之法嗣也。光绪二十三年（1897），礼岫云寺慧宽律师圆具。壬戌（民国十一年，1922）住持兜率寺。明年（1923）十一月始悬钟板，黎明说偈挂板。癸亥（1923）冬，让于妙禅。"

上方山兜率寺置田碑

解题

民国十九年（1930）前。溥儒撰文。未见原石，此据溥儒版《上方山志》录入。

录文

上方山兜率寺置田①碑　　　　　溥　儒

上方盛于辽金，衰于明季。公卿施田，以供僧食。代异时移，佃人②或售其地，山僧不以为言，有司无知其事者。由是，田日蹙，僧日贫。壬戌春，清池上人来主上方，叹其衰落，募于十方，尽返旧地。恐后之人不知缔造之艰，以为是田也者，犹昔日公卿之所施也，乃勒贞石，用示来兹③。

注释

① 置田：为寺庙置买田产。
② 佃人：指佃农，租种寺里土地，再向寺里交租的农户。
③ 乃勒贞石，用示来兹：于是撰文立碑，将事情的原委交代清楚，以免后人不知。贞石，对碑石的美称。

按语

"上方盛于辽金，衰于明季"，简短一句话，交代了上方山诸寺的历史沿革。"公卿施田，以供僧食。代异时移，佃人或售其地，山僧不以为言，有司无知其事者。由是，田日蹙，僧日贫"，又是几句话，分析了上方山当前"田日蹙，僧日贫"的原因。僧人们习惯了被大臣们施田供养，长此以往，有佃户把地转租给他人以获利，和尚们还不当回事，管理者也没发现，于是出现属于庙产的农田越来越少、僧人们的生活越来越紧张的情况。

　　本条与上一条均录自溥儒版《上方山志》。1925年，溥氏整理其隐居西山时期所作之诗百余首，印为《西山集》。1930年，出版《上方山志》，溥儒自叙落款"己巳（1929）十月"。故可知此文应早于1930年。有文献记载，溥儒版《上方山志》出版于民国十六年（1927）。

民国二十年摩崖刻石

解题

民国二十年（1931）四月二日。浅刻接近于划。字界高49厘米、宽28厘米。在兜率寺东圣泉峪华严寺山路北侧。

录文

水山护法万督　↲
助独修□□楼□□↲
民国二十年四月二日↲
（据实物录）

按语

岩石上的三行字排列整齐，岩面没做任何处理，随石面起伏，字口刻得非常浅，似非"专业"地使用专业刀具所刻，估计仅仅使用随身所携普通金属物所为，虽然字体方正犹见功力，但刀工的确有所欠缺。

民国二十年摩崖刻石

"深源活水"刻石

解题

民国二十年（辛未，1931）秋月。刻石高88厘米、宽42厘米、厚7厘米。居中大字"深源活水"，上下小字款。碑阴无字。睢阳蒋予蒲立。

录文

（椭圆迎首阳文印：仁者寿）辛未秋月吉日 ↲
深源活水↲
　　睢阳蒋予蒲立（印二方，蒋予蒲印、蒋氏予蒲） ↲
（据实物录）

"深源活水"刻石

按语

虽然此碑落款只说"睢阳蒋予蒲立"，但其实书丹者亦应为蒋予蒲氏。因为末尾落了两方蒋本人的压脚章，此处不是书法，没必要钤章。如此说，则迎首章"仁者寿"亦应为蒋氏自用印章。

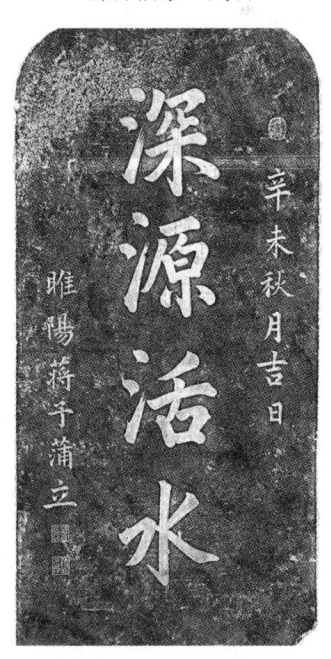

"深源活水"刻石拓片

陈兴亚携友人游山题刻

解题

民国二十一年（壬申，1932）双十节（10月10日）。在接引殿后（北）50米处的一块联山巨石上，巨石倾斜约30度，在西侧路旁，摩崖刻。

陈兴亚携友人游山题刻

录文

民国壬申双十节海⏎
城陈兴亚介卿北镇⏎
萧桐年碧岩天津龙⏎
寓声湘石同游　　⏎
（据实物录）

按语

陈兴亚，字介卿，1882年出生于海城县腾鳌堡永安村。他科考中举之后，任北京硫磺局秘书。1905年赴日本振武学校陆军宪兵练习所士官班学习，1907年毕业后回国。1917年任京师宪兵司令，1919年晋级陆军少将。1920年张作霖在北京成立军政府时，陈兴亚任国务院咨议兼京师宪兵司令。

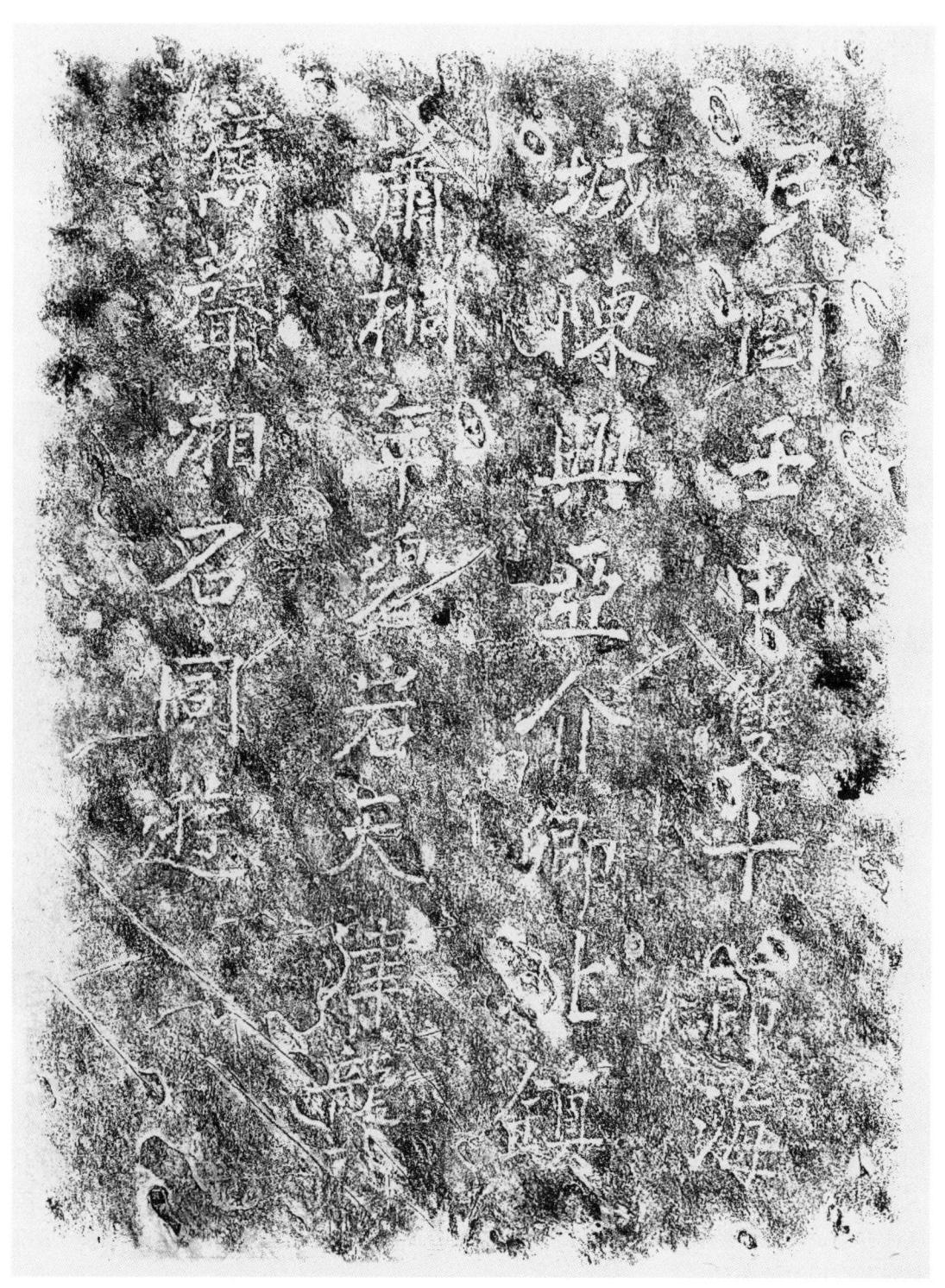

陈兴亚携友人游山题刻拓片

幽燕奥室摩崖

解题

民国二十一年（壬申，1932）十月。榜书大字，陈兴亚书丹。上款小字"民国壬申十月"，下款小字"陈兴亚题"。在云梯门后北侧崖壁上。

录文

民国壬申十月⏎
幽燕奥室⏎
陈兴亚题⏎
（据实物录）

幽燕奥室摩崖

按语

陈兴亚所撰的《游西域云居寺日记》云："壬申六月杪，盘山游罢，即拟游房山之西域寺，乃以作游盘记，致迟至七月七日，始成行。"可见，其游云居寺的时间也是"壬申"年（民国二十一年，1932）。看样子他的西山之游是有计划的。先游完石经山、云居寺，再来上方山。云居寺留下了他的许多墨迹，而且他还在南塔中发现了重要的辽代石刻，即《藏经总经题字号目录》。上方山及云水洞也有他的墨迹刻石，但可惜没有留下游记类的文章。

关于"幽燕奥室"的说法，历史上有多处记载：

《春明梦余录》："上方山即古称大房山，最称奇秀，古碑云'幽燕奥室'。"

《涿鹿记》:"房山在涿郡西北五十里,北接居庸,东抵渔阳,西连紫荆,所谓'幽燕奥室'也。"

溥儒版《上方山志》卷八《艺文三·诗》之朱彝尊《兜率寺诗》:"幽燕古奥室,兜率居中岩。花宫七十二,下上东西嵌。"

黄浚《初入房山》:"大房号奥室,雄深蔽幽都。我行犯阳焰,西笑矜良图。"

幽燕奥室摩崖拓片

陈兴亚游云水洞刻石

解题

民国二十一年（壬申，1932）十月。字三行，不分大小号。字界高130厘米、宽50厘米。镌刻于云水洞内右侧壁面。

录文

民国壬申十月九日 ┘
　海城陈兴亚来游已□□┘
　　　申文海刻　┘
（据拓录）

按语

由此看来，以上三处摩崖，均为陈兴亚1932年秋游山时所题，此处为"申文海刻"，其他两处估计也是申文海所刻。

陈兴亚游云水洞刻石拓片

陈尔锡草书诗刻石

解题

民国二十三年（1934）。矩形刻石，高54厘米、宽32厘米、厚13厘米。陈尔锡撰文并书丹，草书体。前五行大字，系陈尔锡自拟诗一首；后面两行小字，系跋语。在堂子庵内。

录文

白河水带黄河色海内人归海↵
外船云树相逢如隔世有朋↵
不见又多年愁瞻亲舍犹为↵
客喜入国疆别有天松菊故↵
园劳问信征帆已度蓟门烟↵
　右录自日本归至天津白河舟中旧作　↵
　　廿三年甲戌湘乡陈尔锡壬林（印章半隐）　↵
（据拓录）

按语

陈尔锡（1878—1936），字杰寰，号壬林，别号尘禅，笔名半隐庐，湖南湘乡人。少年中秀才，年轻时留学日本，专攻法律。他是我国法学先驱。1928年北伐成功后，已无意仕途，婉拒各路邀请，闭门谢客，潜心书法、佛经，以读经、赋诗、书法、刻石为乐。但此段赋诗，却有明显的家国情怀。跋中交代了，这首诗原是从日本回国后途经天津在白河上的舟中所作，大约在刻石的20多年前。彼时的陈尔锡还是一位热血青年，在他50多岁时又录此诗，或许有对社会国情的感叹吧。

陈尔锡的草书，与其他书家有所不同，他是篆笔入草，书写时以中锋为主，秀丽圆润，筋骨内含，自成一体，实不多见。

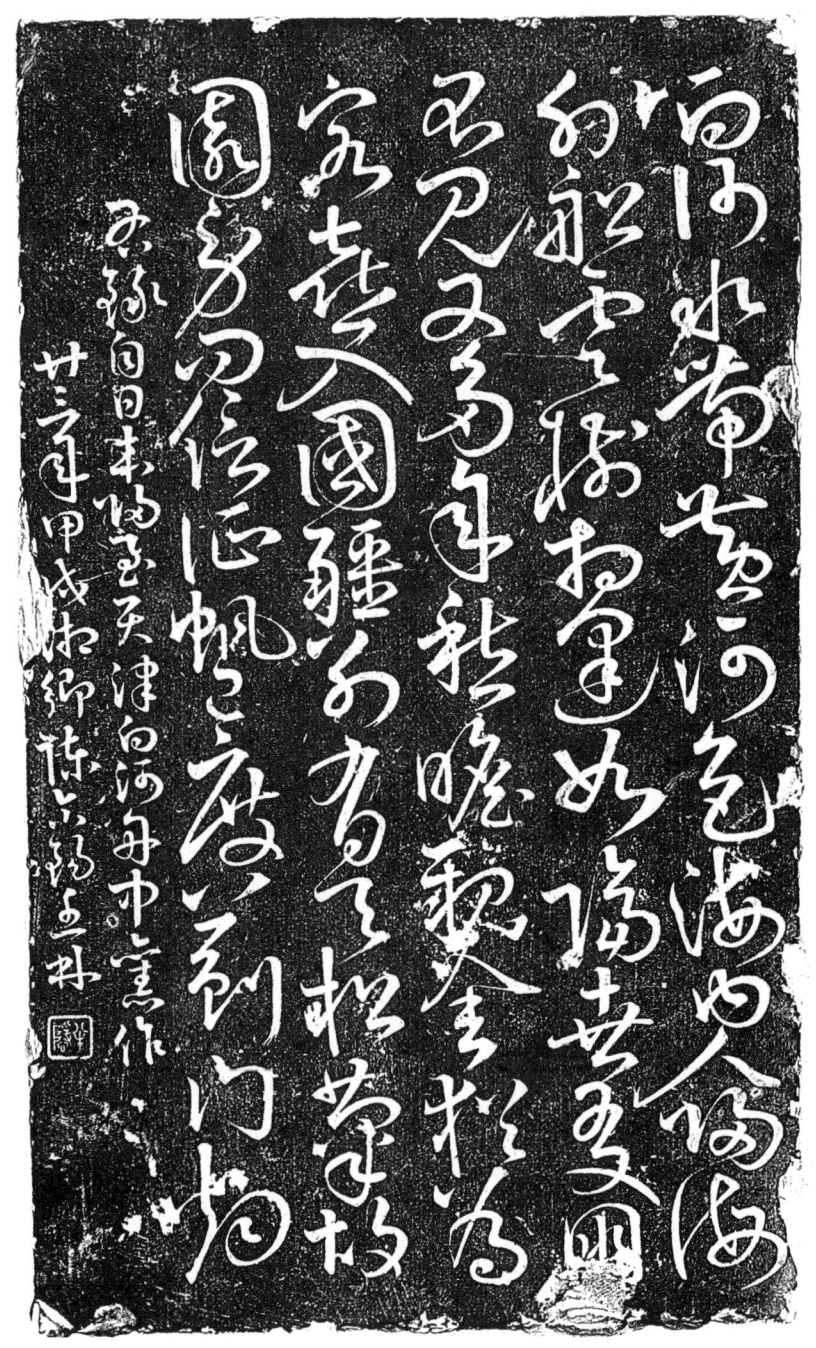

陈尔锡草书诗刻石拓片

上方山云水洞展拓碑

解题

民国二十四年（1935）。正方形嵌墙刻石，高74厘米、宽74厘米、厚13厘米。沈阳王树翰撰文，辽中王树常书丹。在云水洞入口右侧，石质细腻，至今保存完好。

录文

上方山云水洞展拓碑记

沈阳王树翰① 撰文　辽中王树常② 书丹

旧京西有上方山在禹贡③冀州之域峰峦起伏千态万状由中条山麓
蜿蜒而来即辽史④所称之六聘山也山间诸洞环列如蜂房然朝晖夕
岚引人眺览而秀灵之气郁郁葱葱超越于诸洞者则以云水洞为最
兹洞之胜概载诸房山县及上方山各志拯词人骚客之笔歌咏有不
能尽者窈而深曲而奥殊形异观宛若图画其折处若弓之弯其圆处
若月之满慧中秀外深藏若虚大含细入穷揽之而有余蕴此洞之灿
著状态也洞之内景物综错曲肖物形坤维效灵无幽不显⑤有铿然若
钟声者有镗然若鼓声者有雄武若伏虎者有蹲峙若巨象者时而天
籁移情⑥金石之韵迭奏时而斑斓变色山泽之秀毕呈云谲波诡莫能
形容⑦骇目惊心⑧难以名状此洞之蕴蓄景物也然此不过举其大端若
欲将洞之奇形异迹一一而列举之则实有不能殚述者矣是洞之幽
奇深邃无美不备宜乎游人接踵⑨诧为北地之大观矣惟以如是之胜
地而游斯洞者往往以洞口狭隘不能容身伛偻匍匐最气尽力而始
入⑩其至于神沮气郁⑪眩晕交作其少怯者则退然色沮⑫并欲进而中止
者有之是亦天然之缺陷而美哉犹有憾也⑬余与同人等共游兹山引
为恨事爰与兜率寺僧共议将洞口之极狭处施以人工廓而大之既
于风景无纤毫阙损而游揽者亦将称快讵非计之善者寺僧韪⑭斯议
于是鸠工集赀促成其事自兴工以至竣事仅两阅月而洞口恢拓遽

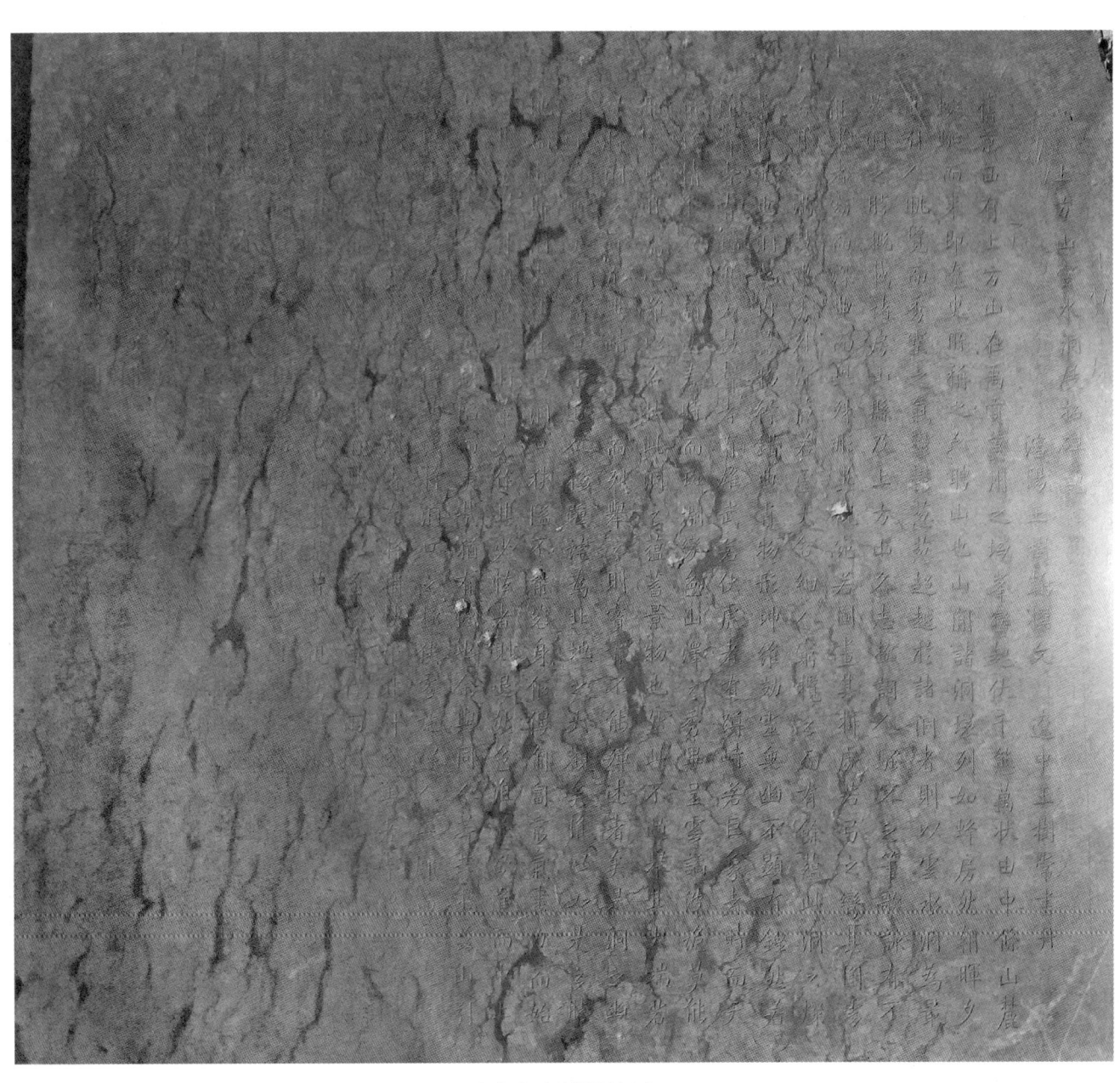

上方山云水洞展拓碑

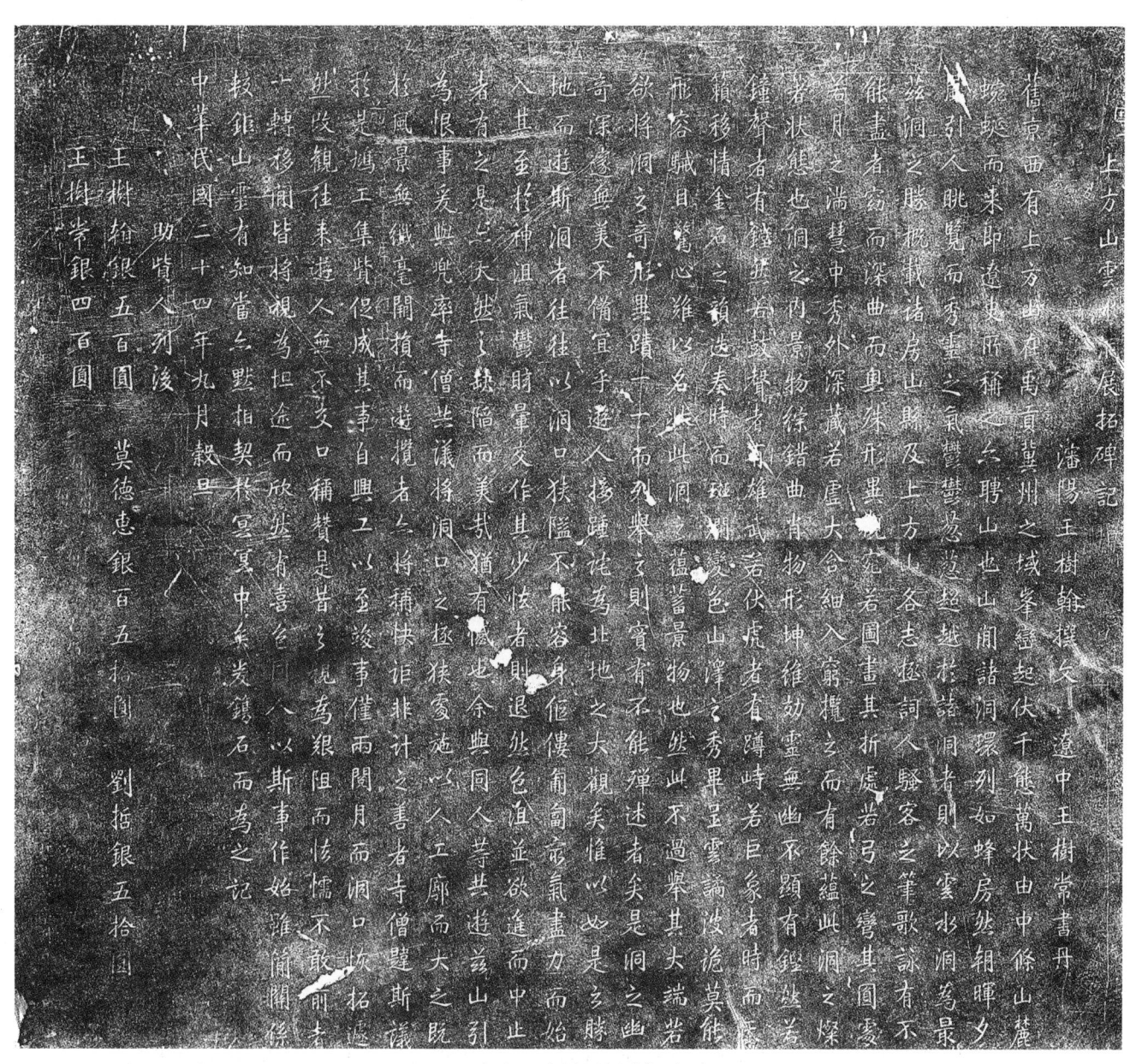

上方山云水洞展拓碑拓片

然改观往来游人无不交口称赞是昔之视为艰阻而怯懦不敢前者
一转移间皆将视为坦途而欣然有喜色同人以斯事作始虽简关系
较巨山灵有知当亦默相契于冥冥中矣爰镌石而为之记
中华民国二十四年九月穀旦
　　　助资人列后
　　王树翰银五百元　莫德惠银百五拾元　刘哲银五拾元
　　王树常银四百元
　　　　　　　　　　　　　　北平陈云亭刻石

（据实物录）

注释

① 王树翰（1882—1955）：清末举人，废科举后曾考入位于京城的吏部学治馆深造。曾任奉天南路观察使、黑龙江龙江道尹、奉天财政厅厅长、吉林政务厅厅长、吉林省省长等，后多在京津两地活动。1949年后被聘为中央文史馆馆员。一生推崇儒学兼尚黄老之术，主张清净，晚年喜聚书籍。

② 王树常（1885—1960）：字霆午。早年赴日本留学，回国后曾任北洋政府参谋本部科长、黑龙江督军参谋长、镇威上将军公署总参谋兼军长等。再后任张学良部第十军军长、国民党政府军令厅厅长、黑龙江省政府委员、河北省政府主席、天津卫戍司令、国民党政府军事参议院副院长等。

③《禹贡》：中国第一篇区域地理著作，亦为《尚书》中的一篇。

④《辽史》：为中国历代官修正史"二十四史"之一，元代脱脱等人编纂之纪传体史书。元至正三年（1343）开始修撰。全书116卷，记载上自辽太祖耶律阿保机下至天祚帝耶律延禧（907—1125）时的历史，兼及耶律大石所建西辽的历史。

⑤ 坤维效灵，无幽不显：大地自然的秀美灵气尽皆表现出来了。坤维，此借指大地；效灵，呈现灵气；无幽不显，没有显示不出来的。

⑥ 时而天籁移情：时不时地还会传来天籁之声。

⑦ 云谲波诡，莫能形容：形容山里云彩变幻莫测，很难形容它的样子。云谲波诡，语出汉代扬雄《甘泉赋》："于是大厦云谲波诡，摧摧而成规。"

⑧ 骇目惊心：触目惊心，但不含贬义。骇，同"骇"。

⑨ 宜乎游人接踵：特别适合人们来此旅游，也可以理解为"难怪人们愿意来这里"。

⑩ 最气尽力而始入：屏住呼吸才能进去。最，聚集，聚拢，闭住呼吸。

⑪ 神沮气郁：神气不足，气力不够。沮，阻；郁，积结。

⑫ 其少怯者，则退然色沮：那些胆小的人没有心气，自然就返回了。

⑬ 是亦天然之缺陷而美哉犹有憾也：这也是大自然的缺点，虽然美，但是仍有缺憾。意思是，如此的美景但没能让一起来的所有人共享，岂不遗憾？

⑭ 韪：是，以为是，认可。

佛诞日前游山题名

解题

民国二十六年（丁丑，1937）四月。摩崖刻石，字界高 160 厘米、宽 50 厘米。分五行刻，由于下部有斜横裂纹，故底部有些文字间的株距较大。

录文

丁丑佛诞前三日↲
吉林徐敬宜齐照岩↲
范云卿齐斐章罗伯杰↲
苗恩溥李泽人鄂杰民↲
成般若丁世豪同游↲
（据实物录）

按语

光绪时即宣布建立吉林行省，再分析此碑文的叙述特点、文字间架结构等，可知此"丁丑"似应以民国丁丑为宜。

胡大祖刘秀题名刻石

解题

民国时期（1912—1949）。上下仅一行字，在云水洞内数十米处右壁镌刻。

录文

北强村胡大祖刘秀二人同来，由同王士千↵
（据实物录）

"佛"字摩崖

解题

民国时期（1912—1949）。单刻榜书大"佛"字。无上款，下款小字二行四字，疑为"张颀刘济"。在云梯头，接引殿南西侧崖壁上。

录文

佛⏎
张颀　刘济⏎
（据拓录）

"佛"字摩崖拓片

王振忠铭

解题

无年月名款,仅于居中镌刻"王振忠之位",系砖刻。今在塔院。

录文

王振忠之位⏎
(据实物录)

王振忠铭

王振忠铭拓片

附录

儒隐善信主僧观主香会地亩四至立碑书丹撰文者名称录

僧道

华严慧晟禅师,东汉（25—220）兴教开山第一代。乾隆版《上方山志》卷之一《名胜·河》："维开山第一代华严慧晟禅师者,系中印土之梵僧也。东汉光武十年（建武十年,34）,岁在甲午,西域诸大菩萨入理圣人。庚戌（建武二十六年,50）春,严祖驾莅斯山,因驱龙索水,此上方开创之源也,云云。"

百咏南禅师。北齐隆化元年（576）《百咏南禅师塔记》："邺水,赵氏师之籍也。""广度,名也；指南,字也。"

法询、法艺,建办天开塔。辽乾统九年（1109）"天开塔内小塔束腰刻铭"："僧法询法艺等建办此塔,至大唐贞观十三年（639）三月十三日,其僧法询春秋七十有五迁化。遗嘱下门资,令纠僧尼四众等同办。"

拙崖禅师,极乐庵主。唐代宗宝应二年或广德元年（763）后,《拙崖篮和尚塔记》："师不知何许人氏,于唐中宗神龙庚午孟夏来山。""开元癸丑（713）,冯秉募筑极乐庵于崖,为师休栖。""住世八十九。"

然身道明禅师。乾隆版《上方山志》卷之二《人物》："后梁（907—923）弘宗演教秉志坚贞然身道明禅师。"

行法师。辽大安二年（1086）《□兜率寺行法师塔记》："俗受六十三,法腊五十五。"

忏悔上人。辽大安六年（1090）《六聘山天开寺忏悔上人坟塔记》："上人讳守常,曹姓,易县新安府人","住持本山三十年","咸雍六年（1070）正月二十一日迁化"。

铁头陀，忏悔上人师，金时高僧，居六聘山上方山。辽大安六年（1090）《六聘山天开寺忏悔上人坟塔记》："年十七，便厌世累，礼六聘山铁头陀为师，十九受具。"

法云，严陵洞僧。辽乾统九年（1109）"天开塔内小塔束腰刻铭"："至大辽乾统九年（1109）二月二十三日，僧法云并本村首领刘诠等同共。"

奉均，即法均大师，辽开泰十年（1021）生人。道行高深，佛理通透。清宁七年（1061），奉诏于燕京整理佛经，任燕京三学寺论主。之后被朝廷授予紫方袍，并赐"严慧"德号。他在西山的主要活动轨迹是，在今门头沟戒台寺开坛讲经，振兴宗风，使戒台寺声望日隆。辽天庆五年（1115）《六聘上方逐月朔望常供记》："初沙门奉均岁久住持。"

法严禅师。金贞元二年（1154）《大金大兴府良乡县金山院比丘尼了性灵塔记》："其二男许令出家于天开寺，即提点□禅师季新法严是也。"

度公。金正隆元年（1156）《当寺故禅人度公幢铭》："乃中都良乡县西南旧户人也。""夏腊五十六，春秋八十五。"溥儒版《上方山志》卷二《儒释·度公》："金寿昌五年（1099）试经得度业，居上方精舍。正隆元年（1156）亦示寂。"

遐龄益寿禅师。海陵正隆年（1156—1161）御制天老僧孤骸那陀，赐号。金正隆庚辰（五年，1160）《遐龄益寿禅师塔记》："师字天空，讳禅悦，昌平柳村郑氏之子也。""太宗癸卯（天会元年，1123）来山，居卧云庵二十余载，蔬食苦行。"

源公，天开寺观音院寺主。溥儒版《上方山志》卷四《碑碣》："天开寺观音院寺主源公塔记，在天开寺。大定十二年（1172）十一月，比丘善崇书。"

晖公。金大定十八年（1178）《天开寺上方无止供记》："大定十五甲□月上方山主晖公上人曰。"大定二十年（1180）《明禅师塔铭》："见山主沙门圆晖立。"

燃身明禅师，法名"善明"。金大定二十年（1180）《明禅师塔铭》："道人善明"，"赵性宝坻本村落"。

空大德，燕都悯忠寺。金大定二十一年（1181）《燕都悯忠空大德幢铭》："大德俗姓孙氏，法号□空，鸡川人也。""上方山闲居，养道焚诵数数寸张氏舍居于二载之□，宿疾复作。"

裕贤，无物庵。金大定二十三年（1183）《大金中都报先寺尼德净灵塔记》："无物庵裕贤／造□刊。"

德净，报先寺尼。金大定二十三年（1183）《大金中都报先寺尼德净灵塔记》："大师以母□骨□□在六聘上方院之／弟□系□□之策，亦宜求葬先祖之陵也。"

崇公禅师，瑜伽院故山主。金大定二十四年（1184）《崇公和尚塔铭》："公讳善崇，本县金山乡南韩继人也。俗田姓"，"而于大定二十四年（1184）四月十八日终于兹山，春秋六十有八，夏腊四十有三"。清人查礼《莎题上方二山纪游》："转入瓣香庵，庵居山正中，下临大道。外有《当寺瑜伽院故山主崇公灵塔记》，金大定二十年（1180）立。"

师澄，比丘，山主。金崇庆元年（1212）"天开寺奉先县禁山榜示碑"："山主比丘师澄立石。"

善辛、善惠，十方禅院告状僧人。金崇庆元年（1212）"天开寺奉先县禁山榜示碑"："据六聘山天开寺十方禅院僧善辛状告，本寺系是自古名山，先于明昌二年

（1191）有本寺勾当人僧善惠状告。"

清公和尚。金崇庆壬申（元年，1212）后《金中都竹林寺第十六代清公和尚塔铭》："师讳庆清。父通，母赵氏。大金汾州西河县人也。俗姓唐，母赵氏。""归去来，乃得解田居，移旧隐保养上方。崇庆辛未中春望日。"

白道素。至元九年（1272）《通真观碑》："大元国至元九年（1272）五月望日，宗主达妙大师文志通门人、知观白道素等立石。"

应公禅师。元至元（1264—1294）中居天开中院。元至元二十八年（1291）《重修天开寺碑》："至元十年（1273），岁次癸酉，应公禅师从檀那比丘众之请，住持涿州房山县之天开寺。"元延祐四年（1317）《圣旨护持天开中院碑阴记》："至元十年（1273），岁次癸酉，应公禅师从比丘众之请始来护持。"

赵显仁，住持。元延祐四年（1317）《圣旨护持天开中院碑阴记》："应公既示寂遗教弟子赵显仁护持。"

李宗主。元泰定二年（1325）二月《皇后台众邑创建石碣铭记》："严陵洞住持大师李宗主。"

然义。明成化二年（1466）四月《重修上方兜率寺接引弥陀殿碑记》："自永乐年间（1403—1424），开山比丘然义。"弘治七年（1494）《重修上方兜率寺天梯路记铭》："永乐间住山僧然义偕内官监。"

常文。明成化二年（1466）四月《重修上方兜率寺接引弥陀殿碑记》："住持常文、檀越陈普寿等，募化众缘。"

破庵幻住老人，华严禅寺重开山。明成化甲午（十年，1474）《重修凤凰山华严禅寺碑记》："是以师破庵卓锡住之，辟荒展基，不几年而成梵刹。"明成化甲午（十年，1474）"凤凰山华严禅寺重修古刹碑"："临济下□开山第一破庵幻住老人。"又明弘治己酉（二年，1489）《重修施烛碑记》："是师破庵振锡南礼知识，首谒西蜀楚山，印证法要，次续金山，灯传杖锡，到于凤凰山，辟荒开始，数载以刹。"

德庆。明成化十年（甲午，1474）"凤凰山华严禅寺重修古刹碑"："住持□德庆。"

宗果，重开山住持。明弘治五年（1492）《重修白云山华严寺记》："大明弘治五年（1492）岁壬子夏五月端阳重开山住持宗果立石。"

真衍，兜率寺山住持。明嘉靖十二年（癸巳，1533）五月《重修上方兜率寺塔记》："本山住持真衍属予一言。"

真妙，本庵（观音庵）住僧。□六年岁在丁未（嘉靖二十六年，1547）《上方兜率禅林寺一斗泉山岩前起建观音殿记》："本庵住僧真妙。"

如聪，住持。明嘉靖戊午（三十七年，1558）四月《重修兜率禅寺记》："住持如聪诵李公之贤。"

真修，兜率寺住持。明嘉靖戊午（1558）四月"重修兜率禅寺碑"碑阴记："光绪乙酉（1885）十一年十月吉日，兜率寺住持真修立。"

觉义，永亨庵住持。明万历四年（1576）四月"太监孙秀等助修永亨庵碑"："住持觉义、法才助修。"明万历十四年（1586）《钦赐永慈寺护持碑记》落款："住持觉义、法才。"

成宾，明万历四年（1576）"太监孙秀等助修永亨庵碑"碑阴落款："师祖成宾师佛界住持法才。"

佛界，明万历四年（1576）"太监孙秀等助修永亨庵碑"碑阴落款："师祖成宾师佛界住持法才。"

法才，住持。明万历四年（1576）"太监孙秀等助修永亨庵碑"碑阴落款："师祖成宾师佛界住持法才。"明万历十四年（1586）《钦赐永慈寺护持碑记》碑阴落款："住持觉义、法才。"

智宇，兜率寺山住持。明万历五年（1577）"《佛说四十二章经》刻石"落款："本山住持智宇。"

宗莲，兜率寺僧。明万历五年（1577）"《佛说四十二章经》刻石"："乃者上方山兜率寺僧宗莲，欲追往事，再播真珉。"

天香修道禅师。克己苦节，研穷三藏。明万历七年（1579）《天香修道禅师塔记》："师字天香，讳宗连，顺天武清县人氏。""于是归山，于摘星砣之朝阳洞面壁六年。""乃功行已满，于万历七年（1579）正月十一日，师年七十有三，安然西游。"

宝积禅师。明万历三十四年（1606）《顺天府涿州房山县韩吉村香光寺重修缘起碑记》："韩吉村之北有古刹荒基，俗呼为少师园。据残碑，乃唐宝积禅师所建香光佛刹也。""宝积乃马大师门弟，隐迹于蓟州之盘山。"

姚少师。明万历三十四年（1606）《顺天府涿州房山县韩吉村香光寺重修缘起碑记》："韩吉村之北有古刹荒基，俗呼为少师园"，"广孝姚公因初功□爵至少师辞归山林，隐于太湖之华严寺。朝廷恩赐香光园苑为其别业"。

真奉，香光寺住持。明万历三十四年（1606）《顺天府涿州房山县韩吉村香光寺重修缘起碑记》："题准礼部给札与香光寺住持真奉。"明万历三十六年（1608）"太监张其重修太湖山华严寺摩崖碑"："敕赐香光寺住持真奉同立。"

圆银，孤山银师，孤山老和尚。朝阳庵、普济寺住持。崇祯间挂锡上方，构朝阳庵栖止。明崇祯甲申（十七年，1644）《普济开山第一代孤山银师塔记》："师俗李姓，父讳进寿，武清人也。""居数时，来隐上方，构朝阳庵息静。""遂以地名号，此孤山之所以称也。""因募十方于孤山口村创建寺宇一座，曰普济禅寺。"明崇祯十七年（1644）"孤山和尚碑"："乃募化十方于上方之东南十五里许村名孤山口创建普济禅寺。"

湛白大士。清康熙十一年（1672）《湛白大士塔铭》："尚者明季大司礼秉衡郭公"，"双称上性下天法号湛白"。

住山道人蒋科信。清康熙十七年（1678）"龙惠泉碑"："住山道人蒋科信募化。"

月公禅师。清康熙十八年（1679）"月公禅师塔铭"："圆寂兜率堂十二代讳月公禅师灵塔。"

道目禅师。清康熙二十五年（1686）后《道目禅师自序》："余闽南人也"，"先构一茅，名归一庵。尚未入室"，"期满之年后，由上方归隐"，"丙寅秋"，"自浙及燕，重来置产。饭僧栖止"。

化愚师，文殊庵。清康熙五十二年（1713）《道潜真禅师塔记》："父母忆子根深，遂送之于上方文殊化愚师座下剃发为徒学梵智，师依憨忠德修律主圆具。康熙六年（1667）春复归山，依师座侧，定省忘劳。"

道潜真禅师，善说法要接引四众。清康熙五十二年（1713）《道潜真禅师塔记》："县西南隅孤山口村，师之籍也，郭世刘氏子。""师性严洁，发语无私。理家之外，而持一山之治乱。"

大观佛日眼道人，观音庵住持。字筠客，嘉兴人，依道目老人圆具，康熙丁卯（二十六年，1687）居上方山。清辛丑（康熙六十年，1721）七月《大观佛日眼道人记》："康熙丁卯，老人重师性纯，堪为法器，是以印证接续洞脉三十一世，令为上方观音住持。"清康熙二十五年（1686）后《道目禅师自序》："余捐衣钵，重建殿宇，造款龙桥，山门重葺。"清康熙十五年（1676）"款龙桥名碑"："住山沙门智眼捐资造。"

筠客知幻禅师，养德好静，弃俗离喧。清辛丑（康熙六十年，1721）《大观佛日眼道人记》："筠客师者，嘉兴仲氏之子也。"

觉岸禅师。塔院内"觉岸等三禅师塔铭"镌"圆寂大悲堂上第三代觉岸禅师塔、圆寂大悲堂上第四代天朗禅师塔、圆寂大宅佛堂第五代住持闻慧塔，雍正二年（1724）四月，吉旦后嗣源利立"。

天朗禅师。塔院内"觉岸等三禅师塔铭"镌"圆寂大悲堂上第三代觉岸禅师塔、圆寂大悲堂上第四代天朗禅师塔、圆寂大宅佛堂第五代住持闻慧塔，雍正二年（1724）四月，吉旦后嗣源利立"。

闻慧。塔院内"觉岸等三禅师塔铭"镌"圆寂大悲堂上第三代觉岸禅师塔、圆寂大悲堂上第四代天朗禅师塔、圆寂大宅佛堂第五代住持闻慧塔，雍正二年（1724）四月，吉旦后嗣源利立"。

苍林岫禅师，讳常岫，字苍林，号松阿游之，黄岩人，栖上方山五载。清乾隆丁巳（二年，1737）《苍林岫师塔记》："祝发徒子迎其骨而立塔六聘山北隅。"

印心玺公。北京石刻艺术博物馆藏塔幢镌刻"圆寂上方山大悲堂上开山第一代住持传曹溪宗三十八代印心玺公和尚灵塔"。

穆然德公禅师，翟氏，蠡县人。依岫云寺德彰律师圆具。清乾隆甲申（二十九年，1764）示寂，葬于上方山西崖石室。清乾隆三年（1738）十月《上方山供众地亩碑记》："本山药师殿住持上穆下然师。"清乾隆甲申（二十九年，1764）《穆然普德禅师塔记》："师籍蠡县小陈村，翟姓"，"名普德，字穆然"，"康熙四十一年（1702），师年三十六岁"，"乃功圆行满，而于乾隆七年（1742）壬戌春示微疾而终，世寿七十有七，法腊三十七夏"。

佛住，穆然德公徒孙。清乾隆三年（1738）《上方山供众地亩碑记》："本山药师殿住持上穆下然师，愿力弘深，施洽无尽也。同徒通经、通律、通论，同徒孙佛住捐银。"清乾隆二十年（1755）"乙亥十方普同塔"："赦孤会建立药师殿，佛住监造。"

自如上人，武姓，顺天大兴人。清康熙丙戌（1706）十月望日卯时生。乾隆间（1736—1795）主上方山兜率寺，作《上方山志》。清乾隆三年（1738）《上方山供众地亩碑记》："文殊殿自如。"

隆安，兜率寺。见清乾隆三年（1738）《上方山供众地亩碑记》。

觉利，毗卢庵。见清乾隆三年（1738）《上方山供众地亩碑记》。

洪贵，大藏庵。见清乾隆三年（1738）《上方山供众地亩碑记》。

自如，文殊殿。见清乾隆三年（1738）《上方山供众地亩碑记》。

行镆，观音殿。见清乾隆三年（1738）《上方山供众地亩碑记》。
普润，大乘庵。见清乾隆三年（1738）《上方山供众地亩碑记》。
福圆，澹远庵。见清乾隆三年（1738）《上方山供众地亩碑记》。
照心，西域庵。见清乾隆三年（1738）《上方山供众地亩碑记》。
寂鉴，兴隆庵。见清乾隆三年（1738）《上方山供众地亩碑记》。
普馥，西方庵。见清乾隆三年（1738）《上方山供众地亩碑记》。
圆鉴，地藏殿。见清乾隆三年（1738）《上方山供众地亩碑记》。
性贵，永慈庵。见清乾隆三年（1738）《上方山供众地亩碑记》。
自修，大悲庵。见清乾隆三年（1738）《上方山供众地亩碑记》。
普德，药师殿。见清乾隆三年（1738）《上方山供众地亩碑记》。
慧勇，瓣香庵。见清乾隆三年（1738）《上方山供众地亩碑记》。
通方，昙华庵。见清乾隆三年（1738）《上方山供众地亩碑记》。
宗泰，崇宁庵。见清乾隆三年（1738）《上方山供众地亩碑记》。
沙宝，云水洞。见清乾隆三年（1738）《上方山供众地亩碑记》。
行实，十方院。见清乾隆三年（1738）《上方山供众地亩碑记》。
法晟，接待庵。见清乾隆三年（1738）《上方山供众地亩碑记》。
实宝，普济寺。见清乾隆三年（1738）《上方山供众地亩碑记》。

水月禅师，黄龙庵主。讳成渊，字水月，江右赣州龙南县人。乾隆中至上方山结茅卓锡。清乾隆丁卯（十二年，1747）《水月禅师行实记》："长仍复厌去，而之上方，结茅峰下。文殊达公异之"。

达公，文殊庵。清乾隆丁卯（十二年，1747）《水月禅师行实记》："长仍复厌去，而之上方，结茅峰下。文殊达公异之"。

先泉，伏魔庵住持。溥儒版《上方山志》：先泉，伏魔庵善僧，住持。捐地两顷五十亩，收租供众，有碑。清乾隆十五年（1750）《修殿造像置地永远供众碑记》："内有伏魔庵住持先泉。"清乾隆二十四年（1759）"伏魔堂浩如泉公塔铭"："圆寂伏魔堂上第一代上浩下如泉公和尚觉灵塔。"

济印，兜率寺长老。清乾隆十五年（1750）《修殿造像置地永远供众碑记》："兜率寺长老济印、普济寺都管实住、文殊殿耆旧自如、观音殿耆旧福澄同立。"

实住，普济寺都管。清乾隆十五年（1750）《修殿造像置地永远供众碑记》："兜率寺长老济印、普济寺都管实住、文殊殿耆旧自如、观音殿耆旧福澄同立。"清乾隆二十一年（丙子，1756）《建立供众斋僧碑记》："兜率寺长老慈光、普济寺督管实住、文殊殿耆旧自如、观音殿耆旧福澄同置。"清乾隆丁丑（二十二年，1757）《明贤胜修尊宿供众碑记》："兜率寺长老慈光、普济寺督管实住、文殊殿耆旧自如、观音殿耆旧福澄同立。"

慈光，兜率寺长老。清乾隆二十一年（1756）《建立供众斋僧碑记》："爰是各出其所有之银四百两"，"兜率寺长老慈光、普济寺督管实住、文殊殿耆旧自如、观音殿耆旧福澄同置"。

心安禅师，养静禅师，本山静主。清乾隆二十一年（丙子，1756）《建立供众斋僧碑记》："兹有本山养静禅师号心安林果者。"清乾隆二十四年（1759）"心安禅师置地碑"："本山静主心安禅师置地一段，按每年起租。"

宝山，养静之禅师。清乾隆二十一年（丙子，1756）《建立供众斋僧碑记》："乃又有号宝山师者，系本山养静之禅师也。"

胜修，法华庵开山。清乾隆己卯（二十四年，1759）"灵迹远播"铭："法华堂上第一代胜修灵域。"

了常，兜率寺住持。清乾隆四十年（1775）《上方山施舍供众地亩碑记》："兜率寺住持了常、了业、广和同合山僧众诚立。"

慈光住公，药师殿。清乾隆四十五年（1780）"药师殿慈光住公塔铭"："药师殿住持上慈下光住公和尚之塔。"

通顺，兜率寺方丈。清嘉庆七年（1802）"关帝庙香火地碑"："上方山兜率寺方丈和尚通顺立。"

静如，住持。清嘉庆十八年（1813）"修吕帝阁碑"："先与住持静如长老谈及。"

真轮，接待庵住持方丈。清同治九年（1870）"顺天府谕禁告示碑"："断令真轮充当兜率寺方丈，掌管上方山一切僧众。"碑阴记："同治九年（1870）"，"住持方丈孙真轮敬志"。

博闻禅师，讳了达，号博闻。易州人，嘉庆中（1796—1820）住上方兜率寺，传临济之宗。清同治九年（1870）"顺天府谕禁告示碑"："嘉庆十七年（1812），合山僧众由京都宝禅寺敦请博闻和尚至兜率寺住持。方丈因年老，于十九年（1814）传授庆缘和尚。"

庆缘禅师，讳达善，号庆缘，静海人，房氏子。博闻禅师之法嗣。道光中住兜率寺。清同治九年（1870）"顺天府谕禁告示碑"："方丈因年老，于十九年（1814）传授庆缘和尚。"

瑞云禅师，讳悟雨，号瑞云，顺天钟氏子。庆缘法嗣。咸丰中（1851—1861）住兜率寺。清同治九年（1870）"顺天府谕禁告示碑"："至咸丰三年（1853），因年老传授瑞云和尚。"

证果禅师，讳真修，号证果，直隶刘氏子。瑞云法嗣。同治中（1862—1874）住兜率寺。清光绪庚寅（1890）"王九成等捐资修红桥庵碑"："兜率寺住持证果敬撰。"

显瑞禅师，讳空祥，号显瑞。大兴人，证果法嗣。清同光中（1862—1908）住兜率寺。清光绪十七年（1891）《重修上方山兜率寺舍利殿碑记》："住持空祥上人。"清光绪二十年（1894）《重修斋堂碑文》："住持空祥谨立。"清同治、光绪间（1862—1908）"补修径路碑"："住持戒衲空祥立并书。"

云祥禅师，讳显珠，号云祥，涿州人。显瑞法嗣。辛酉（1861）住兜率寺。

妙禅大师，名密烈，号妙禅。山西太原人，赵氏子，云祥法嗣。

普公，祖师。清代（1644—1911）"普公塔铭"："圆寂祖师普公讳如江觉灵。"

清池禅师，名密（莲）舟，字清池。直隶曲阳人，卢氏子。云祥法嗣。光绪年间住持兜率寺。民国十九年（1930）前《护持山林碑》："己巳八月，清池上人既主兜率。"

功德主

冯秉，募筑极乐庵。唐代宗宝应二年或广德元年（763）后，《拙崖篮和尚塔记》："开元癸丑（713），冯秉募筑极乐庵于崖，为师休栖。"

融辉、义通、法云，共办讲经沙门。辽乾统十年（1110）《严陵洞再建塔舍利匣序》："共办讲经沙门融辉、义通、法云。"

赵永昌。元至元九年（1272）《通真观碑》："有本村会首赵永昌等□状，施己地亩以步计，袤七十有八、广三十有一，请建为国焚修之所。"

银国宝。元泰定二年（1325）《皇后台众邑创建石碣铭记》："今有乐深村银国宝，谨发悫诚心，舍施青凫贰伯两，属买到庙后地一所，于众邑人等祭祀用度。"

李宗主，海固。元泰定二年（1325）《皇后台众邑创建石碣铭记》："严陵洞住持大师李宗主、监寺海固施石。"

李进、范纲及其妻陈氏。明洪武七年（1374）《皇后台重修庙记》："主办缘功德主""李进""范纲、妻陈氏。"

向福善，太监。明成化二年（1466）四月《重修上方兜率寺接引弥陀殿碑记》："自永乐年间（1403—1424），开山比丘然义，并内官监太监向福善等发心建造弥陀宝殿，塑画完备。"明弘治七年（1494）《上方兜率寺重修天梯路记铭》："永乐间住山僧然义，偕内官监太监向公福善、倪公忠重修梯道，以便往来。"

然义。明成化二年（1466）四月《重修上方兜率寺接引弥陀殿碑记》："自永乐年间（1403—1424），开山比丘然义，并内官监太监向福善等发心建造弥陀宝殿，塑画完备。"明弘治七年（1494）《上方兜率寺重修天梯路记铭》："永乐间住山僧然义，偕内官监太监向公福善、倪公忠重修梯道，以便往来。"

陈普寿，檀越。明成化二年（1466）四月《重修上方兜率寺接引弥陀殿碑记》："住持常文、檀越陈普寿等，募化众缘。"

梁芳，御用监太监。明成化甲午（十年，1474）《重修凤凰山华严禅寺碑记》："御用监太监梁芳。"

周寿、周彧，大功德主。明弘治己酉（二年，1489）《重修施烛碑记》："赐太保庆云侯大功德主周寿、赐太傅常宁伯周。"

倪忠。明弘治七年（1494）《上方兜率寺重修天梯路记铭》："永乐间住山僧然义，偕内官监太监向公福善、倪公忠重修梯道，以便往来。"

秦德，太监。明弘治七年（1494）《重砌上方兜率寺天梯路记》："各监太监若秦公德辈闻风翕然助缘。"

王瑞，御用监太监。明弘治七年（1494）《上方兜率寺重修天梯路记铭》："御用监太监王公瑞，奉上命往小西天诸寺给散布施事竟复命，路经天梯道。"明弘治七年（1494）《重砌上方兜率寺天梯路记》："御用监太监王公瑞，弘治六年（1493）正月二十九日钦承上命，差往小西天等处散布施。"

顾圆梅，大功德主。明嘉靖甲辰（二十三年，1544）《新凿井泉记》："大公功德主顾圆梅。"

罗胜、段凯，内官监太监。明嘉靖甲辰（二十三年，1544）《新凿井泉记》："内官监太监罗胜、段凯。"

丘大朝、刘安，尚衣监太监。明嘉靖甲辰（二十三年，1544）《新凿井泉记》："尚衣监太监丘大朝、刘安。"

贾善翁。☐六年岁在丁未（嘉靖二十六年，1547）《上方兜率禅寺一斗泉山岩前起建观音殿记》："贾老善翁者，齿德颇尊之一老善翁也。"

李悦，御马监太监。明嘉靖庚戌（二十九年，1550）后《新凿井泉记》："御马监太监李悦。"

李中轩，司礼监太监。嘉靖年间（1522—1566）重修兜率寺善信。明嘉靖戊午（1558）《重修兜率禅寺记》："司礼监太监中轩李公闻而叹曰。"

孙秀，随堂太监。明代万历四年（1576）四月"太监孙秀等助修永亨庵碑"："乾清宫管事牌子、司礼监随堂太监孙秀、张大受、周海、何忠、王名、姚定、李忠、李友、臧坤、宋朝用，内外众善看管工程太监庞仓、孙昇、万寿、陈昇等，住持觉义、法才助修"。

冯保。明万历四年（1576）"冯保施财修接引殿碑"："钦差总督东厂官校办事、提督两司房、掌司礼监事、兼掌御用监印、总提督礼仪房太监冯保，施财修建接引佛殿、静夜堂、石梯等处。"明万历四年（1576）"冯保施财创建永亨庵碑"："冯保，施财创建永亨庵正殿、两廊庑及藏经殿，内安橱柜八座、蓝绢成裹藏经一藏。"清同治九年（1870）重刻明天启六年（1626）"重修接待庵碑"："钦差总督东厂官校办事、提督两司房、掌司礼监事、兼掌御用监印、总提督礼仪房、御马监太监冯保、李志义，并议施财重修上方山兜率寺下院接待庵正殿三间、东西两庑，僧房六间，韦驮殿一座，山门一座，左有钟楼一座"。万历五年（1577）"《佛说四十二章经》刻石"，冯保书丹。

孔朝、刘寿，檀越。明万历五年（1577）"《佛说四十二章经》刻石"："会司礼监太监冯公命孔君朝往主檀越，问知其故。归以告公，遂属与同志刘君寿共毕厥愿。"

天香修道禅师。明万历七年（1579）《天香修道禅师塔记》："修铸韦驮一尊，碑殿一座。"

张东岗，太监。明万历年间（1573—1620）重修兜率门善信。万历十五年（1587）《重修兜率寺山门碑》："惟山门圮坏"，"万历五岁之冬☐建"，"总理工程内官监管理太监、东冈张公等，因公干进诸寺，☐山门圮坏，遂乃捐资，以为重修"。

姚广孝。明万历三十四年（1606）《顺天府涿州房山县韩吉村香光寺重修缘起碑记》："少师辞归山林，隐于太湖之华严寺。朝廷恩赐香光园苑为其别业。"

王忠、王举、卢永寿，太监。明万历三十四年（1606）《福德庄严碑记》："圣旨差汉经厂掌坛御马监太监王忠、王举、卢永寿赍送佛大藏经一藏。"万历三十四年（1606）《顺天府涿州房山县韩吉村香光寺重修缘起碑记》："荷蒙敕旨，差汉经厂掌坛御马监太监王忠、王举、卢永寿赍送钦颁龙藏经一藏，安于香光梵刹，永远焚修护持。"

张其，御马监太监。明万历三十四年（1606）《顺天府涿州房山县韩吉村香光寺重修缘起碑记》："万历戊戌（二十六年，1598），御马监太监张公其奉命重修。"万历三十四年（1606）《福德庄严碑记》："钦赐蟒衣玉带、增加禄米内府骑马、御马监太监张其，于万历戊戌岁（二十六年，1598），奉命赍出内帑钱粮，并内外官僚俸金，同共发心，重新敕赐护国香光寺工完事备。"万历三十六年（1608）"太监张其重修太湖山华严寺摩崖碑"："明万历戊甲春吉日信官张其、孔良才。"

于景科女。明万历三十四年（1606）《顺天府涿州房山县韩吉村香光寺重修缘起碑记》："先是万历壬辰（二十年，1592）冬，翊坤宫管事菩萨戒弟子于景科女，尝梦游上界。见寺题曰香光佛刹。适皇上使于女传旨于御马监太监张公其，遍燕山饭僧，且嘱所梦寺名当识之。"

李志义。清同治九年（1870）重刻明天启六年（1626）"重修接待庵碑"："钦差总督东厂官校办事、提督两司房、掌司礼监事、兼掌御用监印、总提督礼仪房、御马监太监冯保、李志义，并议施财重修上方山兜率寺下院接待庵，正殿三间、东西两庑，僧房六间，韦驮殿一座，山门一座，左有钟楼一座。"溥儒版《上方山志》：李志义，惜薪总理司御马监太监。万历年间（1573—1620）重修观音阁善信。

张喜、缪进朝、师明、蒋进朝、李孝，助银。清同治九年（1870）重刻明天启六年（1626）"重修接待庵碑"："内府各衙门太监信官：张喜、缪进朝、师明、蒋进朝、李孝，共助银陆两。"

善信

范佑民。溥儒版《上方山志》：清康熙年间（1662—1722）重修上方山文殊殿常明香火善信。

智眼。清康熙十五年（1676）"款龙桥名碑"："住山沙门智眼捐资造。"

邰世贵。乾隆版《上方山志》："大清康熙十六年（1677），宛平善信邰世贵捐地四十亩供众，有碑。"清康熙六十一年（1722）"顺天府宛平县邰世贵捐地碑"："同诚发心将自置旗地壹段计地四十亩"，"诚心施舍于上方山众僧承管"。

蒋科信。清康熙十七年（1678）"龙惠泉碑"："住山道人蒋科信募化。"

心安林果等，捐钱置地。清乾隆二十一年（1756）《建立供众斋僧碑记》："兹有本山养静禅师号心安林果者，并有各庵禅师源汇、法然、见空、月三，皆大公无我，诚愿捐己以利物。""爰是各出其所有之银四百两，置正黄旗何常明之地五段、一顷六十七亩一分五厘，坐落房山县坨头。""乃又有号宝山师者，系本山养静之禅师也，出银一百置地五十亩。共六段，坐落长沟村。"清乾隆二十四年（1759）"心安禅师置地碑"："本山静主心安禅师置地一段，按每年起租，清钱二十六千六百文，永远散山，供众无止。"

宝山。清乾隆二十一年（1756）《建立供众斋僧碑记》："乃又有号宝山师者，系本山养静之禅师也，出银一百置地五十亩。共六段，坐落长沟村。"

把君，善信。清乾隆二十九年（1764）《老米会施田碑记》："康熙癸巳岁（五十二年，1713），京都善人把君，米会之倡始者也，爰结同心，捐金积米"，"雍正癸丑岁（十一年，1733），续有崔君步把后程，董理其事"，"倡议置地"。

崔善信。溥儒版《上方山志》：康熙癸巳年（五十二年，1713）倡始米会，迨乾隆庚午（十五年，1750）米会善信捐地一顷八十二亩供众。乾隆二十九年（1764）《老米会施田碑记》记。

穆然禅师。清乾隆三年（1738）《上方山供众地亩碑记》："本山药师殿住持上穆下然师"，"同徒通经、通律、通论，同徒孙佛住捐银贰百柒拾伍两肆钱，契置旗地东、西贰段，壹顷陆拾亩，坐落涿州西北杨胡屯。岁取租钱捌拾吊，均散阖山供众"。

赵罗氏、李刘氏，信女。清乾隆丁卯（十二年，1747）《水月禅师行实记》："信女赵罗氏、李刘氏，及面会众善，捐资建塔。"

纪兰泰，领催。清乾隆十五年（1750）《修殿造像置地永远供众碑记》："又自捐囊财，置买镶红旗满洲都兴左领下领催纪兰泰本身地。""纪兰泰业主情愿卖与上方山伏魔庵住持先泉名下，舍与合山永远供众，所有福利彼此同沾。"

李建功。溥儒版《上方山志》：乾隆十五年（1750）四月，李建功施房山城东南、东北田四十二亩。

鲁圣教、崔璹、费宁。乾隆版《上方山志》："乾隆十九年（1754），米会善信鲁圣教、崔璹、费宁公捐地三十八亩供众，有碑。"清乾隆二十九年（1764）《老米会施田碑记》："今春，善士鲁讳圣教、崔讳璹、费讳宁者三友登山复置地叁拾捌亩。"

张鹤、马士禄、吴德绍、黄氏父子。乾隆版《上方山志》："乾隆丙子（二十一年，1756），善信张鹤、马士禄、吴德绍等率众捐地七十二亩供众，有碑。"清代博明《上方山置地碑记》："先是京都贾人张鹤施面以济，马士禄等好善者踵而行之"，"外舅黄父子暨诸好善者，虑其无以继也。爰议置地若干，以为永远面资"。

王国政。乾隆版《上方山志》：京都善信王国政率众捐地一顷一十五亩供众，有碑。

白明贵。溥儒版《上方山志》：白明贵，乾隆二十五年（1760）十二月施孤山口村田二顷。

李冕、陈有信。乾隆版《上方山志》："乾隆二十六年（1761），房山县令李冕、守府陈有信捐俸导众置地一顷八十亩散山，有碑。"

金台善人。清乾隆四十年（1775）"华严米会碑"："（乾隆）乙未（四十年，1775）春，有金台善人光降拈香，睹此名山胜境，为是慨然，将自置田地二顷拾亩。"

傅有志、朱士奇、朱门炉氏，清乾隆四十年（1775）"华严米会碑"："（乾隆）乙未（四十年，1775）春，有金台善人光降拈香，睹此名山胜境，为是慨然，将自置田地二顷拾亩"，"舍地主：傅有志、朱十奇、朱门炉氏"。

智圆，万宁寺戒徒。清嘉庆七年（1802）"关帝庙香火地碑"："至于地租收送，则有万宁寺戒徒智圆随同赎地，备历艰辛。"

通顺，上方山兜率寺方丈。清嘉庆七年（1802）"关帝庙香火地碑"："顺不忍师祖遗产终于弃置，于是沿门托钵募化香资，将前地赎回。""此项地租，即着智圆自嘉庆十三年（1808）后，每年收取，送至上方山兜率寺，供奉三宝，合施大众。"

张福。溥儒版《上方山志》：涿州左右田十顷，道光五年（1825）正月十六日施。

王法增。溥儒版《上方山志》：道光二十六年（1846）正月十二日施四甘池村田二顷余。

张舒秀。清道光二十七年（1847）《玉皇殿前常明海灯碑记》："兹因京都内务府善信张舒秀来山进香，玉皇驾前施舍大玻璃海灯一口。""虔心发愿，共捐资财肆佰余千。舒秀合宅老幼乐助钱叁佰余千，共成善事。置地贰佰余亩，每年取租钱壹佰余千，以为万古香灯之资。"

王九成，捐修红桥庵。清光绪庚寅（十六年，1890）"王九成等捐资修红桥庵碑"："适有新城县马官屯王善人九成来山进香，目睹庵业零落，因发心捐银贰拾金，并萧官营会首善人李公崑，合会共捐钱陆拾余千付主僧。"

李崑。清光绪庚寅（十六年，1890）"王九成等捐资修红桥庵碑"："适有新城县马官屯王善人九成来山进香，目睹庵业零落，因发心捐银贰拾金，并萧官营会首善人李公崑，合会共捐钱陆拾余千付主僧。"

李成海。溥儒版《上方山志》：房山六道村北田七亩，光绪三十年（1904）九月初十日，李成海施。

吴立柱。溥儒版《上方山志》：宣统元年（1909）六月初一日，吴立柱施房山岳各庄田五十亩。

王树翰、莫德惠、刘哲、王树常，民国二十四年（1935）《上方山云水洞展拓碑记》："助资人列后"，"王树翰银五百元，莫德惠银百五拾元，刘哲银五拾元，王树常银四百元"。

爱新觉罗·溥儒，《上方山志》作者。

吴仁敌，居士，江宁人。乾隆甲申（二十九年，1764）校订乾隆版《上方山志》者。

陈光国。斥资出版乾隆甲申《上方山志》者，吴仁敌之友。

香会，会首，会末，香头

米会。溥儒版《上方山志》：上下中院田顷余，癸亥赎归本寺，米会施。

面会。清乾隆丁卯（十二年，1747）《水月禅师行实记》："信女赵罗氏、李刘氏及面会众善，捐资建塔。"清代《上方山置地碑记》："先是京都贾人张鹤施面以济。""爰议置地若干，以为永远面资。"

赦孤会。清乾隆二十年（.1755）"乙亥十方普同塔铭"："赦孤会建立药师殿。"

赵永昌，会首。元至元九年（1272）《通真观碑》："有本村会首赵永昌等□状。"

魏德俭、吴思问、孟宗周、王文祥、郭慧、沈兴，会首。清乾隆四十年（1775）"华严米会碑"："会首魏德俭、吴思问、孟宗周、王文祥、郭慧、沈兴。"

韩玉章，故会首。清乾隆四十年（1775）"华严米会碑"："故会首韩玉章，大清乾隆四十年（1775）四月初五日立。"

李崑，会首善人。清光绪庚寅（1890）"王九成等捐资修红桥庵碑"："并萧官营会首善人李公崑合会共捐。"

李氏，会末。清雍正三年（1725）"会末李氏捐地碑"："有故山会末李氏"，"特□捐□二百卅一地一百二十亩，座落于□州古丘村□□，每年租二十六石。今蒙侍愿供□□上方山合山大众，以为永"。

贾勇、张钊、陈英、刘相、李实、王虎、贾学、黄文学、李大林、刘孜、王雄、黄秀、何万仓，香头。明嘉靖二十六年（1547）《上方兜率禅林寺一斗泉山岩前起建观音殿碑记》："长店会中善人香头贾勇、张钊、陈英、刘相、李实、王虎、贾学、黄文学、李大林、刘孜、王雄、黄秀、何万仓。"

隐士

霍原，字休明，燕国广阳人，东晋时人，与王浚同时。《晋书》有传。

地亩

明万历三十四年（1606）《顺天府涿州房山县韩吉村香光寺重修缘起碑记》："三十一年（1603）春，内官监太监何江奉圣旨修琉璃河石桥成，并修施茶观音庵一所于桥侧，治买随庵香火地二百七十亩，以供本庵施茶香火之需。""别于在京西直关外高粱桥，修建西方三圣庵一所及园地，为之香光寺下院一体焚修。"

清乾隆三年（1738）《上方山供众地亩碑记》："本山药师殿住持上穆下然师"，"同徒通经、通律、通论，同徒孙佛住，捐银贰百柒拾伍两肆钱，契置旗地东、西贰段，壹顷陆拾亩，坐落涿州西北杨胡屯"。

清乾隆十五年（1750）《修殿造像置地永远供众碑记》："又自捐囊财置买镶红旗满洲都兴左领下领催纪兰泰本身地坐落新城县东陶家营潘家庵后一段一顷三十亩，一段八十亩，一段二十亩。庄窠房产一段，共为五段，计地两顷五十亩，价银五百两整。"

溥儒版《上方山志》：涿州冯村田二十五亩，长沟村田七十亩，北务村四十二亩，清乾隆二十年（1755）二月置。

清乾隆二十一年（1756）《建立供众斋僧碑记》："置正黄旗何常明之地五段、一顷六十七亩一分五厘，坐落房山县坨头村"；"宝山师者……出银一百置地五十亩。共六段，坐落长沟村"。

清乾隆二十四年（1759）"心安禅师置地碑"："心安禅师置地一段"，"观音殿经管均散"。

清乾隆二十六年（1761）《上方山寺义田碑记》："计置田一顷八十余亩，田在上方山下之孤山口。"

清乾隆二十九年（1764）《老米会施田碑记》："地共玖段，开列于左□坐落房山县东南、南北，地壹段肆拾亩□老□府村西南、南北；地壹段叁拾叁亩；□坐落坟庄村南南北地□座落下中院村东东西，地拾捌亩壹段肆亩，上中院村西北南北□。"

溥儒版《上方山志》记："房山南韩继村田六亩，清乾隆五十九年（1794）九月。房山五侯村田九十亩，清道光十七年（1837）三月二十七日置。良乡县石羊村东南田八十亩。"

四至

六聘山天开寺十方禅院。金崇庆元年（1212）"天开寺奉先县禁山榜示碑"："山林四至：东至望海塪，南至神仙峪，西至紫云岭神仙洞，北至龙虎峪。"

皇后堂龙王庙。元泰定二年（1325）"众邑祭祀之碣"："今有乐深村银国宝，谨发恳诚心舍施青凫贰伯两，属买到庙后地一所。""其地东至人行小道，南至龙潭，西至河心，北至渠心，四至在内。"

永慈寺。明万历十四年（1586）"永慈寺护持碑"碑阴："永慈寺四至界记：东至正隆，南至真在，西至海江，北至真安。下至塔院。"

香光寺。明万历三十四年（1606）《福德庄严碑记》："东至李文学多宝佛塔，东至买主；南至前营前街；西至张文学园墙，西至洪心寺；北至齐顺。四至分明。"

华严寺。明万历三十六年（1608）"太监张其重修太湖山华严寺摩崖碑"："置买山场立其四至界：东□佛石，南至清风岭，西至佛髻峰，北至□山。四至分明。"

郜世贵同妻舍地。清康熙六十一年（1722）"顺天府宛平县郜世贵捐地碑"："计地肆拾亩，坐落襄驸马村东南角：东至姚姓，西至本主，南至本主，北至官地，四至分明。"

官员

郭比部，知县。辽乾统九年（1109）"天开塔内小塔束腰刻铭"："却令（郭）比部亲自送舍利一十五粒赴朝廷去讫。"

郭岑，房山县知县。明成化甲午（十年，1474）《重修凤凰山华严禅寺碑记》："房山县知县郭岑。"

张应召，知房山县事。顺治乙酉（二年，1645）《上方山三圣庵置田供众碑》："知房山县事、福唐张应召记。"

龙其善，东安县事。清康熙十一年（1672）《湛白大士塔铭》："赐进士出身文林郎知□东东安县事龙其善顿首拜撰。"

李冕，房山县正堂。清乾隆二十六年（1761）《上方山寺义田碑记》："余以丁丑（1757）冬岁来宰是邑。""房山县正堂李冕、房山营守府陈有信、房山县县丞杨大猷。"

张舒秀，京都内务府善信。道光二十七年（1847）《玉皇殿前常明海灯碑记》："兹因京都内务府善信张舒秀来山进香，玉皇驾前，施舍大玻璃海灯一口。"

碑刻撰文书丹篆额镌刻立碑人

爱新觉罗·丹臻，《建立上方山云水洞大悲庵碑记》，撰文。

爱新觉罗·溥儒，《护持山林碑》，撰文；《上方山兜率寺置田碑》，撰文。

白道素等，《通真观碑》，立石。

包渐林，《顺天府涿州房山县韩吉村香光寺重修缘起碑记》，书丹。

必剌，《六聘山天开寺重修碑记》，篆额。

博明，《上方山置地碑记》，撰文。

曹化淳，"曹化淳诗刻"，自撰自书。

昌绂，《重修上方兜率寺接引弥陀殿碑记》，立石。

陈尔锡，"陈尔锡草书诗刻石"，撰文并书丹。

陈良弼，《顺天府涿州房山县韩吉村香光寺重修缘起碑记》，篆额。

陈兴亚,"陈兴亚携友人游山题刻","幽燕奥室摩崖","陈兴亚游云水洞刻石",撰文并书丹。

慈光、实住、自如、福澄,《建立供众斋僧碑记》,同置。《明贤胜修尊宿供众碑记》,同立。

道目,《道目禅师自序》,自撰。

德泽,《重修凤凰山华严禅寺碑记》,撰文;"凤凰山华严禅寺重修古刹碑",书丹;《重修施烛碑记》,书丹。

范福聪,《重修凤凰山华严禅寺碑记》,镌字。

范仲杰,《皇后台重修庙记》,撰文并书丹。

方润、方明、孙广灵,《天香修道禅师塔记》,建塔。

方嶟,《水月禅师行实记》,撰文。

冯保,"《佛说四十二章经》刻石",书丹并立石。

冯国相,《遐龄益寿禅师塔记》,撰文。

佛住,"乙亥十方普同塔铭",监造。

福珪,《六聘山天开寺重修碑记》,撰文并书丹。

傅雯,《苍林岫师塔记》,撰文。

耿志明,《通真观碑》,刊。功德主:赵吕婿、张甫山。

龚鉴,《重修施烛碑记》,镌字。

郭岑、梁芳、广净,《重修凤凰山华严禅寺碑记》,立碑。

郭渊到,《上方兜率寺重修天梯路记铭》,立碑。

韩孝成,《严陵洞再建塔舍利匣序》,镌刻。

郝秉辅,《修殿造像置地永远供众碑记》,中保人。

洪理,"月公禅师塔铭",立塔铭。

胡信、姚三,《皇后台众邑创建石碣铭记》,镌刻。

胡云,"上方山兜率禅林寺一斗泉山岩前起建观音殿记",笔之。

黄双□,《重修上方兜率寺接引弥陀殿碑记》,镌刻。

慧冲,《严陵洞再建塔舍利匣序》,撰文并书丹。

纪恕,《重修上方兜率寺塔记》,撰文。

纪仲美,《重修上方兜率寺塔记》,篆额。

贾溉,《六聘山天开寺忏悔上人坟塔记》,书丹。

蒋予蒲,"深源活水"刻石,立石并书丹。

景子月,"兜率堂同隐之塔铭",石匠。

居实,《重修天开寺碑》,篆额。

觉义、法才,《钦赐永慈寺护持碑记》,立碑。

空祥,《重修斋堂碑文》,立碑;"补修径路碑",空祥立碑并书丹。

阔如,《修殿造像置地永远供众碑记》,撰文并书丹。

了常、了业、广和等,《上方山施舍供众地亩碑记》,立碑。

了洙,《六聘上方逐月朔望常供记》,撰文。

李纶,《重砌上方兜率寺天梯路记》,篆额;《上方兜率寺重修天梯路记铭》,书丹并篆额。

李冕，《上方山寺义田碑记》，撰文。

李廷幹，"一斗泉"诗刻，撰文并书丹。

李文秀，《重修天开寺碑》，建碑，镌刻。

李有德、照现，《上方山供众地亩碑记》，碑阳，立碑。

李璋，《重砌上方兜率寺天梯路记》，撰文。

李志义，"重修文殊殿碑"，立碑。

廉简，《圣旨护持天开中院碑阴记》，题额。

刘效祖，"《佛说四十二章经》刻石"，跋。

龙其善，《湛白大士塔铭》，撰文。

马孝、邢全，《新凿井泉记》，石匠。

明官，"兜率堂同隐之塔铭"，建立。

明曜，《上方山供众地亩碑记》，撰文。

墨禅，《重修斋堂碑文》，撰文并书丹。

宁克诚，《通真观碑》，篆额。

彭礼，《上方兜率寺重修天梯路记铭》，撰文。

彭述古，《道潜真禅师塔记》，撰文。

彭志祖，《通真观碑》，撰文并书丹。

破庵幻住老人，《重修施烛碑记》，口述。

冉□，《湛白大士塔铭》，刊。

任应春、张应乾，"《佛说四十二章经》刻石"，镌字。

善崇，《天开寺观音院寺主源公塔记》，书丹。

邵师儒，《六聘山天开寺忏悔上人坟塔记》，镌刻。

赦孤会，"乙亥十方普同塔铭"，建立。

申文海，"陈兴亚游云水洞刻石"，镌刻。

师澄，"天开寺奉先县禁山榜示碑"，立石。

师景等，《崇公和尚塔铭》，立幢。

宋希诚，"一斗泉诗刻石"，勒石。

苏宣化，《重修上方山文殊殿常明香灯碑记》，撰文。

孙慎行、郑振先，"上方山"诗刻石，撰文。

邰世贵，"顺天府宛平县邰世贵捐地碑"，撰文，立舍契人。

昙祯，《当寺故禅人度公幢铭》，撰文。

通顺，"关帝庙香火地碑"，撰文并立碑。

通祥、通昱等，《普济开山第一代孤山银师塔铭记》，立塔铭。

完颜嵩申，《重修上方山兜率寺舍利殿碑记》，撰文并书丹。

汪槐，《重修兜率禅寺记》，书丹并篆额。

汪谐，"凤凰山华严禅寺重修古刹碑"，撰文。

王东庵，《皇后台众邑创建石碣铭记》，撰文并书丹。

王国孝，《建立上方山云水洞大悲庵碑记》，书丹。

王树常,《上方山云水洞展拓碑记》,书丹。

王树翰,《上方山云水洞展拓碑记》,撰文。

王虚中,《六聘山天开寺忏悔上人坟塔记》,撰文。

王永捷,《建立上方山云水洞大悲庵碑记》,立碑。

王用,《上方兜率寺重修天梯路记铭》,镌刻。

王允孝,《天香修道禅师塔记》,书丹。

王仲贤,《上方兜率禅林寺一斗泉山岩前起建观音殿记》,镌字。

魏必复,《圣旨护持天开中院碑阴记》,撰文并书丹;《重修天开寺碑》,撰文并书丹。

悟澄,《重修白云山华严寺记》,书丹。

西源洪注,"天开寺碑",撰文并书丹;"皇后台龙王庙碑",立碑。

祥洪,《道潜真禅师塔记》,建塔作记。

行钦,《明禅师塔铭》,书丹。

邢琇,《重修上方兜率寺塔记》,书丹。

性濂,《重修白云山华严寺记》,撰文。

性天,"丁酉十方普同塔铭",建立。

杨进孝、□□□、张大明,"方润方明等为师立塔铭",镌字。

杨全,《重砌上方兜率寺天梯路记》,书丹。

杨霆,《重修兜率禅寺记》,撰文。

姚国用,《皇后台重修庙记》,石匠。

义藏,《天开寺上方无止供记》,镌刻。

殷谦,"凤凰山华严禅寺重修古刹碑",篆额。

裕贤,《大金中都报先寺尼德净灵塔记》,开刊。

圆晖,《天开寺上方无止供记》,立石。《明禅师塔铭》,立塔铭。

源利,"觉岸等三禅师塔铭",立塔铭。

张鸥,《百咏南禅师塔记》,撰文。

张其、孔良才、真奉,"太监张其重修太湖山华严寺摩崖碑",立碑。

张善,《☐兜率寺行法师塔记》,撰文并书丹。

张应召,《上方山三圣庵置田供众碑》,撰文。

赵时用,《上方兜率禅林寺一斗泉山岩前起建观音殿记》,撰文并书丹。

赵廷彦,"顺天府谕禁告示碑",石匠。

曾朝节,《顺天府涿州房山县韩吉村香光寺重修缘起碑记》,撰文。

真阐、庄严,"圆寂本师怡公和尚灵塔",立塔。

真轮,"顺天府谕禁告示碑"阴面,撰文。

真修,《重修兜率禅寺记》,立碑;"顺天府谕禁告示碑",监刻。

证果,"王九成等捐资修红桥庵碑",撰文。

郑文忠,"下中院村元碑",撰文。

智宇,"《佛说四十二章经》刻石",立石。

周寿、周彧,《重修施烛碑记》,撰文并立碑。

朱翊钧，"香光寺颁赐大藏经碑"、《钦赐永慈寺护持碑记》，撰文。

宗鼎、宗生、宗兴，"伏魔堂浩如泉公塔"，立塔。

宗公和尚，《上方山施舍供众地亩碑记》，撰文。

宗果，《重修白云山华严寺记》，立石。

□珩，《大金大兴府良乡县金山院比丘尼了性灵塔记》，撰文并书丹。

□蔚霖，《遍通禅师塔铭》，撰文。

恶人

贼人。金崇庆元年（1212）"天开寺奉先县禁山榜示碑"："贼人每发恶言要斫坏梯道断绝路径。"

通荣。清嘉庆七年（1802）"关帝庙香火地碑"："通顺与师弟通荣接司此庙，原期共守清规，长留香火。不意通荣勾串村中土棍马思贤等，将前地典当与众分肥"；"通荣复勾串马思贤等将地转典"。

马思贤，土棍。清嘉庆七年（1802）"关帝庙香火地碑"："通荣勾串村中土棍马思贤等，将前地典当与众分肥"；"通荣复勾串马思贤等将地转典"。

王价浦、郑彩占。清嘉庆七年（1802）"关帝庙香火地碑"："王价浦、郑彩占等，在县公呈，逐出勒令（通荣）还俗。蒙县尊传谕，令（通）顺回庙住持。香火未回之先，郑彩占等将地典出，其价作为村中公用，余剩复又分肥。"

上方山寺庙庵观名录

序号	文物名称	所在地	类别	年代	保护内容	备注
1	兜率寺	上方山国家森林公园	建筑遗存	唐代	文物主体建筑五层、建筑大殿后墙石刻、屋内壁画	2018年8月西庑殿及钟鼓楼修缮完工
2	藏经阁	上方山国家森林公园	建筑遗存	金代	文物主体建筑	
3	退居庵	上方山国家森林公园	建筑遗存	明代	文物主体建筑	
4	胜泉庵	上方山国家森林公园	建筑遗存	明代	文物主体建筑	
5	一斗泉	上方山国家森林公园	建筑遗存	辽代	文物主体建筑、屋内壁画、院内石碑2通	
6	尊圣殿	上方山国家森林公园	建筑遗存	年代不详	文物主体建筑	
7	法华庵	上方山国家森林公园	建筑遗存	明代	文物主体建筑	
8	龙王庙	上方山国家森林公园	建筑遗存	年代不详	文物主体建筑	
9	堂子庵	上方山国家森林公园	建筑遗存	年代不详	文物主体建筑、院内石碑、石构建	
10	红桥庵	上方山国家森林公园	建筑遗存	年代不详	文物主体建筑、院内石碑	
11	瓣香庵	上方山国家森林公园	建筑遗存	金代	文物主体建筑	
12	云梯庵	上方山国家森林公园	建筑遗存	明代	文物主体建筑、院外石碑	
13	土地庙	上方山国家森林公园	建筑遗存	年代不详	文物主体建筑	2007年修缮完工
14	山神庙	上方山国家森林公园	建筑遗存	年代不详	文物主体建筑	
15	十方院	上方山国家森林公园	建筑遗存	金代	文物主体建筑、院内石碑、石构建	2018年8月整体院落修缮完工
16	地藏殿	上方山国家森林公园	建筑遗存	明代	文物主体建筑	2018年8月整体院落修缮完工

(续表)

序号	文物名称	所在地	类别	年代	保护内容	备注
17	兴隆庵	上方山国家森林公园	建筑遗存	明代	文物主体建筑	2018年8月整体院落修缮完工
18	观音殿	上方山国家森林公园	建筑遗存	宋代	文物主体建筑、院外石碑、石构建	2018年8月整体院落修缮完工
19	西朝阳庵	上方山国家森林公园	建筑遗存	年代不详	文物主体建筑	2018年8月整体院落修缮完工
20	吕祖阁	上方山国家森林公园	建筑遗存	年代不详	文物主体建筑	2018年8月东西配殿及东西耳房修缮完工
21	文殊殿	上方山国家森林公园	建筑遗存	明代	文物主体建筑	明代重修、2018年8月整体院落修缮完工
22	松棚庵	上方山国家森林公园	建筑遗存	明代	文物主体建筑、院外石碑	2018年8月整体院落修缮完工
23	毗卢殿	上方山国家森林公园	建筑遗存	年代不详	文物主体建筑	2018年8月东西配殿及前廊修缮完工
24	舍利殿	上方山国家森林公园	建筑遗存	明代	文物主体建筑、屋内壁画院内石碑、石构建	2018年8月东配殿及前廊修缮完工
25	华严洞	上方山国家森林公园	建筑遗存	东汉建武十年（34）	文物主体建筑	
26	普兴庵	上方山国家森林公园	建筑遗存	年代不详	文物主体建筑	2018年11月遗址保护工程修缮完工
27	大悲庵	上方山国家森林公园	建筑遗存	明代	文物主体建筑、屋内壁画、院外石碑	2018年11月遗址保护工程修缮完工
28	药师殿	上方山国家森林公园	建筑遗迹	明代	文物建筑地基	2018年11月遗址保护工程修缮完工
29	东朝阳庵	上方山国家森林公园	建筑遗迹	年代不详	文物建筑地基	2018年11月遗址保护工程修缮完工
30	贤圣庵	上方山国家森林公园	建筑遗迹	年代不详	文物建筑地基	2018年11月遗址保护工程修缮完工
31	送子庵	上方山国家森林公园	建筑遗迹	年代不详	文物建筑地基	2018年11月遗址保护工程修缮完工
32	昙花庵	上方山国家森林公园	建筑遗迹	年代不详	文物建筑地基	2018年11月遗址保护工程修缮完工
33	塔院庵	上方山国家森林公园	建筑遗迹	辽大安六年（1090）	文物建筑地基、院内石碑	2018年11月遗址保护工程修缮完工

(续表)

序号	文物名称	所在地	类别	年代	保护内容	备注
34	伏魔庵	上方山国家森林公园	建筑遗迹	清乾隆十五年（1750）	文物建筑地基、院内石碑	2018年11月遗址保护工程修缮完工
35	福德庵	上方山国家森林公园	建筑遗迹	年代不详	文物建筑地基、院内石碑	2018年11月遗址保护工程修缮完工
36	永亨庵	上方山国家森林公园	建筑遗迹	明万历四年（1576）	文物建筑地基、院内石碑	2018年11月遗址保护工程修缮完工
37	弥陀庵	上方山国家森林公园	建筑遗迹	年代不详	文物建筑地基	2018年11月遗址保护工程修缮完工
38	弥勒庵	上方山国家森林公园	建筑遗迹	年代不详	文物建筑地基	2018年11月遗址保护工程修缮完工
39	西方庵	上方山国家森林公园	建筑遗迹	年代不详	文物建筑地基	2018年11月遗址保护工程修缮完工
40	静业庵	上方山国家森林公园	建筑遗迹	年代不详	文物建筑地基	2018年11月遗址保护工程修缮完工
41	大藏庵	上方山国家森林公园	建筑遗迹	年代不详	文物建筑地基	2018年11月遗址保护工程修缮完工
42	普贤殿	上方山国家森林公园	建筑遗迹	年代不详	文物建筑地基	2018年11月遗址保护工程修缮完工
43	接待庵	上方山国家森林公园	建筑遗迹	年代不详	院内古树	仅存位置
44	弥陀庵	上方山国家森林公园	建筑遗迹	年代不详	文物建筑地基	仅存位置地基
45	福德庵	上方山国家森林公园	建筑遗迹	年代不详	文物建筑地基	仅存位置地基
46	淡远庵	上方山国家森林公园	建筑遗迹	年代不详	文物建筑地基	仅存位置地基
47	大乘庵	上方山国家森林公园	建筑遗迹	年代不详	文物建筑地基	仅存位置地基
48	势至庵	上方山国家森林公园	建筑遗迹	年代不详	文物建筑地基	仅存位置地基
49	望海庵	上方山国家森林公园	建筑遗迹	年代不详	文物建筑地基	仅存位置地基
50	因果庵	上方山国家森林公园	建筑遗迹	年代不详	文物建筑地基	仅存位置地基

(续表)

序号	文物名称	所在地	类别	年代	保护内容	备注
51	般若庵	上方山国家森林公园	建筑遗迹	年代不详	文物建筑地基	仅存位置地基
52	云翠庵	上方山国家森林公园	建筑遗迹	年代不详	文物建筑地基	仅存位置地基
53	同源隐迹	上方山国家森林公园	古塔	康熙十一年（1672）	文物主体建筑	塔下为石砌方形须弥座，上承六角形塔身，重檐顶，为仰莲宝珠刹塔铭"同源隐迹"
54	塔铭不详	上方山国家森林公园	古塔	年代不详	文物主体建筑	塔为东向砖结构，下为砖砌六角形须弥座，中为覆钵式塔身，嵌铭文
55	云融之塔	上方山国家森林公园	古塔	清顺治十八年（1661）	文物主体建筑	塔东向，下为石砌方形须弥座，上为六棱柱塔身、重檐、仰莲宝珠刹，上镌"云融之塔"

后记

我们经常听到或看到这样对京城文物古迹的介绍：始建于某代，仍存有唐辽金元以来众多的文物古迹。事实上，经过实地踏勘之后我们才发现，有许多已是传说。调查研究上方山的碑刻，走访上方山的古迹，搜集整理上方山的资料，我们发现最关键的有三点："三山"，大房山、六聘山、上方山；"二人"，霍原与华严祖师；"二寺"，天开寺、兜率寺。不论是传说，还是历史记载；无论是现实中的人物，还是传说中的仙人，他们的活动可以追溯到东汉，上方山的创始和遍布山林的遗迹都与之相关。天开寺是华严开山之作，兜率寺是众僧守成之举。《日下旧闻考》卷一百三十《京畿·房山县一》引《国门近游录》："（孤山口）村东北行数里为皇后台、黑龙潭，其北即六聘山。山有天开寺，寺中有元碑三。其一从仕郎、翰林国史院典簿、顺圣魏必复撰并书，至元二十八年（1291）立，末书石局副使李文秀镌；其一香山永安寺住持沙门惠川福珪撰并书，后至元三年（1337）四月立；其一石经山云居寺住持沙门西源洪注撰并书，至正十二年（1352）立。又有陀罗尼经幢，字多磨泐，无岁月可考。"僧福珪《六聘山天开寺重建碑记略》云："国门之西，两舍之地，有山曰六聘。中有伽蓝曰天开，燕易间一巨刹也。自后汉，迄有唐，经五代，历辽金，废兴难具载。云天开者，以寺前山谷天然开辟也。"

据说晋代的霍原曾经隐居于上方山授徒。溥儒版《上方山志》卷二《儒释·霍原》："霍原，字休明，燕国广阳人。元康（291—299）末，与王褒等俱以贤良征。累下州郡，以礼发遣，皆不到。后王浚称制谋僭，使人问之，原不答。浚心衔之，时有谣曰：'天子在何许？近在豆田中。'浚以豆为霍，收原斩之，悬其首。诸生悲哭，夜窃其尸，共埋殡之。"（《晋书》）"霍原少有志力，叔父坐法当死，原入讼代之，毒楚倍加，终免叔父。年十八，观大学行礼，因留学焉。贵游子弟闻而重之。初，原以贤良征，累下州郡以遣，皆不到也。"（王隐《晋书》）"涞水北径小黉东，又东径大黉东，盖霍原教授处也。徐广云：'原隐居广阳山，教授数千人，为王浚（此人之妻名"华芳"，墓志在北京出土，今存首都博物馆）所召。虽千古世悬，犹表二黉之称。既无碑颂，竟不知定谁居也。"（《水经注》）"卢道将为燕郡太守，下车表乐毅、霍原之墓，

而为之立祠。"(《魏书》)

我们仔细研读书中收录的这些碑文发现：

一、碑刻的主人公，非和尚即太监，非权贵即有钱人。他们多为施大财的大功德主。这在本书的附录《儒隐善信主僧观主香会地亩四至立碑书丹撰文者名称录》中有所体现。换句话说，在古代如果无钱无势，的确什么也做不了，但如果富贵而又有善心，就容易把"善"传承下去，"立碑垂久"就是一种"传善"之举。今天发掘研究碑刻，亦应为"传善"之举。

二、在乾隆版、溥儒版两个版本的《上方山志》中，都对太监等讳莫如深，但是实际上太监在上方山诸寺庙庵观的建修上的确是起到了决定性的作用的。比如向福善、冯保、梁芳、秦德、王瑞、李中轩、丘大朝、李悦、王忠、王举、卢永寿、李志义等，司礼监、御用监、御马监、惜薪司、内官监、尚衣监等，他们大多也是接受了皇命，代表朝廷来投资和关注的。这在本书收录的《重修上方兜率寺接引弥陀殿碑记》《上方兜率寺重修天梯路记铭》《新凿井泉记》等碑文中都有详载。

三、碑文中常有"供众""散山""给散""均散"之类的词语，正所谓"积米散山，捐金置地"。这在本书所收若干碑文中有所体现，如《建立供众斋僧碑记》《明贤胜修尊宿供众碑记》《修殿造像置地永远供众碑记》《上方山供众地亩碑记》等等，仅从名称上即可知其"供众"性质。

四、诸多碑刻当时的撰文书丹者，多为文人、学士、朝臣等，皇帝、王公并不太多，仅可知者，如：元延祐四年（1317）元仁宗孛儿只斤·爱育黎拔力八达圣旨碑，此碑仍存，原镌两道圣旨，已完全磨泐；明万历十四年（1586）《钦赐永慈寺护持碑记》，神宗皇帝敕谕一道；万历三十三年（1605）神宗朱翊钧撰文（圣旨）的"香光寺颁赐大藏经碑"；清代显密亲王爱新觉罗·丹臻于康熙庚辰（三十九年，1700）所撰之《建立上方山云水洞大悲庵碑记》。可惜此碑已被毁为三段，至今尚有中间一段被压在附近农户家的房基之下。

古人关心上方山者很多，比如袁宏道、曹学佺、朱彝尊、姜宸英、徐元文、高士奇、甘运源、法式善、查礼、罗在功、麟庆、宁良亲王、恭忠亲王、慎靖郡王等著名文人及王公贵胄。相关内容主要反映在他们所撰写的散文游记中，以及他们专为上方山各个景点所作的唱和诗中。但是真正给上方山留下碑文的，恐怕也只有清代的显密亲王爱新觉罗·丹臻一人而已，见本书《建立上方山云水洞大悲庵碑记》。

五、上方禅林虽为佛家的道场，但也有道家的存在。比如"通真观碑""关帝庙香火地碑""修吕帝阁碑""玉皇殿前常明海灯碑""伏魔堂浩如泉公塔铭"等，说明佛道的融合。当然还有山神庙、龙王庙、土地庙、伏魔庵等，这些带有民俗性质的道教场所，在山上也缺不了它们的位置。

六、有政府公文碑，也是上方山的特点。如"天开寺奉先县禁山榜示碑""涿州房山县禁约碑""顺天府谕禁告示碑"等具有政府公文碑性质。其中有些虽然不是政府布告，但也是立碑公布的"告示"。如"关帝庙香火地碑"，系当时（清嘉庆七年，1802）兜率寺方丈通顺撰文并立的碑。因有"土棍"与恶僧联手破坏、盗卖寺院田产，主僧和乡贤等告到官府，虽然在其"办案"期间得到了官府的支持，但官府并没发布"公文"，故不可以官府名义擅自立碑。由于上方山是一个"团结"的大集体，所以方丈立碑警示，也能达到同样的效果。

七、这次整理古籍、调查碑刻、撰写《访碑录》的目的，主要是为了保护整理和传承上方山的碑刻，补充上方山志的内容，乃至补房山地志之不足。由于传统上的政治取向与改朝换代的原因，有许多重要碑刻，各书未予著录，比如大量的与太监相关的碑刻，对于我们了解上方山历史沿革起着至关重要的作用，不可不录。即便是在上方山现存碑刻中，后来诸碑亦少有记载明代宦官们对上方禅林建修时所做出的"贡献"。但是，清同治九年（1870）重刻明天启六年（1626）"重修接待庵碑"却打破了这个成规，客观上保留下了明代八位太监出资主修"接待庵"的信息。而且这是一通由当时兼管顺天府的万青黎和时任顺天府府尹的王榕吉亲自颁发的一篇官府公文——"顺天府谕禁告示碑"文，重刻明碑镌于碑阴，至少说明此届顺天府官员对这八位明太监是认可的。

八、按照金石学"贵远贱近"的旧例，一般的金石学著作不收录清代至民国时期的碑刻。但清代至民国在今天看来已是古代，其碑刻不可不录，故本书录以备考。

九、通过将乾隆版和溥儒版《上方山志》与实际调查碑文相校，经常会发现互补情况，非常有意义。

本书的出版，要感谢上方山国家森林公园的领导专家朱仕学、赵志荣、张海洋、曹雷、张兰等，以及刘语寒在查找资料方面给予的鼎力支持。谢谢他们给予的支持和配合！

刘卫东

2021年12月